基于核心素养的小学美术单元教学研究论文集

天津市中小学教师继续教育中心　编

天津出版传媒集团

天津科学技术出版社

图书在版编目(CIP)数据

基于核心素养的小学美术单元教学研究论文集 / 天津市中小学教师继续教育中心编. -- 天津:天津科学技术出版社,2021.12

(天津市中小学"学科领航教师培养工程"团队攻坚成果系列丛书)

ISBN 978-7-5576-9811-9

Ⅰ.①基… Ⅱ.①天… Ⅲ.①美术课-教学研究-小学 Ⅳ.①G623.752

中国版本图书馆 CIP 数据核字(2021)第 278116 号

基于核心素养的小学美术单元教学研究论文集
JIYU HEXIN SUYANG DE XIAOXUE MEISHU DANYUAN
JIAOXUE YANJIU LUNWENJI

责任编辑:王　冬
责任印制:兰　毅

出版:天津出版传媒集团
　　　天津科学技术出版社
地址:天津市西康路 35 号
邮编:300051
电话:(022) 23332397 (编辑室)
网址:www.tjkjcbs.com.cn
发行:新华书店经销
印刷:天津午阳印刷股份有限公司

开本 710×1000　1/16　印张 24.75　字数 400 000
2021 年 12 月第 1 版第 1 次印刷
定价:128.00 元

序　言

　　《基于核心素养的小学美术单元教学研究论文集》一书是天津市中小学"学科领航教师培养工程"小学美术学员"攻坚课题"立项课题的研究成果。该成果是在天津市中小学教师继续教育中心的领导下，在美术教育专家魏瑞江、牟跃两位老师的悉心帮助指导下，由课题组12位小学美术学科领航学员共同参与实践研究形成的教育教学成果集。

　　众所周知，"核心素养"即是世界教育界普遍关注的焦点问题之一，也是世界性的研究课题。核心素养是学生在接受相应学段的教育过程中，逐步形成的适应个人终身发展和社会发展需要的必备品格和关键能力。《基于核心素养的小学美术单元教学研究论文集》就是在核心素养理念下的教育教学实践性研究，旨在探求单元教学课程内容、教学方法、教学策略和教学智慧，并对照单元教学设计的框架及要求，将"深度学习理念"内化成"教育教学行为"的过程。在研究中，学员们努力做到立足美术课堂，更好地落实"立德树人"的根本任务，以体现"以美育人"的学科价值，形成基本的美术学科素养。

　　值得提出的是，在12位学员中既有教研员，又有一线教师；既有工作在城镇的学校，又有工作在乡村的学校。基于此，在课题的研究中要求每位领航学员在"攻坚课题"的基础上围绕研究的主题，结合各自的研究专长和所在区域的特色资源来确立子课题，并成立子课题研究小组。一边在课题导师的指导下进行课题研究，一边带领子课题小组进行研究，极大地提高了研究能力和水平。子课题的研究立项不仅丰富了整个课题研究的领域，同时带动了一大批美术教师参与实践，充分展现了领航学员的精神风貌。课题实践研究一方面提升了领航学员的研究水平，另一方面也发挥了领航学员在教育教学改革中的引领和辐射作用。与此同时,在课题实践研究中严格遵照天津市中小学领航培养工程"攻坚课题"的要求,依据课题研究的计划和研究程序,有目的、有计划地进行开题论证、中期汇报和结题报告的撰写等项工作,在指导教师和学员的共同努力下圆满完成了实践任务,取得了显著的成果。

《基于核心素养的小学美术单元教学研究论文集》在编写中力求呈现单元教学研究的多样性和丰富性,为了更好地展现课题研究的目标、内容和过程,从基于教材、基于校本和地方文化资源、基于创编、基于名师名法创建的研究,以及典型实践案例精选五个方面进行呈现学员的研究成果,真实地呈现基于核心素养的单元教学,优化教学设计、改进教学行为、提升教学智慧的过程,以丰富美术学科核心素养领域的研究。本论文集既有理论性,又有实践性,相信能够为广大一线美术教师进行单元化教学方面的实践探索提供研究的方法和研究的案例。当然,研究成果肯定会存在不足,恳请各位专家和美术教育同仁批评指正!

魏瑞江

2021 年 8 月

目　录

第一篇

基于教材的单元教学研究

小学美术"欣赏·评述"领域的教学方式研究

——"欣赏·评述"课程单元化教学初探

天津市滨海新区塘沽实验学校　曾骁

摘　要:本文研究内容是建立在天津市领航培养工程攻坚课题"核心素养下小学美术单元教学的研究"下的子课题,旨在立足美术学科本体,基于核心素养的审美教育,从以往对美术欣赏课的单一认知,转换成了系统化的单元教学方式,积极拓展欣赏评述领域的有效教学方法,让学生开阔视野,提高审美态度,更加主动地参与到学习过程中来,让实践研究真正具有推广价值。

本文共分为两个部分:单元化教学在"欣赏·评述"课中的教学实践;教师在实践单元化教学中的自我成长。

关键词:单元教学　前展后延　落实素养

当下,核心素养的提出需要教师从观念到行动进行整体反思和改变。改变传统观念中对美术"欣赏·评述"课的认知,作为小学美术教师应加强学习,不断更新观念改进教育教学的方式方法,以适应核心素养时期的教与学的变革、教与学的挑战,特别是要有跨学科、单元整合的思想和相应的设计能力。为此,一方面要倡导深度学习,让知识学习成为批判性思维和问题解决的过程;另一方面要倡导协作学习,让知识学习成为交往与协作,即集体创造知识的过程。作为课堂的主导者——教师,为帮助学生达到这样的目标,势必要在教育教学上努力开拓适合的方式,实践研究恰当的方法,研究者基于教材、基于学科素养本位的教师观,站在一个大的文化背景高度下,将"欣赏·评述"课进行单元化系统教学尝试,从学生的角度出发,不断更新观念,不断探索与自省,全方位的设计教学方式、拓展教学内容,升华教育意义,让教与学相得益彰,让课真正成为有收获的课,让课堂真正成为生命的课堂。

一、单元化教学完善学生学习内容

例举人美版四年级上册《朝元图》一课,展开单元化教学,将知识前展、后延系统化。

(一)第一单元设计思路与目标分析

1.设计思路

本单元分 4 课时进行教学,旨在让学生了解壁画为人类历史上最早的绘画形式之一。作为建筑物的附属部分,它的装饰和美化功能使它成为环境艺术的一个重要方面。教师探究教学方式实践于课堂,以多样的教学方式,引导学生掌握美术欣赏的方法。让学生在实景视频的欣赏中感受壁画的气势恢宏。在笔墨纸砚中体验勾线填色的难度之大。

2.目标分析

具有针对性的课前资料搜集学习,让课堂更具时效性。在学有所感的评述中深化民族文化的传承意识。让学习连接起古代与现在,警醒学生对民族文化的保护意识。

3.单元课时设计

第一课　了解中国壁画　　欣赏·评述　1 课时

第二课　朝元图　　　　　欣赏·评述　1 课时

第三课　体验工笔白描　　造型·表现　1 课时

第四课　感受勾线填色　　造型·表现　1 课时

第一课　了解中国壁画

设计意图:作为单元化教学中的一课,本课为《朝元图》的前展课程,为正式学习朝元图做好知识铺垫,让单元化教学的完整性得以体现。

执教教师:天津市滨海新区塘沽新港第四小学　林琳

教材版本:基于人美版 四年级美术 第七册 第1页《朝元图》单元化的前展课程

课程要求:了解中国壁画的常识

1.壁画的起源。

2.壁画的发展。

3.壁画中的经典。

4.激发学生对传统文化的探究热情。

学科素养:文化理解

教学设计

教材分析:本课是基于《朝元图》单元化教学的前展课程,属于"欣赏·评述"学习领域。将它设置为单元化教学的第一课是为了与后面的走近朝元图相呼应,引领学生了解壁画常识、激发学生对传统文化的探究热情是本课的设计意图。

教学目标

1.知识与技能:了解中国壁画的常识,能说出我国壁画的代表作品。

2.过程与方法:在信息教室上课,借助网络在积极营造的环境氛围中学习、交流。

3.情感、态度与价值观:了解我国传统文化,激发对传统文化的探究热情。

教学重点:了解我国壁画常识知识。

教学难点:不同时期壁画的艺术特点解析。

教学准备:师:教学课件;生:学习卡。

教学环节

1.课前欣赏

课前欣赏不同时期、不同类别的壁画。

设计意图:将欣赏放在课前,既丰富了课间活动,同时潜移默化地让学生感性认知即将学习的内容。

2.组织教学

师生问好。

设计意图:集中精力,准备上课。

3. 图片导入

屏幕定格多张不同类型的壁画图片。

设计意图:带入情境,激发学生的学习兴趣。在课的一开始,就让学生明确学习内容。

4.新知讲授

(1)自主学习。借助网络及教师自制学习资料课件,给学生充足的自学时间。

(2)自学检测。回答课前预设的导学问题。

①壁画的起源。

②按其所依附的建筑物种类划分壁画的种类。

(3)互助学习。分步学习壁画知识。

①传统壁画以简单纹样装饰为开端。

②简单古拙的汉代壁画。

③魏晋南北朝时期壁画风格的融合与发展。

④隋唐时期壁画艺术达到巅峰。

⑤中国化、生活化、世俗化的壁画。

5.交流分享

说出本节的学习感受与体会。

设计意图:借助网络资源和教学课件来突破教学重难点,真正起到教师的主导作用,关注学生的主体地位。给学生最大的自主学习、答疑解惑的空间。以说感受为评价的切入点,真正发挥评价的教育功能,体验学习的快乐和分享的幸福。

6.拓展结尾

(1)德育拓展——传统壁画的魅力与启迪。

(2)知识拓展——初识朝元图。

(3)拓展作业——分享知识给自己的家人和朋友。

(4)适时下课。

设计意图:本节课知识的延展正是下节课知识的开端,承上启下,凸显单元化教学的优势。

本课落实美术核心素养之文化理解：文化理解指从文化的角度观察和理解美术作品、美术现象和观念。具有文化理解素养的人能逐渐形成从文化的角度观察和理解美术作品、美术现象和观念的习惯，了解美术与文化的关系；能认识中华优秀传统美术的文化内涵及其独特艺术魅力，形成对中华文化的认同感；理解不同国家、地区、民族和时代的美术作品所体现的文化多样性，欣赏外国优秀的美术作品；尊重艺术家、设计师和手工艺者的创造成果和对人类文化的贡献。

第二课　朝元图

执教教师：天津市滨海新区塘沽实验学校　　曾骁
教材版本：人美版　四年级美术　第七册　第1页
课程要求：了解中国壁画中的经典之作
1.朝元图的历史背景。
2.朝元图的精湛技艺。
3.朝元图的文化意义。
4.激发学生对传统文化的探究热情。
学科素养：图像识读。

教学设计

教材分析：本课属于"欣赏·评述"学习领域。将它设置在第一页是为了与后面的飞天一、二相呼应，也是强调了本册书的学习关键点，引领学生赏析壁画，解析技法，感受实践，习得知识是本课的设计意图。

教学目标

1.知识与技能：明确了解朝元图的表现内容，体验感受传统线描的魅力。

2.过程与方法：在积极营造的环境氛围中感受、学习、交流。

3.情感、态度与价值观：懂得欣赏传统文化，愿意继续传承与创新。

教学重点：感受、理解、赏析朝元图的历史背景和传统技法。

教学难点：传统线描的感受。

教学准备：师：教学课件、画稿、拓纸、铅笔、勾线笔、彩铅；生：铅笔、勾线笔、彩铅。

教学环节

1. 课前欣赏

课前欣赏朝元图中的线描人物。

设计意图:将欣赏放在课前,既丰富了课间活动,同时潜移默化地让学生感性认知即将学习的内容。

2. 组织教学

师生问好。

设计意图:集中精力,准备上课。

3. 图片导入

定格朝元图,直接引题。

设计意图:带入情境,激发学生的学习兴趣。在课的一开始,就让学生对本节课的重、难点有感性上的认识。为后面的体验做好铺垫。

4.新知讲授

(1)自主学习。识读教材,给学生充足的自学时间。

(2)自学检测。回答课前预设的导学问题。

(3)讲练结合。欣赏、观察、找有代表性的作品,为后面的交流做铺垫。

①体验传统线描的深浅、粗细。

②感受勾填法的技艺精湛。

5.体验分享

(1)倾听——想对你说。让学生由体验来对古代画匠说说心里话。抓住学生的心理引导评述。

(2)引导——以板书作品为例来互说感受。

(3)创新,传统古画装饰服饰。

设计意图:精心设计评价的方法,真正发挥评价的教育功能,体验学习的快乐和分享的幸福。

6.拓展结尾

(1)德育拓展——态度决定一切。

(2)知识拓展——学为所用地了解古画在生活中的应用。预习下一课《飞天》。

(3)拓展作业——分享知识给自己的家人和朋友。

(4)适时下课。

设计意图:情感与知识的双结尾,为本节课画上句号,同时也为学生对所学知识的拓展找到开端。

本课落实美术核心素养之图像识读:图像识读指对美术作品、图形、影像及其他视觉符号的观看、识别和解读。图像识读既涉及艺术图像识读,也包括生活和工作图像的识读,从而体现出公民美术素养的社会性。具有图像识读素养的人能以联系、比较的方法进行整体观看,感受图像的造型、色彩、材质、肌理和空间等形式特征;能以阅读、搜索、思考和讨论等方式,识别与解读图像的内涵和意义;能从维度、材料、技法、风格及发展脉络等方面识别图像的类别;知道图像在学习、生活和工作中的作用与价值,辨析和解读现实生活中的视觉文化现象和信息。

第三课　体验工笔白描

设计目的:作为单元化教学中的一课,本课为《朝元图》的知识后延课程,让所学能有所悟,让单元化教学对知识的深入性得以实践。

执教教师:天津市滨海新区塘沽新港第二小学　邢健

教材版本:基于人(美)版 四年级 第七册 第1页《朝元图》的单元化后延课程

课程要求:了解中国传统绘画白描的技艺技法

1.了解中国画

2.感受笔墨意趣

3.体验工笔白描技法

4.激发学生对传统文化的探究热情

学科素养:美术表现

教学设计

教材分析:本课是基于《朝元图》的单元化教学后延课程,属于"造型·表现"学习领域。在前两课的基础上,本课旨在引领学生体验《朝元图》壁画的绘画技法之精湛,感同身受画匠们的技艺高超与绘画态度。

教学目标

1.知识与技能:了解中国画,了解工笔白描,拓临朝元图局部。

2.过程与方法:在积极营造的环境氛围中体验、感受、学习、交流。

3.情感、态度与价值观:懂得态度决定一切,激发对传统文化的探究热情。

教学重点:掌握笔墨,体验拓临。

教学难点:白描的用笔。

教学准备:师:教学课件、拓稿、宣纸、毛毡、水、抹布;生:毛笔、墨、湿巾。

教学环节

1. 课前欣赏

课前欣赏不同表现形式的中国画。

设计意图:将欣赏放在课前,既丰富了课间活动,同时潜移默化地让学生感性认知即将学习的内容。

2. 组织教学

师生问好。

设计意图:集中精力,准备上课。

3. 图片导入

定格朝元图白描稿,直接引题。

设计意图:带入情境,激发学生的学习兴趣。在课的一开始,就让学生对本节课的重、难点有感性上的认识。为后面的体验做好铺垫。

4.新知讲授

(1)自主学习。借助平板电脑给学生充足的自学时间。

(2)自学检测。回答课前预设的导学问题。

①中国画按题材分几类?

②中国画按技法分哪些?

③按其使用材料和表现方法,又可怎样细分?

④中国画的画幅形式?

(3)讲练结合。课件辅助的同时示范白描。

①白描原是中国画的一种技法,指单用墨色线条勾描形象而不施彩色的画法。

②工笔白描把笔触美感提升到了绝对高度,除了反映式的描绘,更注重线条的形式美、抽象美,是作者的技术能力、艺术感悟与个人情感的完美体现。

设计意图:借助网络资源和教学课件来突破教学重难点,真正起到教师的主导作用,关注学生的主体地位。给学生最大的自主学习、答疑解惑的空间。

5.体验分享

(1)辅助学生实践。

(2)引导表达。

设计意图:以说感受为评价的切入点,真正发挥评价的教育功能,体验学习的

快乐和分享的幸福。

6.拓展结尾

(1)德育拓展——细节决定成败。

(2)知识拓展——勾填法。

(3)拓展作业——分享知识给自己的家人和朋友。

(4)适时下课。

设计意图:本节课知识的延展正是下节课知识的开端,承上启下,凸显单元化教学的优势。

本课落实美术核心素养之美术表现:美术表现指运用传统与现代媒材、技术和美术语言创造视觉形象。其中既包括艺术性创作,也包括生活和工作中的描绘、制作等行为。具有美术表现素养的人有着一定的空间意识和造型意识;了解并能运用传统与现代媒材、技术,结合美术语言,通过观察、想象、构思、表现等过程,创造有意味的视觉形象,表达自己的意图、思想和情感;能联系现实生活,结合其他学科知识,自觉运用美术表现能力,解决学习、生活和工作中的问题。

第四课　感受勾线填色

设计意图:作为单元化教学中的一课,本课为《朝元图》的知识后延课程,让所学有所感,让单元化教学的系统性得以实现。

执教教师:天津市滨海新区塘沽实验学校 曾骁

教材版本:基于人美版 四年级 第七册 第1页《朝元图》单元化的后延课程
课程要求:了解勾线填色的技法

1.体验勾线填色的技法。

2.分享体验后的感受。

3.感同身受坚持的绘画态度。

4.激发学生对传统文化的探究热情。

学科素养:美术表现

教学设计

教材分析:本课是基于《朝元图》的单元化教学后延课程,属于"造型·表现"学习领域。在前三课的基础上,本课旨在引领学生体验《朝元图》壁画的传统重彩勾填法,感受传统绘画的魅力所在。

教学目标

1.知识与技能：了解勾填法,用此法临摹朝元图局部。

2.过程与方法：在积极营造的环境氛围中体验、感受、学习、交流。

3.情感、态度与价值观：懂得细节决定成败,激发对传统文化的传承意识与探究热情。

教学重点：体验临摹。

教学难点：填色的范围精准。

教学准备：师：教学课件、上节课收上来的实践拓稿、毛毡、水、抹布;生：毛笔、颜料、湿巾。

教学环节

1.课前欣赏

截取放大的朝元图局部,师生共赏。

设计意图:将欣赏放在课前,既丰富了课间活动,同时潜移默化地让学生感性认知即将学习的内容。

2.组织教学

师生问好。

设计意图:集中精力,准备上课。

3.图片导入

定格朝元图局部,直接引题。

设计意图:带入情境,激发学生的学习兴趣。在课的一开始,就让学生对本节课的重、难点有感性上的认识。为后面的体验做好铺垫。

4.新知讲授

(1)自主学习。借助平板电脑给学生充足的自学时间。

(2)自学检测。回答课前预设的导学问题。

①朝元图以哪两种颜色为画面主体颜色统领全画?

②朝元图色彩鲜明,大量使用"纯色",但画面颜色并不刺眼,主要是哪三个原因?

③永乐宫壁画色彩悦目的三个原因?

(3)讲练结合。课件辅助的同时示范,讲解填色要点。

①色彩安排有很强的秩序性。

②讲究色彩分布的均衡,韵律,节奏关系。

③随着形体的变化平涂色彩,让颜色依附于线条。

设计意图:借助网络资源和教学课件来突破教学重难点,真正起到教师的主导作用,关注学生的主体地位。给学生最大的自主学习、答疑解惑的空间。

5.体验分享

(1)辅助学生实践。

(2)引导表达。

设计意图:以说感受为评价的切入点,真正发挥评价的教育功能,体验学习的快乐和分享的幸福。

6.拓展结尾

(1)德育拓展——细节决定成败,坚持才能成功。

(2)知识拓展——壁画宣传卡。

(3)拓展作业——分享知识给自己的家人和朋友。

(4)适时下课。

设计意图:情感与知识双结尾。本节课知识的延展也是下节课知识的开端,承上启下,凸显单元化教学的优势。

本课落实美术核心素养之美术表现:美术表现指运用传统与现代媒材、技术和美术语言创造视觉形象。其中既包括艺术性创作,也包括生活和工作中的描绘、制作等行为。具有美术表现素养的人有着一定的空间意识和造型意识;了解并能运用传统与现代媒材、技术,结合美术语言,通过观察、想象、构思、表现等过程,创造有意味的视觉形象,表达自己的意图、思想和情感;能联系现实生活,结合其他学科知识,自觉运用美术表现能力,解决学习、生活和工作中的问题。

(二)第二单元设计思路与目标分析

1.设计思路

本单元分2课时进行教学,让学生了解文化遗产作为人类文明的一部分,无论从时间上还是空间上,都代表了人类文明进步的足迹,是任何物质都无法取代的珍贵资产。教师探究教学方式,引导学生关注美术与社会的关系,涵养人文精神,激发学生的主体意识。

2.目标分析

学习后的课下面向家庭、学校、社会的延展宣传让学生肩负了责任感,坚定了使命感。课后的知识延展应用,唤醒了学生保护自然与文化遗产的意识。

将人美版四年级上册首页"欣赏·评述"课《朝元图》进行教材拓展单元化整合教学。

3.单元课时设计

第一课　绘制壁画宣传卡　设计·应用　1课时

第二课　我是小小宣传员　综合·探索　1课时

第一课　绘制壁画宣传卡

设计意图:作为单元化教学中的一课,本课为《朝元图》一课的后延课程,学为所用,就一种社会现象,将所学知识与其找到一个最佳的融合点,使之唤起人们对此现象的重视。

执教教师:天津市滨海新区塘沽紫云小学　国秀

教材版本:基于人(美)版 四年级 第七册 第1页《朝元图》单元化的拓展课程

课程要求:学为所用,绘制宣传卡

1.了解宣传卡的版面组成

2.绘制以壁画为主题的宣传卡

3.借助有效平台做好文化宣传

4.激发学生的社会责任感和对传统文化的保护意识

学科素养:创意实践

教学设计

教材分析:本课是基于《朝元图》的单元化教学拓展课程,属于"设计·应用"学习领域。在前一单元学习、理解、深化的基础上,本课旨在引领学生学为所用设计出以壁画为主题的宣传卡,唤起对传统文化的传承意识,肩负起对传统文化的保护使命。

教学目标

1.知识与技能:了解宣传卡的版面组成,独立完成设计。

2.过程与方法:在积极营造的环境氛围中学习、交流、取长补短。

3.情感、态度与价值观:热爱生活、珍惜文物,唤起对传统文化的传承意识,肩负起对文物的保护宣传使命。

教学重点:设计,制作宣传卡。

教学难点:宣传卡版面设计的完整度和美观性。

教学准备:师:教学课件、范图、学生上节课绘制完成的勾填法朝元图局部画稿;生:勾线笔、彩色铅笔、水彩笔、剪刀、胶棒。

教学环节

1.课前欣赏

课前欣赏各式各样的宣传卡图例。

设计意图:将欣赏放在课前,既丰富了课间活动,同时潜移默化地让学生感性认知即将学习的内容。

2.组织教学

师生问好。

设计意图:集中精力,准备上课。

3.图片导入

定格宣传卡图例,直接引题。

设计意图:带入情境,激发学生的学习兴趣。在课的一开始,就让学生对本节课的重、难点有感性上的认识。为后面的体验做好铺垫。

4.新知讲授

(1)自主学习。借助平板电脑给学生充足的自学时间。

(2)自学检测。回答课前预设的导学问题。

①宣传卡的版面组成?

②宣传卡正反两面的区别?

③宣传卡版面设计如何一目了然传达寓意?

(3)讲练结合。课件辅助的同时示范、讲解宣传卡设计的要点。

①图文并茂。

②讲究构图均衡、主次分明。

③主版面色彩搭配醒目,文字主题突出。

④背面文字深入浅出,富有感染力,简明且具有共情性。

设计意图:借助网络资源和教学课件来突破教学重难点,真正起到教师的主导作用,关注学生的主体地位。给学生最大的自主学习、答疑解惑的空间。

5.设计分享

(1)辅助学生实践。

(2)分析作品优缺。

(3)引导表达。

设计意图:学习时相互补充,设计时取长补短,形成和谐的氛围。以互评共赏为评价的切入点,以说学习感受为评价的融合点,真正发挥评价的教育功能,体验学会知识的成就感和分享的快乐。

6.拓展结尾

(1)德育拓展——保护文物人人有责。

(2)知识拓展——宣传海报。

(3)拓展作业——分享知识给自己的家人和朋友。

(4)适时下课。

设计意图:情感与知识双结尾。本节课的德育拓展正是下节课社会实践的内容,承上启下,凸显单元化教学的优势。

第二课　我是小小宣传员

设计意图:作为单元化教学中的一课,本课为《朝元图》一课的后延课程,学必有用,将所学知识与现实生活紧密联系在一起,让更多的正能量铺央开来,服务于社会。

执教教师:天津市滨海新区塘沽实验学校　曾骁

教材版本:基于人美版 四年级 第七册 第1页《朝元图》单元化的拓展课程

课程要求:联系现实生活与他人交流

1.以校会为平台深入校园做宣传

2.以家庭为平台亲自活动做宣传

3.以社区为平台走进寻常百姓做宣传

4.激发学生的社会责任感和对传统文化的保护意识

学科素养:创意实践

教学设计

教材分析:本课是基于《朝元图》的单元化教学拓展课程,属于"综合·探索"学习领域。在前一课学习的基础上,本课旨在引领学生学为所用借助各种平台与他人交流、沟通做有效文化宣传。从我做起,唤起身边的人们对传统文化的传承意识和对传统文化的保护意识。

教学目标

1.知识与技能:利用宣传卡,借助平台与他人沟通交流。

2.过程与方法:借助有效平台营造积极、和谐的宣传氛围,用自己的方式与他人交流。

3.情感、态度与价值观:热爱生活、珍惜文物,唤起对传统文化的传承意识,肩负起对文物的保护宣传使命。

教学重点:有效宣传。

教学难点:针对不同人群选择适合的方式做宣传交流。

教学准备:师:与学校、社区沟通,宣传海报、学校宣传标志、签字笔、照相机;生:宣传词、宣传卡、倡议书。

教学环节

1.课前欣赏

课前欣赏各式各样的宣传海报、宣传标志、宣传活动照片。

设计意图:按部就班准备好走进校园、走进社区做文化宣传的前期工作。

2.组织教学

师生问好。

设计意图:集中精力,准备上课。

3.宣传动员

(1)讲明走进校园广播台的安全注意事项。

(2)讲清广播时的播音注意事项。

(3)讲解走进社区宣传点的安全注意事项。

(4)讲授与他人沟通、交流的方式方法。

(5)提示保护传统文化倡议书的签名及壁画宣传卡的赠送。

(6)提醒我们是塘沽实验学校的学生,要讲文明懂礼貌;我们是传统文化的小小宣传员,要持有坚定的态度,感染周围的人,一起肩负使命。

(7)辅助学生行动实践。

(8)抓拍精彩瞬间。

设计意图:用实际行动付诸宣传实践,学为所用,让课堂所学真正转化为与生活相联系的社会意识。从自身做起,从小事做起,以身作则带动、感染周围的人,同舟共济一起肩负起保护传统文化的社会使命。

4.体验分享

借助多媒体分享照片。

设计意图:学为所用,学以致用,学习、生活相结合,别有意义地走向社会,成为主人公为传承和保护我们的传统文化贡献自己的光和热。

5.拓展结尾

(1)德育拓展——保护文物人人有责。

(2)知识拓展——将所感所想写成日记或作文留作纪念。

(3)拓展作业——分享所得给自己的家人和朋友。

(4)将我们的系列活动制成宣传视频,借助学校公众号发布,进一步扩大宣传的社会效应。

设计意图:单元化教学让知识前有延伸后有拓展,让知识学起来目标明确,更加系统化、人文化。在教学中的尝试不同教学方式,让课充满了生命活力,理论联系实际,更具讲授意义。

本课落实美术核心素养之美术表现:美术表现指运用传统与现代媒材、技术和美术语言创造视觉形象。其中既包括艺术性创作,也包括生活和工作中的描绘、制作等行为。具有美术表现素养的人有着一定的空间意识和造型意识;了解并能运用传统与现代媒材、技术,结合美术语言,通过观察、想象、构思、表现等过程,创造有意味的视觉形象,表达自己的意图、思想和情感;能联系现实生活,结合其他学科知识,自觉运用美术表现能力,解决学习、生活和工作中的问题。

通过实践,基于教材将其知识单元化的前展、后延扩充学习,情境式的带入教学,让学生在课堂上真正感受到美术欣赏课的感染魅力,真正体验到作为参与者、学习者的幸福感,也真正形成素养,能从图像识读、审美判断、文化理解的角度观察和理解美术作品,认识中华优秀传统美术的文化内涵,形成对中华文化的认同感并肩负起宣传、保护的社会使命。

二、单元化教学促升教师业务成长

以"欣赏·评述"课程单元化后的执教教师案例为证,单元化教学方式令教师获益匪浅。

(一)《飞天(一)》教学案例

天津市滨海新区塘沽工农村小学　刘琳

案例背景

《飞天(一)》这一课对于我来说是再熟悉不过的。从我走上教育岗位以来,这堂课的教学伴随我经历了很多次的作课、录课、课件评比等教学活动。本以为是轻车熟路,但随着教材的变动、"核心素养"等的提出,却发现了很多"不合时宜"的地方。回首这些年的改课经历,我发现"博采众长"式的赏析方法,虽然开拓了视野,提供了更多可欣赏的内容,但不过是蜻蜓点水,不痛不痒;越是深入学习、体会《中国学生发展核心素养》,越发现学习方法、学会学习的重要性,这也成为此次再改教学设计的导向。

案例呈现

学习"欣赏·评述"的方法,拉近学生与艺术的距离,本次将课程单元细分化后,将设计的着眼点定位于——如何赏析。我在设计时将一般赏析(感受到美)上升到美术的、专业的赏析高度,让学生对自身作为欣赏者的身份有了重新的认识,不再是以一位一无所知的观众作为起点来进行下面的赏析活动。同时对于赏析方法进行了梳理概括,划分为造型、色彩、线条、背景知识四个方面,并在赏析实践练习时选用了教材中推荐的与飞天相似的永乐宫壁画,以达到让学生在尝试自主赏析时,能够发生更多的有效迁移,顺利完成"运用已学方法进行自主赏析"的实践要求。但在实践阶段发现学生在评述上,除了背景知识这一点对于书和课件上了解的内容可以复述,在造型、色彩、线条方面都不能很好地进行评述、表达自己的赏析观点,要么无话可说,要么说的不着边际,所以在后来的讲授中加入了互动题作为辅助。互动题中将四个方面分开,只有造型给出标题,其他三个方面的标题以填空形式出现,学生需要自主按照讲解的顺序标号、并填充完整。标题下有内容阐释,以词语和短句的形式呈现,正确的描述和错误的描述混杂在一起,学生需要自主分析、判断正误。有了这样的一个"小助手",在课程的进程中,学生就能很好地参与互动,体验赏析的乐趣。互动题还将永乐宫壁画的《朝元图》与飞天并置,每一点都一一对应,留出空白,让学生在尝试自主赏析时可以很好地参照,及时记录下自己的感受以备后面评述环节的开展。

另外,在飞天的赏析中,在对于线条的探究中,将飞天的线描稿与永乐宫壁画的线描稿进行了并置的对比赏析,让学生从线的不同形态中,体验其所蕴含的不同表现力、感染力。在有效突破化解教学重难点的同时,也为后续《朝元图》的自主赏析实践做了铺垫。

分析反思

教学设计以"学生发展核心素养"为导向,将"欣赏·评述"课从被动欣赏转为主动赏析、关注发现问题—分析问题—解决问题这一过程,让学生学习、学会赏析方法并加以运用。古语云:"授之以鱼不如授之以渔", 具体的知识给予学生多则多,少则少,但方法的学习和美的感受是能够影响学生终生的,有助于学生美术素养的形成。课程在录播教室进行,教学过程进展顺利,学生的参与热情高,充分调动了其学习的积极性和主动性。

本课以问题为导引——无论是教师设问,还是引导学生反问,学生自问,都是在激发学生自主探究的问题上做文章,让学生充分调动已有知识,有效迁移、学习新知,在美育的氛围中愉悦地学习。"这是哪?"引出对莫高窟的学习;"如何赏析?"引出对本课重难点赏析飞天和学习赏析方法的学习;"你认识飞天吗?他是谁?"引出对飞天的来历、职能、发展演变等背景知识的学习。还有像"飞天如何飞?飞天是男是女?"等这些细碎的小问题,无不起着激发学生、调动其自主探究、思考、分析以达到学会、学懂,完成教学目标的作用。

与以往自身的教学设计相比,单元化教学让我对本次教学进行了大刀阔斧的、有重点的精缩。去除了对各种飞行方式的对比赏析,如翼装飞人、小魔女骑扫把、飞天车、蝙蝠、天使等;去除了对我国飞天事业——航空航天的了解;去除了对其他地方、其他艺术表现形式的飞天的赏析,将这些内容删减精编、划拨到第二学时来继续学习。这样有利于对本课重难点的深入挖掘,有利于赏析方法的精讲实练,

有利于对问题的提出—分析—解决三步走这一学习过程的体验认知。

经过改编的课程在对教材的把握上更精准、更贴切;在对学生核心素养的发展上更具体、更实用;在对教师的引领讲授上更有条理、更有层次。总体上完成了对预设目标的呈现,达到了预设效果。

在导入环节——对莫高窟的游览中,以游览纪念——参观券的形式,加入了对本区特色画种——版画的宣传,点出了对家乡特色文化的继承发扬。

授课时,《朝元图》的赏析实践中,学生在评述时会出现许多对作品的很多具体的问题分析——"这些人是谁?他们去干吗?"我在本课教学中只是笼统的回答了——"他们是神仙""他们去朝拜",因为这是另一节课的内容,从而体现了教材单元细分化的优势,可以将知识扎实、延展的传授给学生,激发其学习的探究性。

依托课题组群策群力,我会一直在"欣赏·评述"领域的单元化教学课程中创新教法将研究进行到底。

(二)《清明上河图》教学案例

天津市滨海新区云山道学校　吕震

案例背景

作为一名新老师,我深深地感悟到,美术课虽然深受学生欢迎,也会给学生带来无穷乐趣,但美术课绝不是用来调节紧张学习气氛的娱乐课而是承担审美教育、情操教育和心灵教育的美育课。我将努力做到在教学中将传统文化结合课本内容进行延伸和拓展,让民族民间文化多样性的保留传承与发展,从而"以美教人、立德树人"。

案例呈现

欣赏课《清明上河图》,教学目标是通过学习,基本了解《清明上河图》画面内容及其在我国绘画史和世界艺术史上的地位,感悟我国古代劳动人民的艺术才能。

中国传统文化是文明演化而汇集成的一种反映民族特质和风貌的文化,是各民族历史上各种思想文化、观念形态的总体表现。在讲《清明上河图》一课,我以视频的方式作为课的导入。引导学生身临其境的感受故宫的魅力,故宫所代表的是已经成为历史的文化,经过了长期的历史筛选和积累,是集合了建筑与艺术为一体的世界文化遗产,具有很高的历史和艺术价值,不仅以其民族风格的宫殿建筑成为著名的旅游胜地,更以其丰富的院藏文物珍宝而享誉中外,这些文物集中体现了我国劳动人民高超的工艺以和宫廷的艺术风格具有很重要的观赏价值和研究价值。而我们本节课学习的主题《清明上河图》就收藏在这座美丽的故宫博物院中,从而导出本课的学习。下一步我介绍了《清明上河图》的作者以及这幅作品所处的朝代,读画先读作者,对作者的解读提取总结提炼简化,抓住几个重点的词汇进行解释,更方便学生能够快速了解张择端。老师解释几个名词,翰林的意思是翰林图画院,它是专门给皇帝画画的部门,张择端就在这里工作。东武就是现在的山东人。京就是汴京,是宋朝的首都类似现在的北京。张择端早年游学于汴京,后习绘画于画院,擅长表现宫室、楼台、屋宇,有自己独特的风格。

在授课环节我通过诗歌的方式引导学生了解宋朝在历史发展的时期以及距今的时间,又从作者和朝代两个方面将《清明上河图》创作背景、画面内容、画卷意义解析给同学们。这节课孩子们真正的全情投入,不仅学到了知识还感同身受,体验了意境,都觉意犹未尽。

分析反思

《清明上河图》作为单元细分化教学的第一课时,我尝试了新的教学方式,教学中始终注重教学情境的创设,充分合理地运用现代教学设施,激发学生的兴趣,加深对知识的理解,注重学生的主动参与,让学生融入其中。从视频的导入再到范本画卷的展示,引导学生近距离感受《清明上河图》的魅力。又通过小品的方式让学生扮演画中的角色,身临其境,融入画中。在练习阶段尝试让学生通过平板电脑上网自主查询资料,激发探究欲望的同时,也激发了对传统美术作品的学习兴趣。

这只是开始,我会和课题组的全体成员继续努力、并肩前行,加固"欣赏·评述"领域单元化课程教学、教法研究的实效性。

(三)《朝元图》教学案例

天津市滨海新区塘沽实验学校 曾骁

案例背景

学生发展"核心素养"指学生应具备的适应终身发展和社会发展需要的必备品格和关键能力。将全国著名数学教育专家吕传汉教授提出的"教体验""教思考""教表达"的"三教"理论,结合有效的教学方式实践于美术课堂,才能使落实"核心素养"教学成效显著,并且更能突出强调学生个人修养、社会关爱、家国情怀,也更加注重学生的自主发展、合作参与、创新实践。

案例呈现

1."教体验"学会图像识读

由于图像比文字具有更强的直观性和真实性,发挥的作用也越来越大。因此,"图像识读"是基于当今图像传播方式变革的需要而提出的,也是当今社会人们在学习、生活、工作和科学研究时一种必不可少的素养。

图像识读是指对美术作品、数字图像、影视作品或生活中各种图像符号的造型、色彩、比例和肌理等形式特征以及材质、技法和风格特征等的认识、比较与辨别。

观其教材,所选登的每幅作品都有其代表性。虽然它们是用某种物质和手段来创造的一种立体或平面的物质产品,但它反映了社会生活和艺术家的思想感情,正是这个时代、国家和民族的文化反映。这些潜藏在作品背后的知识,需要教师广泛查阅大量资料,内化后再深入浅出地传递给学生,转化为课堂上的知识提炼,让学生在欣赏学习中,涵养人文精神,培养审美意识和提高审美能力。

欣赏课《朝元图》作为交流课,给现场的听课者和参与者都留下了深刻的印象,并引发了课后的积极凡响。现象背后正是教师带着责任感、使命感对教材的深度挖掘、对图像的有效识读、对知识点的精准剖析引发出了大家的同理心和共鸣情。将静态的图像观察和动态的视频感受相结合、将书面的文字和生动的解说相融汇、将学习的体悟与动手的感悟相贯通、将历史的背景与现代的境遇相连接,知识层层递进,环节步步为营,由课后的分组数据统计,课堂上100%的学生举手参与教学活动。

"教体验"就是这样通过视觉观看,感受特定对象的造型、色彩、材质、肌理等形式特征并为进一步的理解和创作铺垫道路。

2."教思考"落实审美态度和文化理解

审美态度是指根据形式美的原理,感知、分析、比较、诠释美术作品中所隐含各种美的因素,分析和辨别生活中的视觉文化现象,进而做出自己的看法与判断。

《朝元图》一课,经过前期的识图体验学习后,学生已感受到了工笔绘画之难、上色之不易,教师将教学深度再递进,巧妙地用一句"想对你说"为纽带,设疑引领学生思考。问题1:看到了这样气势磅礴的壁画,体验了如此精湛技艺的笔法,你想对朝元图的画匠们说些什么?问题2:若你是朝元图的原画者,那时那地你的想法是什么?心里的感受又是什么?学生的回答真挚而坦诚。他们有的说,"太了不起了,是你们的付出为中华文化,为世界留下了惊艳的一笔。"有的说,"民族的就是世界的,感谢你们能让后代因你们而自豪骄傲!"有的说,"太难了,但我一定要坚持,因为缺了我的这一笔、这一块画就不完整了。"有的说,"不要想太多,孤注一掷把当下的画好就是对自己、对整个画负责。"还有的说,"细节决定成败。"……老师一一倾听,抓住生成,适时屏幕打出那一句"态度决定一切!"然后自然而然地说,"这,也是古时朝元图的画匠们想对你说的。"一句话连接起古代与现在,引起画匠们与课堂上所有参与者的共情;连接起民族与世界,激起无限的民族自豪感;连接起隐含与现实,让作品的美誉无限传扬,这便是"教思考"带给了学生正确的分析与辨别、看法和判断,也例证了美术学习能够增进学生敏锐的观察、领悟意识与审美判断能力。

分析反思

反思的关键是就课堂效果和作品呈现来回看教师的备课、授课是否达到预期目标,是否做到书在左,学生在右。"书在左"即研读教材——教师备课的核心环节。只有认真分析、研读教材,感悟教材,领会教材,才能把握教材,创造性地使用好教材。这要求教师首先要会读、读懂课题,对课题的深层含义,要细致再细致地去体会,而教材、教参中提示的图片、教学思路,是编者的智慧,我们在教平面教材的同时,要把教材用活使其变为立体呈现,把教师个人对教材的解读、内化后的升华加进去,一节课就会出现多种教学思路,而每一种思路都是编者和执教者共同的智慧融合。研读教材要精准——抓住本节课的教学重点;要全面——预设好学生能想到的所有问题,帮助解决难点;要有层次的递进——让知识潜移默化地逐步渗透到学生们的头脑中;要有贯通的设计——令每一教学环节都水到渠成,步步为营,而做到这些的根本就是教师学会反复推敲、不断"诊脉"自己的每一节常态课,将自己的教学特点、教学风格以及教学问题做以梳理,只有心中有数,才能在课上不断改进自己的不足,不断促进教师的专业化成长。也只有善于总结优缺,才能在每一节课上认识到自己该努力的方向,从而真正落实对学生核心素养的培育,让教学变为切合实际的教学实践,向理想的课堂更进一步。

课不应是一成不变的固定模式,教师应当在不断的教学实践和业务学习中,充沛教学内容、扩充教学方法,敢于改变,勇于发现,善于从不同的思维方向提出问题、引导学生能从多角度学习作品,培养他们的综合能力,提升他们的综合素

养。"亲其师,信其道。"能准确把握教材的难度,理解教材的宽度,挖掘教材的深度是教师个人综合能力的体现;亦师亦友贴近学生的生活,拉近学生的距离,走进学生的心里是教师个人风采魅力的展现。因材施教地将课本中的知识元素深入浅出地传授给孩子们,让学生明白其中道理并懂得如何去体会与感悟、表达与行动,这才是教师教书育人的职责。

理论与实践相结合,师生共融的体验式教学例证了经验化的教学观念不等于现代化的教育理念,正确理解核心素养要求教师走出传统的角色,设身处地站在学生的视角备课、预设、想问题、找办法,才可以为日后的教学成功、以点带面地养成良好教学素养、落实学生的核心素养打下坚实基础。

基于核心素养下的课堂教学要向哲学要高度,向史学要深度,向其他学科要宽度,向新兴学科要新度,向专业学科要精度。学生不仅要在课堂上学习知识,而且还要能获得有利于其生活发展的能力,让美术课成为学生正确审美观形成的必需课程。

通过不断深化课题"欣赏·评述"领域教学方式的研究,通过教材单元细分化的教学实践,真正开阔了视野,明确了目标,让课堂有了温度,让教与学更具实际意义。

研究没有终点只有里程碑,我会继续以课题为方向,理论联系实际,扎实前行。

(四)《神州风采》教学案例

天津市滨海新区塘沽新城小学　金库

案例背景

本课属于"欣赏·评述"领域的课程,本课主要旨在让学生初步了解我国现有的世界文化遗产和自然遗产的风貌和特色,从它们产生的社会历史背景、形成的过程以及对社会的发展和影响等方面感受其深刻的内涵,进而激发学生感受祖国文化的博大精深和祖国河山的壮美雄阔。观察生活,热爱生活,关注我们的生存空间,提升自主学习文化历史和艺术的自觉性,提升审美能力和综合素质。

作为"欣赏·评述"领域的课程,除了过程方法技能的学习之外,让学生在更深更广的层次得到延展和升华是每个教师在此课型教学过程中不可回避的。针对六年级学生的年龄和心理特点,我运用多种教学方法及手段,让学生学会欣赏文化自然景观,了解祖国的文化遗产和自然遗产,通过搜集资料、小组讨论及课堂学习,培养学生动手动口、动脑的能力以及热爱祖国自然文化的情怀,从而增加学生的民族自信心,真正通过学习能接受并尊重文化文明,做好文化文明的宣传传播。

案例呈现

"欣赏·评述"领域的学习,是提高学生审美能力及自主学习的重要部分。《神州风采》一课,是六年级"欣赏·评述"系列课程中的一课,主要让学生了解中国的文化和自然遗产,从而加强学生对美术与文化,美术与社会之间关系的关注,了解到美术在社会关系中的地位。我将本课的学习目标确定为以下几点。

(1)知道我国现有的世界文化和自然遗产,了解其地理位置、历史背景和艺术价值。

(2)学生在搜集资料、欣赏、分析、讨论的过程中,感受大自然奇观,评述自己熟悉或感兴趣的文化和自然遗产,感悟民族精神。

(3)提高民族自豪感,增加自信心,增进学生对中华民族文明及历史文化的了解和尊重,积极参与到保护文化和自然遗产的活动中。提升学生保护世界遗产的意识。

课前,我把班级同学分为七个小组,每组 5~6 人,利用手机电脑查找书上图片的相关资料,并可以拓展延伸,找到与之相关联的内容图片,汇总后等待上课学习时使用。

本案例为人美版美术 11 册"欣赏·评述"领域课程《神州风采》,新授的开始,我首先展示一组长城的图片,有课本上的明代长城,也有天津市蓟州黄崖关长城。通过提前与同学们的交流,有几位同学之前登过长城,所以让他们把自己对长城的了解和登长城的感受与大家分享,这样从我们天津本地的长城入手,既激发了学生的学习兴趣,又拉近了学生与文化遗产的距离,让他们知道其实这些文化遗产和自然遗产就在我们身边,要发现研究并加以保护传承,让更多的人认识文化和自然遗产的艺术价值及历史文化意义。

本节课,课本中所列举的文化与自然遗产,主要是结合同学们曾经去过的地方加以讲解讨论学习。课堂上,我尽量弱化我与学生的师生关系,更多地去建立一种旅游伙伴的关系,把我之前去过长城、乐山大佛等地的所见所感讲给同学们听,将其地理位置、与环境的关系、现在的景观情况以及政府部门对其的保护重视加以讲解,同学们非常感兴趣。同学们把课下所搜集的资料及所了解到的知识,跟他

们自己的亲身经历结合起来,也讲得绘声绘色。课堂中,由于我跟同学们建立的这种亦师亦友的巧妙关系,使得本节课的学习寓教于乐,同学们的学习激情充分地调动起来,不仅课堂气氛活跃和谐,也达到了教学目的完成了教学目标。

分析反思

本节课作为"欣赏·评述"领域的课程,我结合学生年龄及所处年级,充分相信学生的自主学习能力,通过课前搜集资料、同学们筛选甄别、课堂上的互动讨论,课堂效果达到了出乎意料的效果。

第一,结合教学目标,文化自然遗产需要学生首先去了解认知,为此针对本课内容所列举的图片示例,我安排七组同学分别查找不同的资料内容,找出本组负责的任务。通过学生此项的自主学习探究,解决了教学目标第一点内容,学生了解到了文化自然遗产所处地理位置、历史背景及文化价值。课堂上给同学们介绍讲解,相互讨论时有话说有话聊,学生的学习积极性被充分地调动起来。增加了学生的自主学习和探究能力。通过这个过程的学习,改变了以往"欣赏·评述"课型老师讲学生听的常态,老师费劲无效学生费力无趣的局面,并且大大节省了教学时间提高了教学效率。

第二,备课的过程,是教师结合学科特点,针对学生具体情况,选择合适的方式方法进行教学的一项活动,以保证学生有效学习,也是提前对教材对学生对课堂的准备,也是对突然出现的问题进行假设的过程。但往往很多事情还是会超出教师的预料和设想。对于突然出现的"题外话"或离题之举,教师要合理引导,让课堂重回正轨。本课课堂活动中,负责介绍九寨沟自然遗产的一组同学,在给大家分享的时候,先把九寨沟的地理位置及其美不胜收的风景给大家介绍了,然后有一位同学开始讲其在去往九寨沟路途上如何遇到暴雨山体滑坡等遭遇,同学们当然都爱听了。这时候如果不让同学发言将严重损害孩子的自尊心,所以我告诉他:"关于这段探险经历等其他组同学分享完之后,你再给大家详细讲一下,老师也想知道后来发生什么了,先给大家留下一个疑问,好不好?"

课堂之所以趣味无穷、充满生命力,是因为我们作为老师面对的是每一个活泼可爱的孩子,他们有鲜活的生命,他们有爱有感情。而我们每个课堂的价值就是面对这些鲜活个体时如何处理各种不同的不可预设,当我们真正面对这些不可预知的问题,能发现学生的心理状态,能感知他们的知识诉求和对未知世界的渴望,当我们的课堂能够发现并帮助孩子完成这些问题和疑惑的时候,也许我们就真正找到了教学的起点和归宿。

第三,"欣赏·评述"领域的内容,不仅仅是学生欣赏建筑画作,也不仅仅是帮助学生能用专业性的语言介绍作品获得感受。它更要求学生在学习的过程中在精神上得以升华,包括建立对优秀文化自然遗产的尊重保护,对世界不同文明文化的包容接受欣赏。

本课作为中国文化自然遗产的相关内容,理应引导学生增强民族自豪感,提升民族自信心,并能在日常的生活中珍惜爱护宣传文化自然遗产,成为文化和文明的小宣传员。

授课过程中,在讲授乐山大佛时,学生从其地理位置、大佛特征、雕刻年代等方面与同学们进行讨论分享后,我也进行了补充并做了最后的总结。我先告诉孩子们:"在前些年,人们从远处看大佛看到了大佛眼眉低垂伤心落泪。"同学们都吃惊地看着我,问我是怎么回事。"其实,这并不是迷信,是一种自然现象:就是大佛长期暴露于大自然中,由于空气污染,雨水中含有很多有害的化学物质,这些酸雨长时间侵蚀大佛,于是就出现了上述的现象。"孩子们听完后既感到惋惜又有些许伤感。这时,我继续说:"随着国家的重视,文物部门和文化部门进行大力修缮保护,现在大佛又笑起来了!"同学们听到后,笑容又重新回到了他们天真的脸上。"所以,作为我们伟大祖国的文化自然遗产,不仅仅是我们国家的宝贵财富,同样也是世界的宝贵财富。作为平凡的个人,我们不仅仅要学习科学文化知识,更要在日常的生活中珍惜爱护宣传文化自然遗产,成为文化和文明的小小宣传员。这样我们祖国的优秀文化才能屹立于世界文化之林。"这也为单元化教学的下一课《我是小小宣传员》做好了知识的延伸与铺垫。

作为教师,能否准确把握教材的难度,理解教材的宽度,挖掘教材的深度是教师个人综合能力的体现。其实,面对这些简单的孩子,课堂是他们畅所欲言的场地,也是教师发挥教书育人的阵地,在面对一次次未知后慢慢提炼总结,对我们来说也是在和孩子一起成长。只有贴近孩子的生活,深入孩子中,拉近与孩子的距离,走进孩子的心里才是真正地展现出了一名优秀教师的风采。

依托课题,继续"欣赏·评述"领域教材单元化教学的教学方式研究是我不变的努力方向。

三、结论

摸索中前行,探讨中坚定,"欣赏·评述"领域教学的单元化设计及教学方式研究,为教与学,找到最融洽的契合点。研究中实践、实践中探究,立足美术学科本体,基于核心素养的审美教育为核心,有形的成果展示,无形的观念提升,转化教师观念,转换教学方式,积极拓展欣赏评述领域的有效教学方法,让学生通过视觉、触觉、实践等多方面的体验,直观了解美术作品的艺术风格特征,更加主动地参与到学习过程中来。

单元化教学让知识前有延伸后有拓展,让知识学起来目标明确,更加系统化、人文化,更具讲授意义。

参考文献

[1]中华人民共和国教育部.全日制义务教育美术课程标准(实验稿)[S].北京:北京师范大学出版社,2001.

[2]张华.核心素养与我国基础教育课程改革"再出发"[J].华东师范大学学报(教育科学版),2016,34(01):7-9.

[3]汪瑞林,杜悦.凝练学生发展核心素养 培养全面发展的人[N].中国教育报,2016,9(14).

[4]尹少淳.从核心素养到美术学科核心素养——中国基础教育美术课程的大变轨[J].美术观察,2017(04):5-7.

[5]中华人民共和国教育部.义务教育美术课程标准(2011年版)[S].北京:北京师范大学出版社,2011.

[6]胡书英.基于学生核心素养的教师教学方式的转变[J].教育科学论坛,2017(20):12-14.

基于创新思维的小学美术
单元式教学探究

天津市西青区天易园小学　张效兴

摘　要：本文基于人教版小学美术三年级上册第十五课《我设计的自行车》一课展开研究，旨在探索适合小学生发展的美术课堂教学模式，以提升小学生的美术基础能力、美术思维能力与美术实践能力。针对本课程的教学缺乏深度和广度的问题，将单元式教学应用到课堂教学中，对学习的深度和广度上进行系统、深入研究与应用，更好地培养小学生将学习的知识和技能运用到实践中的能力，锻炼实践解决问题的能力。如何通过综合各学科的知识和方法，使小学生在多元的情境中触碰、探索、研究、感悟，培养小学生个人核心素养。通过研究与探索，培养小学生创新思维能力的新型美术活动教学环境，为小学生创建宽松、愉悦、自主、探究性的学习活动环境，教师总结可行性的小学美术单元式教学的方法和策略。

关键词：创新思维　单元式教学　核心素养

一、问题提出

目前，世界各国围绕"核心素养"这一新的教学理念，对未来人才的培养有了新的标准要求。他们构建了新的培养框架，目的在于培养具备独立自主学习、信息技术素养、问题的解决能力、创新与创造力、适应反思能力、沟通与交流、团队合作等能力的人才。在创造性的学习环境中培养教师和学生的创新性的学习方式、创

新思路、创造能力和创新手段等问题上均展开了广泛又具备深度的研究。国外创新思维探究起步早、基础深厚，诸多丰富的成功案例可供我们学习与参考。例如，国外对创新思维培养的研究较为细化，他们有系统的培养创新思维的模式，既激发学生的好奇心，又引起探索欲望，使学生能够有机会，有勇气去创新。国外的创新思维培养是真正的注重学生个性的发展，以学生为本，以培养学生的创新思维与问题解决为能力，激励学生的创新欲望与尝试。美国从 20 世纪初期就着手对学生进行创新思维的培养，到世纪中期美国的创新思维培养有了实质性进展，从小学到大学都开发了关于创新思维培养的课程。

我国的创新思维领域的探究与开发起步较晚，20 世纪 80 年代初，在教授钱学森的倡导下，中国成立了创造学研究所。并在 80 年代中期才对小学展开创造教育的研究与实施。随着改革开放社会的飞速发展，对创新型人才的强烈需求，我国越来越注重对学生的创新思维的教育课程的开展。教育部在 2014 年颁布了《教育部关于全面深化课程改革 落实立德树人根本任务的意见》，明确指出：全面深化课程改革是贯彻党的十八大和十八届三中全会精神的重大举措，是提高国民素质、建设人力资源强国的战略行动，是适应教育内涵发展、基本实现教育现代化的必然要求，对于全面提高育人水平，让每个学生都能成为有用之才具有重要意义。因此，创新思维培养的理念也将会被渗透到教育的各个阶段、各个学科的教学当中，而我国的传统课堂教学模式与评价机制像一把枷锁牢牢地禁锢了教师和学生的思维模式。就美术教学而言，由于创新思维在教学中的培养体现还甚少，因此传统的课堂教学模式和评价机制极大地限制了学生创造新思维的发展。美术作为一种视觉艺术课程具有它的独具特色，它以文字为载体的基础上，更需通过大量的图形资料来展现，凸显其直观性和形象性。更需要通过实际动手操作进行表现，在实践中锻炼其创新思维和团队合作精神。

我国初高中的许多美术教学活动已经采用"主题性单元教学"的方式。首先，初高中的美术教材也是单元化编排的，他们教学活动也是通过几个课时共同完成一个主题类教学。其中有的课侧重于问题的提出，知识的传授或作品的欣赏，有的课侧重于学生的研究、讨论与构思，有的课侧重于材料的运用和作业的制作，有的课则侧重于对自己作业的分析、评价和反思等，所形成的系列课程既有连贯性，又各有侧重，形成不同的教学特点和节奏。这样，学生须经历 4~5 节课之后才完成一件作业,研究和制作的时间也更多,加上进一步的评价和分析,我想这样的美术作业对学生多方面能力,品质发展所产生的影响,将远远大于4~5件浅尝辄止的简单作业。也就是说,更加有利于学生的发展。

我国目前课程改革和发展的方向是积极建设国家课程、地方课程和学校课程三位一体的课程体系,但是,到目前为止,我国美术教材大多仍是以课时为单位编写的。虽然有的小学教材是几课都围绕一个方面的内容形成单元,但本文讨论的"单元式教学"似乎在知识、技能、材料和研究等各方面的跨度都更大一些,能够使各节课之间既有联系又各具特色,使学生的知识掌握得更系统、更深入,并从中培养学生的研究、思考、创造和解决问题的意识和能力,提高学生赏析能力、评价水平与反思总结的意识,充分发挥教学的整体优势。

从2000年开始,《义务教育美术课程标准》一直将美术课的教材分为四大领域,即:"造型·表现""设计·应用""综合·探索""欣赏·评述"。所以,无论是美术教材的编写还是实际课堂的处理,一直对课堂形式采用分领域实施的方式,这在客观上制约了中小学生教学改革和发展。基于当前新时代教育改革发展中核心素养的要求,我们在探求中发现,《义务教育美术课程标准》对这四个领域的划分是相对的,实际上,在具体教学中,每一个学习领域既各有侧重又互相交融,应该是具有开放性、渐进式的美术课程结构。因此,采取单元式教学既能够糅合学生新旧知识,拓展学生学习的宽度、深度和密度,又能激发学生的学习兴趣,并使其与精神转化为持久的情感与态度。

我国的中小学美术教学建立在大的单元基础上开展,针对某一课程的教学缺乏单元教式教学,例如小学美术2013人教版三年级上册第十五课《我设计的自行车》一课中,三维目标明确了通过对自行车结构的初步认识,指导学生利用绘画的方式表现想象中的自行车,培养学生的观察能力和想象能力,激发学生的创新思维,让学生在创作中体验设计自行车的乐趣,学会欣赏美,从而提高他们的审美能力,激发他们的生活热情。然而一堂美术课的教学安排远远不能达到深挖教材,学生更难以充分理解必能完成创新理念的自行车设计。单元式教学在学习的深度和广度上都更为系统、深入,能够更好地培养学生将学习的知识和技能运用到实践中,锻炼实践解决问题的能力。2016年9月,我国的相关机构发布了以"全面发展的人"为核心的素养要求,随后各个学科也据此明确了各学科核心素养的诉求,其中美术提炼出了图像识读、美术表现、审美判断、创意实践、文化理解五个美术核心素养关键词,旨在让学生用美术的方式、跨学科的形式、用成体系的学习,提高学生的综合能力。

如何使用好"新"课程,发掘教材中的综合教育因素,成为使用教材的教师们经常考虑的问题。我们可以充分利用教材资源,对教材内容进行合并、增加,使同一主题内容下的各部分的内容相互支持、互为资源、形成合力。而我们进行主题单元式教学的内容可以选择学生所爱好和熟悉的生活内容,自行车的设计是贴近学生生活的主题,因此可以激发学生的学习兴趣和创造欲望。同时根据学生实际开展合理有效的美术教育活动,能够促进核心素养培养目标的达成,实现学生综合能力的提升发展。

经知网、万方等学术网站检索,基于创新思维的美术单元式教学的研究内容数量只有几篇,因此本文对这一主题的研究有深入、系统的价值。

二、改进设想

美术课堂中一课教材的学习应该是让学生感到快乐,不仅能让学生清晰而深刻地掌握自己要学的知识,实现教学目标,而且能够引发学生的思考,充分发挥学生的想象力、灵感,激发学生的求知欲,以此达到促进和发展学生核心素养的目的。

三年级是小学阶段从低年级到高年级的过渡期,学生在接受知识的变化的同时还要接受思维方式、学习方法等多重变化,是小学阶段非常重要的时期。这个阶段的孩子基本形成了健康的审美情趣,大部分学生对于美术学习有着浓厚的兴趣,此年龄段的学生想象力丰富、大胆,敢于表达自己的想法,表现自己想表现的内容,呈现出对美术极大的热情。

在传统教学模式《我设计的自行车》一课的教学设计及教学环节中,教学思路大体为一课时的教学安排。教学中采用的基本环节为:欣赏自行车的特技表演—探究了解自行车的大致发展历史—理解自行车的基本结构—思考需要完善的地方—欣赏经典设计作品及学生设计的自行车作品—学生动手设计—展示评价。

在导入环节,先请学生们欣赏一段精彩的自行车特技表演,激发学生的学习兴趣,再过渡到本课的新知——探究了解自行车的大致发展史。进而通过观察,引导学生了解自行车的基本结构。再结合生活需要,请学生思考我们现在自行车在造型和功能上还有哪些不尽如人意的地方需要改善。让学生假设自己是一名自行车设计师,思考将为谁设计一辆怎样的自行车。最后,欣赏优秀的自行车设计作品,启发和拓展学生的想象,鼓励学生着手设计实用又美观的自行车。

(一)教材中的传统《我设计的自行车》教学设计

教学目标

1.通过对自行车结构的初步认识,指导学生利用绘画的方式表现想象中的自行车。

2.培养学生的观察能力和想象能力,激发学生的创新思维。

3.让学生在创作中体验设计自行车的乐趣,学会欣赏美,从而提高他们的审美能力,激发他们的生活热情。

教学重点

初步认识自行车的大体结构及功能,并在此基础上进行大胆的创新设计。

教学难点

能够有创意地对自行车加以改进,使其变得更美观、更实用。

教学过程

1.导入阶段

教师请学生欣赏一段精彩的节目表演,激发学生的学习热情。

(出示视频:自行车特技表演)

2.发展阶段

(1)介绍自行车的来历。

(2)了解自行车的发展史。

(3)展示生活中常见的自行车图片。

师:请同学们仔细观察:这些自行车的共同点是什么? 请仔细观察和思考:它们的基本形是什么样?都有什么用?

生:思考,讨论,回答。

小结:自行车都有个扶手,轮子,坐垫,脚踏板。

(4)欣赏课件中的自行车作品,进行讨论,交流。

请同学谈谈自己的发现,这些自行车与刚才所看到车有哪些相同的地方？有什么不同点？

(5)今天,同学们就来当一回小小设计师,设计一辆多功能的自行车。出示课题:我设计的自行车。

(6)思考、交流如何改进自行车呢？

欣赏其他小朋友设计的自行车。他们设计的自行车根据需要都做了不同的改变,还进行了说明。

小结:外形可以多种多样,只要美观大方、好用,就能让大家喜欢。

(7)欣赏大师设计的自行车,引出不同的对象在不同的场合中需要不同的产品,设计师在设计时都应该及时考虑到了不同类型的自行车的不同用途,用于开拓学生的思维,讨论制作步骤。

(8)说一说,还可以用什么方法设计制作自行车。根据手中的材料说一说为什么选择这些材料,并且谈一谈要怎么利用这些材料。

(9)创作要求如下。

①用自己喜欢的方法,设计绘制一辆自行车。

②比一比谁的作品和别人不一样,最有创意。

③鼓励学生大胆运用各种材料,包括废旧物品,并尽量做到色彩搭配和谐。

(提醒学生注意工具的安全使用。)

3.学生动手制作,教师巡视辅导

4.作业展示、评价

展示学生作业,全班同学一起欣赏。学生来向大家介绍自己的作品。评价其他同学的作品,同学们之间互相评一评,说一说,共同去体验创造的乐趣。

5.课后拓展

尝试用其他材料制作自行车。

以上只是本课传统教学模式中的一个案例,通过多年来对此课的教学环节的思考以及学生的后期反馈,从学生的长远发展来看,我们深感有些不足之处。

　　教学时间不足是影响本节课教学环节不能深入探究与展开的首要问题。传统的一课时授课大大影响了教师的备课深度,同时也影响着学生们的学习广度。在课堂设计上,最好的方法就是从好学生的实际出发设计课堂教学。因为美术更主要的是视觉表现,因此更多的视频与图片欣赏是增加学生对自行车的了解和兴趣提高的最好手段。更多图片的使用与多媒体教学能更好地完成本课的教学目标以及教学重难点的突破,更好地提高教学效率,进一步提高学生的学习兴趣。然而一课时的教学时间安排能否做得到让学生能利用有限的时间做到更充分了解自行车的历史发展,外形结构,运动原理以及需要改进缺陷呢?本节课更重要的是培养学生的创新思维的能力,这也是本节课的教学目标之一。如果在学生对自行车的认知部分花了大量的时间,那么学生们又将有多少时间放入到自行车的设计上来呢?毕竟设计行的自行车也好,改造旧的自行车也不好,不是说一两句话就可以的。不找到改进创新的点又何谈设计新方案,不经过认真构思大胆表现又何谈新创意。如果把大量时间放到自行车的认知上,那么学生的创新构思设计时间会被急剧压缩,更别提分享展示时间,这节课势必会出现虎头蛇尾的状况。相反,如果教师在设计课堂教学时更侧重设计创新的时间,那么在学生无法做到对自行车的充分了解又如何能设计出更好地自行车,那么设计出的作品会大打折扣。假如教师为了平衡课堂,首尾兼顾,可想而知40分钟的课堂教学,五六个教学环节下来,学生仿佛只能蜻蜓点水、走马观花,美术基础好的孩子能随着老师的教学设计,匆忙中完成自行车的创新设计,而学困生就不易完成学习任务了,教学的全面性与学生参与的全体性就会相对失败。我们的教育是面向全体学生,我们的课堂教学是让课堂中的每一位学生得到更好的教育与提高。

　　针对以上的不足,我们课题组深思:如何做才能让今后美术课堂更适应学生的长远发展,也更好地提高学生的美术学科核心素养呢?在从事课题研究的时间里,课题组成员们通过多次的探讨研究、大胆创新,设想打破原有的教学模式,将原有的一课时的模式调整为四课时的"单元式教学"模式。

　　下面以"单元式教学"形式下的《我设计的自行车》教学新思路为例加以说明。

　　在本文中"单元式教学"可以理解为在实施同一主题的教学内容时,尝试运用不同形式,让学生从多维度去理解学习内容,并将其知识内化,然后教师再引导学

生进行美术创作,鼓励学生大胆想象,利用身边的现有材料进行制作,让学生的思想在这个过程中得到升华。单元式教学活动的开展可以归纳为:观察探究—创新设计—手工制作—展示交流,这样的过程。

《我设计的自行车》一课中,教师可以将本课展开为一个单元,分为四个课时进行教学,使教学层层深入,学生也在充足的教学时间安排中节节深入,从了解观察到深入探究,再到实践感悟。让学生在多元的教学环境中触碰、探索、研究、感悟、表达,潜移默化地促进培养学生核心素养的生成。

第一课时让学生充分了解自行车的发展史,与学生一起探讨现在的自行车的结构与特点,结合自行车的特点,再让学生们对自己身边的自行车进行写生。通过第一课时的学习,不仅让学生学习了自行车的历史,又提高了学生的写生的能力,与此同时学生对于自行车的结构和运动的原理有了全面的认识与了解。为下面几个课时的学习做了良好铺垫。

第二课时主要的教学任务是引导学生自己设计一款独特的自行车。由于学生对当代社会流行的新款自行车和富有设计感的自行车了解较少,这在一定程度上影响了学生的想象力。为了能够顺利达到本节课的教学目标,教师可以向学生展示一些现在的富有设计感的优秀设计案例,与学生共同探讨分析。在师生共同赏析的过程中,不仅可以开阔学生视野,更能够激发出学生的想法,顺利完成本课的教学任务,培养学生的创新性思维。在学生进行创作时,教师要对优秀作品及时展示和表扬,以便给更多孩子更好的创新思路的启示。通过第二课时学习,学生的设计思路逐步被打开,有些学生设计的自行车造型奇特、有些功能独特,甚至有的学生打破常规的想法。在课堂中,学生想象的自行车 通过自己画笔勾画出来,并且向学生进行展示,教师及时给予鼓励。这样学生对于自己的设计就更有信心,在以后的学习和生活中学生也会不断地探索,发挥自己的创新能力。

第三课时主要学习内容是让学生运用身边的材料设计制作具有创意的自行车。由于学校有着丰富自然资源,为学生的创作提供了良好的资源。在课堂中,让学生利用身边的废弃物进行综合性的运用,变废为宝,突显出不同材质的美,使作品与众不同,又别具特色。同时把学科知识融入课程内容中,密切联系社会生活,关注环境与生态,突出应用性、审美性,使学生始终保持浓厚的学习兴趣和创新欲望。

第四课时单独为孩子们做一节展示欣赏与评述课程,通过一次偏大型的创意自行车展示,让学生积极参与进来对美术作品进行观察,通过观察获得审美愉悦之外,对作品的思想内涵、形式等用语言或文字进行表述,不断提高学生的欣赏与评价能力。引导美术与社会的关系,让美术更贴近学生生活。

总之,通过美术单元式教学的设想,旨在不仅让学生的观察能力、理解力在潜移默化中得到提高,而且对学生创新性思维的培养也有重要的意义。

(二)"单元式教学"《我设计的自行车》教学设计

第一课时　自行车写生

教学目标

1.指导学生通过绘画的方式画出生活中常见的自行车。

2.认识自行车的大体结构和功能。

3.让学生了解到自行车在低碳生活中发挥的重要作用,增强学生的环保意识。

教学重点

初步认识自行车的大体结构和功能。

教学难点

以绘画的方式表现自行车。

教学步骤

1.情境导入

师:十一假期里很多人都会选择外出旅行,老师也不例外。国庆节那天老师去了我们天津独具特色的"五大道"风景区。当时的大街上可真热闹啊,熙熙攘攘到处都是人,汽车在马路上也大排长龙,老师也只能被堵在路上了。同学们,你们觉得老师当时还有更好的出行方式吗?

生:自行车、共享单车…

师:你为什么要选择自行车呢?

生:便捷、不堵车、环保…

师:真是一个好方法!众所周知骑自行车出行有方便绿色环保等很多特、优点,而且有时候自行车比汽车还要更便捷呢。我们今天要学习的内容就和自行车

有关,让我们一起走进今天的新课《我设计的自行车》。

2.讲授认知

(1)了解自行车基本构造。

师:现在已经被广泛普及的自行车其实只有两百年左右的发展历史,在这个过程中自行车的外形和功能也被发明家们不断完善。

这三张图片里的自行车代表着自行车发展的过去现在和未来,让我们来思考一下这三辆自行车有什么共同点。

生:两个轮子、有车把、有脚蹬板……

师:以我们目前常见自行车为例,这些部位分别有什么作用?

生:把握方向、提供动力……

师:除了刚才我们总结的部分,我们常见的自行车还有哪些构造呢?

生:车闸、车铃、链条……

师:那这些自行车的部件能不能被简化成我们熟悉的一些规则形呢?

生:轮子是圆形,传统自行车有轮轴,车把像T字形,车座是偏椭圆的三角形……

师:同学们说得非常好,看似造型复杂的自行车原来也是由若干简单的几何形构成的。

师:接下来我们再来仔细观察在自行车局部造型上有什么特点,你能用美术语言归纳一下吗?

生:轮子是圆形的,有很多轮轴(引导学生观察车胎粗,轮轴多且细的特点)。

生:自行车车把上有很多闸线是交叉的,而且这些线比较粗。

(2)观察引导促成表现。

师:在我们平时的学习学会很多不同的线条表现方法,比如?

生:直线、波浪线、折线、螺旋线、交叉线……

师:今天我们课上的目标是写生自行车,自行车的各个部分应该用什么样的线来表现呢?以我们刚才观察的车把局部为例子。

生分析:什么地方改用曲线,什么地方该用直线……

师总结:其实车把、车轮、车身上的线条都有许多变化,比较明显的比如,车身和轮胎钢丝是直线、车筐是交叉线、链条和刹车线是曲线、减震是螺旋线、齿轮是折线……

3.教师范画

(1)教师播放微课,快速展示自行车绘画步骤。

(2)教师示范自行车细节如何表现。

4.学生创作

出示自行车照片,学生对照片进行写生,老师巡视指导。

5.讲评

学生自评互评(引导学生从构图、细节刻画表现对课堂上的作品进行评价)。

教师做最后的总结评价。

第二课时　我设计的自行车①

教学目标

1.指导学生利用绘画的方式表现想象中的自行车。

2.培养学生的观察能力和想象能力,激发学生的创造性思维。

3.让学生在创作中体验设计的乐趣,激发学生通过自己努力美化生活改造生活的愿望。

教学重点:在了解自行车结构的基础上进行大胆的创新设计。

教学难点:有创意地对自行车加以改进,使其变得美观、更实用。

教学步骤

1.复习导入

师:通过上节课学习,同学们一定对自行车的结构了如指掌了。现在我们来玩一个猜一猜的游戏, 看看你通过局部的图片能不能猜到这是自行车的哪个零件?起到了什么作用?

(学生参与游戏回答问题)

2.感悟联想

师:自行车确实为我们的日常生活提供了极大的便利,如果在制造自行车时能够增添更多个性化的设计,这样一定会让自行车的造型更漂亮、使用功能更

---

① 编者注:该课时更详尽的教学案例设计可参见本书第五篇"典型实践案例实录精选"。

便捷。

最近老师就找到了一家神奇的共享单车投放站,能够根据骑行者不同的需求定制出其想要的单车。今天,投放站想向老师求助,让同学们来做一日店长,请同学们根据顾客的不同要求设计出他们需要的自行车。

今天神奇共享单车迎来的第一个客人是一名环卫工人,同学们能说一说他想要的自行车是什么样子的吗?

生总结:遮阳、自动清扫街道、自动垃圾分类、太阳能发电助力骑行……

师:在设计这辆自行车时,我们需要设计出哪些特别的装置?

生:要安装不同的垃圾分类箱,要安装太阳能发电装置,要有自动笤帚、自动打扫机械臂实现垃圾分类……

师:同学们设计思路可真棒!接下来,我们看看第二位客人有什么特别的要求?

师:第二位客人是一个要出门野餐的家庭,哪位同学可以帮他们设计出适合他们的自行车功能呢?

生:要有一把大大的太阳伞,要有更多骑行座位,要有充电器,可以增加 KTV 娱乐设备……

师:那我们在画这辆自行车设计图时,应该怎么去体现这些功能呢?

生:可以把自行车画长一些增加座位,可以在每个座位下面安装太阳伞,可以给自行车画上太阳能充电装置,添加 KTV 设备的位置……

3.欣赏拓展

师:同学们的奇思妙想可真不少,在自己动手设计自行车之前不如让我们看看其他小小设计师的作品,看看其他同学是怎么设计想象中的自行车的(分析同龄人的设计作品,并从造型表现角度进行评价)。

4.学生作画,教师辅导

师:我相信通过刚才的讨论,关于自行车的设计同学们一定有很多自己的想法。现在就请同学们拿起手中的画笔设计一辆外形漂亮功能丰富的自行车吧!

(提出作画要求)

(1)为制定的服务对象设计一辆自行车。

(2)为设计的自行车添加文字说明设计意图。

(3)设计的自行车要求外形美观功能丰富。

学生按要求作画,教师巡视指导。

5.讲评

自评:从外形、功能等角度介绍自己设计的自行车。

互评:学生说一说自己最喜欢哪张作品,并且说明理由。

师评:教师从学生的设计创意和造型表现两方面评价课堂作品并且总结。

第三课时　我做的自行车

教学目标

1.指导学生利用立体手工制作的方式表现想象中的自行车。

2.培养学生对生活的观察能力,让他们能够利用生活中的常见的材料制作立体自行车。

3.让学生在创作中体验设计的乐趣,激发学生通过自己努力美化生活改造生活的愿望。

教学重点

以手工制作的形式设计一辆自行车。

教学难点

为设计的自行车选择合适的材料。

教学步骤

1.复习导入

师:在上节课学习中,大家设计了很多造型美观功能丰富的自行车。可是你们知道设计图的作用是什么吗?

生:参考设计图可以制造出自行车。

师:你们想不想把你们上节课的自行车设计图变成现实呢?

生:想。

2.探索新知

师:你们想用什么材料制作你设计的自行车呢?

生:吸管、植物……

师:在选择自行车制作材料时,我们可以先观察一下设计图中自行车的外形特点。例如:自行车的圆形轮胎可以选择一些圆形特征的材料。同学们有哪些好的建议吗?

生:光盘、瓶盖、部分果蔬的横切面。

师:同学们的想法都很棒,老师今天也为同学们带来了一个工具箱,里面有很多适合制作自行车的材料,有没有同学愿意收到老师提供的材料呢?

师:想得到老师赠送的材料很容易,只要同学们回答老师一个问题就可以了。你做选择的材料可以制作自行车的哪个部位?

生:铁丝(铁丝质地柔软可以做出自行车每个部位的形状);吸管(可以拼接出自行车的结构骨架);彩泥、毛线(装饰美化);光盘、瓶盖(制作轮胎)。

师总结:同学们抓住了各种材料的特点,充分发挥出了这些材料的作用。

3.微课演示

接下来我们通过一节微课学习一下如何制作设计图中的自行车。播放如何制作立体自行车。

4.学生制作

通过刚才的学习,同学们一定对如何制作立体的手工自行车有了自己的想法。现在请同学们按照自己上节课的设计图稿,制作一辆自行车模型吧!(学生制作,教师巡视指导)

5.讲评

自评:学生介绍一下自己制作的自行车,并从外观、功能等方面做出评价。

互评:学生举手说一说自己最喜欢的手工自行车作品,并且给出喜欢的理由。

师评:对学生课堂上的作品进行总结性评价。

第四课时　创意自行车鉴赏

教学目标

1.引导学生欣赏展出的自行车作品,让学生学会从作品的外形、原材料以及功能等方面来欣赏设计新颖的自行车。

2.选择一件自己喜欢的自行车作品,谈谈自己的看法,提高语言总结与表达能力和审美意识。

3.通过欣赏各式各样的自行车创意作品,渗透学生对科学技术的探索和创新精神。

教学重点

让学生学会从作品的外形、原材料以及功能等方面来欣赏设计新颖的自行车。

教学难点

学生谈谈对自行车作品的看法,提高语言总结与表达能力和审美意识。

教学步骤

1.引导阶段

(1)教师带领学生参观自行车作品创意展,学会用带有问题的眼光去欣赏每件作品。

(2)探讨怎样来欣赏,请学生来回答。

2.发展阶段

安排学习任务:

(1)学生以小组为单位进行观察学习交流。

(2)请学生在小组内说一说这些作品是用什么材质做的？外形与功能上有什么创意？

(3)能找到 2~3 件你最感兴趣的有创意的自行车作品进行欣赏。试着去了解并表述这几件自行车作品的造型、材质、功能、用途与创新点等。归纳欣赏的基本方法如下。

①从造型上来欣赏,根据不同用途,创意自行车作品有各种不同的造型。

②从材质与创新上来欣赏,创意的自行车是不同学生用不同的材质通过自己的创新思维而制作出来的,除了美观实用之外更兼备了环保的思想理念。

③从功能用途上来欣赏,作品如何体现了学生的创新意识,让自行车的用途最大化,并能更贴切不同人群的使用功能。

(4)你觉得生活中把这些自行车变为现实会怎么样？

3.学生小组学习

做好记录,教师巡回指导。

4.小组汇报

(1)每组找出代表进行小组学习汇报。

(2)小组汇报完毕后其他小组可以给予补充,让班级内学生对设计的创新自行车的发现与认知更加完整。

5.小结

三、实践过程

在完成了本课四个课时的教学设计的基础上,课题组成员继续探讨:怎样将教学设计落在实处,实现真正意义上的单元式教学模式？通过多次课题组会议及研究,提出设想、改进设想,最后我们将实践过程总结如下。

(一)前测环节:问卷摸底

选取课题组成员所在学校的相应年级进行问卷调查,进行实践的前测环节。

对相应年级学生下发三年级学生美术学科能力与兴趣调查问卷,通过问卷调查,教师能够更好地掌握学生的美术心理与美术技能情况,为"单元式教学"的实施做到有效的前测。

《小学三年级学生美术学科能力与兴趣调查问卷》

1.你对学校的美术课感兴趣吗？

A.非常感兴趣　　　B.感兴趣　　　C.一般　　　D.不感兴趣

2.你在班级美术课上参与的积极性高吗？

A.非常高　　　B.比较高　　　C.一般　　　D.并不高

3.你在美术课上能主动参与活动吗？

A.经常参与　　　B.偶尔参与　　　C.不参与

4.你敢于在美术课上发现问题,发表自己的不同见解吗？

A.经常　　　B.偶尔　　　C.从来不

5.对于其他同学的作品能提出宝贵的个人意见吗？

A.经常能　　　B.偶尔能　　　C.不能

6.美术课上你能积极参与小组成员合作交流吗？

A.能　　　B.偶尔能　　　C.不能

7.小组讨论交流时,气氛热烈而又有序吗？

A.热烈　　　B.比较热烈　　　C.不热烈

8.小组合作时,你的表现如何？

A.积极参与,积极完成　　　B.被动参与,配合完成　　　C.不参与,不完成

9.你能用探究出来的规律、方法去解决美术中的实际问题吗？

A.经常能　　　B.偶尔能　　　C.不能

10.你能毫无顾虑地说出自己的创新想法和新创意吗？

A.能　　　B.偶尔能　　　C.不能

11.对于课堂上出现的问题,你探究的好奇心强吗？

A.非常强　　　B.一般　　　C.无所谓　　　D.无好奇心

12.在绘画时,你能使用与众不同、独特的方法去绘画美丽的作品吗？

A.经常能　　　B.偶尔能　　　C.不能

13.美术课上你能充分展示自己的艺术才能和绘画技巧吗？

A.能　　　B.偶尔能　　　C.不能

14.你能接受美术课堂中别人对自己作品的评价吗？

A.非常能　　　B.一般　　　C.无所谓　　　D.不能

15.你喜欢什么类型的美术课？

A.绘画课　　　B.手工课　　　C.欣赏课　　　D.泥工课

16.你觉得以下哪种形式能提高你的美术创造力？

A.欣赏优秀作品　　　B.老师引导启发　　　C.游戏活动　　　D.参与比赛

16.当你创作出比较满意的作品时,你会感到如何？

A.非常高兴　　　B.比较高兴　　　C.没有什么感觉

17.你希望能用什么方式在美术课中进一步学习、探究美术学科的奥秘并从中获得更多收获呢？

　　通过此次问卷调查了解了学生的美术学科的关注与参与程度,对学生学习能力、学习态度、情感与价值观等方面有了全面的评价,了解到学生对于绘画和手工等课程非常喜欢,部分同学能主动发现生活中的美好的事物,并主动表现出来。绝大多数学生对参与美术活动积极性很高,为开展单元式教学的实施奠定了良好的基础。

(二)实施环节:分组实践

1.选取实践对象

　　课题组成员根据前测结果,在本校选取前测结果显示的班级整体美术水平相接近的两个班级作为实践对象。由于本课题组成员是来自于三个区域的美术教师,既包括来自于市内六区中的河西区美术教师,又有来自于滨海新区的美术教师,还有位于城乡接合部的环城四区中的西青区美术教师。因此,此次实践活动中对于我市不同区域的学生实施范围得到了很大的保证。

2.确定实践方法

　　以《我设计的自行车》一课为教学内容,以参与课题研究的组内成员学校为单位,实践对象的一个班采取传统教学模式,另一个班采取单元式教学模式,进行分组教学,在教学过程中,注重观察学生的课上表现,参与程度以及对知识的掌握情况。另外,也要对学生课后作业的情况进行搜集整理。

3.实践后期测评

课题组成员在授课后,对两种课堂进行对比整理记录,并进行反思;实践后对学生进行多维度测试,从课堂过程及课后反馈两个角度对两种教学模式进行全方位的对比,包括两种模式的导入设计,学生的活动的互动设计,对学生知识技能的训练,课堂过程中多媒体技术的运用以及课前、课中、课后的学生参与程度。

4.分析、整理、总结

在所有课题组成员完成实践测评后,召开课题组会议,将每位成员的资料进行汇总,并进行分析、整理、总结,将实践效果由个别现象上升为普遍现象,从而总结出单元式教学模式的优势及注意事项,以便在后期进行推广。

实践后期测评——两种课堂的对比

(1)导入设计

传统教学模式中,通常采取以下导入方式:先请学生们欣赏一段精彩的自行车特技表演,激发学生的学习兴趣,再过渡到本课的新知——探究了解自行车的大致发展史。

单元式教学模式中,导入设计如下。

在第一课时,利用学生身边感兴趣的情境导入:十一假期里很多人都会选择外出旅行,老师也不例外,国庆节那天老师去了我们天津独具特色的“五大道”风景区。当时的大街上可真热闹啊,熙熙攘攘到处都是人,汽车在马路上也大排长龙,老师也只能被堵在路上了。同学们,你们觉得老师当时还有更好的出行方式吗?在第二课时,用学生感兴趣的游戏进行复习导入:通过上节课学习,同学们一定对自行车的结构了如指掌了。现在我们来玩一个猜一猜的游戏,看看你通过局部的图片能不能猜到这是自行车的哪个零件,起到了什么作用?在第三课时,继续采用复习导入的方式,在上节课学习中,大家设计了很多造型美观功能丰富的自行车。可是你们知道设计图的作用是什么吗?在第四课时,采用的是实地观察、探究、讨论的方式,教师带领学生参观自行车作品创意展,让学生学会用带有问题的眼光去欣赏每件作品。

(2)互动设计

在传统教学模式中,多是通过观察图片、欣赏课件和其他同学设计的自行车作品的方式,进行交流探讨和总结,略显单一,且研究并不充分。在单元式教学模式中,学生除了基本的图片观察、课件欣赏、欣赏展示图片以外,还有了更多的机会参与更多的互动活动,如:微课欣赏自行车绘画步骤、微课展示如何制作设计自行车,在带着问题欣赏微课的过程中,学生边看边思考,激发了学生的思维,调动了学生的积极性和参与性,真正做到让学生成为课堂的主人。与此同时,"猜一猜"游戏的设计,打破了传统的"教师教、学生学"的惯例,让学生能够参与到课堂中来,都说兴趣是最好的老师,游戏无疑是提升学生参与兴趣的最好方式。

(3)知识技能的训练

传统的《我设计的自行车》是通过对自行车结构的认识,指导学生用绘画的形式表现创新的自行车,从中培养学生的观察能力和想象能力,激发学生的创造性思维。让学生在创作中体验设计自行车的乐趣,学会欣赏美,从而提高学生的审美能力和对生活的热情。

创新思维"单元式"第一课时通过学生对自行车的写生,用线描的方式画出自行车的完整结构,培养学生整体观察和细节描绘的能力,感受自行车局部机械零件构成所产生的美感。用线描的方式进行描绘写生,既是观察和了解绘画对象的过程,也是造型能力训练的过程,通过线条粗细、疏密、曲直变化的运用,提升学生的绘画表现能力。

第二课时激发学生的设计创作兴趣和创新点是这节课的最重要的环节和目标。让学生通过对不同人群需求对其给予帮助进入绘画设计阶段,以此来激发学生的创作热情,拓展学生思维,为他们深入创作提供了更广阔、自由的空间。培养学生在探索中捕捉创作灵感,逐步形成新颖、独特的创新思维能力。

第三课时的侧重点是将先前的创意立体呈现,培养学生动手能力。我选择了学生比较熟悉且容易操作的材料,把设计的自行车进行立体呈现,这一过程中,既发挥了学生的主体性,又不留痕迹地强化了学生的创意设计思维和动手能力,激发学生的生活热情。

第四课时通过对展示作品的欣赏与评述,学生在观察欣赏中获得审美愉悦的同时对作品思想内涵、形式等用语言或文字进行表述,提高学生的欣赏评价能力。

在单元式教学活动中,更好地让学生感受、探索、研究,改变零散的美术知识学习,获得更加完整的知识和体验,获得更加丰富、立体的美术知识,对于知识的理解更深刻、多元。促使学生各种综合能力和核心素养得到全方位的发展。

(4)多媒体技术的应用

在传统教学模式中,提到多媒体技术的应用,更多想到的是 PPT(幻灯片)的使用,局限性显而易见,单纯的图片观察刺激学生的视觉感官,于其他感官的刺激就相对较少,能力培养中更注重观察力的提高;在单元式教学模式中,教学目标更加细化,每节课的教学内容更加明确,教师根据具体的教学内容选取适当的多媒体教学手段,制作微课,以达到攻克教学难点的目的,在这样的多媒体技术配合下,学生的视觉、听觉等多方面的感官得以调动,思维更加活跃,全方位的能力的得到培养。

(5)学生的参与程度

在新课改的大背景下,教师和学生在课堂中的角色正在发生改变,教师由原来"教"的角色逐渐向"引导"的角色转变,学生由原来单纯"学"的角色向课堂主体地位转变,新的小学美术课堂,应该是教师扮演好引导的角色,让学生充分发挥主观能动性,在个人思考、小组合作中,不断提升自己多方面的能力,最终落实学科核心素养的培养。

通过对比不难发现,传统教学模式中,本课教学时,学生的主体地位落实起来有困难,虽然参与课堂,但是时间有限,不能逐一检测每位学生的学习情况,不能让每一位同学都表达,这就大大影响了学生的参与程度;而在单元式教学模式中,教学目标明确,教学时间充足,教学设备更加完善,学生无论是课前的调查搜集材料,还是课上的参与回答问题、小组合作探究、总结,以及课后的汇报总结、完成作业,都是在直接或间接的参与教学,学生主观能动性得以培养,参与程度大幅度提升。

总之,通过主题单元式教学,学生的创造性思维得到发展,在多元的情境中感受、探索、研究,改变零散的美术知识教学,学生手脑并用,获得更加完整的知识和体验,获得更加丰富、立体的美术知识,对于知识的理解更加深刻、多元,综合能力和核心素养得到全方位发展。

实践后期测试——学生课后反馈

学生课后反馈表

1.你对本节课的满意度

A.不满意　　　B.一般　　　C.满意　　　D.很满意

2.你对本课内容是否了解

A.不了解　　　B.一般　　　C.基本了解　　　D.非常了解

3.你觉得本节课教学活动是否有趣

A.没有　　　B.不确定　　　C.有趣　　　D.非常有趣

4.本节课学习的技能你是否掌握

A.没有掌握　　　B.基本掌握　　　C.完全掌握

5.本节课你是否全程参与

A.没有参与　　　B.偶尔参与　　　C.完全参与

6.本节课的课后作业你能否独立完成

A.不能　　　B.基本能　　　C.完全能

7.本节课的不懂之处是哪些？

_____

8.本节课的最大收获。

_____

　　课题组成员对实践班级的学生进行课后反馈调查,在统计和整理学生调查表时,呈现出以下特点。

　　授课教师多为课题组成员,在精心备课的前提下,无论是传统教学模式还是单元式教学模式,在教学环节、教学活动的设计上,都能够引人入胜,充分调动学生的学习积极性,让学生们乐在其中,学在其中,因此实践班级学生对于课堂满意度绝大多数表现为"很满意",但就2~6题则出现不同的结果:传统教学模式受教学时间和传统教学习惯的限制,教学活动的设计上不够充分,学生动手实践的时间较短,因此造成学生对知识内容的了解及技能掌握上有所欠缺,又如,在学生参与的评价上,受时间所限,不能因提问或展示作品而占用过多时间造成不能在规定时间完成教学任务,因此学生在参与度上,也有所欠缺。同时,在对最后两道课后反馈问题进行汇总时,不难发现,在单元式教学模式分课时教学的情况下,将本课的重难点细化,学生接受起来就更加容易,因此相关班级的学生不懂之处是比较少的,课堂收获也是较多的,传统教学模式相关实践班级则呈现相反的情况。

四、实践成效

通过《我设计的自行车》一课的美术单元式教学实践,让我更加清楚作为一名美术教师可根据学校情况、学生的认知水平等各种综合因素,对教材内容进行合并、重组、增加等,使同一主题内容下的每个部分的内容都能够相互支持,互为资源,进而形成合力。

教师还要挖掘教材内涵,将教学的主题进行补充延伸,使一个课题逐步变成了一个主题的学习单元,使学生对知识有系统、深入的了解和学习。如,《我设计的自行车》一课。教师通过美术单元式教学设计使学生的学习由简到繁,由易到难。三节课教学目标侧重点不同,作品表现的形式也不同,但是每课时之间要具有连续性,形成一个有内在联系的课程单元。在作品的完成上,学生从不同角度进行设计创作,他们的作品无不呈现出独特的美感,在教师的鼓励与反复的探索中,让学生养成独立思考和不断创新的思维习惯,使学生捕捉创作灵感,逐步形成充满创造力构思的作品。

设计是通过理性思维和逻辑推理来研究形象并创造新的形象的过程,基于对事物的充分了解,才能更好地进行设行计活动。传统的《我设计的自行车》一课教学中由于教学时间安排短,学生在对自行车结构认识时囫囵吞枣,认识不够准确细致,对后期的设计起着很大的制约作用。而单元式教学把一整节课时间都放在自行车的历史了解与结构写生上,同时采用线描的方式对自行车进行写生,画出自行车的完整结构,这样使学生对自行车的结构得到充分的观察和了解。因此把真实的自行车带入到课堂,让学生观察自行车的整体特征和具体细节,感受其局部机械零件构成所产生的美感,激发他们设计的灵感和愿望。特别是提倡采用线描的方式进行描绘写生,既是观察和了解自行车结构的过程,也是造型能力训练的过程,通过线条粗细、疏密、曲直变化的运用,提升学生的绘画表现能力。

　　第二课时是真正意义的自行车设计课程。因为在上一课时学生对自行车结构、功能已经有了较为深入的了解,本节课指导学生设计自行车的草图似乎变得顺理成章。激发学生的设计创作兴趣和创新点是本课最重要的环节,如何在探索中捕捉创作灵感,逐步形成新颖、独特的构思呢?可以从两个方面启发孩子的创作。第一、你们是否会骑自行车呢?不会骑的同学请说出你不会骑的原因,通过问题启发学生找出自行车的功能有没有需要改进的地方。第二、如果你想给自己设计一辆自行车,你想拥有一辆什么样的自行车呢?启发学生从自行车的功能入手,进行巧妙的设计构思。我让学生观察一些生活中的事物,并引导他们在造型上可以功能上借助生活中的事物进行联想,或者创造出一些抽象的造型,逐步形成创造性的构思。通过"你们还见过哪些好玩的或者有特殊功能的自行车?"提问,让学生回忆思考,培养学生的观察能力和记忆能力。

　　为了让学生的创造力得到唤醒和激发,我从网上收集到许多各种奇异的自行车的图片,它们或造型有趣,或色彩独特,学生通过欣赏找到了创作灵感,并明确了自己想象的方向和细节。这堂课的实践环节,我以"未来世界自行车设计邀请赛"为由,让学生进入绘画设计阶段,以此来激发学生的创作热情,拓展学生思维,为他们深入创作提供了更广阔、自由的空间。

　　第三课时是在第二节平面设计的基础上进行的立体造型设计,是对本课内容的进一步深化和拓展。本节课的侧重点是将先前的创意立体呈现,培养学生动手能力。我选择了学生比较熟悉且容易操作的材料。把设计的自行车进行立体呈现,这一过程中,既发挥了学生的主体性,又不留痕迹地强化了学生的创意设计思维和动手能力。作品不仅体现学生的创意,还要对先前的设计草图进行对选择、组织、再加工来进行制作,从二维空间的绘画到三维空间的立体作品的转化,学生需要有制作技巧的支撑,但是在这节课上,教师可以不把技巧的讲授作为重点,依然把创造性的呈现作为教学中重要的目标。探究阶段,让学生们相互欣赏他们在上一节课设计的功能新颖、造型独特的自行车作品,学生的思维得到进一步拓展,当学生遇到制作困难可以让他们停下来集体思考解决办法,培养自主解决困难的能力,如此全班都会沉浸在自行车设计制作的世界里,又快又好地完成作品。

　　完成作品的完整度与效果这些有形的结果很重要,但通过美术单元式教学更看重的是学生探究获得知识的过程;关注学生参与活动的情感态度和解决问题时所运用的创造性思维;注重学生学习过程的体验对于其生命成长的意义;注重课堂是否给学生完善人格的养成提供更多的机会、更大的空间和更多的自由与选择。

五、经验总结与反思

(一)初步明确"单元式教学"的概念

早在 1931 年,美国芝加哥大学的莫里逊创导了著名的"莫里逊单元教学法"。单元式教学法是将教材、活动等划分为完整单元进行教学的一种方法。每个单元都有规定的学习目标和内容,时间长短因学习内容和学生个人情况而异,目的在于改变偏重零碎知识教学,强调学生手脑并用获得完整的知识和经验。

(二)通过实践探索、总结,分析整理出传统教学模式的弊端

(1)小学美术教材为了教学的方便,一个课题的内容往往一节课完成,同时每节课都要完成一个作业或练习。在教学研究、公开课观摩、教学评比和全国优秀美术课评比中,都要看教师如何上好一节课。由此形成了很强的"单课时教学"和"单课时意识"。

(2)每节课能"清"的、能评价的多是知识和技能方面的东西,能在一节课独立完成的美术作品肯定是些材料和技能较简单的小作业,其"知识与技能目标"的创新和突破很小。

(3)教师在一节课中难以提出更深刻意义的"情感态度与价值观目标",即使提出来,一堂课也很难实现,学生实现较高水平的"情感态度与价值观目标"有很大困难。

(4)如果长期局限于"单课时教学",作为一种教学规范来要求、考评教学活动,美术教学难以实现实质性的改变。

(5)以往的教材似乎都有单元教学,如把同类的内容编排在一起的学科单元,如学画中国画花卉,把牵牛花、葡萄、枇杷等画法放在一起,都用同一种方法画各种既相似又稍有不同的对象,进行循序渐进的学习,目的通过反复操作来获得每

种美术技能。但是仅仅形成单元教学,没有研究的课题和研究过程并不能从根本上有所改变,要以一个问题或活动为中心设计单元,围绕某一课题让学生通过自主学习、合作学习和研究性学习,师生共同参与知识创生。

(三)通过本课题的研究,初步探索出培养小学生创新思维能力的新型美术活动教学环境,为学生创建宽松、愉悦、自主、探究性的学习活动环境,教师总结出可行性的美术课单元式教学的方法和策略

1.分析教材的性质和要求

明确"单元课题"的目的意义,是否有必要改成学生喜爱的课题?

明确课题的基本内容,根据地方、学校和学生等条件设计其拓展型课题和研究型课程的内容。

包括哪些课程"类型"与特征?与以往教材或同类课题有何突破?需要使用哪些组织形式(独立完成、两人合作、小组合作、全班分工合作等)和教学策略。

2.分析教学条件和学生特点

学校现有的物质条件能否开展教学活动?还缺什么?如何解决?

哪些材料工具需要到市场购买?如果买不到,没有资金的话,是否能找替代品,形成不同的视觉形式?

是几年级的学生?有怎样的能力?有没有研究型学习得经历?

这学校、这班级的学生有何特点?能力较强还是较弱?

在以前是否学过类似的技能?学习本课程会有何困难?如何解决困难?

3.明确教学目标

根据上述分析,按三个维度的要求设计课程的教学目标。

4.设计单元教学思路

进一步思考设计单元教学计划,从宏观、整体的角度把单元教学任务分配到各课时,确定具体教学进度,保证单元教学目标的实现。

为实现单元教学目标,需要分成多少子课题,各需多少课时?

每个子课题主要完成什么具体目标(三维目标)或学习结果?

每一课时的侧重点是什么?主要有什么教学活动?

各课分别采用什么教学的模式、策略和方法？能使教学既连贯又有变化？

各课中可以运用哪些教学资源、教学技术和教学手段？

是否需要特别的游戏规则或评价机制？各课各占多大的权重？

5.各课时教案设计

(1)每节课都是相对独立、完整的课。

(2)每节课都有自己的侧重点。

由于单元式研究型教学是一个多课时的大计划，每节课完成其中的一部分，往往有一定的侧重点。比如《我设计的自行车》这个单元内容,有的侧重自行车的基本知识和自行车欣赏;有的侧重讨论、构思自行车款式;有的侧重自行车的图样绘制;有的侧重用多种材料制作自行车;还有倾向于自行车的展示和评价等,让学生可以获得不同的体验和感受。

(3)每节课都是单元计划的一部分。

教学中要不断关照单元目标,以便确定本课在单元计划中的位置和作用。

(4)每节课都要注意承前启后

每一课都是前一课的延续和发展,也是后一课的铺垫和准备,每一课开始会复习前一课的内容或检查、观摩、讲评后一课的作业或布置任务,在最后要提出下一课的任务或所需材料,或提出问题让学生思考,体现教学的连续性。

(四)通过本课题的实施,把科学活动、思维科学、创造美学等研究成果运用于美术教育教学活动中, 发展学生的创新思维以及美术核心素养,培养学生的观察能力、想象能力和创造能力

美术课程在学生终身发展中有不可代替的作用,学生的审美情趣培养及鉴赏能力的提升,对学生一辈子的生活品味有深远的影响,美术课程又被称为学生创新思维的"孵化器",因此如何在美术课堂中培养学生的创新思维,是值得教师深入思考的问题。

新课改背景下,"核心素养"的形成及发展成为重中之重,传统教学中的"学以致用",已经上升为今天的"以用促学"。"以用促学"即用问题驱动,运用知识和技能技巧来解决实际问题,进而形成美术学科素养。如在本课的单元式教学模式中,在了解了自行车的历史的前提下,从观察自行车结构到临摹自行车,从根据不同

人群的不同需求,创新自己的设计再到用丰富的材料制作自行车,每一个教学环节的设计,都有一个核心问题的驱动,学生在问题的驱动下,通过自己思考、分析以及小组讨论、互相借鉴,进而运用知识解决问题,这样的过程,正是学生核心素养形成及发展的重要过程。

(五)通过本课题研究,明确单元式教学模式在培养小学生美术学科素养方面的突出优势

1.明确及细化的教学目标让学生接受起来更加自然,符合学生发展水平

将单课时的教学目标转化为单元式几个课时的教学目标,循序渐进,学生在学习的过程中接受起来就更加容易,避免了过去美术课程中的"蜻蜓点水"般浅尝辄止的弊端,使主题得到更深入的挖掘。

2.单元式教学模式助力学生个性化发展

单元式教学模式可以理解为在实施同一主题的教学内容时,尝试运用不同形式,让学生从多维度理解学习内容,并将知识内化,然后再由教师引导学生进行美术创作,鼓励学生大胆想象,利用身边现有材料进行创作,让学生的思想和创造力在这个过程中得到升华。传统美术课的课时多为一个或两个课时,由于课堂时间较短,学生又需要在课堂完成任务,为了能够在规定时间完成任务,很多学生被迫放弃自己创新的想法,来不及过多思考,直接跟着教师的范画去创作,导致学生的作业内容单一,缺少思想,严重影响学生的个性化发展,但单元式教学模式恰好弥补了这一不足,将教学内容进行整体设计,合理分配教学内容,安排课时,使之达到最佳效果。

3.单元式教学模式成为培养学生动手能力的基石

以《我设计的自行车》一课为例,不难发现,在传统教学模式中,这是一课时的内容,部分教师切入点为"临摹自行车",还有一部分教师切入点则是"制作自行车",无论是选择第一种,还是第二种,都会使学生错过另一种形式的动手能力的培养,况且在一课时的时间内完成了解、观察、临摹、修改等多个环节,真正留给学生动手操作的时间少之又少,无疑限制了学生这项能力的发展。经过单元式教学模式的设计,原本一课时的内容被分解为四个课时,每个课时都给学生提供了充分的动手操作的机会,如:画一画、做一做等,众所周知,技能技巧的训练都是需要

反复练习才能达到熟练,才能灵活运用,进而在这个基础上培养学生的动手能力,逐步形成学科素养。

小学美术单元式教学,符合新课程标准对教学资源互相借鉴整合的要求,也是未来教育教学发展的趋势。因此教学组织方式和课堂结构也应该相应地发生转变。主题单元式教学避免了过去美术课程"蜻蜓点水"般浅尝辄止的弊端,使主题得到更深入的挖掘。单元教学方式能够影响学生的思维方式和学习方法,促进他们完善认知结构的形成,提高他们艺术探索的能力和知识综合运用能力,增加了美术学习的广度和深度,有效地服务于学生的成长。

无论是传统教学模式,还是单元式教学模式,都有其存在的意义,是时代的产物,随着新课改的不断深化,新的教学模式应运而生,作为一线教师,我们要做的正是在原有教学模式的基础上汲取精华,提炼出新的、更符合学生长远发展的教学方式,设计出适应学生年龄发展特点,让学生感兴趣的教学活动,让学生在轻松愉悦的氛围中,主动学习,发现问题,思考问题,解决问题,在质疑中获取知识,进而解决生活中的问题。天下物无全美,没有一种模式是完美的,在今后的教学活动中,我们将继续深入研究单元式教学模式,使其日趋完善,为学生的长远发展和学科素养的形成与发展奠定基础。

参考文献

[1]纪彬.小议计算机广告制作专业基于工作室平台的项目教学法[J].时代教育,2015(04):133.

[2]李玲玲.着眼素养基于标准绿色评价——关于一年级游园闯关综合评价活动的实践与思考[J].基础教育参考,2018(04):19-21.

[3]谭晖.浅谈美术核心素养——立德立言,育人以"美"[J].新纪实·学校体音美,2020(03):15+17.

[4]王爱春.基于美术学科核心素养下的单元式教学[J].文理导航(上旬),2019(06):89+95.

[5]苏琪茵.闽南布袋木偶在初中美术校本课程的开发与应用[D].厦门:集美大学,2019.

[6]黄兴.小学美术主题单元式综合教学的探索和研究[J].小学时代(教育研究),2011(5):7.

[7]周冉.逆向设计在初中服装设计教学中的应用研究[D].上海:上海师范大学,2018.

[8]胡嘉丽.四川省普通高中美术新课程实施的现状调查与对策研究[D].成都:四川师范大学,2014.

基于"保护珍稀野生动物"单元化教学探究

天津市北辰区芦新河小学　于红

摘　要：本文研究内容为"基于核心素养的小学美术单元教学研究"下的子课题研究。该课题依托核心素养为基础，以小学美术单元化教学的策略和方法为主要研究内容，探讨在核心素养下如何进行小学美术单元化教学的设计与开发。

本文研究内容共分为四部分，第一部分主要从单课时教学的弊端进行分析，从单元化教学的优点出发，阐述了小学美术教师为什么要利用单元化教学的优势进行课堂教学；第二部分讲述如何利用单元化教学进行创新性的设计和开发，这一部分主要从四个方面进行了分析，包括单元化教学的概念，设计单元目标，设计单元任务，设计课时内容；第三部分重点进行了单元化教学的策略和方法的分析研究，策略包括重新构建单元确定主题和以该主题为引领的子课时衔接性，方法细分为师生互动、合作探究，调动学生的积极性，与其他各学科融合的优势，学生作业评价；第四部分为研究结论及分析总结，通过单元化教学进行创新设计与开发，培养学生综合素质，提高正确的价值观，使其发挥更强的教育功能。

关键词：单元化教学的策略与方法　学科融合　作业评价

一、单课时教学的弊端

(一)教学思维限制

现阶段的小学美术教学还只是以单课时教学为主,虽然按照年级纵向进行了区分,但教材内容还是以课题来划分的,即每一个课题都由一节或是二节课来完成,并且在课程结束后,教师会留与课题相关的一些练习拓展内容来进行内容的延伸。目前各年级美术课的教学评比,还是比较重视教师的课堂整体教学效果,所以就导致教师还是以课堂教学为主要目的。在单课时教学中,教师所讲解的内容仅仅是一些最基本的理论和技能知识,课后所留的作业也是学生在短时间内就可以完成的,不能起到培养学生创新能力的作用。同时,在单课时教学模式下,教师没有足够的情感教学时间,难以实现新课程标准倡导的"情感态度和价值目标"。中国一直将单课时教学作为小学美术教学模式运用至今,目前,小学美术教学水平难以大幅度提高。近年来,在按年级划分的单课时教学模式下,也可以看到类似的单元化教学内容。例如,有些教材将相似的内容组合成一个单元,内容不同,但画法相同,可以使学生反复练习不同内容同一画法,不仅能使学生掌握相应的美术知识与技能,还能避免学生重复练习类似的内容而产生枯燥。但是,这样的单元化教学是内容浅显、形式单一的,教师在单一课时固有内容的意识下,缺乏学生的自主探究、师生之间缺乏互动、缺乏合作学习等方面的指导,因此单元化教学的价值不能充分发挥,也使得小学美术教学效果难以显著加强。

(二)教学目标缺乏系统化

经过几年的教学实践,在单课时的教学模式下,我们会觉得目前的美术教材安排过于散乱。例如,在某一学期的教学中,就经常会出现一周有两节美术课时,一节要求学生带彩笔进行绘画课,下一节课要求学生带黏土进行泥塑课,再下周要求同学带蔬菜水果要做《百变果蔬》,虽然内容很好,但是家长来不及准备,弄得家长常常抱怨不休,也导致学生因材料不齐学习效果不高。这种问题的产生,一方面是由于教材内容分散,另一方面是由于教师自身缺乏系统的教学目标框架和单元化教学意识。在小学美术教学中,教师往往难以把握美术教学各个阶段的目标和重点,从而导致整体教学方向的模糊。现阶段由于教师必须从教材内容本身出发,根据教材安排的内容上课,所以使教学的整体的知识结构框架不清晰,这也是学生学习效果较差的原因之一。

(三)课时目标定位不准确

由于教师缺乏对整体目标的认知,仅将教学内容作为课时目标,所以课时目标的定位就会存在不合理的情况,从而使美术课成为手工课,它降低了学生审美意识和审美能力的培养。例如,在人教版小学美术教材第四册学习《漂亮的花边》时,教师将课堂目标定位为"用各种图案画出花边",课堂目标与教学内容没有差异。但如果换一种思维方式,课堂目标是"根据老师提供的材料,观察和体验不同花边的图案和排列,体验其不同的形式和美感",从而"通过设计实践,观察不同花边在不同环境下产生的感觉,体验其装饰性",学生可以通过此类课程提高审美意识和能力培养,提高理论和技能知识的培养,取得更好的学习效果。

(四)美术活动安排缺乏针对性

在当前小学美术教学中,由于教学内容相对分散,大多数教师在美术教学的安排上,是按照教材规定的顺序进行,没有考虑学生的接受能力和喜欢程度,导致对美术内容的学习缺乏针对性和坚持性。但单元化教学是主要强调以单元化的形式对学生的某一方面能力进行有针对性的训练。小学美术教学要有发现学生美的能力,还能够通过美术作品激发学生心中对美好生活的向往。并通过自己观察到生活中的日常所见到的东西,发挥自己的才能,点缀生活,创造具有装饰性美感的美术作品。面对教育事业飞快发展,我们教师应该转变教育理念寻找适合的教学方法,注重培养小学生的美术能力,遵循单元化教学的理念,结合学生的实践能力安排相应的美术活动,培养学生的审美能力,引导学生更好地学习美术知识。

二、利用单元化教学,挖掘教材中的
理念并进行创新性的设计和开发

(一)什么是美术单元式教学

美国芝加哥大学教授莫里逊于1931年提出了单元化教学这一新型课堂教学方法。所谓"单元化教学法",是指以某一主题或教材、活动为基础,分为完整单元进行整体开发设计的教学形式。随着这种教学方法的逐渐成功,"莫里森单元法"逐渐为人所知,并在今天继续使用。

单元化教学提倡教师从系统的角度全面思考某一特定主题的内容之间的关系,合理安排相关主题和学习活动的形式,使每一堂课既有联系又有特点。它不仅可以培养学生学习已知领域的能力,还可以培养学生探索和发现未知领域的能力,从而充分发挥教学的整体优势。

现在我国教育也已经引入了单元化教学的模式,有一些地区已经开始在教材中以单元的形式呈现内容,教学知识更加系统、清晰、明朗,很多小学美术教师也认识到了单元化教学的优点,并已经在教学中加以运用,大大提高了教学单元的效率。

(二)设计单元目标

当今教育改革飞速发展,我们最终的目标是培养学生的综合素质能力和学生的全面发展,所以在美术教学中,我们应重视单元化教学的特点,提高单元化意识,从单元化教学整体考虑,改变固有的教学理念和方法,注重发挥美术学科的教育功能,提高学生的综合能力和审美意识。在单元化教学过程中,要精心设计单元主题,并结合小学生的身心发展选取单元内容,再设计出符合小学生的教学活动,三者有机结合,以培养学生的创新精神和综合能力为教学目标,促进小学生的全面发展。

例如,教师首先要确定在设计知识与技能目标的同时,应该让学生掌握哪些基本的美术知识和技能,应该准备哪些材料和工具,在实际教学中,学生能否运用这些材料完成相应的教学目标。在设计教学过程与教学方法时,应该考虑如何将整个单元进行合理划分，在不同的阶段运用什么样的课题来解决问题，并设计出主要课题下的不同子课题。在教学方法上，可以根据教学内容进行规划设计，对于内容相对简单学生易于接受的，可采取看一看、说一说、画一画的方式或是采用游戏、情境教学法等，而对于较为复杂的内容，如手工制作课，可以采取分小组合作的教学模式，使教学更加具有实效性。在教学目标的设计上，教师应注重学生的价值理解、情感体验和情感态度，并通过多种教学活动——欣赏、游戏、互动、情境等让学生体验到生活的美好，并从思想上认识到美术的社会价值，还能用学过的美术知识把自己的作品用中的情感表达出来，它反映了学生乐观积极的态度，增强了他们对生活的热爱。

(三)设计单元任务

美国教育学家布鲁纳提出："学生在学习基础知识的同时，还应掌握基本的学习方法"。新课程标准建议学生在美术学习中逐步形成自己的学习方法，形成良好的美术修养。因此，在小学美术整体教学中，教师应合理规划单元任务，使学生通过自主探索加强对知识之间联系的探究，提高获得更深层次的认知。其中探究的方法和态度最为重要。而合理的单元任务的安排，则需要结合每一个单元的教学目标。

例如，在《保护珍稀野生动物》一课的学习中，单元教学目标是了解动物，通过观看动物图片及视频初步了解动物的习性和生活环境，探究珍稀野生动物的生活习性，尝试制作资料卡，提高学生学习的积极性。如果只是单纯的安排单元任务并不能完全满足学生的学习需求。教师应设计出本课需要学生探究的问题，例如，提前上网查找你喜欢的动物资料，包括生活习性、生活地点等，然后在教学中鼓励学生通过自主学习参与进来，促进知识的学习和创新。也可以根据不同的班级设计不同的教学任务。在绘画教学中，设计事物的感知、激发创作的兴趣、体验作品、实践创作等综合任务，解析内涵、体会感悟、表达情感等单元综合性任务。《保护珍稀野生动物》一课对于三年级的学生来说应该是非常喜欢的一课，我是通过"综合·探究"领域引导学生主动探究研究和解决问题的。课前我在留预习作业的时候，问同学们有没有听过一首歌曲《一个真实的故事》，大家回答我说没有，其实这曾经是非常火的歌曲，只不过是现在没有人唱，也没有人听了。我除了让同学们收集自已喜欢的动物之外就是反复听这首歌和了解这首歌背后的故事。因为当在了解了歌曲背后的故事后再听这首歌,我流泪了,而且特别感动。一个养鹤的女孩,为了她心爱的丹顶鹤不惜付出自己的生命,加上哀怨的歌词,真是听一遍哭一遍,这就是我想以这首歌作为唤醒学生那颗保护动物之心的初衷。但是同学们听到这首歌曲的时候并没有什么反应,它就是一首歌而已。这是我没有想到的,当时我百思不得其解,这么打动人的一首歌曲,学生为何没有反应呢?于是我先让同学们说一说这首歌曲想要表达的是什么内容,再让小组的同学一起讨论徐秀娟为什么养鹤?为了养鹤,她付出了什么?最后的结果是什么?通过讨论同学们了解到徐秀娟为了养鹤不顾路途遥远、环境恶劣来到扎龙自然保护区,把自己床让给生病的小鹤住,尽管小鹤把她的床弄得到处都是粪便,她都在所不惜,同学们也被徐秀娟的故事所感动。当同学们再次听到这首歌的时候,视频中出现的展翅飞翔哀鸣的丹顶鹤久久停留在保护区的上空,仿佛在寻找他们的主人,你去了哪里,为什么我看不到。这时我看到有些同学的眼睛里闪烁着泪花,教室里没有了欢声笑语,仿佛时间都凝固了。当同学们带着丹顶鹤的头饰,模仿着寻找女孩的丹顶鹤、觅食的丹顶鹤、翩翩起舞的丹顶鹤时课堂达到了高潮,他们都在表达着对养鹤女孩的敬意。其实一节好课,一节打动人心的好课一定是一节真实的课。通过设计单元化教学任务让同学通过"综合·探索"领域或是其他领域能够主动学习、自主探究充分了解课程背后的故事。

(四)设计承上启下的课时内容

在单元化教学中,小学美术教师应注重每个课时的教学设计。教师首先应该认识到,小学美术单元化教学规划不是单独的,而是针对多个课时的规划,虽然每节课都应该相对独立和完整,但每节课都只是其中的一部分。因此,在单元化教学设计中,教师也应该更加关注某些重点的设计。例如,在《保护珍稀野生动物》单元中,我根据学校的实际教学条件和学生的实际学习能力等,设置不同的课程侧重点。如,低年级设置动物图片欣赏、动物面具绘制、我们的生日会;中段年级则采用不同形式进行了设计,如《十二生肖》利用剪纸的形式,《可爱的动物》运用了彩泥的形式;高段年级为他们设计了《解析古代神兽》,通过讲解古代神兽的纹饰象征含义让同学们了解动物(见图1)。

图 1　学生作品《解析古代神兽》

教师在设计过程中,应注重单元教学目标的整合,才能明确本课程在单元化教学中起到的作用。另外,还要注意课时设计之间的联系,上一节课是下一节课的延伸和铺垫。所以,教师应在单元化教学中首先检查上一课分配的学习任务,在课程开始时引导学生复习上一课的内容,在课程结束时引导学生准备下一课的材料,并为下节课预留问题,让学生提前预习下节课的内容,从而实现教学的连续性。

三、单元化教学的策略与方法

(一)重新构建教材,确定单元主题

教师以《义务教育美术课程标准(2011 年版)》为依据,整体着眼于"综合·探索"学习领域,深入钻研教材,大量地搜集与珍稀野生动物领域相关的资料,并深入筛选、保留有连续性适合小学学段学生学习的相关资料。随后,把当前已有的课程内容和碎片式的单元化编写模式进行打散、整合、再重新构建成新的知识体系,以此形成新的教学主题单元。

(二)以单元主题为引领,关注子课时的衔接性

以"综合·探索"领域的教学主题是学生通过对动物的了解,经深入探究动物的生活习性以及背后的故事,让学生表达自我的情感。为了落实单元化主题教学,必须以单元主题引领全课,每一个子课时都有联系,学生在学习单元子课时的过程中,提升学生的创作能力。

例如:《保护珍稀野生动物》的单元规划

课时一:《了解动物》观看动物图片及视频初步了解动物的习性和生活环境。探究珍稀野生动物的生活习性,尝试制作资料卡,动物面具、提高学生学习的积极性。

手工制作课:《动物面具》《可爱的动物》

课时二:《解析古代神兽》介绍中国古代绘画中神兽纹饰的象征含义

欣赏课:《四大神兽》

课时三:《多学科融合教学》学科融合,激发学生对传统文化的学科共鸣。美术与英语、语文、数学、信息技术等学科融合。

课时四:《创作表达》搜集资料,在教师的示范与启发下,学生选择适合自己的创作形式进行创作。解决在制作中遇到的困难,完成作品。国画课《写意动物》、手工课《美丽的孔雀》、创作课《儿歌变画——咏鹅》《脚印的联想》

(三)师生互动、合作探究,提高课堂效率

美术学科五大核心素养对于我们美术学科落实"立德树人"是具有独特价值的。美术的教育理论家胡知凡教授提出:"当下我们一定要改变过去的教学方式,不能仅关注学生掌握的知识与技能,教学生运用美术知识和技能解决实际生活中的问题,用美术的形式表达自己的所想和所思"。在新课程改革要求下,教师要注重自主、合作、探索式的学习。在教学中我们依据单元的主题请学生在课前进行自主探究,这包括收集相关文本、图像、视频和其他相关信息。在教学上,我们尽量创造与主题相关的情境教师引导学生采用小组合作的形式创作,教师与学生则采用互动探究式的教学策略来完成学习过程。

现阶段传统的儿童美术教育现在还是学校教育实施的主要形式,以课堂教学为基础,进行的是"灌输"和"训练"式的教育,大多数课堂教学只让老师预留作业,

让学生完成作业。班上学生盲目抄写描绘,几乎没有自由发挥的空间。虽然学生可以在课堂上完成作业,但他们没有任何情感体验,也没有实践练习、创造和想象,他们只是统一完成作业了。

随着新课程改革和全面推进,许多地区进行了研究和探索,为了提高教学质量,优化课堂,教师尽心尽力的准备,出现了许多"展示课、示范课、优秀课"等。准备一堂课通常少则需要一周时间,多达一个月的时间,教师要准备所需要的教具及多媒体课件,还有进行教室布局。尽管老师对这堂课做了充分的准备,深入研究,把每个环节都安排得很顺利。然而,这节课给人的印象是精彩但不真实。例如有一节示范课,首先是学生表演唱歌,然后又安排了舞蹈演出,但是演出的成果是教师带来的作品,并不是本堂课学生的作业。乍看很热闹,就像舞台剧一样,但是实际上我们投入的精力和这个貌似高端的"豪华课程"的收益之间存在着巨大的差异。这样的课有效果吗?值得我们借鉴吗?所以为了有效地开展课堂教学,我就尝试有效的教学方法——单元化教学。

1.在游戏中学习

"游戏"是孩子们最喜欢的活动,它不仅能刺激学生大脑中最活跃、最有创造力的区域,而且能满足他们玩耍和活跃的需要。在提倡素质教育的今天,我们应该把美术活动与创新精神完美地结合起来。在单一枯燥的美术教学单元化教学里加进一些潜在的游戏内容,以适应当前学生的发展。例如:《动物面具》舞会,采取游戏教学方式,能促进学生更快更顺畅地完成本课的学习任务,教学中让他们一边收集动物资料,一边制作动物面具,而游戏的名称也比较符合儿童的心理。游戏教学方式让学生在玩中有学,学中有玩,使学习过程变得轻松主动,可以促进学生学习新知识、新技能,满足时代发展的需要。

2.在欣赏中发现

美术作为视觉艺术,要想取得良好的教学效果,就要积极调动学生的学习热情,使他们对课程内容留下深刻的印象。教师首先要精心挑选作品,便于学生了解相关内容,然后可以运用比较的方法,从直观的多角度对不同的内容做比较。同时要适时启发和引导学生,教学上要注重科学性、典型性和艺术性。例如,在单元化教学中,我选择介绍中国古代绘画中神兽纹饰的象征意义。首先让学生收集古代神话动物的介绍,教师在课堂再加以详细解释:在古代,神话动物是将人类的世界与神仙的世界相关联的,这种认识在民间广为流传。民间流传的盘古开天辟地后创造的四种神兽是青龙、白虎、朱雀和玄武,也被称为四大灵兽、四大圣兽。它们是野兽的源头,有着强大的力量,所以,四神兽被邀请守卫四个方向,青龙镇东守,白虎镇西守,朱雀镇南守,玄武镇北守;龙凤等神兽被视为中国古代的图腾和精神物品,吉祥的象征,历来被视为具有"绝地通天"的功能。通过了解和欣赏这些知识,有利于我们在教学中培养学生的美术审美能力,调动学生参与教学的积极性。

3.在分步中简化

在传统的课堂教学中,一般前半部分由老师讲授,后半部分由学生完成,不管任务的难易程度,这不利于学生创作优秀作品。

例如,在《美丽的孔雀》课程中,传统的模式被用于课堂。首先,学生欣赏它,然后老师演示它,最后学生创作它。然而,课后效果并不令人满意,因为作品都是一样的。因此,在另一节课上,教师采取循序渐进的教学方法,从学生的身心特点和认知规律出发,结合分布教学法,从浅到深,层层创造,层层扩散,层层启迪,从简单到复杂,为学生创造真实生动的美术教学环境。教师和学生自始至终都是互动的,始终是学生的伙伴,使学生的创新能力得到了发展和升华。

(四)精心组织教学,利用不同的材料和形式,调动学生的积极性

1.创设情境,激发兴趣

传统的教学模式如果每堂课的教学都是一样的,那么学生就会产生课堂疲劳。因此,教师应精心组织学生,充分调动学生的学习积极性,开展多种多样的课堂活动,创设一些情境,让学生参与进来。

为了调动学生参与课堂教学的积极性,可以将学生分组进行竞赛和演示。如果使用不同的形式、材料效果就更好了,使学生能够遵循教学内容。教学内容可以让孩子先观察,再描述,再创造,抓住重点和难点,给孩子足够的自由发挥的空间。教师应该把简单的内容放手,孩子们喜欢才能把事情做好,要有创新。

例如,在第一节课《可爱的动物》中,首先引导学生观察、了解动物的基本形态,学会总结、描述动物的动态表现方法。通过以上活动,学生可以运用这些技巧

作为基础,画出各种动物的姿态,生动地展示动物的生活。这是为了让他们能够使用所学的技巧来表达他们想要表达的东西内容。

在课堂上讲解要点时,我们应该一层一层地引导学生学习欣赏、寻找和总结不同的颜色和图案。通过大量的图片,让学生了解动物的原始图案、归纳为美术中的点、线、面和颜色。在绘画过程中,每个孩子都会利用这些知识为小动物设计服装。一个为长颈鹿设计彩点服的孩子说他的设计理念是觉得长颈鹿颜色太暗了,想让长颈鹿看起来帅气点,就想到了五颜六色彩点的服,所以用彩点作为长颈鹿的衣服(见图2);有的同学为小白兔设计的衣裳添加了农民画的元素,用不同的花纹来装饰(见图3)。

在教学中,我们发现,要想解决好关键难点,进而提高了学生在美术语言和想象空间方面的能力,提高了学生思考和分析问题的能力,同时也能在美术创作中表现自己的情感,这是新美术课程理念的体现。

图2 学生作品《长颈鹿的衣服》

图3 学生作品《小白兔的衣裳》

2.掌握方法应用实践

在当前的美术教育中,传统的"填鸭式""注入式"教学依然普遍存在,难以调动学生的学习主动性、创造性、积极性,学生的自主学习能力相对较弱。传统的灌输式教学方法制约了学生智力的发展,影响了学生对绘画的兴趣,不利于能力的提高,不利于培养独立思考、创新创业的人才。

新的教学理论强调学生的积极参与、自由探究和自主学习,采取"先尝试,后指导,先练习,后发言,先学习,后教学"的方式。通过亲身接触材料和反复尝试,学生可以掌握工具和材料的性能以及相关的美术技能。也就是说"从尝试开始,从实践开始",并使用灵活多样的尝试策略。特别是在美术绘画课上,不要求学生按照模板制作,不要求什么形式,先做什么、再做什么、没有统一的规定,而是让学生通过试验对材料进行了思考,要求学生从不同的角度进行测试,让学生自己去发现和了解不同工具材料有哪些表现特点,步骤不仅可以是这样,也可以是这样。

例如,在反映使用中国画工具和材料的表现特点时,我鼓励学生自己动手,从最初的失败到不断尝试和练习,逐步掌握工具的性能,从润笔、着色、用水等各种体验中感受成功的喜悦,激发学生的参与感。

五年级教材中有一课国画——《写意动物》,开始我认为学生还没有接触过国画,刚开始会比较困难,所以我想先让他们学些简单的内容来增加他们的兴趣。课堂上,我不仅想着要让学生从此认识我们的传统文化——中国画,认识我们博大精深的文化内涵,更想如何让学生满怀兴趣地跨入中国画的大门呢!在中小学美术课程中,中国画教学历来是难点,也是教学的薄弱环节,中国画技法丰富,课时却不多。中国画的主要教学方法是临摹、技法训练反复、枯燥,想象和创作的空间不大,学生的学习热情不高,所以对中国画的热爱是不可能的。

俗话说得好,兴趣是学习成功的秘诀。激发学生学习美术的兴趣,并使这种兴趣持之以恒,是我们需要侧重的方向。现在小学生特点的形象思维是好的,但是抽象思维比较差,如果我们只是简单地教给他们某一个知识点,就会事倍功半,如果用实际操作的方法来引导他们去探索,就会事半功倍。课前我为学生准备了毛笔、水墨、宣纸、笔架等中国画工具。上课了,在学生的好奇与渴望的眼神中,看见他们个个充满了自信, 在小组中,学生们自由地尝试毛笔、水墨和宣纸的独特特性,并通过自由使用笔、墨体会产生不同的笔墨情感。比如:加水后墨汁会变淡,水越多,墨汁颜色越浅;根据不同笔刷的大小和质地,它能绘制不同软硬、粗细的线;生宣纸很容易渗水。

我们都知道,孩子们天真活泼,他们有独特的感觉能力和奇异的想象力,设想:如果在学习中国画的笔法练习时仅仅为了让学生能快速感悟国画的墨色神韵,而在课堂中进行干巴巴的说教,教学生如何区分墨的焦、浓、重、淡、清,如何运用侧锋、中锋、逆锋,学生会听得索然无味。相反,在课堂教学中要想使学生自主学习,自主探究,就要灵活运用一些方法,久而久之就能培养学生的主体性,让学生变得愿学、乐学。

3.注重启发性和创新性

目前,我国的基础教育正在由应试教育向素质教育过渡。从素质教育的观点来看,美术课程是促进学生发展的重要课程。新课程标准倡导的素质教育,就是要让每个学生都积极参与美术学习,有效地传承传统文化,使每个学生在各自发展的基础上都有不同程度的发展,培养情感,提高学生的审美能力,加强学生形象意识和思维能力的培养,增强学生创新精神和技能的形成,加强学生的全面发展。

例如,在上创作课时学生基本上能根据要求完成绘画内容,但是在教学中我也发现了一些问题,有的学生经常对我说:"老师画什么呀?怎样画?"等问题,还有的学生的想法很好,但是不敢动手画,对此问题,我想了一些好的方法。

(1)提高学生的创作兴趣

提出应特别注重激发学生的创新精神和培养学生的实践能力《义务教育美术课程标准(2011年版)》(以下简称《课程标准》),所以教师应积极营造有利于激发学生创新精神的学习环境,通过思考、讨论、对话等活动,引导学生开展美术创作活动,艺术语言的创造性运用;教师应鼓励学生在欣赏活动中,开展探究性学习,表达自己独特的见解。鼓励学生的积极创作,减轻学生的心理压力。开放学生的思想,激发学生的想象力。用正确的方式教学生,使课堂教学得以优化。五年级美术教材下册有一课是《爱护家园》,材料使用各种各样的废弃物组成的,如小纸盒、小药瓶、易拉罐、饮料瓶等。为了上好这一节课,我制订了准备计划,让同学们以小组合作的方式来上好这节美术课。开学初我就让同学们开始收集这些东西,一开始同学们并不积极,我就和班主任商量采取奖励机制,鼓励同学们积极收集环保材料。这样同学们的积极性和主动性一下子就被调动起来了。学期末同学们一听要上手工课了,很兴奋,我也很高兴,我不知道同学们会给我什么惊喜。因此,我采取了小组合作的方式,要求学生进行创作。课前为每个组分配好材料,让同学们根据这些材料自己进行创作。课堂气氛非常热烈,同学们一起商量着自己的小组完成一件什么样的作品,就好像商量一件非常重要的事一样,随后就动手制作自己的那一份。温馨的课堂,我认为上好美术课并不难,只要你愿意用你的大脑去寻找一种方法,那么每一节美术课都是快乐的。

(2)符合学生的认知

人教版二年级美术上册有一节《儿歌变画——咏鹅》的课,这堂课的重点在于学生创作的儿童画不仅要符合儿歌的意境,还要体现一定的绘画水平。往往学生们不能很好地解读儿歌,只是简单地完成作业,所以我在课堂上提示要有创新精神,不要单纯地参考课本内容,可是,还是会有很多学生模仿范作,这点是在以后需要我特别重视的。美术课的教学特别开放,所以在评估作业时,没有对绘画和着色材料的要求。在评价标准上,只要求学生在创作时表现出儿歌的意境和创造力。

为了使学生更好地理解儿歌,课前我进行了一些儿歌的收集,上课时放给学生听听,并要他们一起读一读、说一说,理解了儿歌的意思,想象其中的画面。通过阅读、思考、表达后创作出来的作品整体效果还是很好的。儿歌是儿童画创作的优秀素材,是民间艺术家送给孩子们的珍贵礼物。儿歌不仅充满童趣,而且具有不同地域的文化特色,阅读童谣后,孩子们将文学形象转化为绘画特征,融色、文、声于一体,体现出无与伦比的艺术美,孩子们听着儿歌在快乐的心情下,能够自由轻松地创造出一个五彩缤纷的世界。所以,在教学上我先让孩子们朗读一些经典的儿歌,然后再画儿童画,孩子们和谐地将画和歌融合在一起,能够更好地激发学生的创作热情。

(3)准备要充分

因为书中为学生提供可以参考的内容有限,所以我在课下让同学们寻找自己喜欢的童话、寓言,并深刻挖掘内容的背后故事,想清楚自己想要表达的主要内容,然后再寻找一些相对应的绘画形象,这样才是完成一幅好的作品的前提。为了解决这一难题,我为同学们准备了丰富的课外资料,如儿童作品欣赏、《少儿书画》杂志、《儿童创作资料大全》等书籍,丰富同学们的创作形象。为了正确地引导学生完成创作,解决学生的构图问题,我就把其中的一个故事内容《小马过河》分成几个部分,演示给同学们,然后让同学们根据主要的形象来添加其他绘画内容。如有的同学添加了小松鼠和小马说话,有的同学在河边添加了小草,有的在河中添上小鱼、小乌龟等内容来丰富内容。为了拓展本课内容,还告诉同学们可以为你喜欢的课文、歌曲配画,还可以设计插图、作文画等。

通过本课的教学,我发现许多同学的绘画基础不太好,只是临摹,缺乏创新,想得挺好,就是不能够准确把形象画出来,并把它运用到画面中去,针对这一点,我认为应该让学生从低年级开始多画一些最常见的形象来丰富自己的头脑,未来就不会缺少可添加的内容了。在多年的教学中,我深深感受到美术教学必须让每一个学生都体验到成功的喜悦,展示学生创造成功的机会,一次成功可以更好地提升学生的学习信心,提高学生学习美术的兴趣,激发学生的创作热情,准备好迎接新的成功。比如为寓言和童话配画是绘画创作课,也是为了解学生综合运用美术知识和技能的考察课。寓言和童话都是学生都比较喜欢,但为其配画还是第一次,所以教师要注意引导学生抓住重点,要选择最能够突出主题的内容进行构思,安排画面布局!要让学生认识到配画不完全是一种图解,而是用视觉艺术表现的哲理,把深奥的道理形象化,使人一看就懂,如《龟兔赛跑》《小马过河》等。

(五)学科整合,激发学生对传统文化的共鸣

当前小学美术教学是一门独立的学科,它有严格的独立体系,内容的线性发展情况也符合教学规律,虽然它在这门学科知识的教学过程中,往往不考虑其他学科的知识渗透,然而,跨学科的教学内容重叠现象在教学材料中随处可见。学科整合是在原有学科差异的基础上,通过有效整合,打破学科界限,促进学科相互渗透和融合的教育实践。它是各学科发展的趋势,也是取得创新成果的有效途径,是在艺术与各学科相对独立的基础上,适当调整各学科之间的逻辑外延,使各学科之间相互补充,促进形成,形成体系结构,更有效地发挥综合化教学的强大功能。

1.美术与英语融合,凸显文化多元

(1)美术与英语融合提升学生热爱生活,节能环保,尊重自然。在教学中,我不仅没有拘泥于本课、本单元的内容,利用研究的课程整合的方法,而且把美术、剪纸教学融入英语教学中。第一单元,我用的剪贴画的方式,剪的表、时针、分针都可

以动,人物也可以动。然后我利用这种动态的剪贴画进行自我介绍,从早晨开始,什么时间洗漱,什么时间吃早饭,什么时间去学校,什么时间吃午饭,什么时间回家,什么时间吃晚饭,什么时间看电视,什么时间睡觉以及我最喜欢做什么等。利用这些,我可以问学生很多学过的问题,如:"When do you get up in the morning?""What time do you go to school?"以及"where""who""what"等疑问词引导的特殊疑问句和第二单元将要学习的有关爱好的问题。然后,我把全班分成四个组,制作剪贴画。一组负责吃饭;二组负责起床、睡觉、看电视;三组负责上学、回家、踢足球;四组负责钓鱼、种花、做家务。要求是不仅是做剪贴画,更要把你所剪的物体都能用英文说出。小组合作,互帮互助,最后看哪一组剪最好,说得最好。最后还有一个加分评比活动,那就是用英语问问题,问一个问题加 2 分,于是孩子们会挖空心思去问问题, 争取得分。这里我会引导学生用这些句子练习对话:"What's your hobby?""What are you interested in?""What do you like best?""What are you good at?"让学生利用颜色鲜艳的彩纸制作剪贴画,制作生活场景,不仅改变孩子们对传统英语教学的认识,还增强他们对生活的热爱。在制作的过程中,思考、练习、记忆英语单词,单词和句子会说了,记忆课文就简单了。

利用剪纸的方式建立、创设场景是我在英语教学中一个大胆实践。开始孩子们剪得不太好,浪费现象很严重,而且我上完每节英语课都要做卫生,很累。想把一件事做好就要多动脑筋、多思考,实践课反复实验的过程,教会了我很多,同时也提升了我的教学能力。教会学生学英语,会剪纸,会画画的同时,也培养了他们热爱生活,懂得节约,保护自然的好品德。

(2)美术与英语相整合,培养学生文化自信,了解中国文明。弘扬中华优秀传统文化。六年级四、五单元是 12 个月份的单词新授,重点四会词就是 12 个月。在这里我先教学生利用对折剪, 剪出 12 种水果, 这些水果都是不同月份的当季水果。比如五月的草莓(见图4),六月的樱桃(见图5),让学生利用剪纸的方式复习学过水果类的单词,还有水果对应的月份,再利用拓剪的方式把每个月份中出现的节日剪出来。比如一二月的中国传统节日春节、五月的端午节。第六单元是季节。四个季节四种颜色,在传授英语知识的同时让学生感受一年四季大自然的美,把学生分成四组,分别是春、夏、秋、冬。每组合作利用彩纸剪贴画分别完成春、夏、秋、冬四幅图,用这四幅图讲四个小故事(见图6~9)。

图4　五月的草莓：May strawberry

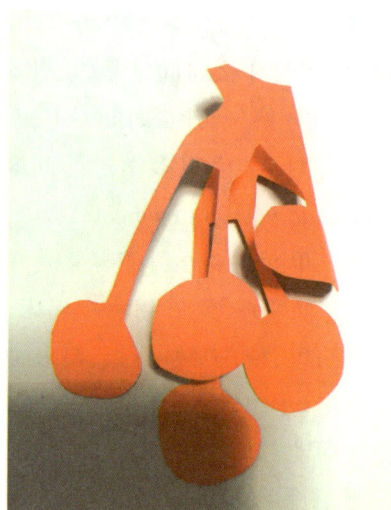

图5　六月的樱桃：June cherry

图6　绿色之春：Spring Green

图7　火红之夏：Summer Red

图8　金黄之秋：Autumn Yellow

图9　洁白之冬：Winter White

这个教学任务需要教师课前充分的准备,一是了解学生,分组合理,二是材料准备充分,三是评价方式公平、合理。这样,学生通过小组协作、自主管理、自主规划、有效地完成老师布置的任务的过程中,培养了学生担当作为,团结协作。在学生剪的过程中,教师讲解节日的由来,不断渗透中华传统节日的意义和传承。培养孩子们对中国传统文化的热爱。

课堂上师生互动教学和思维交流也是培养文化自信的一种途径。学生的思想需要老师的指导。比如圣诞节,是西方盛大的节日,这一天是为了纪念耶稣的诞生而设立的,它从 19 世纪开始慢慢流行起来,现在欧美各国都有了这个节日,也开始在我国流行起来。在教学中把圣诞节和中国农历新年类比一下。与学生交流节日的起源、发展和现状。剪纸是中国的民间艺术。劳动人民通过这种艺术形式表达了对美好生活的向往和对精神文化的追求。一方面,加深学生对农历新年的理解,增强学生的文化自信;另一方面,它也丰富了学生的英语文化视野。

(3)美术与英语相整合,培养学生学会担当,具有团队精神。当今社会是要培养既知识渊博,又动手能力强;既具有独立工作能力,善于与他人合作;具有团队精神、合作精神的新世纪复合型的创新人才。将团队精神引入英语教学,给课堂带来新的生机和活力,使课堂教学成为一种多个人的活动,有效激发学生的学习积极性,实现师生互动的最佳结合,从而从整体上优化课堂教学的结构和效果。

(4)美术与英语相整合,教会学生学会学习,培养动手操作能力。六年级的学生不仅要学习新授内容,还要复习之前学过的单词、句子、对话。对于基础打得牢固的学生来说很简单,但是对于后进生来说是增加了负担。于是我尝试用绘画的方式帮孩子们复习。我采取使用几何图形画一个小女孩(见图10),圆形画成头,三角形画成身体,长方形分别是胳膊和腿,脚是正方形,头发上有两只蝴蝶。裙子上画几个心型。整幅画,一边说一边画一共复习了 16 个单词和 8 句话。我还采用了中国传统的剪纸,对折剪的方法教孩子们剪对称图形植物、动物、人物等,让孩子们不再机械地背诵。通过英语与美术整合教学,重新培养孩子的兴趣,让学生感觉学习英语不再是负担,从而提高了英语学习的效率。

图 10　小女孩：Girl

通过英语与美术剪纸相整合,引导学生多体验、多感悟。经过自己动手画、剪和感悟来提高学习方法。让学生在动手操作的过程中学会发现、提出、研究和解决问题的方法从而学会学习。优化教学过程,搭建新的课堂教学模式,以课堂教学为载体,以引导学习为核心,通过英语与美术剪纸学科教学内容、方法、理念的渗透,相辅相成,再现师生互动,拓展教学空间和时间,促进学生的发展,发挥他们的优势,发展动手操作能力,为复合型人才成长打好基础。

2.美术与音乐融合,凸显轻松愉悦氛围

美术和音乐都属于艺术的范畴,音乐是有声的听觉艺术,美术是无声的视觉艺术。它们之间有很多共同点。音乐中的音符需要起伏、快慢的结合,才能成为有旋律和节奏的音乐。美术也是如此,通过颜色、大小、变化,改变不同的线条、不同的图形,共同创造,才会呈现出丰富多彩的画面。

抽象作品离不开想象思维。在人类思维的逻辑活动中,存在着想象因素。音乐直接激发创造性想象力,并通过音符和旋律创作抽象作品。在美术教学中配上合适的音乐,可以营造轻松、快乐、活泼的氛围,激发、提升学生的想象力和创造能力。音乐和美术的完美结合让学生从身心的桎梏中,走向创新与创造的道路。

例如:在欣赏牛的图片时,我就将美术和音乐结合在了一起,配上不同旋律节奏的乐曲,有激烈的西班牙斗牛舞曲、有悠扬的笛子独奏,更能让学生从新的角度去感受作品。在讲《我和马儿在一起》一课时主要是让学生掌握马儿的基本特征、动态,并发挥自己的想象,创作一幅自己和马儿在一起的场景。在这堂课中,我与音乐欣赏课进行了融合,将二胡曲目《赛马》作为导入环节进行情境式的设计,采用了"情境创设,激发兴趣——探究体验,分析讨论——故事联想,情感升华——运用方法,想象创作"的思路,对于小学生来说,感官的充分调动尤为重要,它是课堂教学的灵魂所在。它充分调动了学生的各种感官,满足了学生的探索和尝试欲望,为学生提供了一个想象的空间,它是课堂教学中的调味剂。在本节课中,请同学通过聆听二胡曲目《赛马》,激发学习兴趣;然后通过视频,让学生对马儿有进一步的认知。一堂成功的课不会一蹴而就,它需要一个长期的过程。只有长期的潜移默化,美术教育才能得以真正生根发芽。

3.美术与语文学科的融合,凸显创造思维

在小学美术教学中美术不再只是一门简单的美术课,而应从跨学科的角度设计,在美术教学内容中融入语文、英语等学科,综合运用各学科知识,发展学生的美术实践能力。要求教师寻找美术与各学科之间的联系,设计出丰富的综合领域的课程。注重在生动有趣的美术教学活动中培养学生鉴赏美的能力。

美术学科与语文学科的融合,使文本与色彩有机结合,形成一个和谐整体,可以使学生在有限的画面联想和想象的中间进行丰富的想象,在教授美术的知识过程中,用语言艺术设置文本;搭建学生进一步理解的桥梁,激发学生的体验、探索和反思,有利于激发学生的学习兴趣,同时满足学生的审美需求,陶冶学生的情操。将语文教学引入艺术绘画课堂教学,可以帮助学生理解更抽象的概念,感受丰富的意象。

古诗词与美术的关系最深、最密切。中国的"国画"始终遵循诗画搭配的原则,用文学和绘画两种形式来表达作者的心声。每个人都可以对文学有不同的理解,文学可以给人足够的想象空间,可以给学生广阔的创作空间。老师可以用一个故事或者一首儿歌来引起学生的兴趣,引导他们根据所了解的内容进行创作,这样不仅能对课文有深刻的理解,还能使学生发展创造力。

例如，教材中有《脚印的联想》一课，这节课很有趣，让学生带着想象的翅膀来上这节课，首先在课堂上让学生知道各种动物的脚印，然后发挥他们的想象，把脚印联想成其他的形象，并运用脚印组合的方法进行设计，从而实现脚印的想象画。具体操作就是教师先引导学生回忆学过的课文——《雪地里的小画家》，朗读这首充满童趣的小诗，"下雪了，下雪了，雪地里来了一群小画家，小鸡画竹叶，小狗画梅花，小鸭画枫叶，小马画月牙，不用颜料不用笔，几步就成一幅画，咦！青蛙怎么没看见噢！还在洞里睡觉呢！"并让学生画一画简笔画的脚印，再利用多媒体展示一个大的动物脚印，慢慢地转动，让学生从各个角度看清脚印的形状，教师使用多媒体课件进行绘画，使小动物的形象更具体。

教师还可以使用准备好的模板，指导学生用模板和印泥制作脚印，从不同角度进行观察想象，添加内容画成另一个不同的形象。在学生对动物的脚印有足够的了解后，就让学生对脚印进行仔细观察和想象，这也是本节课的关键点和难点，要突破这一难点，我采取了让学生循序渐进的方法：思考—探索—想象，效果非常好，许多学生的作品大胆创新，构图和色彩都很好。本课程着重培养学生的联想和再想象能力，通过仔细观察，带动学生的美术思维能力，提高学生的创新性思维和能力。

4.美术与数学学科的融合，凸显立体思维

在日常教学过程中，我发现许多学生积极主动，并且在学习过程中经常有意想不到的创新思考。在快乐的学习和思考的过程中，学习能力、观察能力和实践能力得到了很大的发展。在数学方面，相比之下，学生对学习的兴趣有很大的差距，他们对学习的兴趣很难刺激，被动学习占据主要位置。针对这一实际情况，在教学组织上，将数学与美术有机结合，美术课堂上，由美术辅助数学，在数学课堂上，利用数学美的特点，将美育渗透到学生身上，不仅可以让学生加深对数学知识的理解和掌握，还可以让学生在课堂教学中进行审美解读，唤起学生学习的兴趣，探索和改进他们的思维，唤起学生对学习数学的兴趣和探索和提高思维质量，促进学生创新精神的形成。

由于低年级小学数学教学已经开始初步接触简单的几何图形，教师在上美术课时，学生们就已经可以使用简单的几何图形进行绘画，并通过多媒体以美丽的图片的形式展示生活中有规律的美丽图案。从设计到图形，学生感受图形的结构美和对称美可以通过平移、旋转、切割或对称获得到。例如,在美术教学《对称的美》《形体的组合》《基本形体切挖》等课都有数学的元素,学生在学习中会产生优美的感觉,引发了乐观积极、主动探索的学习兴趣,激起了他们的对生活的赞美和热爱,提高创作能力。所以在数学课堂中适时展示、渗透美术教学内容,可以使学生对于设计有规律的精美图案得心应手了,从而提升学生的审美力。

5.美术与信息技术融合,凸显视觉冲击

21世纪是一个信息化的时代,当前我国基础教育新的课程体系已进入了全面实验阶段。计算机、网络是美术的创作与学习的重要工具,特别是小学,而美术课程作为小学美育教育的一部分至关重要,小学美术和计算机信息技术教学的整合将成为小学美术教学的新趋势。

我们应该利用信息技术教育与美术教学整合的优势。美术学科的核心素质是培养学生正确的审美意识,提高学生的审美感受能力、审美能力和创造能力。学习美术不仅仅是一种简单的技能训练,更是一种文化学习。只有在广阔的文化背景下学习美术,感知美术,理解美术,才能真正体会美术的精髓,学习美术对培养学生的观察力、培养学生的空间思维、想象力和动手能力等方面都是有益的。这样才能更好地实现美术教学的根本目的,不仅在美术学习的过程中,激发学生的创新精神、创新能力和实践能力,还能提高孩子的美术素质,陶冶高尚的审美情操,不断完善学生的人格。

(1)运用多媒体创设愉悦的教学情境,建立低年级学生学习美术兴趣。

在美术课堂上,利用多媒体创设课堂教学情境,是实现课堂教学和娱乐的最佳选择,它能清晰地展现美术绘画的形象,从而改变学生单调的学习,使学生在欢乐的形式和氛围中获得知识,而且还要表现出语言形象难以描述的情况,使学生理解更透彻,思维更活跃,思维更开放,反馈更迅速。培养低年级学生学习美术的兴趣是第一步,也是学生学习美术的基本技能之一。只有与兴趣相结合,通过多媒体图像进行想象、感受、理解、展示,最终达到教学目的,才能激发学生的表达欲望,提高学生的美术素养,激发学生的学习兴趣,并使这种兴趣成为一种持之以恒的情感态度。

例如:三年级下册《保护珍稀野生动物》一课,由于书中的图片不多,此时多媒体是最好的辅助工具。我将找到的图片放入课件,上课时,同学们在优美的音乐

声中,随着身边音乐一起欣赏、赞美,很快就产生了愉快的学习气氛。然后,我用计算机制作的动物图片在多媒体上清晰地展示了动物的形状、颜色和图案之美,增强了学生的审美意识。学生们不再坐着听和看,他们情不自禁地站起来看得更清楚,迫不及待地举手要求老师讲清楚,并安静地与同学们讨论。这种学习是有效的。

《课程标准》指出低年级教学注重感受、体验和游戏等灵活的教学形式,通过看看、画画、做做、玩玩激发学生的学习兴趣。比如在《动物生日会》一课中教师先创设为美羊羊过生日的情景,然后出示课件中《喜羊羊与灰太狼》片段,从而激发学生的兴趣,通过看一看教师手里的美羊羊和片段中美羊羊的不同来提高学生的观察能力并试着把熟悉的人物画出来,学生在音乐中将刚才和以往见到过的记忆提取出来,效果自然生动有趣。通过让孩子感受声音、观看动画等手段给孩子们创造身临其境的情景教学中,让学生充满对学习的激情与热情。这种艺术源于生活又高于生活提炼,能够激发学生学习兴趣。使学生能够积极参与到学习中,引导学生主动参与造型活动,激发他们的想象力和创造力。让他们在学习的过程中通过看一看、想一想等教学方法多感悟艺术作品,从而完成阶段性认识与理解线条、形状、色彩、空间、明暗、质感等基本造型要素的教学目标。

(2)运用多媒体,再现情境,突破重、难点。

在课堂学习中课本里中的重点、难点需要小组主动探究理解与掌握时,当小组学生思想停滞不前,或者思维混乱时,我都借助多媒体手段来解决帮助学生,使他们形成创新性思维,激发他们再创造的火花,将教学内容的情景生动形象地再现孩子们的眼中,再次激发他们对学习知识的热情,从而把课本只是和学生地创造思维进行合并,来突出重点、突破难点,增强孩子们对知识更深层的理解效果。

(3)运用多媒体,升华情境,总结。

提高由于我校近年来在课堂教学中实践小组合作的生本教学,让学生真正成为课堂的小主人,所以美术课的作业展示评价环节作为课堂教学过程中最压轴的、最精彩的一部分闪亮登场。小组成员对自己本组的作品成果那种期待的心态,那种乐于与他人交流、介绍的精神,感染每个在课堂中的孩子。在讲授《可爱的动物》这一课时,最后的展示交流环节,我采取让学生以小组为单位拿着自己本组的作品来到讲台前,首先汇报员在投影下汇报作品的每一个部分都是由谁制作的,然后再由制作同学自行介绍自己的那一板块,说出自己的制作主题、制作步骤以及所采用的制作材料和工具,然后与其他组的成员交流心得体会。大家对这组作品整体效果再进行评价,在热烈的掌声中回到自己的座位上,一节课就在这样有意义的交流互动中结束了。在同学面前汇报使孩子们提高了自信心,找到了展示自己才华的天地,培养了孩子们的交流能力、评价能力、语言表达能力,对他们在生活中也有很大的帮助。

(4)运用多媒体提供感性材料,帮助低年级学生掌握新知。

美术学科中的基本的知识点的教授是系统化地、循序渐进地进行的,需要学生主动探索理解,掌握美术教材中出现的关键点、难点或抽象的事物,而低年级由于理解能力差,感知觉比较笼统,也不精,往往造成学生启发不到位、阻止思维发散,这时老师将多媒体运用到美术课上可以达到将很抽象的思维过程形象化、图形化,可以将抽象的内容在屏幕上形象的展示。借助多媒体,根据教学内容的不同,再现情境,把教材、教师所讲和学生思维融在一起,帮助学生使其受阻的思维顺畅发展,达成对事物深刻理解,突破学生的思维定式,进而突出重点、难点,使学生更容易掌握新知,完成教学目标。

例如:在教学一年级下册《动物王国》一课时,把教材中的知识点和重点、难点,用多媒体制成的动画情景:众多的动物和不同季节的森林的图片来欣赏,加入动听的语言启迪学生,学生沉浸在对森林和动物的无限遐想和神往中,情感处于良好的状态,顺利度过了本课重点,解决了难点,并使学生在得到美的熏陶和情愫的滋润的同时,积极、主动地掌握了新知识,开阔了视野,提高了他们的审美能力,为学生的绘画创作奠定了坚实的基础,更为提高学生素质的创造了有利的条件。

(5)运用多媒体,培养学生创造思维能力。

科学家爱因斯坦说:"想象力比知识更重要,因为知识有限,而想象力总结了世界上的一切,促进进步,是知识的源泉。"美术教育的实施过程就是培养具有创新人格的人才。创新是高素质人才的主要特征。想象是创造的主要条件,是创造性思维的主要方法。创意思维不是胡乱的猜想,要获得积极的效果必须激发学生的思维,调动他们的意识,热情。在美术教学中使用多媒体可以在鼓舞人心和诱导方面发挥非常好的作用。多媒体对学生通过看、听和其他渠道演示,通过各种感觉刺激来增强学生和外界之间的联系,使学生能够充分发挥想象力。

例如我在上二年级下册《变了样》这课时,课前我让学生收集了许多具有家乡

特色的建筑、美丽的风景等资料、图片。利用多媒体把它制作成课件,在课堂教学中让学生观摩欣赏。据此基础上引导学生大胆想象,把对未来家乡的发展变化憧憬于设计中,适时提醒他们,运用多种表现手法,设计出有主题、有思想、有个性的作品。本课给学生提供了展示创新才能的机会,提高了创造思维能力。通过多媒体的图片、影视等信息技术的运用,给学生展示了创新设计的机会。在传授知识的同时启发他们的积极灵活的头脑,在引导他们充分想象的前提下给他们提供想象的思路,激发他们对所学知识的灵活运用,使学生的知识转化为开拓思维的才能。

(6)运用多媒体,确切地评价学生。

为了在课堂上进行"自主探索",有必要充分发挥学生的主要作用,动员学生积极追求知识的极性,并激发学生参加"自主探索"的兴趣。因此,教师根据不同的教学内容和学生实际差异,遵循原则,有针对性、趣味性的设计一个新的和有趣的任务,进行课堂总结,让学生掌握主动,让他们有一个有机会展示自己的才能,让他们完成创作,把他们的作品进行投影,对典型的问题指出、分析、更正,对优秀的作品分析、评论、鼓励、赞美,还要引导学生看到并说出来,让每个人都能清楚地看到对方的作品,相互评估,这样不仅提高了教学质量,还提高了学生的审美能力。总结和讲评就适应了学生这种心理倾向的适应,从而提高学习的信心,让他们感受到成功的喜悦,感受老师对他们充满了希望。多媒体教学不仅适用于美术教学也更加活跃,并解决了美术教学中的动态演示困难而长的过程,复杂的运作等,提高了美术教学的效率,充和丰富了教学内容,扩大了学生视野,但计算机多媒体在美术教学中的应用也要加以衡量,它不能包含所有的美术教学,因为我们知道美术课包括大量内容,如:手工制作、素描绘画等,这些多媒体等信息设备不能代替,更不能因为多媒体而减少了学生基本功的训练。所以,我们作为美术老师应该准确高效地利用电脑多媒体,扬长避短,发挥传媒的力量,让电脑多媒体为我们的教学提供帮助,从而提高我们的教学质量。

(六)学生作业评价的有效性

《课程标准》提倡"立足过程,促进发展"。随着新的课程改革的不断变化,新的教学评价改变了以前的教育概念,以前只关注结果而不是这个过程,只关注教师而不是学生。美术课程评估往往只出现个别学生的作业可以展出和评估,评估也只存在于教师展示,评价整体,不利于培养学生的兴趣和综合发展。所以,简单高效的评估观点必须重视学生的自我评价,让学生看到自己的成长,增加学生的兴趣,既要关注学生学习知识和技能的能力,也要重视学生学习态度和情感价值观等方面的评价,这也是美术课程有效教学的关键。儿童更易从细小的事物中挖掘题材,表现生活,儿童画创作的是展示儿童自己的见闻和思想,从一定程度上说,只有儿童自己才最清楚他的作品。要正确评价一幅儿童画,就要了解儿童,要以他们的方式和角度去观察儿童的生活活动。所以教师一定要让孩子自己主动讲一讲画的什么,为什么这么画?

例如,在《动物的花衣裳》一课中采用的就是自我评价、互相评价、老师评价相结合,让学生自由发言评论。例如自评:你给画中的小动物穿了什么样的衣服?互评:你觉得哪一组给小动物设计的衣服最美丽?原因是什么?要使这些衣服更美丽你有什么好的建议?通过引导同学们积极发言,争先恐后地诉说着,课堂氛围十分热烈。老师在最后总结:在同学们的精心设计和帮助下,小动物们都穿上了美丽的花衣裳,兴高采烈地参加动物服装节。这节课大家表现得都很优秀,我们不仅认识了各种各样可爱的小动物,还给它们设计了美丽的衣裳,更重要的是大家学会了怎样保护动物、帮助动物,希望同学们在我们的日常生活中也能保护和帮助身边的小动物——因为这些动物们都是我们人类的好朋友。

四、美术单元化教学的价值

小学美术课是小学生基本教育内容之一,是实现学生综合素质培养不可缺少的一部分。因此,教师应注重美术教材的统一设置,注重学生综合素质的培养。美术的单元化教学还有着巨大的空间,也蕴藏着巨大的能量,它是我们不可缺少的变革之路。在实际教学中,变革传统的教学理念和教学方式,针对小学美术教材的单元化,精心设计教学目标、教学任务,在单元化教学中启发学生思考问题,才能引导学生喜欢美术课,重视美术课,主动融入美术课教学活动,形成自己的学习方法,探索美术课的价值,树立正确的人生观和价值观,促进小学生的全面发展。

参考文献

[1]尹少淳.小学美术教学策略[M].北京:北京师范大学出版社,2010.

[2]尹少淳.美术核心素养大家谈[M].长沙:湖南美术出版社,2018.

[3]王大根.谈谈美术课的单元化教学[J].中国美术教育,2001(03):6-8+13.

[4]义务教育教科书.语文教材一年级雪地里的小画家[M].北京:人民教育出版社,2016.

[5]陈小榕,陈永欣.谈在小学美术中实施电脑多媒体教学[J].吉林教育:中小学教育,2009(11):46.

[6]谢耀光.美术与各学科融合让课堂锦上添花[J].考试周刊,2017(05):172.

[7]龙瑶.美术课堂教学的有效性研究[J].读写算:教育导刊,2012(17):77.

[8]王冬培.小学美术单元化教学的设计与实施[J].美术教育研究,2016(20):87-89.

[9]张卫峰.浅谈小学语文教学中想象力的培养[J].中外交流,2019(01):305.

基于高质量美术课堂教学的
单元整合研究

天津市和平区教师发展中心　徐凌云

摘　要:本论文在高质量美术课堂教学的单元整合研究中,依据相关理论采用四种不同的研究方法,借助教学研究和教学实践进行单元整合研究,形成实践的教学案例成果。通过总结实践教学效果及其蕴含的精神、物质和学术价值让其更具备实践性和可操作性。进一步提升了美术课堂教学的效果以及质量,建构起学生学习的知识体系,引导了学生自主学习、主动探索、深入学习,体验美术学习的乐趣,培养了学生的内在素养以及个性发展,通过综合运用知识解决现实情境问题并转化为学生终身的核心素养能力。研究证明,教师应不断深入实践及反思,让美术课程教学不断得到提升与完善,进而达到师生共同发展的目标而不断努力。

关键词:单元化　高质量　知识体系　核心素养　美术课程

一、研究背景和研究意义

(一)研究背景

美术课程是学校进行美育的主要途径,在实施素质教育的过程中具有不可替代的作用。随着课改的深化,学科核心素养的提出也带来了新的挑战。目前我国中小学美术学科在不断深化改革,如何引导学生感受美、欣赏美、创造美,从中体会美感与趣味,获得系统的知识与技能显得尤为重要。《全日制义务教育美术课程标准(实验稿)》(以下简称《标准》)的制定,力求学习活动的综合性和探索性,注重美术课程与学生生活经验紧密关联,以学习活动方式划分美术学习领域,加强学生在情感体验中提高想象力和创造力,提高审美意识和审美能力,增强对大自然和人类社会的热爱及责任感,发展创造美好生活的愿望与能力。

1.国内背景

2014年教育部印发的《关于全面深化课程改革落实立德树人根本任务的意见》中首次提出"核心素养"的概念,中小学美术学科核心素养的提出,不仅提高了学科课程体系内在结构的合理性,也为美术课程结构化指明了方向。近年来,美术学科在教学理念上强化知识的理解与运用,深化以学生为本的教学理念,注重学生获得知识的体验以及课程之间的联系与整合。

"核心素养时期"的美术教学更加追求"智慧",强调知识之间的联系,运用综合知识解决现实情境问题,并转化为学生的核心素养。基于美术主题单元的学习是对美术课程的积极拓展与必要扩充,使之更适宜在校学生的学习需要。教师和学生应该不断实践反思,不断地相互作用,使美术课程不断得到发展与完善的同时,师生共同发展。

2.国外背景

1931年,美国芝加哥大学的莫里逊教授创造了"莫里逊单元教学法",自此,单元教学法得以产生和运用。这一教学方法使得教材也以单元的形式呈现内容,使教学知识点更加系统化、清晰化,同时也大大提高了教学效率。单元教学法将教学内容、教学活动等以单元的形式进行划分,并设置既定的学习目标、知识内容等,从而将零散的教学内容进行归类整理,形成系统化的知识体系。单元化教学是以实现教学目标为主体,在单元化教学中以知识及课程的完整性来体现的,而单元的整体性又起源于 1912 年德国的格式塔心理学,又名"完美主义"。它把知识进行组合分析,进行一章或一个课题的研究。在进行单元化教学过程中要注意:单元教学的整体性、相关性、阶梯性、综合性,也就是在进行单元教学设计中要注意整体的单元教学目标与教学内容之间的联系,单元教学内容与单元教学活动的关系,在设计过程中对于知识从简到繁、从易到难的课程内容的安排和统整知识的全面综合性。

(二)研究意义

1.理论意义

美术教学强调知识与技能,但更加注重培养学生情感态度价值观等多方面的要求。针对学生年龄、心理的研究,改变过去只注重单一的知识传授,摒弃传统、枯燥的艺术史讲解,而更加注重学生兴趣的培养和启发以及成就感、自信心的培养和塑造。

2.实践意义

传统的教学模式以课时为教学基本单位,在实际的教育中会忽略课时与课时之间的关联,缺乏系统性,教师缺少对教材整体上的把握,侧重于知识点的传授,学生是知识的被动接受者,不利于准确把握"基于课程标准"的精髓。核心素养下的美术教育强调美术教育的综合性,引导学生自主学习、主动探索、深入学习,体验美术学习的乐趣,培养学生的内在素养以及个性发展。因此,教学内容的结构化研究需要加强,为了优化课堂教学应深化单元整合的研究。

(三)研究方法

1.文献研究方法

通过搜集与单元化教学的相关的文献,如书籍、期刊、图片等,了解相关研究成果,确定目前的研究水平,寻找研究空白和突破口,并为自己的课题提供论据,证明研究结论。

2.案例分析法

通过观察、问卷、访谈、个案研究等方式,收集相关资料,并以此对于形式多元化的问题进行科学的分析,为结论提供科学的证据。对于收集的资料,运用案例分析法进行数据整理,分析教师在实施单元化教学所遇到的问题的基本情况及影响,并归纳总结。

3.行为研究法

通过运用对比、分类、评价、解释等方式对不同相关问题进行考察,找到它们之间的异同,确定各自的特点,针对学习实践单元化教学方法的问题进行比较,发现本课题的优劣,从而发挥长处,革除弊端。

4.经验总结方法

根据研究的理论加以实践,得到材料和数据,并进行分析,从而获得科学性和创造性的结论。通过创新高质量美术教学课程,与传统的活动形式进行比对,进行实践实施,最终通过数据分析,得出结论。

二、理论依据和实践基础

(一)核心概念

1.课程单元整合

以现行教材设计的学习单元为主,以学科课程标准要求为依据,以遵循学生思维发展规律为原则,使学生的知识掌握得更系统,对课程进行多种路径的整合,充分发挥教学的整体优势。

2.美术课程单元整合

基于美术学科的学科独特性以及综合教育的功能,在美术课程的单元整合的指引下去看教材,教材上的每一课是按单元组织安排的,从单元入手,依据单元中每课存在关联、延续、递进的认知来分析,相较于孤立的单课分析,能更轻松、准确地分析得出本课的知识与技能目标及教学重难点。

(二)理论依据

以单元为划分的单元教学,每一个单元都有新课导入、活动的展开、课程的实施、最后的总结,要合理设计每节课的任务量,一节课解决一个问题培养学生不同的能力,加大学生参与程度,把课堂还给学生,让学生自主学习,老师给予指导,减少知识的灌溉。每单元的内容要承前启后、环环相扣、深入挖掘,使课堂更活跃、更自由。这种形式也能更有效地完成教学内容。

1.UbD(理解为先的教学设计模式)

威金斯和麦克泰提出了 UbD(理解为先的教学设计模式)的三个阶段分别是预期结果、评估证据和学习计划。将预期结果前置,才能引导教师在教学中考虑"理解内容的逻辑"。教师在教学时头脑中应该有一个从宏观到微观的总体框架,从跨学科—学科—课程—单元层层落实。UbD 里设计的基本单位是单元而不是单课,单元整体教学也是当前我国课堂教学改革的热点,研究者普遍意识到只有一个比课更大的单位,才能作为承载学科素养以及核心素养培养的细胞。

2.鲍勃·詹姆斯的逆向设计

逆向设计在开始设计一个单元或课程的时候,就要通过评估证据将内容标准和学习目标具体化。逆向设计的逻辑适用于任何学习目标。在教育领域中,当你尝试从习惯和传统教学的"逆向"视角去理解时,你就会发现这是非常合乎逻辑的。与常规教学实践相比,这种视角的一个主要变化是设计者在决定教什么和教之前必须思考如何开展评估。

3.赫尔巴特的"四段教学法"

"四段教学法"对于教学的四个阶段:明了—联想—系统—方法,划分得非常清晰,同时客观的考虑到学生学习时的心理状态,同时关注到不同教学阶段学生的不同兴趣、爱好,会在不同的教学过程中采取的不同教学方法,这对于知识的系统化,形成网络化及教学流程的规范化都具有十分重要的意义。

(三)实践基础

美术学科的独特性决定了美术教学应遵循的规律和原则,决定了教学的模式和基本方法,课堂教学中组织的各种美术活动应该为教学目的服务,为教学目标

服务,应该有助于学生对美术知识技能的了解。只有这样,美术课程单元整合才能成为学生学习掌握知识的重要手段和依据,才能让学习内容更加具有体系化、连贯性,让学生能真正学会思考、学会学习、学会融会贯通地把握知识。

1.美术单元教学

美术单元教学是指在一个主题下,将有关的美术知识与技能进行整合,运用适合的教学方法,以单元为单位,把单课时的教学内容分为若干课时形成相对完整的教学主题,按照一定的程序开展的有系统有结构的教学活动。此课题重在研究将课程目标逐层分解,着眼于引导结构化设计,注重知识间的关联性与发展性,倡导以学生为主体,丰富他们的学习经历,贴近生活。教师要对教材进行深入解读与剖析,深度思考整个课程内容与要求的结构逻辑,对教学内容进行分析、整合、重组,合理分配内容知识,把握教学重难点层层递进深入,并将其整合有序的综合起来,组成统一的教学单元。

2.美术单元教学整合教学活动设计

有利于提升学生学习力,单元课程整合实施的关键是注重单元课程资源,学生生活经验的调用和自身活动的体验的主动参与,正是由于整合后的单元目标明晰有序,才为学生主动学习、合作学习、探究学习,提供了更多的时间和空间余地,真正落实了学生在学习过程中的主体地位。课程标准中特别强调学生学习过程中不仅要掌握知识,而且要掌握获得知识的方法,为终身学习打下坚实的基础。所以在学习中教师务必遵循"从学会走向会学的学习力提升"的教学路径,围绕单元整合要素来设计和落实,争取课堂学习的最大效益。

三、教学研究和教学实践

(一)撰写教学案例

1.教学理论研究

通常情况下,撰写教学案例,需要运用教学理论对教学案例进行分析,要把案例分析透彻明了,同时需要足够的教学理论支撑。教师往往教学理论修养不够,分析案例有些"力不从心",这就促使教师带着案例中的实际问题深入地开展教学理论研究,有着明确的目标和强烈的愿望,就能收到事半功倍的效果。这样教师所撰写出的教学案例不再是空洞、抽象的教条,而是非常有实用价值的思想与方法,这样更加有利于内化教学理论知识,提高教学理论水平,用科学的教学理论指导教学实践。

2.提高思维能力研究

运用教学理论的观点解决教学实际问题也是一种重要的研究能力,通过每个案例的核心内容和细节,把无关因素排除掉,找出核心部分与教学理论的密切联系,就需要运用教学理论的观点,运用综合和分析的方法,提炼出教学案例的主题,解决好教学案例反映的具体问题,探索出解决一般问题的途径,养成勤于思考的良好习惯,掌握运用教学理论指导工作的规律,提高自身的思维能力。

3.教学实践能力研究

教学案例是在写作的过程中对一个实际情境进行的描述,是教学实践与教学研究的紧密结合,因为教师在撰写案例过程中,自身既是行动者,又是研究者,所以在通过具体教学行为的描述和分析时,可以加深对教学理论的理解,同时又可以通过教学理论的指导让教学行为更加合理。同时在进行教学案例写作时还能发现带有倾向性的问题,可以找出解决同类问题的途径和方法,体现出教学规律,当案例积累到一定数量的时候就可以通过现象看到本质,由个别看到一般,由表及里深入思考教学规律,建立起一套科学的思维方式,养成良好的工作习惯,提高教学效益,调高教学实践能力。

(二)组织团队研讨

1.教学手段研讨

在传统教学手段的基础上如:黑板、教材、演示文稿和实物投影仪之外,当今的教学手段使用互联网是必不可少的,由于通过跨界教学希望学生们构建出知识体系,不在学习零散的知识条目、片段以及简单的定义,更为关键的是学会建立起知识联系的方式。再比如受到时间、空间及不可抗拒等原因,利用网络教学的方

式,打破空间的限制,让教学生学习更加具有时效性,同时借助外设工具(如音箱、耳麦、话筒等)让教师和学生也是能实现网络互动的新型教学手段,这也是当今教育发展的趋势和方向。

2.教学方式研讨

由于教学方式是在教学方法的基础上提出的,它其实也是教学方法的细节,不同的教学方式也可包含于同一教学方法之中,这种研讨的目的,使得团队中的教师通过学习和总结,形成自己独特的教学风格。在传统教学方法的指导引导下,使得教学方式更加多样、灵活,便于学生理解和吸收,进而形成其自身能力。美术教学更是如此,可以使用多样的方式去呈现造型或视觉,并融入现代多媒体手段,让呈现方式更加立体生动。

3.教学理念研讨

作为教师的首要职责是培养人(学生),并树立正确的教育教学理念,当今教育早已摆脱传统意义上的知识传授,其核心是激发学生学习的主观能动性,唤起学生学习的动机,由被动接受向主动探寻转变。研究的主要方式是教师思维定式(惯性)的转变。"教学相长"其潜台词就是教师和学生共同成长提高。教师的理念应该实时更新,不"因循守旧、循规蹈矩",应该不断跳出"舒适区",用教学效果去衡量教学理念和教学方法是否恰当,这其实就是用"结果驱动",不断调整自身的教学方式,才能让学生成长为敢于质疑、敢于批判,独立思考,最终成为有独特人格的人,这才是教育理念研讨的真正目的和方向。

(三)教学实践案例

案例1:人美版二年级下册第7课《吊饰》

执教人:徐红

第一单元:寻找生活中的材料制作挂饰的基础型。

第二单元:装饰美化,以二十四节气、传统节日设计挂饰内容。

第三单元:挂饰造型创意有中国传统艺术风格。

高质是我们课堂教学的目标,如何构建高质课堂。高质量美术生命课堂强调以学生为中心,强调尊重学生学习的自主权,尊重学生的兴趣,强调体验与兴趣的结合。研究"高质课堂教学",应从学生实际出发,生活活动与创造活动的结合,强调课堂由"死"变"活",由"静"变"动",强调由教的课堂变"学"的课堂。教师并不再是权威者、控制者,而是一个与学生就某些问题进行探讨的对话者和引导者。

如何实现真正的高质量教学,天津市实验小学徐红老师将教学重难点设定为如何帮助学生真正完全吸收一节课的知识点上。40分钟课堂在新课程理念下引导学生完成学习任务,就需要不断合作、探究和交流,而这个过程往往是一个循序渐进、由浅入深的过程,美术课是否也可以像语文课一样有课前预习呢?是否可以把知识点相通的内容整合成一个单元一起精准地讲述给孩子们呢?是否可以有一些美术作业?这样可以把握单元重点,关注理解与运用。作业也是不可忽视的环节,是巩固学习内容、检查教学效果、诊断学习问题、指导学习方法的重要手段。

一、确定单元教学主题

在对高质量美术课堂上徐红老师进行了单元整合的尝试和研究,中国是世界文明古国之一,有着悠久的历史。五千年来,中华民族的祖先在漫长的历史长河里,积累了大量珍贵的物质文化资源,最终形成了中华民族世世代代传承的传统文化。在这次疫情期间她带领孩子们了解更多中国传统文化,结合中国"传统节日""节气"在二年级美术教材中的《吊饰》一课展开学习,帮助学生们在画中学,在学中画。从而培养学生观察生活的习惯和热爱生活的情感,让学生在愉悦的氛围中学习美术,通过各种教学手段激发和培养创新精神,更加可以达到学生在本课中学习和弘扬国传统文化树立民族自信。教师应善于运用教学话题,提供一个讨论中心,围绕这一中心引出多个问题。这样做有利于激发学生学习的主动性和创造性。

二、创设班级育人案例分析及教学过程

(一)传统节日与节气的了解

在欣赏中渗透传统文化教育。在美术课堂上,爱国主义思想的教育是传统文化教育主要内容之一。每一册美术教材的前言,都设计有美术欣赏图。课前借助美术欣赏图,布置学生搜集资料,自己用生动的语言,饱满的热情,向同学介绍我们伟大的祖国,让学生们参与其中,有助于学生自主探究学习。图像识读与现代多媒体的结合帮助我们身临其境地感知我们伟大祖国的悠久历史、秀丽山河,而且还有着勤劳人民的智慧。了解我国的传统节日和影响着千家万户的衣食住行的二十四节气。

寻找材料：

春节，每家都有过年张贴"福"字的习惯，用过的"福"字和废旧的挂历往往会被丢弃。基于对环保的思考，学生们可以打开思路，寻找自己认为可以"变废为宝"的材料，如台历、吸管、中国结、钥匙扣等。根据以往经验，学生们几乎将所有种类的废物都当成了艺术品，并根据自己的构思需要加上了辅助材料，如：彩卡纸、彩笔、剪刀、胶棒、绳子等。在动手操作过程中，渐入佳境热情不断高涨，仿佛制作出一件美丽的艺术品。

(二)结合材料与吊饰相融合产生装饰美

引导学生通过观看微课，帮助学生开阔视野，了解思考吊饰在生活中的应用以及吊饰与生活的关系，了解吊饰的基本结构，分析吊饰的基本特征，自主解决问题。具体分析吊饰的结构，启发学生创新设计。注意造型美观，装饰独特。分析、了解制作过程。启发创新设计，学习"吊饰"的基本制作方法。调动学生主动参与的积极性，创新设计制作。培养学生合作能力，训练动手能力，交流促进和提高。

学生了解：

吊饰作用：装饰环境并能悬挂的饰物。

吊饰组成：主体部分、装饰部分、悬挂部分。

吊饰形状：平面的、立体的。

装饰要求：美观漂亮。

悬挂部分：新颖、独特。

制作过程：

1.确定自己制作的主题，画出和传统节日和二十四节气有关的小图画，画"小"便于低年级孩子操作也便于吊饰的美观，画好后粘贴在废旧挂历纸或者彩色硬卡纸上。

2.吊饰：设计一个有中国特色的主题吉祥物，并且用美术字突出主题，下面配上与主题相关的绘画作品进行搭配，注意大小排列顺序。把主题统一化，将颜色搭配和谐摆放在一起，

3.同一主题的内容排列好，用彩色线绳串在一起，配上准备好的装饰物、中国结等，再调整细节，用自己喜欢的小饰品进行立体装饰，完成。

除了春节主题的之外,我们还可以制作系列挂饰,如:二十四节气或者其他的节日等主题吊饰。

学生们开始进行创作,在创作过程中发现问题,总结问题统一归纳分析讲解,如绘画时候的线条的归纳,中国二十四节气的自己所画内容的特点,突出节气的内容(立春、清明、芒种、大雪等),注意涂色的时候用色是否恰当,可以与季节匹配。充分调动学生学习积极性,多看、多想、积极参与,进行批判性思维,师生共同探究学习,充分体现学生的主体地位。从整个课堂气氛上看,孩子们可以了解、理解所要表现的绘画内容,这对于这个年龄段的孩子来说是非常不容易的,看着他们的认真态度,期待着有好的优秀作品在小学低段的孩子们中可以涌现出来。巡视着每一个孩子的作品,很多孩子对卡通人物的手脚如何绘画,线条归纳处理比较欠缺,部分学生处理不好双体字的书写,还有个别学生需要单独指导部分细节处理……整堂课下来孩子们都沉浸在自己的设计作品中,下课铃声响起,大家意犹未尽。孩子们的作品在创作中所产生的问题也一一显现出来,有几个孩子焦急地跟我说:徐老师您给我讲的问题如果再给我一节课我就可以更加完善,可以把我这张画完成得更好。我微笑地告诉孩子们,下节课我们可以根据老师所讲的内容继续完善,孩子们的表现让我非常意外,他们欢呼雀跃起来,更有的孩子上来抱着我问是不是真的。一个案例利用单元整合的方式可以拓展很多知识点,可以让学生通过一个案例了解和掌握更多知识点,最后达到他们心中最完美的美术作品。

(三)学生作品展示与评价

学生完成作品后,将进行作品展示,作为课堂的延伸也起到了很好的拓展效果。"美术课内容非常广泛,形式也多种多样,学生可以通过参加多种形式的美术活动以接触更多更广泛的知识面",学生们的作品给我们带来了很大的惊喜,更加有意思的是在制作中有很多家长给我发来了微信,拍摄了孩子的制作的作品摆放在家里装饰房间,还有些家长也一起参与了进来,也大大提高了孩子们的创作热情,很好地做到了自评、教师评价、互评和家长之间的交流评价,这也是我们美术课的一个新的评价方式。

三、教学反思

本课的教学设计采用单元整合的教学方式,以激发学生兴趣为主,是一节典型的"玩中学"的结合课。利用变废为宝,创设问题情境,以学生为主体,让学生改

变以往对废弃物的看法,运用多种多样的方法引导学生主动学习,主动探究,通过剪、折、摆、粘、贴、画的教学环节激发学生的学习兴趣,通过实践活动,提高学生的动手能力,也让学生体验制作的快乐,通过作品展示,提高学生的鉴赏能力也让学生体验到成功的喜悦。个性化的作品,极大地启发了学生的创新思维,凸显了学生的创作能力。在学习中学生还更好地了解中国的传统文化,我发现美育与德育的相互融合的影响是多方面的。我国有很多传统节日,如:端午、中秋、除夕……这个教学实施不仅能够提高同学们的绘画水平,还能帮助他们了解中国传统文化,学会了更多的文化知识,从而增强民族自豪感,使他们的爱国热情更加高涨。促使学生发奋努力学习,并不断提升自身的综合能力,提升文化自信。让德育教研潜移默化地深入人心,两者相辅相成,相得益彰!

四、单元研究课作品反馈成果

吊饰在低年级展开和尝试是一个新的教学思路,单元整合研究教学案例达到的效果大大超出了我的想象,一幅幅作品惊艳了我。

作为学生走上美术创作之路的启蒙者,需要我们每一位教育工作者用真诚去点亮孩子心灵的苍穹,燃起艺术的火花,使他们在人生的这段行程中,充分地发展自己的个性,激发兴趣,展现自己的能力,展示自己的艺术才华。就要看老师如何调动他们的积极因素激起学生创作的兴趣。

让学生们爱上这个课堂,教师的教学应随着时代的发展而改变,使得我们不得不重新审视我们的教育。美术课堂教学与跨界相融合点燃孩子们的艺术火花,在对高质量美术课堂上我进行的单元整合的尝试和研究希望有助于学生审美、创造、想象能力的培养,让我们用美来装饰我们的生活,让学生爱上美术课堂。

案例2:人美版四年级美术《塑作场景制作研究》

执教人:张曦

将人美版四年级上册美术《泥玩具》《生活日用品的联想》《我设计的船》;人教版五年级美术《十二生肖》《我设计的玩具》;人教版六年级美术《我国古代建筑艺术》进行贯穿教学单元设计,预计完成效果将以场景模型作为载体,将课程内容融入其中,根据课程的难易程度,整合设计学习单元,单元作业的表现形式为场景模型。

天津市和平区哈密道小学张曦老师基于场景模型制作的单元式整合教学的探索如下。

单元整合教学,是以某一主题或单元内容为单位的,整体开发设计的教学形式,通过合理分配每一节课的教学内容、重点,使各节课之间既有联系又各具特色,使学生的知识掌握得更加系统,充分发挥教学的整体优势。

单元式教学整合必须围绕着一定的主题来进行,使整合后的内容对学生有真实的意义,其内容是和学生的生活紧密联系的,有利于激发学生的学习动机和学习兴趣,使学生更加容易理解学习内容。

场景模型可以很好地成为单元整合教学的表现形式,这是由于场景模型的定义很广泛,并且每一个完成的场景模型都会有一个非常鲜明的主题。一般来说,场景模型是将现实或想象中的事物,运用各种材料和技法,以特定的比例缩小并表现出来。不但可以表现建筑、人物等这样具象的实体,也可以表现事件、情绪、心情等这类抽象的概念。

一、场景模型制作辅助单元教学

(一)拓展课程资源,升华教学内容

模型制作本身是艺术设计行为,完整的绘画作品应包括主体与背景,立体作品也是一样。但是现在的课程中,对于作品的完整性有所弱化,例如我设计的服装、好玩的帽子等,这些课程最终需要学生制作一件生活物品,但是往往完成的作品会缺少主体,如果能将这些学生作品继续拓展,同时加入一些讲授形式美法则的课程,如《重重复复》《对比与协调》或是人物动态知识,例如《那一刻的我》就会是另一个完全不同的完整作品。再比如,课程《版画》《雕塑》这些操作性比较强的课程,由于制作的步骤比较复杂、并且学生多数在课上只有一次实践机会,对于制作的步骤可能会出现遗忘或是混淆,这时如果能将这类课程与场景模型相结合,将课程中的制作过程和步骤用模型的形式表现出来,学生的记忆就会得到进一步加深,也使得学生对于作品的成型步骤和方式理解的更加透彻。

(二)顺应逻辑规律,合理设计单元

将教材以主题单元化编排,以场景模型制作为表现形式,用系统方法进行教材分析,全面把握教材,实施单元教学,将教材内容整合成若干个单元,每个单元的内容在教师的编排下,合理编排,围绕主题单元,围绕单元教学活动,围绕案例整合教材。使课程符合逻辑性、空间性、顺序性。丰富的环境,整合的教材,是对学习过程的重新组织,对学科的知识技能进行教学情境的再处理。

1.将场景模型与现实生活相结合

学生为主体,单元化教学以学会学习为最终目标,将学生作为学习活动的主体,将真实的社会生活和生活经验包含在其中,给学生提供更多的学习挑战,激发学生主动学习,探究性学习动机。《趣味游乐园》这一课的教学目标是需要学生完成一个个游艺设施,以体验快乐,但是单一的一个游艺设施是毫无快乐可言的,这时可以融入《我设计的汽车》《我设计的校园》等课程的教学内容,多个小作品之间形成互动,最终完成一个更趋近于现实生活的场景模型,使作品更加完整。

2.将课题内容与地方传统文化习俗相结合

课程中的传统手工艺,例如剪纸、版画这种操作性强的活动,都可以通过场景模型表现出来,加深对活动步骤的理解。同时也可以联系中国传统节日和民俗活动,将春节、端午节或中秋赏月、舞龙舞狮这类能引起学生共鸣的节日或活动,进行单元整合,并联系生活中的见闻,进行学习和创作,能有效地增强学生学习美术课程的兴趣。

3.与时事热点主题相结合

时事热点有很强的时效性,并且往往影响着人们的生活状态。鉴于新型冠状病毒肺炎所带来的疫情,学生不能到校上课,在网课期间,笔者抛砖引玉,用两三个人物模型,摆成了一组小景,虽然人物细节很少,但是传达出了在疫情期间身处两地的亲人和朋友相互挂念的心情。学生们虽不能出门,制作材料有限,但也利用手边能找到的材料,制作出了各种有意思的模型小品,将所学的知识与热点事件相结合,充分反映了学生乐观向上的生活态度和对疫情防控的紧迫心情。

二、场景模型制作提升综合能力

场景模型的制作是一个连贯的构思、设计、制作等完整的过程,让学生在体验分析表现制作的过程中得到综合表达能力的提升,并使自己独特的观察角度和创意在作品中得以充分体验,在制作中进行实践,在实践中得到锻炼,最终让学生学会设计表达的方法。经过系统的学习,能使学生在以下几个方面的能力得到深入的锻炼和提高。

(一)帮助学生完成思维过渡和转换

设计图纸或草图是模型制作的基本依据,在造型表现领域,学生日常的作业中,多数以二维平面居多,而如果将这些作品立体化,不但可以表现得更加生动,也可以是对作品的延伸和拓展,所以这些平面的绘画作品,既可以是二维空间的终了,也可以是三维立体的开始。针对设计应用和综合表现领域的课程,更加考验学生二三维立体转换的能力。草图是设计师特有的视觉语言,通过场景空间设计中模型的制作,使学生学会看图识图,读懂作为设计语言的各种图形符号,并能运用草图表达设计内容,能对平面的绘画展开三维空间场景的联想,以及对各种三维场景熟练的平面的归纳概括,可以使学生在设计中将二维思维描述(平面设计草图或设计图)与三维思维展示(造型表达)这两种形象思维交互运作补充以及不断渗透深化。引导学生准确依照平面草图,按预想的尺寸和比例,运用不同的材料和技法进行立体模型的制作三维模型的制作,达到加强动手能力和立体化思维培养的目的。

(二)促使学生树立正确的空间意识

美术教育家尹少淳说过:美术是最具有人性意味和最具综合性质的人类活动之一。场景模型的表现题材多种多样,可以是一个事件、一个瞬间、一种活动,也可以表达建筑的雄伟和花卉的娇美,这些都是以现实生活为基础的合理提炼和想象,都是基于人的使用。因此优秀的场景设计模型也需要符合人体的基本尺度和比例关系,反映正确的基本透视原理,使学生能够树立正确的空间意识。对于刚刚进入中、高学段的学生来说,空间的分析塑造能力十分薄弱。对于近大远小的空间关系虽然教材中已经有所涉及,如:《远去的路》《风景写生》《形体的组合》这些课程往往还拘泥于二维平面的构思,学生对于空间的结构组织和构成形式思考的很少。虽然透视效果图可以帮助学生在一定条件下,理解空间构成,但是透视效果图所涉及的技法,有的过于专业,学生掌握起来很困难,并且如果效果图透视不够准确的话,还会导致空间结构上的理解错误,对于培养学生的空间分析想象能力产生不良的影响。而模型制作恰恰是一项培养学生空间想象能力的实践训练,引导学生有意识的观察和分析立体形状,三维的模型展示可以直接地反映和暴露出学生对于日常生活空间尺度把握的问题,因此在课程中通过模型将空间的结构进行分解,找出基本图形的组合关系,并利用概括的形式重新加以表述,从而能达到对空间形态尺度分析理解概括能力的培养。

(三)培养学生对材料及工艺把握的能力

由学生创作的场景模型,不同于商业化的沙盘模型或是手扳模型,后两者更

加注重于宏观的表现和细节的精准度。而这里所说的场景模型在完成效果上，更加趋向于手工制作，手作的味道更加浓郁。融入了学生的特有的表现角度和想象力。作品呈现的是生活化和趣味性。正是因为这样，决定了课程所使用的材料、工艺种类的多样性，对于材料的选择和制作技法的要求也就比较宽泛，除了包括一些专业的模型材料和制作雕塑的专业黏土之外，更多的是学习生活中的常见物品，通过启发学生的设计思维，引导学生观察生活，因形取型，收集生活中的废旧材料，例如不用的发卡、糖纸、零食的包装、废弃的文具等。将这些看似无用的东西善加利用，根据这些材料的形状和用途，提出自己的设计构想，将其加以改造，应用于作品中。在这个过程中，学生认真思考、反复对比制作方案，从设计的角度出发，将材料加以研究和再创作，并合理选择相对应的各种技法，去再现还原当初的设计思想，同时发现草图中所存在的问题，为进一步修改提供依据，养成、善于发现、勤于思考、大胆想象、追求创意的良好习惯。

(四)增强学生的团队协作精神

小型的场景模型可以由单人来完成，而中大型的场景模型往往需要小组、甚至由 8~10 个人的团队来完成，这就需要根据每个同学的能力特点，进行不同分工。笔者所带领的手工制作团队共有 15 人左右，以 3~5 年级为主，成员按照模型制作不同的阶段可分为材料分割组、上色组、面相组、金木工艺组等，每组成员所负责的制作内容往往也是环环相扣。任何一个成员的脱节都会使最终的整体制作效果出现问题，并影响整体团队的工作热情和凝聚力。因此每个阶段，团队内都会有 1~3 名负责人，充当设计管理人员，由他们按照时间节点衔接组与组之间的工作进度。随着年级的升高和人员的更迭，每个高年级同学会分配一个刚刚进入团队的低年级同学，进行基础工具和基本技法的训练和传授。整个团队实行师徒责任制和组长管理制，教师只负责课程的讲授和过程中的引导。团队成立 5 年以来，已经拥有了良性的梯队管理和合理的人员安排。学生们在制作过程中可以进行有效的沟通，分享自己的创意和想法。个体的差异性和不同的观点，也使得他们学会包容和互相尊重，加强了学生在学习过程中与其他人的协作能力。

三、单元课程整合的具体实施

塑作作品《天津古文化街》制作课程开始于 2016 年，笔者将教材围绕这一主题进行单元化编排，用系统方法进行教材分析，全面把握教材，实施单元教学，将学习内容整合成四个主题单元,平均每个单元 8~10 课时。

单元一　实地参观,设计创意

通过对天津古文化街的实地参观和考察,学生能够建立初步的感性认识,过程中要求学生以拍照、速写或文字的形式记录下所感兴趣的事物,这些活动可以让学生在收集资料过程中,进一步了解文化街的人文内涵,将所收集的资料进行汇总,总结出关键词"长、古色古香、房子长得都差不多、灰砖绿瓦、灯笼、卖古玩、有好吃的"。紧接着开始绘制草图,穿插讲授六年级《远去的路》《我制作的玩具》部分内容,使学生了解有关透视的基础知识,了解模型制作的基本工艺。同时明确作品的比例尺寸、展示形式、主要材料、人员分工。为后期的具体制作提供依据和参照。

单元二　草图表达,刻画人物

这一单元命名为《形形色色的人》,通过课程的学习了解人体结构的基本知识,制作出具有生活气息和人物模型。教材中涉及人体结构的相关知识集合在一起进行讲授,课程具有非常大的实用性,涉及内容丰富,容易调动学生的学习兴趣(见表1)。

表1　整合单元教学内容表(一)

形形色色的人	
涉及教材课程	涉及教材内容
夸张的脸	
喜怒哀乐	观察人物五官的变化与情绪的表达,学习喜怒哀乐的表现方法
我最尊敬的人	学生能够描述自己心中最尊敬人的形象特征,能够抓住最受尊敬人的职业外貌等特征
那一刻的我	
今天我值日	根据主题的人物动态,表情场景进行创作和思考
在快乐的日子里	了解传统节日中人们的服装活动和环境特点,感受热烈欢快富有激情的节日气氛,构思并表现自己印象最深的场景
千姿百态的帽子	让学生初步认识各种帽子的基本结构
猜猜我是谁	引导学生能够初步观察人物头部背面的不同特征
小伙伴拍张照	对摄影的认知和学习,熟悉相机的基本操作方法
我设计的服装	学习讨论经典服装设计作品中的造型、色彩、图案等设计元素与形式美原理的有机结合

1.在刻画人物面部表情的阶段。通过讲授《夸张的脸》《喜怒哀乐》等课程让学生了解人物五官的组成。学会通过五官之间相互的比例和位置形成的不同表情。继而表达人物所产生的不同情感,平面绘画不同于立体绘画,通过适当引导和多次尝试,最终将所学内容应用于人物面部表情的刻画过程中。

2.当人物的面部表情处理好之后,接下来就是要处理人物的动作形态。这里涉及的课程有《我最尊敬的人》《那一刻的我》《今天我值日》等关于人体动作的课程。这些课程的教学目标是认识到人体的各躯干的比例和动作等。通过课程的学习,学生能够更加生动地表现人物人体比例动作。

3.一个完整的人物还需要通过身上的不同服装来表现。《我最尊敬的人》介绍了通过服饰来表现职业的相关知识;《我设计的服装》让学生了解经典服装设计作品中的造型、色彩、图案等设计元素。根据人物的性格特征以及场景所要表达的情境,让学生为这些人物添加上合适的服装和配饰,使得整个人物更加完整生动。

4.为了使塑造的人物更加的饱满,笔者讲授《生活中的美》这一课,让学生养成观察生活、注重细节的审美习惯,学生会发现现实生活动中人们往往身边除了服装展现自我以外,还会通过很多不同的小配饰来表现自己的状态和个性,例如头上的发卡、手中的手机、零食、雨伞以及游客手采购的各种商品,根据场景的需要,以为人物添加上一些相应的配饰最终完成主体人物的制作。

单元三　综合应用、街景制作

在与制作与人物相关的场景过程中。我们首先要体会人物的比例大小,根据这些比例来测算出场景的尺寸(见表2)。

表2　整合单元教学内容表(二)

津门故里街景	
涉及教材课程	涉及教材内容
形体的组合	通过形体的组合初步体验立体构成
静物写生	通过欣赏讨论中外画家和同龄人的静物写生作品,了解写生的多种表现形式
寻找美的踪迹	培养学生敏锐的发现能力、观察能力,总结美术元素及形式美原理,尝试用照相机拍摄,具有形式、色彩以及情境美的事物或景色,培养学生的想象力、创造力和动手能力,开阔视野,拓展想象空间,激发和探索未知领域的欲望,运用形式美来表达思想与情感,培养学生的审美情趣
我国古代建筑艺术	初步了解我国古代建筑艺术的外观、结构、布局、色彩类别及各自不同的风格特点,品味古代建筑的美
立体的画面	了解浮雕这一立体的艺术形式
家乡的桥和塔	了解桥和塔的结构特点,感知桥和塔的造型美
主体与背景	让学生了解美术创作中主体与背景之间的关系
废旧物的新生命	初步认识废旧再利用的意义,提高环保意识,尝试废旧物再利用
欣赏了解古建筑	正确认识古建筑的价值,整理本地区古建筑资料,用自己喜欢的方法表现古建筑,培养学生分析探究总结问题及动手操作能力
未来的建筑	了解典型的中外建筑的材料、造型、功能等知识,掌握基本的设计方法

1.由于作品最终只会选取具有代表性的建筑进行制作,所以在展示形式上,学生可以参考未来的校园等课程,学生学习了中外建筑的相关知识,在了解了建筑材料、功能的基础上合理取舍,整体规划,将文化街最好的一面展现出来。

2.在食品街楼房的制作过程中,我们会应用到保护古建筑、生活中的美等课程。学生通过学习中国古代建筑的特点与特色,了解了中国古代建筑当中的语言元素,包括斗拱,飞檐等。学习这些建筑语言,可以通过让学生以画速写来记录完成。

3.在具体的制作阶段,学生可以先通过简单的材料,例如生活当中比较常见的泡沫板和硬纸板,进行大致的形体组合,通过块材、板材、线材搭建草模,再不断深化设计、修改图纸。

4.中国的古代建筑,除了宏伟的建筑本体之外,还有各具特色的装饰,例如门

前的石鼓、窗帘上的窗花儿、瓦当上的浮雕图案,以及悬挂在门帘上的各种纹样。这就需要引导学生并激发学生敏锐的发现能力和观察能力,使学生养成在生活中善于观察及时记录总结的好习惯,将所看、所感、所悟应用于模型的制作。

单元四　再次创意完善细节

在这一阶段,场景内已经有了主体人物和背景建筑,虽然已经具备场景模型所需的主要元素,但仍旧略显单调,学生在此时也已发现问题,并主动寻找解决方案。于是笔者将这一单元命名为《生活中的方方面面》,带领学生走出校门,通过适当引导,带着问题,继续观察生活,重点在于那些平常生活中容易被忽略的细节。调动学生积极性和好奇心是单元教学活动中最大的特点之一,为学生提供了机会去考察与他们生活息息相关的事物。学生不仅能参与到单元教学的设计中,还能选择他们感兴趣的事物,将这些生活中或者身边所发生的各种有趣的事物,放到场景模型中,使场景细节更加丰富(见表3)。

表3　整合单元教学内容表(三)

生活中的方方面面	
涉及教材课程	涉及教材内容
泥玩具	了解我国民间泥塑的艺术特色
在快乐的日子里	通过观察回忆交流等方式了解各种节日活动,进行创作构思
感受平凡的美	培养学生善于在平凡中发现美的眼光
废旧物的新生命	初步认识废旧再利用的意义,提高环保意识,尝试废旧物再利用
我设计的自行车	观察自行车的结构
生活日用品的联想	通过对生活用品的联想,认识到丰富的联想和大胆的表现能给人们的生活带来无穷的乐趣,从而激发人学生的创作热情
电脑美术	学习绘图软件

经过再次调研和考察,学生了解到现实生活当中的古文化街除了有人物和建筑物之外,还有之前不曾关注过的细节,诸如建筑物琳琅满目的招牌与牌匾、房檐下悬挂着的灯笼、建筑物外空调的外挂机、供游人休息的长椅,装饰街道的各种植物、街上小贩售卖的摊位、地面上地砖的各种印记等。将这些细节加以记录,回到课堂,利用各种材料进行制作,特别使废旧材料,例如空调的外挂机就是使用小纸

盒和搓成条的卫生纸组合完成的。除此之外,在教师的帮助下,学生也使用了电脑绘图、打印等方式辅助完成。最终形成一个完整的场景模型。

结束语

塑作作品《天津古文化街》只是单元整合课题的一种尝试。虽然课题最终落到的是一个小型的模型。但是这当中的内容却囊括了人教版四五年级中大多数的教材课程。在制作这一个场景模型中的过程中。教材的整合与单元化教学的模式体现出了鲜明的特色,一方面注重学生自主探究学习的能力,一方面也强调学生在学习过程中合作学习的能力,同时对教师的整体素质也有一定的要求,单元化教学实施,打破了传统的教学模式,打破了原有课程的框架,它是对原有单课时教学的补充,在美术课中起着很重要的作用。

案例3:人美版四年级上册第14课《生活日用品的联想》

执教人:孔杨

第一单元:走进生活日用品的世界,探索联想的方法。

第二单元:运用联想方法,通过手工制作等综合形式,赋予日用品与众不同的新形象。

第三单元:认识艺术中美观性与实用性的结合,探索功能性与审美性的应用设计应用课程注重以人为本,注意功能与创新、功能与美的关系,注意艺术与科学的结合,进而认识产品与人和自然的关系。隐性内容,关心人、体贴人、关心社会树立文明的责任感,科学精神,形成真善美品格,创新精神,使学生获得成功感。

课时一

一、导入

今天我们把身边的"老朋友"请到了课堂中,首先以摸一摸的形式,让学生通过触摸纸箱中的物品,来猜想是哪位"老朋友"?(汉堡外包装盒引发学生对日用品的联想)

之后以看一看的形式,让学生通过"老朋友"的背影来猜想它可能是谁?最后得出我们的"老朋友"是生活中常见的日用品。通过对日用品的联想,想到了"兔子",引出课题——《生活日用品的联想》。

二、新授

问:大家都知道哪些生活日用品呢?学生回答:锅、碗、瓢、盆……

大家能将这些日用品分分类吗?学生回答:炊事用品、洗漱用品、生活用品。(贴近学生生活,引发思考)

以生活日用品举办别开生面的化装舞会为源头,运用闯关的形式,通关成功才能得到化装舞会入场券,激发学生学习热情,并设计通关"密语"为联想的方法,引导学生自己总结联想的方法。

1.闯关

第一关猜猜猜:通过一个圆形和细小的长方形相结合的图形,问学生可能联想到什么?学生回答:棒棒糖、平底锅、乒乓球拍……

引导学生总结是根据什么联想出来的,第一关通关密语:外形。

第二关想想想:通过同一把剪刀,不同方向的摆放,引导学生分别进行联想,并启发学生发现剪刀和联想到的小鸟的喙,两者之间有什么联系?引导学生总结两者是如何联想到的?接着换一个方向的同一把剪刀,问学生能够联想到什么?出示图片,剪刀联想到人物的腿,引导学生分析二者之间是如何联想到的。通关密语:局部。

第三关变变变:通过同"一角西瓜"形状的洗碗布,转变不同角度,分别为开口向上、开口向下倒置、开口向右侧置,问学生三个不同角度的西瓜分别能联想到什么?学生回道:帆船、帽子、弓箭……,引导学生总结为什么同"一角西瓜"能联想到截然不同的事物,第三关通关密语:方向。

与学生共同总结与回顾三关通关密语即为联想的3种方法——外形、局部、方向。

2.初尝体验

展示各种各样的生活日用品的图片,由学生自由选择一个或多个进行日用品联想的绘画,激发学生动手动脑、并运用所学的方法进行联想绘画。调动学生展示自己想法的积极性。

三、示范练习

教师先做示范再进行联想。将一张生活日用品的图片,置于展示台下进行绘画,联想并进行展示。通过图像与语言相配合,表达联想的方法以及意图,使学生认识到联想的方法以及体会联想的趣味性和创造性。

请两名同学上台进行展示,选择生活日用品的图片,从中任意选一个或多个进行联想,通过绘画的形式来表达自己的创作想法,并向同学们展示并结合语言阐述。每组同学任意选择一种或多个生活日用品的图片,将图片放置画图本上,进行绘画联想。

四、评价总结

学生展示自己的绘画作品并阐述创作的想法,之后由同学们相互点评优点以及可以改进的地方,小组之间进行绘画作品的欣赏,教师总结。学生将自己的作品张贴到展示区一起参加化装舞会。

五、拓展延伸

美国的雕塑家奥登堡创作的《衣裳夹》,就是利用生活中常见的日用品进行创作的,将艺术更加生活化,正所谓艺术来源于生活高于生活。希望课下同学们能够利用发现美的眼睛、勤劳的双手、创造更美好的生活。

课时二

一、导入

上课伊始,为学生播放一段名为《交响曲》的关于生活用品的视频,通过对日用品的敲打,奏出交响乐般的美妙声音来引起学生的学习兴趣。上节课我们通过绘画的形式进行生活日用品的联想,这节课我们通过手工制作的方式,将平面的绘画作品转化为立体作品。通过立体制作的形式将同学们的联想表达出来。

二、回顾与新授

本节课以回顾的形式将之前闯关密语三种不同的联想方法进行复习,加深学生对之前学习内容的理解。

通过图片的展示引导学生发现不同作品的联想方法,启发学生可以结合多种方法进行联想。在作品中体会联想的无穷魅力。并向学生出示不同的绘画作品以及手工制作工艺品,向学生展示不同的联想方法。与学生一起总结出还可以通过颜色和拟人的形式进行联想。总结新的方法:颜色、拟人化。

三、示范练习

通过常见的日用品盘子、纸杯等生活日用品,引导学生进行联想,之后展示微

课视频,并讲解制作步骤和注意事项。出示做好的多种创作作品,并由学生进行展示,使学生通过触觉和视觉,感受联想创造的乐趣。

由学生进行自主选择,可以自己独立完成、也可以小组合作。小组合作的学生先进行分工,自己完成的学生要先想好构思。教师进行指导,之后学生进行实践创作。

在学生练习过程中做巡回指导,对共性问题集中指导,对个别问题有针对地讲解。对具有代表性的学生作品进行展示,说明其优点和不足,使学生获得更直观更全面的感受。在此过程中,注意培养学生合作意识和独立思考的能力。

四、评价总结

组织学生进行一场生活日用品展览会,将学生作品进行展示。通过展览会的形式,让学生体会联想创造的乐趣以及手工制作的成就感。学生自己阐述联想的方法和创作构思,学生之间互评,获得更多的思想碰撞,打开学生的思路,在互评中找到不足和优点。教师总结:联想的方法多种多样,可以综合运用多种材料进行联想的表达,鼓励学生们大胆去联想、细心去制作。培养团队的合作意识、独立的思考能力,使每一位学生都得到不同程度的认可与激励。对于不足的学生给予耐心和及时的指导。帮助学生找到问题所在,并指导解决问题。

五、拓展延伸

观看关于工匠精神的视频,引导学生认识手工制作的无穷魅力,启发学生善于观察、坚持不懈、勇于创新的品质。将联想的果实赋予更多的事物,使生活具有奋斗向上的动力和美好憧憬。

课时三

一、导入

将上节课学生做好的生活日用品联想的作品进行展示。

二、回顾与新授

本节课与学生以问答的形式共同回顾联想方法。并向学生提问,除了以上三种联想的方法,还有哪些方法可以进行联想?学生进行小组讨论。之后请学生发言。

播放设计类教育视频《啊设计》,在视频中创设的问题情境里,让学生主动发现问题,并提高学生解决问题的积极性。直观地感受生活日用品的美观性与实用性的完美结合。

通过图片的展示引导学生发现不同作品的联想方法,启发学生可以结合多种方法进行联想。在作品中体会联想的无穷魅力。并向学生出示不同的绘画作品以及手工制作工艺品,向学生展示更多的联想方法。与学生一起总结出还可以通过功能进行联想。总结新的方法:功能。

在作品中有意识地引导学生,运用新的联想方法,使常见的生活日用品不仅美观还有更多新颖的功能。为了更好地服务生活,方便生活和美化生活而做出尝试与努力。通过一些不完善的日用品设计作品的展示来提高学生发现问题的能力,并结合优秀的联想设计作品,来提高学生自主解决问题的能力,引导学生通过勤奋创造来改善生活。启发学生理解物品需要美观性与实用性相结合的真谛。

三、示范练习

通过常见的日用品盘子、纸杯等生活日用品,引导学生进行联想,之后展示微课视频,并讲解制作步骤和注意事项。出示做好的多种创作作品。教师作品要将生活日用品的美观性与实用性相结合,让学生获得更加直观的体验。

设置任务卡,每组带着任务进行创作,提高学生解决问题的能力。例如:如何将餐具设计得既美观又方便携带,防止一次性餐具带来的污染和浪费?如何将保温杯设计得既美观又能防止烫伤?如何将写字台桌椅设计得舒适美观又能起到保护视力纠正坐姿的作用呢?通过对生活日用品的联想,其不仅在外观上让人赏心悦目得以美化,而且在功能上提高了生活品质,解决了生活实际中的问题。贴近学生生活,使学生获得更高的参与度与积极性。并对作品提出要求,学生自主或合作的形式进行创作,教师巡回指导。

四、评价总结

学生展示自己的作品并阐述创作的想法,之后由同学们相互点评优点以及可以改进的地方,教师总结。以竞拍的活动进行展示,学生将自己的作品放置展示架上,由一名学生主持进行模拟的竞拍现场。通过学生作品的美观性与实用性以及联想创造性来进行竞拍,分别选出最佳人气奖、最佳创意奖、最佳美观奖、最佳功能奖,使学生在作品展示中,充分体会事物的美观性与功能性相结合的重要性。并启发学生通过自己的双手创造更美好的生活。

五、拓展延伸

欣赏世界各国的优秀设计作品,设计的物品不仅美化了生活,也提高了我们生活质量,使生活更便捷更舒适。启发学生善于发现生活中的不便之处,勤于思考,勇于探索并付之于行动,创造更美好的生活。

四、总结与讨论

精神价值

《基于高质量美术课堂教学的单元整合研究》使美术知识与技能的学习与能力培养和情感体验结合起来,强调美术与生活的关系,注重培养学生将美术知识转化运用于生活的能力。教师要根据学生的身心发展特点,以学生的全面发展为目的,选择合理有效的教学方法,将课堂中零散、偶尔、随意的内容变成连续、常态、有目的性的开放学习活动,发掘学生的内在潜能;注重各要素之间相互联系,构成一个整体,使得各要素在单元整体中体现各自应有的功能、充分发挥各自的作用,彼此相联系,形成单元教学结构最优化,使整体大于部分之和。本课题研究美术课堂教学中性质相同、相近或有内在联系的教材组成的一个相对完整的部分。一个单元一般安排在一段时间内连续进行教学,把握住知识的连贯性与整体性。不同教学单元之间既相对独立又相互联系。按照学生的兴趣、需要和遇到的问题,将各种有关的知识综合起来,组成统一的教学单元,依照一定的程序进行教学。

物质价值

教师更新优化教学模式,在教学目标的基础上利用现有的资源进行课程单元化的设计,设置灵活多变的教学活动激发学生兴趣,把美术与生活实际相连接,增加美术感知力,进而体现新课程标准的教学理念。加强了自主科研,节约了国家、学校对教师培训的灌输性培训成本。

学术价值

有利于深化教师教学观的认同和完善,从知识观的角度看,为学生创设了一个与知识相遇的生态情景。在这个情景中教师帮助学生将知识作为探究的起点,用自己已有的学习和生活经验与知识进行对话,挖掘学生的潜在学习能力,在对知识理解和创造中探寻人的自由成长,使每一位学生得到天性的解放和个性的发展,课程单元整合正视并尊重了学生的差异性发展,从个体差异入手让学生在一个和谐、生态、多元、开放的学习情境中学习,还学生一个自由成长、天性发展的天空。进行单元的面与点的各层目标整合和适时调试,充分整合和利用丰富的课程内容,通过整合进行设计,为学生设置合理的学习环境,创造出丰富多元的探究机会,让每一位学生能茁壮成长,教师要智慧的运用现代教学理念,把知识整合呈现,结合单元的核心目标及重难点知识,创设师生共生的境界,实现课堂教学的效益最大化。

五、结语

　　基于高质量美术课堂教学的单元整合研究遵循教育规律,能够针对教育教学中的具体问题开展研究,通过独特新颖的立意与视角,加强创新性和实用价值,力争对教育教学改革实践起到促进和指导作用。通过课题研究明确单元教学内容的独立性与连续性,将教学目标分为总目标与子目标,有层次、有目的地合理分配知识内容。单元教学不是单纯的知识与技能的传授,更注重学生学习与生活之间的联系,学以致用,提高学生审美意识和创新能力。

　　地基稳固才能建设高楼大厦,基于对知识与技能的层层递进的掌握,形成单元教学,不仅便于学生知识与能力的获得,而且能提高学生自主探究、建立知识构架。体验美术学科的魅力与趣味,联系其他学科与知识进行综合学习与探索,加大知识的深度与广度,调动学生的积极性提升教学效率。本课题的研究将与课程改革统一步调,将国家、省、市全面深化课程改革的任务和目标域本化、特色化,有助于实现价值的深刻变革、内容的深度整合、个性的深层发展,人文的高度升华。

参考文献

[1]格兰特·威金斯,杰伊·麦克泰格.理解为先模式:单元教学设计指南(一)[M].盛群力,沈祖芸,柳丰,吴新静,郑丹丹,译.福州:福建教育出版社,2018.

[2]徐敏,徐淀芳.中小学美术:单元教学设计指南.上海市教育委员会教学研究室编著[M].北京:人民教育出版社,2018.

[3]尹少淳.尹少淳谈美术教育[M].北京:人民美术出版社,2016.

[4]尹少淳.小学美术教学策略[M].北京:北京师范大学出版社,2010.

[5]钱初熹.美术教学理论与方法[M].北京:高等教育出版社,2013.

小学美术与多学科深度融合的单元教学研究

天津市河北区育婴里小学　辛婷

摘　要：本文通过深入对小学美术学科与其他学科融合的必要性、小学美术学科与其他学科融合的意义、美术学科与其他学科融合具体策略、小学美术教材单元教学实践研究、小学美术与多学科深度融合之序等五个方面阐述小学美术与多学科深度融合在小学美术教育阶段，是美术学科教材内容相结合，探求与其教学目标相似学科的课程资源，在教学过程中搜集相关资料结合理论知识运用于课堂实践；在课堂教学过程中根据不同学科的教学目标、教学内容、学生情况，选用适合的教学方法，创设学习情境，组织、引导学生主动体验、探究、发现、建构知识，把两个学科的教学要素和教学环节，经过组合、重构、相互融合，在整体学习的基础上形成最为优化的学习效果，从而促进传统教学方式的根本变革，促使学生主动自主地学习，通过有效的学习能够逐步提高学生的审美标准和创新能力。

本文中，作者通过阐述观点，普及网络平台理论知识，介绍了录制微课、重现课堂教学的过程方法；通过课堂实践研究，探索创境导学模式；注重对学生在美术学科中的音乐畅想、美术学科中的思想政治教育、美术学科中的科学常识、小学美术教材单元教学实践研究的理论研究；最后，作者通过将《走进春天》单元教学分为《春天的色彩》《用春天的色彩装扮自己》《我眼中的春天》共三课进行理论实践探究，从而教育学生从多方位、多角度思考、创作作品，丰富学生的想象力，提高学生的创作能

力,使学生在学习过程中感受不同学科的艺术魅力,使孩子们更加热爱美术、热爱生活。

关键词:多学科融合　单元教学　教学实践

学科融合是指在本学科教学内容学习的基础上,打破学科界限,学科间相互渗透、交叉的学习活动。美术学科与多学科融合是在学习美术基础知识和基本技能的基础上,打破学科界限,根据不同学科的教学重点进行有效的融合,在提升学生美术能力的基础上,培养学生的艺术素养和综合能力。

学科融合是其他学科的参与和介入,不是简单的跨学科教育,基于美术学科本位教学,在美术教学的基础上适时与其他学科相融合。有效地化解问题,更好地达成教学目标,并在问题探究的过程中全面培养和训练学生的探究意识、合作意识,提升综合素养。

在小学美术教育阶段,结合美术学科教材内容,探求与其教学目标相似学科的课程资源,在教学过程中搜集相关资料结合理论知识运用于课堂实践。在课堂教学过程中根据不同学科的教学目标、教学内容、学生情况,选用适合的教学方法,创设学习情境,组织、引导学生主动体验、探究、发现、建构知识,把两个学科的教学要素和教学环节,经过组合、重构、相互融合,在整体学习的基础上形成最为优化的学习效果,从而促进传统教学方式的根本变革,促使学生主动自主地学习。

一、小学美术学科与其他学科融合的必要性

小学美术学科注重培养学生在生活中发现美、欣赏美、创造美的能力,通过有效的学习逐步提高学生的审美标准和创新能力。在美术学科中教师单一地向学生介绍美术知识,传授美术技法,提高美术技能,这样的教学观念较陈旧,教学模式较单一。如果借助其他学科的学科特点,寻求与美术学科的共通点,学科间相互融

合,研究合理的教学策略,终将达到事半功倍之功效。

二、小学美术学科与其他学科融合的意义

学科融合是多门学科的参与和介入,并不是简单的跨学科教育。学科融合旨在通过多门学科资源的介入,有效地化解问题,更好地达成教学目标,并在问题探究的过程中全面培养和训练学生的学习能力和综合素养。

在小学美术教育阶段,结合美术学科教材内容,探求与其教学目标相似学科的课程资源,在教学过程中搜集相关资料结合理论知识运用于课堂实践。在课堂教学过程中根据不同学科的教学目标、教学内容、学生情况,选用适合的教学方法,创设学习情境,组织、引导学生主动体验、探究、发现、建构知识,把两个学科的教学要素和教学环节,经过组合、重构、相互融合,在整体学习的基础上形成最为优化的学习效果,从而促进传统教学方式的根本变革,促使学生主动自主地学习。

三、美术学科与其他学科融合具体策略

(一)美术学科中的"互联网+"

现阶段,互联网技术处于高速发展的阶段,互联网为在线教育的发展提供了极其有利的技术和载体支持,而在线教育模式高效、便利、资源互通的特性,打破了传统教育受时间、地点的限制,在线教育是未来教育发展的趋势。

学校教育需要迎合时代的变迁,迎接"互联网+"时代的来临,找到适合"互联网+"背景下新的教学模式,优化和完善传统教育教学方法,满足师生的需求。互联网技术处于高速发展的阶段,在线互动变得触手可及,为在线教育的发展提供了极其有利的技术和载体支持,在线教育模式高效、便利、资源互通。学校教育需要迎合时代的变迁,迎接"互联网+"时代的来临,找到适合"互联网+"背景下的课堂教学模式,优化和完善教育教学方法,满足师生的共同需求。

美术学科和信息技术学科融合,可以借助电子设备,减少教师重复性授课。在教学过程中,利用录制好的理论知识讲解,通过学科网站进行课程资源共享。帮助老师及时调整教学节奏、保证学生对教学重点的重复学习,学生在反复学习后能够突破教学难点。教师在课堂教学讲解后,把剩余时间供学生进行美术实践,对有困难的学生进行个别辅导,及时发现问题修改后再进行有针对性的美术创作。课后有疑问的学生,可以通过网站进行相关知识的学习,网站内包含专业知识拓展、丰富的课程资源,通过反复观看,提高小学美术课堂教学的效率。

课堂教学应用一:依托网络平台普及理论知识,帮助学生高效学习。

通过实践研究,深化美术课堂教学的变革。把一堂美术课的常用理论知识的讲解录制成视频,或者制作成 PPT 课件,放于校内网络平台,供学生课下反复学习。借助网络平台上的知识帮助老师上课时调整教学节奏、有更多的时间深入课堂实践活动,保证学生当堂完成相关的美术制作,课堂内的大部分时间供学生进行美术实践活动和接受老师的个别辅导,老师能及时帮助学生解决课堂上的问题,并有针对性地开展美术创作。课后有疑问的学生,可以通过网站进行相关知识的学习与拓展,从而提高小学美术课堂教学的效率。

课堂教学应用二:录制微课,重现课堂教学。

在课堂教学之余将重点内容及教师演示过程录制成微课,让学生在家反复学习。在网络平台上给学生提供优质的学习内容,同时利用微课加强对学生的美术绘画方法的指导,更好地提高学生对美术学习的持久兴趣,开拓学习时空,养成自主学习的习惯。

课堂教学应用三:通过实践研究,探索创境导学模式。

教师运用信息技术再现或创设情境,激起学生的真情实感,给学生以深刻的印象,促进学生掌握观—听—思考—再现方法的课堂教学模式。将信息技术与美术课堂完美融合,实现形象、直观的效果,提高学生对课堂内容的关注度,采用直观的方法,巧妙的突破课堂中的难点,做到工具性与人文性的完美统一。

(二)美术学科中的音乐畅想

音乐课和美术课分别从视觉、听觉方面使学生感受美,在教学过程中结合美术学科和音乐学科的课程资源,整合课程后可以增强学生对艺术的表现力。在讲授一年级《春天的色彩》一课时,先为学生放了一首《春天在哪里》的歌曲,为学生创设情境,通过倾听亲临到优美的歌声中,歌词中唱到"春天有红花、有绿草、有小黄鹂",瞧,春天多美好。通过歌曲是学生联想生活中的春天,把自己眼中看到的春天表现在自己的作品中。在音乐声中能放松自己的心情,发挥自己的想象力,把自己所见、所感真实的表现于作品中。在创作的过程中也可以加入音乐的辅助,可以给创作带来灵感。我在讲授《色彩的色相》一课时,请学生感受色彩渐变的魅力,如红色—橙色—黄色,蓝色—绿色—紫色等颜色在一起产生色彩的渐变,课堂中在讲授色彩渐变的美术知识的同时,播放有韵律的音乐,随着音乐节拍的强、弱变化,感受色彩的变化。通过课堂环节的设定,学生的课堂表现,学生能够感受色彩变化的奇妙,加深了对色彩变换的理解,进一步培养学生对美术学科学习兴趣。

(三)美术学科中的思想政治教育

思想政治教育是为学生塑造好品格的重要途径之一,在小学课堂教学中将品格教育融入美术学科是每节课必备的教学环节。少年儿童是祖国的未来、民族的希望,我们应从小培养学生热爱党、热爱祖国、热爱人民的情怀,为祖国培养新时代好少年。

小学美术和思想政治教育相结合可以通过以下几种方式,结合思想政治教育内容,展示短视频、图片等资料,以潜移默化的形式对学生进行教导。创作手抄报、校园短剧的创编及表演等方式,通过活动教育学生,全面提高自身意识。例如,"光盘行动"的倡议,在美术课中进行德育,讲授惜粮节粮的故事,结合故事绘制手抄报,结合故事创编校园短剧进行表演,通过系列活动,倡导学生珍惜粮食从自己做起,并用自己的行动影响身边的每个人。小学美术人美版教材中,六年级上册第一课《建筑艺术的美》这一课属于"欣赏·评述"领域,学生通过欣赏中国古代建筑和外国古代建筑两个内容,感受不同国家历史背景下建筑的不同风格,开阔学生视野,感受中外文化的差异和风情,充分感受其魅力,激发学生热爱祖国、热爱艺术的思想品格。

小学美术人美版教材中,六年级下册第九课《精彩的戏曲》和第十课《戏曲人物》,这两节课分别属于"综合·探索"和"造型·表现"学习领域,学生从《精彩的戏

曲》这一课初步认知戏曲是中国特有的民族传统艺术，是中华传统文化的瑰宝。《戏曲人物》这一课是中国画系列课程之一，中国画是具有悠久历史和优良传统的中国民族传统绘画。通过这两节课的学习，使学生初步感受中国传统文化的博大精深。以这两节课为切入点融合思想政治教育，对学生进行礼仪教育、传统文化教育、爱国教育等，短短的两节课内容并不能让学生深刻的领悟中华民族传统文化之精髓，结合"弘扬国粹 传承经典"京剧脸谱单元化教学内容，进而继续学习来弘扬中华民族传统文化之精髓。

案例：人美版二年级美术《各种各样的形》

一、教学目标

1.知识与技能

(1)能用形的分解方法,发现和了解生活中的物象可以用不同形状概括,初步掌握观察和概括的基本方法。

(2)能用形的组合方法,学习运用剪、撕、卷的方法,利用各种各样的形状表现自己喜欢的物象。

2.过程与方法

培养学生观察能力和造型表现能力。

3.情感态度与价值观

(1)通过学习过程初步了解十九大以来祖国的变化,培养学生热爱党、热爱祖国的情怀。

(2)培养学生关注生活、热爱生活的情感。

(3)在制作过程中培养学生节约用纸,了解简单的垃圾分类知识,分类投放垃圾,养成不乱丢纸屑的好习惯,培养学生爱护环境的好品质。

二、学情分析

(1)孩子对美术学习的兴趣很高涨,对新鲜事物较为敏感,课堂上从学生的兴趣入手,吸引学生的持久注意力,非常重要,在课堂上采取播放动画片、参与互动游戏,会增加学生对课程的兴趣。

(2)一年级的学生对美术材料已有初步认识,对不同的材料和工具的使用,也已有一定的掌握,会用简单的线条和色块来大胆、自由地表现他们所见所闻,所感所想的事物,但是一年级学生动手能力稍弱,教学过程中采取看—画—做—玩的方法,使学生在游戏中体验学习。

(3)结合当前学校开展的思想政治教育课,在美术课中培养学生爱国情感。

三、教学重难点分析及解决措施

(一)重点与难点

1.教学重点

了解利用各种各样的形可以概括生活中的物象,学习用形的组合方法表现自己喜欢的事物,尝试利用不同的方法和多种形状完成一幅粘贴画。

2.教学难点

剪、撕、卷方法的综合运用。

(二)解决措施

利用课件了解生活中的物象,通过游戏进行拼摆,教师直观的演示突破教学难点

四、教学准备

多媒体课件、彩纸、胶棒等文具。

五、教学设计(见表1)

表1　教学设计表

教学环节及时间	活动目标	教学内容	活动设计	媒体应用及分析
一、激情导入(1分钟)	通过动画片激发学生的兴趣为讲授新课做铺垫 同时结合动画片里的情节对学生渗透热心助人的好品质	1.播放视频《巴巴爸爸》动画片 在动画片中我们看到了巴巴爸爸的身体可以随意地变形,帮助身边有困难的人,动画片真是太有意思了	观看动画片感受巴巴爸爸带来的乐趣	播放《巴巴爸爸》动画片
二、探究学习(14分钟)	了解生活中的物象是由不同形状概括的,学会观察和概括的方法	2.同学们,我们一起来学一学巴巴爸爸,将我们身边的各种形状变一变,我们一起来学习《各种各样的形》(板书课题)	引出课题(了解今天的教学内容)	

续表

教学环节及时间	活动目标	教学内容	活动设计	媒体应用及分析
	学生通过观察和分析生活中的物体都能用各种各样的形来组合。突出了本课的教学重点 通过学生自己动手拼摆,进一步掌握本课的知识要领	3.我们先来做个小游戏:"形状变、变、变" 同学们,我们根据课件中出现的物体分析画面找出相应的图形 (课件中出示简单的用图形拼摆的物象,请同学们分析是由哪几个图形组成的,请同学试着在电脑前找一找) 4.欣赏生活中的各种形象、进一步分析各种各样的形 (课件分别出示几幅有交通工具、风景、生活中常见的生活用品、孩子们喜欢的食物等由各种图形组成的画面,请同学们进一步说说在画面中都能看见哪些熟悉的图形) 5.同学们,你们知道最近在我们国家召开了一次盛会你知道是什么会议吗?(十九届五中全会。在大会上总结十三五规划以来祖国巨大变化,展望十四五规划2035年远景目标) 6.作为新时代的少先队员应我们应该好好学习,争取早日完成中华民族伟大复兴的中国梦。祖国富强了,我们的家乡也会发展得更好。 7.同学们,你了解我们的家乡吗?	找出课件中出现的物象是由哪些图形组成的,用鼠标把图形填充完整。 同学间讨论:说一说在图片中看到的图形,这些物体都是由哪些形状组成的? 学生根据自己喜欢的物品或场景进行拼摆(只摆不贴)	课件出示"形状变、变、变"小游戏 课件出示图片有生活用品、食物、交通工具、建筑物等常见的物象
	新时代的少先队员应响应国家的号召,了解当下的思想政治方向			课件出示有关十九届五中全会的知识

教学环节及时间	活动目标	教学内容	活动设计	媒体应用及分析
		8.1404年12月23日,明成祖朱棣赐名我们的家乡"天津",现在已经616岁了,天津有传承千年的民间艺术和独具特色的建筑风貌。闲暇时分,我们去参观"津门故里"到古文化街感受天津人特有的"天津味",亲口去尝一尝我们的津门"三绝"。五大道上欧式的洋房、名人的故居、幽静的林荫小路,向世人们展现着天津的古老与文明。傍晚的海河与摩天轮交相辉映,更是成为津门一道亮丽的风景线,我们有幸一定要登上摩天轮去欣赏海河美景俯瞰天津的全景。作为天津人我们是多么的骄傲与自豪啊		
		9. 天津悠久的历史文化应该被我们所传承。我校2017年被评为中华优秀文化艺术传承学校,作为艺术传承校,我们应该怎样展现中华优秀传统文化,向我们的家乡献礼呢? 欣赏家乡的有代表性的家建筑物、美食等,师生结合图片进行分析,都用什么图形组成的?		课件中展示美丽天津的图片(美丽的海河、漂亮的金街、古文化街)
	结合图片分析家乡有代表性的建筑物和食物,同时分析概括图形,为下一个环节做铺垫,突破本科的教学难点	10.我们用"形状宝宝做游戏",用自己手中的形状在卡纸上拼拼摆摆,摆出你喜欢的天津的建筑、生活中常见的场景,爱吃的天津特产	结合图片分析图形的组合	建筑物、美食图片,点击图片概括基本图形

教学环节及时间	活动目标	教学内容	活动设计	媒体应用及分析
三、创作表现 (20分钟)	学生们观看教师的演示，并记住步骤，有问题及时提出当场解决	11.教师示范 示范过程中讲解可以用剪、撕、卷的方法，对这几种方法分别进行示范。 过程： 构图（画出合适的图形剪、撕后拼摆） ——粘贴（摆好上下顺序按照先底层再上层的顺序进行粘贴，有个别需要用卷的方法来完成，使画面更有立体感）——添加细节并适当的装饰。 在演示过程中提醒孩子们用剪刀要注意安全和传递剪刀时要点（教师强调安全的重要性） 12.师生共同欣赏展现天津风貌师生优秀作品 (1)你喜欢哪幅作品，在这幅作品中你看到了哪些基本图形，小作者用这些图形表现的是什么？	（请一位或者几位同学到投影仪下拼摆，其他同学们在自己位置上品外拼摆后教师进行讲评）	
	通过优秀作品的欣赏进一步了解自己的家乡，分析概括图形，拓宽自己的创造思路	(2)你想用哪些图形创作我们的家乡风貌？ 布置作业： 以"2035我的家乡"为主题，用剪、撕、卷的方法，完成一幅拼贴画 能力较强的学生：用粘贴的方法完成一幅完成的作品内容为《2035我的美丽家乡》 能力稍弱的学生：用图形完成一座建筑物或者是交通工具、食物等，内容也要和自己的家乡有关 对学生出现的问题及时指导反馈。	学生欣赏课件及书中的优秀作品，回答问题，并说说自己的创作思路	

教学环节及时间	活动目标	教学内容	活动设计	媒体应用及分析
四、展示评价（3分钟）	提出作业要求，在制作过程中注意不同层次的学生，可以根据学生的具体情况提高或降低作业的难度	温馨提示：注意所要表现的物体要突出特点、形状概括 粘贴时注意胶棒的使用，不宜过多也不宜过少 创作时注意用剪刀的安全，废纸不要乱丢弃，爱护身边整洁的环境（同学们，我们今天的废弃的纸屑应该放在什么地方呢？干净的纸屑属于可回收垃圾，已经被污染的纸屑属于其他垃圾，请同学们按照垃圾的分类正确处理垃圾）	今天我们就用各种图形来拼摆出我们的家乡新貌，一起来畅想"2035"	展示各种优秀作品在课件中循环播放
	进行垃圾分类从我做起，爱护身边环境的情感教育	介绍自己的作品 评出最佳创意奖、最整洁干净奖、爱护环境奖	根据自己的能力选择作业，完成《2035 我的美丽家乡》在制作过程中有问题及时向老师求助	
	教师在此要向学生强调并贯穿保护的意识与理念。将养成教育融入教学中去			
五、拓展延伸（2分钟）	根据作业要求评出各种奖项，对认真履行老师所提出要求的孩子进行肯定与表扬 开拓学生的创作思路，让学生更加喜欢上美术课	同学们今天用各种各样的形状，粘贴出一幅幅美丽的画卷，展现了家乡的风貌，畅想了2035年的家乡。你想对我们的家乡说些什么吗？你想对我们的祖国说些什么？ 请同学们观看利用各种不同形状的水果进行拼摆的作品，还有结合艺术创想的节目用床单、毛巾、衣物等生活用品到户外进行大型的拼摆游戏	展示作业、评出相应的奖项 同学们用自己的语言畅想2035年，对祖国母亲说一句心里话，寄语我美丽的家乡 观看短片，开阔思路，回家有条件的可以尝试	展示作业 把学生说的寄语打在大屏幕上展示 播放艺术创想的视频资料

板书提纲	板书设计
	课题《各种各样的形》　　　　　　课件展示区域 示范图 制作步骤： 构图 粘贴 整理画面
教学效果 及反思	本节课是一年级的第四课，学生从幼儿园升入小学，还处于幼小衔接阶段，无论多大的孩子对画画都有着与生俱来的兴趣，我本着兴趣是最坐好老师为设计本课的最初目标，整节课从动画片导入、带领学生做游戏来突出本节课的重点，为突破难点做铺垫。本课在布置作业的环节加入思政育人，结合十九届五中全会的召开，为学生简单介绍全会精神，回顾祖国的伟大成就，展望2035年，适时地对学生进行爱党、爱国教育，努力培养时代新人。本课采用粘贴和添画结合的创作方法，在创作环节会利用很多彩纸并进行撕、剪图形，会产生很多废纸，借此环节向学生进行垃圾分类的环保知识，教育学生保护环境人人有责，从自己做起。拓展环节回到思政育人教育，请每位同学向祖国和家乡说一说自己的美好祝福，祝福祖国繁荣昌盛越来越好。 　　问题： 　　教学中内容多、时间紧，在创作阶段对学生出现的问题及时展示，进行指导和解决问题的演示，能为完成作品预留出时间，顺利完成本节课任务。

(四)美术学科中的科学常识

　　小学美术教材中有许多和植物、动物有关的课程资源，借助这些课程资源美术课与科学课进行融合，比如《大树的故事》一课，讲解植物的生长外在特征和生长过程。《谁画的鱼最大》和《我和昆虫》这两节课中了解动物的外貌特征、习性、生长环境等。在美术学科和科学学科融合后，科学的学习专业理论知识，提升学生绘画专业技法。我还带领孩子们完成自主研发课程《我与自然》，在这一课中，把美术和科学学科知识相互融合，孩子们创作了手抄报，既绘制了美丽的图片又介绍了科学专业知识，一举两得。(见图1~5)

图 1 美术课与科学课融合学生
作业（一）

图 2 美术课与科学课融合学生
作业（二）

图 3 美术课与科学课融合学生作业（三）

图4　美术课与科学课融合学生作业（四）

图5　美术课与科学课融合学生作业（五）

四、小学美术教材单元教学实践研究

(一)《走进春天》单元教学探究

《走进春天》单元教学是在小学美术学科核心素养背景下的课堂单元教学研究的基础上,将人民美术出版社小学美术一年级下册教材中《春天的色彩》一课进行拓展延伸,以《春天的色彩》《用春天的色彩装扮自己》《我眼中的春天》这三课组成"走进春天"单元教学内容,探究教学过程中使用的方法和策略。

(二)单元教学总目标

知识与技能

通过观察、体验活动,引导学生感受春天给自然界带来的变化,在大自然中寻找春天的痕迹,感受春天。

能力目标(过程与方法)

尝试使用不同材料和不同的方法,表现春天。

情感目标(情感、态度与价值观)

在创造过程中感受创作的乐趣,培养学生美术综合素养,融入其他学科与春天相关的知识,激发学生热爱大自然的情感。

(三)《走进春天》单元组成

《春天的色彩》《用春天的色彩装扮自己》《我眼中的春天》共三课,每节课一课时。

(四)单元教学案例

《春天的色彩》教学设计

教学目标

1.知识与技能

了解和感受春天给自然界带来的变化,发现和认识表现春天的常用色彩,感

受、体验和表现春天的色彩美。

2.能力目标

提高对自然界的观察能力、对色彩的感受能力和识别能力。尝试使用不同材料和不同方法,自由大胆的表现春天的色彩,并学会用吸管和用手指点画的方法画一棵小树。

3.情感目标

在美术活动中体验、感受创作乐趣,激发热爱大自然、热爱生活的情感,并了解树木对人们生活环境的改善,提高保护环境的意识。

教学重点

观察、记忆春天的色彩、认识春天的色彩、感受春天的色彩美,体验利用各种方法表现春天的色彩,用适当的方法表现春天的树木。

教学难点

表现方法的灵活运用,整体色彩的把握及创新表现。

教学准备

颜料、吸管、墨汁、纸。

教学过程

一、导入阶段

孩子们,我们先来欣赏一首歌曲,大家听一听歌曲里唱了什么内容?(歌曲里唱的是春天,唱了春天里有红色的花,绿色的草,还有唱着歌的小黄鹂,春天里有那么多颜色,今天我们就来学习春天的色彩)——《春天的色彩》课题。

设计意图:用歌曲调动学生的积极性,带孩子们回忆春天的特征,导入新课。

二、讲授新课

(1)我们一起来做个小游戏——我们一起来找春天。我们来看看这些图片中哪张是表现春天的图片,你们怎么猜得又快又准确啊?

设计意图:用游戏的方法使学生了解进一步回忆春天,了解春天与其他季节的不同。

(2)寒冷的冬天植物的枯萎了,小动物们也冬眠了,冬天天气寒冷总会下雪,大地上一片白雪皑皑,一眼望去满眼的雪白色。春天来了,万物复苏,小草长出了嫩绿的新芽,大地披上了绿色的新衣,草地上开满了各种颜色的花,把大地装扮得五颜六色,像给大地穿上了漂亮的花衣裳。春天可真美啊!

(3)我们再来找找春天是什么颜色的。春天是绿色的,小树发芽了。迎春花开了,春天变成了黄色。桃花开了,春天又变成了粉色,喇叭花把春天装扮成了紫色。小燕子从天空飞过,说春天变成了蓝色,原来春天的色彩那么丰富,五彩缤纷,绚丽多彩。

设计意图:找出春天的颜色,突出教学重点,为解决难点做铺垫。

三、艺术实践

(1)这么漂亮的春天我们把它带到教室里好吗?把它表现在我们的画纸上,先来看看老师是怎么样画春天的色彩的。

演示——有哪位同学也想试着画一画你心中的春天?

设计意图:教师的直观演示和孩子们的尝试突破教学难点,让学生会用色彩表现春天。

(2)同学们画的春天可真漂亮啊,我们现在外面的天气多么宜人舒适,春天的天空很蓝、空气很新鲜,树木可以净化空气,我们应该多种植树木。今天我们再来画一画春天的小树(演示用吸管吹出小树干,请同学点出树叶和花朵)。

设计意图:启发学生用多种方法创新表现春天的小树,培养学生环保意识。

(3)让我们动手把春天装扮得更美丽吧。

四、展示评价

请同学们各自说说自己的作业,说说你喜欢的作业,请同学们进行互相评价选出喜欢的作品。

我们今天学习了表现春天的色彩,下面我们来看看春天还能给自然界带来什么样的变化(见图6)。

五、课后延伸

设计意图:欣赏视频,让学生们了解春天为自然

图6 《春天的色彩》课堂展示

界带来的变化(河水融化、小草生长、万物复苏)。

通过今天的学习,我们看到了春天的美丽,课下让我们走进大自然继续观察和发现春天的色彩吧。

设计意图:课下观察和发现身边更多的美好事物,热爱生活。

《春天的色彩》教学反思

本课属于"造型·表现"学习领域,通过观察体验活动,引导学生发现春天带给自然界的变化,了解和感受春天的色彩美。根据观察、记忆春天的色彩自由地表现所见所闻,所感所想,运用多种方法把春天的色彩表现出来。

一年级的孩子对于美的事物特别感兴趣,有初步感受美的能力,初步认识了美术材料,会用简单的线条和色块,大胆、自由地表现他们所见所闻,所感所想的事物,但是在想象、创作、表演和展示方面还不是很擅长,不敢大胆表现。我在课堂教学中,会鼓励学生大胆表现自己。

在导入阶段我先让学生欣赏一首歌曲,大家听一听歌曲里唱了什么内容?通过课件播放歌曲《春天在哪里》的其中一小段音乐,歌曲里唱到春天里有红色的花,绿色的草,还有唱着歌的小黄鹂等等。通过课件孩子们了解了在春天里有那么多颜色,从而导入今天的新课,板书课题:春天的色彩。

一年级的学生对游戏还是比较感兴趣的,我借助游戏调动学生的积极性,使学生进一步回忆春天,了解春天与其他季节的不同。

课件中准备的图片哪张表现的是春天——通过做游戏大家直观地找出春天的图片,总结春天的特征,突出教学重点。

师生一起总结出每个季节的特征。游戏使学生进一步回忆春天,了解春天与其他季节的不同,学生根据各种图片的描绘初步了解春天。

下面我们再来找找春天是什么颜色的?

春天是绿色的,小树发芽了。迎春花开了,春天变成了黄色。桃花开了,春天又变成了粉色,喇叭花把春天装扮成了紫色。小燕子从天空飞过,说春天变成了蓝色,原来春天的色彩那么丰富,五彩缤纷,绚丽多彩。

在这个环节师生共同找出春天的颜色,同时突出教学重点,为解决难点做铺垫。

(1)这么漂亮的春天我们把它带到教室里好吗?先来看看老师怎么样表现春天的色彩。——(教师演示环节)

在这个环节中,通过教师的直观演示和孩子们的亲自尝试,突破了教学难点,让学生会用色彩表现春天。

(2)同学们画的春天可真漂亮啊,我们现在外面的天气多么宜人舒适,春天的天空很蓝、空气很新鲜,树木可以净化空气,我们应该多种植树木。今天我们再来画一画春天的小树(演示用吸管吹出小树干、请同学用手指点出树叶和花朵)。演示后,布置课堂作业:我们现在的空气质量很差,雾霾天气影响了我们的生活,树木可以净化空气,我们应该多种植树木,今天我们就来画一画春天的小树。让我们动手把春天装扮得更美丽吧。

在创作的过程中潜移默化地培养学生环保意识,同时老师将优秀作品展示给同学们,大家可以互评互赏。

展示评价环节中,在同学中开展植树比赛,评出"新芽奖"、最佳创意奖等等,请同学们各自说说自己的作业、互相评价选出各种奖项。在拓展环节,师生共同观看视频短片,了解春天为自然界带来的变化,将课堂还原于现实生活。

在整节课中我用音乐、游戏、互动等教学手段吸引孩子的注意力,学生在愉悦的氛围中学习,用吸管吹树干、用手指点画树叶、花朵对一年级的孩子来说还是非常吸引他们的,方法简单好操作,适合低年级的同学。画面中颜色丰富,体现了春天的色彩。

《用春天的色彩装扮自己》教学设计

一、教学目标

1.知识与技能

了解人物装饰的主要部位,学习简单的服装装饰方法,利用剪、折、粘、画等方法,巧用彩纸进行人物装饰。

2.能力目标(过程与方法)

培养学生的设计意识和动手制作能力。

3.情感目标(情感态度与价值观)

通过用春天的色彩装扮自己,培养学生美化生活的设计意识和合作意识,激发学生珍惜眼前的美好生活的情感。

学情分析

一年级的学生对春天并不陌生,这对本课的学习是个很好的知识准备。在春暖花开之际,孩子们脱去了冬装,显得更加充满生机与活力,这时他们亲近大自然的渴望心情也是非常强烈的,这又为孩子们学习"春天"提供了情感的准备。

教学重点

了解利用春天的色彩,尝试用各种材料装饰人物的方法。

教学难点

利用合适的材料进行装饰。

教学过程

一、导入阶段

教师为学生播放春天景色的视频,带领学生走进春天,同学们在欣赏过春天的景色后,谁能再来说一说春天的感受?春天是什么颜色的?

春天是的颜色五彩缤纷、丰富多次,春天枝头上有嫩绿的枝芽、娇黄的迎春花,粉红色的桃花,湛蓝的天空中划过整齐排列的大雁,红灿灿的太阳照射出五彩斑斓的曙光……春天的颜色可真丰富啊!

春天的色彩非常的丰富,颜色非常的漂亮,有很多服装设计师就运用这些颜色设计很多的服装,下面就请同学们一起和老师来欣赏一下他们的设计。(导出课题)

二、讲授新课

(1)欣赏教师带来的服装设计图片。

(2)设计师运用了春天的色彩,对服装的不同部位进行了装饰,同学们来仔细观察一下,设计师都为服装的哪些部位进行了装饰(肩、胸、头发、脖子、手、腰、眼、脚)?

(3)同学们观察得都非常仔细,我们再来看一看设计师都用了哪些设计元素来装饰的(花、彩带、字母、图案、蝴蝶结等)。

三、演示过程

1.介绍材料及方法

材料:各种彩纸。

方法:剪、折、粘、画等方法。

师生共同演示设计一件服装。

2.欣赏书中小朋友们的作品

3.重点提示

通过两件制作好的服装,大家来比较一下,哪件效果最好?为什么?

第一件装饰的东西过多,感觉很乱。

第二件装饰得恰到好处。

布置作业:为自己或小伙伴设计一件带有春天的色彩的衣服

同学们一边欣赏其他学生的作品一边思考,你们今天想怎么设计,说一说你们的设计思路?

评价拓展延伸:请同学们把完成的作品摆放在讲台前并请各小组说说创作意图,同学们说一说你最喜欢哪个小组的设计,他们的设计哪里最吸引你?

教学反思

本课属于"设计·应用"学习领域,了解人物装饰的主要部位,学习简单的服装装饰方法,利用剪、折、粘、画等方法,巧用彩纸进行人物装饰。培养学生的设计意识和动手制作能力。通过用春天的色彩装扮自己,培养学生美化生活的设计意识和合作意识,激发学生珍惜眼前的美好生活的情感。

通过上节课的学习,同学们了解了春天,熟悉了春天的色彩,还初步感受春天的美。在这节课我鼓励孩子们用鲜艳的颜色去大胆表现春天,装饰自己。

为了解决教学难点,我们充分欣赏、展示各种各样的衣服,分析设计师设计服装的部位,一年级孩子会欣赏美,但是不会表达,更不用提去动手制作整件衣服了,经过在和学生的探讨后感觉做衣服会有难度,我临时修改了教学目标,把做整件衣服的设想临时改变成做每件衣服的小装饰。这样降低了难度,更加容易突破教学难点。

在创作的过程中潜移默化地培养学生环保意识,同时老师将优秀作品展示给同学们,大家可以互评互赏。

在整节课中我用音乐、游戏、互动等教学手段吸引孩子的注意力,学生在愉悦的氛围中学习,用剪、折、贴的形式装饰漂亮的衣服,一年级的孩子动手能力稍微弱一些,降低了教学目标后,大多数孩子们可以独立做一点装饰,看见自己装饰的衣服鲜艳多姿,孩子们可高兴了,收获了成功的喜悦。

《我眼中的春天》教学设计

教学目标

1.知识与技能

在初步感知春天后,进一步变现春天,用喜欢的方式表现自己眼中的春天。

2.能力目标(过程与方法)

结合美术专业知识选择多种表现手法表现春天。选择与其他学科的共通点深度融合,从多学科角度感受春天。

3.情感目标(情感态度与价值观)

通过本单元的学习,开阔学生的视野,拓展想象的空间,激发探索未知领域的欲望,体验探究后的愉悦感、成功感。

教学重点

尝试用自己最喜欢的方式来表达对春天的体验和喜爱之情, 体验创作的乐趣,发展创作力、想象力和动手操作能力。

教学难点

学生能创造性地表现自己对春天的认识与情感。

教学过程

一、导入新课

我们学习了"春天的色彩""用春天的色彩装扮自己"这两节课后,了解了与春天有关颜色、春天带给大家的感受。今天我们继续学习《我眼中的春天》,更全面地感受春天。

二、自主探究

1.让我们一起找春天,你找到春天了吗?

(我看见小草从地下钻出来了,穿上了绿衣服。柳树也发芽了。)

我们在前面两节课中分别在学校、小区、公园等场所找到的春天,一一列举在大家面前,共同回忆着找到春天的感受。)

(1)这么美的春天,我们怎么把它留下?

我们用绘画形式画出花草、蝴蝶、燕子等春天特有的动植物,撕或剪下来保存,还可以制作成立体贺卡等方式留住春天。

(2)在春天你参与了哪些活动？

我们还种植了各种植物的种子,等待它慢慢地发芽。我们还和春风做游戏,制作的纸飞机、绘制的风车、风筝在春天可以放飞,和春风一起做游戏,在春天放飞我们的梦想。

(3)春天除了颜色丰富,我们还可以在春天到户外做自己喜欢做的事情,大家是不是更喜欢春天了,你眼中的春天是什么样子的?

春天气温逐渐变暖,大地万物复苏。

2.召开"春天的盛会"

在盛会中,学生按照自己的意愿相互交流着各自的想法,如:想用留住的春天在黑板上装扮一个美丽的春天,做我们的会场;想给同学们猜几个与春天有关的谜语;想在盛会上表演舞蹈来赞美春天;想说春天的儿歌;想把春天种植的收获与大家分享;想为大家表演诗朗诵;想把我们和春风一起玩时,飞得最高、转得最快的风车、小风筝和降落伞等玩具粘贴在展牌上办一个展览;想讲一个与春天有关的童话故事让大家明白一个道理……(将同学们分成组,每组取一个与春天有关的名字)

三、展示汇报

分小组进行汇报展示。

柳树发芽了,风一吹就像翩翩起舞的舞者;小草从地下钻出嫩绿的新芽,为大地穿上了绿衣服;花园里的花都开了,有红的、紫的、橙的、粉的……小蜜蜂正忙着采花蜜呢;小蝴蝶也来凑热闹在花丛中愉快地飞来飞去;冬眠的小动物们都从睡梦中醒来了;小燕子也从遥远的南方飞了回来正忙着搬新家呢。

下面请大家分别进行汇报展示。

配乐诗朗诵:《我们身边的大自然》《我爱春天》。孩子们在优美的伴奏乐中朗诵自创诗歌,表达自己对春天的热爱之情。表演唱:《春天的故事》《春天多美丽》。孩子们用彩纸制作的各种形状的花朵、纸飞机、小风车、小风筝、降落伞等物品进行表演,创意无限。孩子们还创编了有关春天的谜语和故事,佩戴着自己制作的头饰讲着自己创编的故事。通过表演环节,孩子们知道了在生活中不伤害身边的小动物,在公园里不破坏花草树木,从小热爱小动物、热爱大自然。

四、拓展延伸

通过今天的学习,相信同学们都知道今后该如何去做了,只要我们都能自觉爱护一草一木,保护动物,保护环境,春天才会更美,我们才能拥有更长久的春天。那好,让我们明年春天再见。

五、小学美术与多学科深度融合

小学美术教学与多学科深度融合,使学生在学习美术的基础上,沿着多学科的途径,从多方位、多角度思考、创作作品,丰富学生的想象力,提高学生的创作能力。美术学科与多学科深度融合是可以长期努力探究的一个领域,我的简单实践只为遥远的探究之路拉开了序幕,我会在今后的教学活动中继续研究新的方法,使学生在学习过程中感受不同学科的艺术魅力,使孩子们更加热爱美术、热爱生活。

参考文献

[1]张桂木.美术课程标准教师读本[M].武汉:华中师范大学出版社,2012.

[2]毕晓宁,黄颖.多媒体与小学美术教学整合[J].中国教育技术装备,2015(21):156-157.

[3]张雷.浅谈信息技术与小学美术教学整合的作用[J].中国现代教育装备,2015(20):58-59.

第二篇

基于校本课程与地方文化资源的单元教学研究

小学水墨画课程建构

天津市武清区杨村第十七小学　杨玉

摘　要: 为更好地继承传统,培养并张扬学生的艺术天性,我们把每一个孩子都看成是艺术家,并在课堂教学中大胆实践水墨画教学,将传统水墨画教学与学生生活体验紧密结合,凸显继承传统的特点,无论是水墨技法还是表现题材,本着传承与发扬的原则,让学生亦玩亦学,感知魅力;随性而至,体验情趣;多元触发,创造童真。激发他们曼妙的想象力,把这股热情持久地保持下去,从学习中领略到水墨画中传递的传统文化精神。让学生在感受中了解水墨画所需要的工具及材料,明确水墨画工具的使用方法。在自由、宽松的艺术活动中学会用艺术表达自己的思想和情感。培养学生的学习兴趣,学会用水墨画的形式去表达自己身边的事物。众所周知,无论从历史渊源、工具材料,还是绘画语言、文化品质,中国的水墨画所表现的艺术特征在世界上都是独一无二的,它集中体现了东方美学,其中也折射出中国独特的哲学思想。如何能在实现文化传承的前提下,与时代同步,开发儿童心智、提升艺术修养,并彰显儿童画中最宝贵的天真率性和自由的品质呢?这需要我们对儿童水墨画在观念和教学上有一个全新的探究,让儿童水墨画以一种与时俱进的姿态从传统走向现代。因此,我们在小学水墨画课程的构建上从学生的年龄与接受能力出发,让课程内容适应不同学段学生的发展要求,利于学生吸收、感悟、发展。

课程内容/活动主题：低段——童真童趣——笔墨的尝试、中段——传承墨法——水墨与民俗结合、高段——发扬墨韵——水墨与传统。

课程目标：尝试笔墨水色的基本用法及水墨与生活传统结合的创作体会及创作乐趣。

实践研究说明，让水墨画成为适合小学校本的一门课程，在校本课上发挥实效，使学生体会精神内涵的同时，还能够发展学生的天性。结合学生的实际来开发有效的水墨画课程资源，体现"以生为本，以学习为中心"的理念，构建多样性的、可供学生选择的水墨画课程，让水墨画更具正规地走进学生的课堂、融入学生的思维。

关键词：水墨画　课程建构　继承传统　适合学生　创作发展

自新一轮基础教育课程改革实施以来，不少教师已经建立起初步的、朦胧的"课程意识"，具体表现为教师们已经从单纯地关注"怎么教"逐步转向综合性思考"教什么""为什么教""怎样教""如何评价"等相关方面。有学者指出，"课程意识是课程开发、实施、再造、评价的源泉和基础，是教学质量与教学改革取得成功的基本保障和前提条件"，课程意识对教师的课程实践活动起着定向、指导、调控等重要作用。

水墨画是绘画的一种形式，更多时候，水墨画被视为中国传统绘画，也就是国画的代表。基本的水墨画，仅有水与墨，黑与白色，但进阶的水墨画，也有工笔花鸟画，色彩缤纷。后者有时也称为彩墨画。水墨画最大的特点，是它的构图不受时空限制和焦点透视束缚，这与小学生的作画的天性不谋而合，所以把水墨画开发出适合小学校本的一门课程，使学生体会精神内涵的同时，还能够发展学生的天性。结合学生的实际来开发有效的水墨画课程资源，体现"以生为本，以学习为中心"的理念，构建多样性的、可供学生选择的水墨画课程，让水墨画更具正规地走进学生的课堂、融入学生的思维。

一、水墨画课程建构的研究实践与分析

中国画有悠久的历史和古老的传统，它依托于中国古典哲学和传统文化的深厚背景，构成了高雅的艺术品位和丰富的艺术品类，在世界美术领域里独树一帜，自成体系。中国画在其漫长的发展进程中，形成了对意境、形神、感性与理性等关系的独特的美学理论，尤其是在表现形式上，将绘画、书法、诗词、篆刻等进行有机结合，形成了中国画独特的形式美，成为具有丰富的文化内涵的艺术形式中国画在其漫长的发展过程中逐步形成了自己独特的艺术呈现形式。诗、书、画、印各有自己独特的审美情趣，它们的完美结合又使中国画成为一个有机的整体，使人们在欣赏时，得到潜移默化的艺术熏陶和审美享受。因水墨创作生动传神，学生容易上手，有笔墨趣味，对学生开展水墨画的美术创作活动，利于学生走进传统，容易从水墨作业中找到自信。中国的孩子从小就接触水墨，继承传统，发扬传统这是教育者的责任所在。所以，以水墨教学内容构建适合不同学段的课程，让学生感受博大精深的中国画艺术，对弘扬民族文化、了解传统艺术，提高学生的素质教育都有着深刻深远的意义。

(一)国内外相关研究现状述评

中国水墨画的发展，受西方教育模式和文化观念的影响以及多元文化的冲击，其生存境遇发生了前所未有的变化。当前美术教育中来自西方的素描色彩以及现代综合绘画、设计、电脑绘画、摄影等等加起来的比重要远大于中国水墨画的教育。在这种环境下，中国的传统绘画形式——水墨画受到很大的冲击，既面临机遇又受到强烈的多元艺术的冲击。随着素质教育的发展，美术教师，也要更新观念，与时俱进，要求学校开展课程改革实验，设立一些传承弘扬传统的水墨画课程。儿童水墨画的创作，以其生动、活泼、趣味的艺术形式深受学生的喜爱。浓厚的生活气息为学生实践创作提供了不可或缺的素材，这些都是学生学习水墨画的先天必备条件。长期以来，国内有很多对学生画水墨画的研究探索。主要研究方向以水墨游戏为主，仅仅停留在水墨的游戏性，会丢失水墨造型意识，也很难让学生真正领会水墨画的意味。本课题研究主要借助水墨画的表现形式,在技法和题材上大胆创新,既有对传统文化的传承,又有创新与发展。本课题研究的水墨画课程正是在吸收优秀课例的基础上,再接合本校的实际情况,努力形成体现本校特色的水墨画校本教材。

(二)研究目标和主要内容

1.研究目标

为更好的继承传统,培养并张扬学生的艺术天性,我们把每一个孩子都看成是艺术家,并在课堂教学中大胆实践水墨画教学,将传统水墨画教学与学生生活体验紧密结合,凸显继承传统的特点,无论是水墨技法还是表现题材,本着传承与发扬的原则,让学生亦玩亦学,感知魅力;随性而至,体验情趣;多元触发,创造童真。激发他们曼妙的想象力,把这股热情持久地保持下去,从学习中领略到水墨画中传递的传统文化精神。让学生在感受中了解水墨画所需要的工具及材料,明确水墨画工具的使用方法。在自由、宽松的艺术活动中学会用艺术表达自己的思想和情感。培养学生的学习兴趣,学会用水墨画的形式去表达自己身边的事物。

2.主要内容

众所周知,无论从历史渊源、工具材料,还是绘画语言、文化品质,中国的水墨画所表现的艺术特征在世界上都是独一无二的,它集中体现了东方美学,其中也折射出中国独特的哲学思想。如何能在实现文化传承的前提下,与时代同步,开发儿童心智、提升艺术修养,并彰显儿童画中最宝贵的天真率性和自由的品质呢?这需要我们对儿童水墨画在观念和教学上有一个全新的探究,让儿童水墨画以一种与时俱进的姿态从传统走向现代。因此,我们在小学水墨画课程的构建上从学生的年龄与接受能力出发,让课程内容适应不同学段学生的发展要求,利于学生吸收、感悟、发展。我们在人教版本小学美术教材的基础上,提炼各学段的水墨画相关课程,延续了课程的内容,分年龄段,分学段,并与传统结合设计了适合学生的单元课程内容,融入水墨画的课程当中,在原课程的基础上并在校本课程中进一步实践学习,促进学生发展。

课程内容/活动主题:低段——童真童趣——笔墨的尝试;中段——传承墨

法——水墨与民俗结合;高段——发扬墨韵——水墨与传统。

课程目标:尝试笔墨水色的基本用法及水墨与生活传统结合的创作体会及创作乐趣。

3.研究方法及技术路线

(1)教学实践法:主要采用不同的班级作为实验对照班,通过儿童水墨和传统图式两种教学方式下的反馈结果,结合教学中出现的问题,来研究两种教学法的优缺点以及该如何开展小学水墨画教学。

(2)理论研究法:学习小学生美术教育方面的理论,了解小学生绘画活动心理规律,更新教育观念,收集、整理水墨绘画的历史,不断充实课题内涵。

(3)结合文献资料调查问卷法:针对我校学生对国画的认知情况;家长和学校对国画审美能力的关注度;学校对国画实践教学和国画鉴赏教学的重视程度;以及孩子们对国画的喜爱程度。

(4)观察法:观察学生的学习兴趣、在绘画活动中的创作能力,意志品质等发展情况。准备在研究前期,通过听课活动,观察纪录小学美术课堂现状。

(5)经验总结法:研究过程中,通过撰写教学案例、教育论文,不断地交流、总结,在实践过程中不断完善,并把研究成果变成理论及编辑成校本课程。

中国画无论是在弘扬民族文化、了解传统艺术,还是提高学生的素质教育都有着深刻深远的意义。所以,中国画被列入了义务教育阶段美术"造型·表现"学习领域的课程中,成为学生必修的内容之一,为学生们传承民族优秀传统文化搭建了一个更好的平台。本课题研究是在感受教材内容的基础上,进行以实践为基础的国画教学,让学生在大胆的体验中,提升国画的表现技法与表现能力。渗透美术文化为基础的国画教学,让学生在课堂教学中,领悟国画的意境与情景,使传统国画与学生的生活联系起来,与民风民俗联系起来培养民族精神,传承民族文化传统。让学生亦玩亦学,感知魅力,随性而至,体验情趣,多元触发,创造童真。

二、小学水墨画课程建构的思考及方法的实践研究

(一)当前水墨画教学现状分析

中国画是具有悠久历史和优良传统的民族绘画,并有着灿烂辉煌的艺术成就。国画作品可以与西方任何时代的作品相媲美,越来越为当今世界各国所瞩目。常言道:越是民族的也就越有世界性。中国画作为一个具有强烈民族性的传统绘画,在中西方文化融合渗透的今天,正以其独特的意境和方式发展变化着,为人们展示着它的独特魅力。国画教学,在小学美术教育体系中占有重要地位,有效地开展国画教学对于小学生认识中国画,传承中国传统文化具有重要意义。

当今社会科技突飞猛进,高科技的表现工具是接踵而来。如今的学生紧跟时代步伐,以往传统的书画艺术会有难以理解和接受的过程,同时绘画技能技法等方面的能力严重受到制约。如何引导学生乐于参与传统,继承传统,发扬传统,是我们教师要积极努力去完成的任务。由于历史文化的影响以及传统教学模式长期作用下,小学水墨画教学还是以临摹范画,或教师画一笔学生练习一笔的现象,讲完后全班完成同一幅画。这样学生的创意思维受限,绘画表现的灵动会确失。家长的认识度不够,不理解等。

在这种教育现状下,我们的水墨画教学要充分的激发学生学习的兴趣,从兴趣到认可,从认可到发展,从发展到受益,这些都是我们在水墨画课程建构实施过程中不可忽视的。

(二)水墨画教学方法的实践与探索

中国画有悠久的历史和古老的传统,它依托于中国古典哲学和传统文化的深厚背景,构成了高雅的艺术品位和丰富的艺术品类,在世界美术领域里独树一帜,自成体系。中国画在其漫长的发展进程中,形成了对意境、形神、感性与理性等关系的独特的美学理论,尤其是在表现形式上,将绘画、书法、诗词、篆刻等进行有机结合,形成了中国画独特的形式美,成为具有丰富的文化内涵的艺术形式。中国画

在其漫长的发展过程中逐步形成了自己独特的艺术呈现形式。诗、书、画、印各有自己独特的审美情趣,它们的完美结合又使中国画成为一个有机的整体,使人们在欣赏时,得到潜移默化的艺术熏陶和审美享受。现在,无论是校内还是校外,美术老师常常以水墨教学内容,开展学生辅导的美术创作活动。老师们对水墨教学有深浅不一的熟悉程度,也对水墨教学有自己独有的理解。运用水墨创作生动传神,学生容易上手,有笔墨趣味。所以对大多学生来说,画水墨,有轻松愉快的感觉,容易从水墨作业中找到自信。兴趣是最好的老师,而由于传统的国画教学过于枯燥很多学生很难在这条道路上一直坚持下来,所以教学方法的选择就尤为重要。让孩子在刚接触水墨画时便在笔墨游戏中感受到无穷的乐趣,使之对水墨画学习充满期待并在每一次学习中保持愉悦的心情对学生在将来的水墨画学习中取得成就至关重要。

(1)从玩中让学生熟悉水墨画,并培养其乐趣。学生未接触中国画时,对水墨画十分地生疏,若以传统模式机械地要求学生临摹,易产生厌烦。此时,巧妙地利用了"玩","玩是孩子的天性",引导学生通过玩墨、玩笔,让其发现笔的运用。结果学生们随心所欲,画的是千奇百怪。

(2)采用多种表现方法激发兴趣。如采用揉纸法、点染法、晕色法、平涂法、擦染法、拓印法等等,使学生利用各种表现手法来对心中的事物进行描绘,使之能获得成功感,增强创作热情。

(3)教学中运用风趣的语言,提高学习兴趣。在小学教学中,教师的语言是极为重要的,因为孩子不同于成人,因此教师的语言要儿童化,风趣化,尽量接近孩子们的生活,这样他们才能够易于接受,也会使教师的工作得以顺畅进行。

(4)讲名人轶事引发兴趣。中国画历史悠久,名人辈出,名人轶事很多,可以让学生在故事中感受中国画艺术的博大精深,及不同表现方法和笔墨的巧妙之处,来感受到学国画的乐趣。

(5)在生活中学画。一般传统的教学内容是梅、兰、竹、菊等这样学生的意念就受到了限制,所以在选择教学内容是应该贴近她们的生活。例如选择一些他们平时所能见到并且技法不是很难的题材从简单入手。同时还可以与生活中的传统节日结合,让学生自由发挥,这样学生的创造思维也可以从中得到培养。

(6)多鼓励,多赞扬。水墨画对于学生来说是比较陌生的,用比较陌生的纸、笔以及不熟悉的握笔方法,难免有不适应,处在小学阶段的学生虽有一定的造型能力,但还没有能达到笔笔到位的把握,所以很多同学不敢落笔不敢用墨,所以针对这种情况应鼓励学生,善于发现学生的优点并及时表扬给学生树立自信心,让学生敢画敢表现,让学生在学习中没有负担快乐学习,这样才能使学生在不知不觉中慢慢成长。

(7)宽松的教学氛围。往往一个孩子喜欢一门课是有喜欢这位老师开始的,那么建立民主、平等、亲密、和谐的师生关系以及创造愉悦宽松的教学氛围就必不可少。学生在这样的课堂上才能大胆的尽情发挥,开展创造认知活动,各抒己见,进行讨论在老师和同学处吸收经验,快速提高自己的绘画技法和水平。

三、水墨画课程的教学模式的实践与探索

笔墨的产生和创造是在一定的文化语境中产生的,传统中国水墨作品有许多古代文人的思想、观念在里面,也有很成熟的教学体系。学习中国画传统技法,不能生搬硬套地学习,要理解笔墨的情趣和意识。但中国传统文化慢慢地影响和吸收,并要结合学生的实际情况来给学生一些启发和引导。尹少淳教授说:"当一个美术教师把美术教学放在文化的脉络中考察的时候,其视野就宽阔了。"在美术活动中,很多问题不能仅仅用审美来解释,尹教授指出,"在美术学科教学活动里,许多问题是不能依靠审美来解释的,天坛顶部的瓦是蓝色的,为什么用蓝色?是审美的原因吗?这样解释肯定是不对的。必须将其放在观念形态中思考。"儿童美术教学中,美术教师如果能够把这些东西给孩子用进去,教学就有深度了。为什么说,我们儿童水墨画教学,不是完全按照成人的表现方式来做。但是,成人绘画里的有些东西可以被少儿绘画的教学所吸收。比如说,儿童画同样可以表达成人绘画的一种感情,儿童水墨画的笔墨不可能像成人绘画那么纯熟,用笔也不可能像他们那样娴熟。在水墨画教学中,要给孩子一种意识,就是在组织画面这个方面要有这个意识。画面形式、构图、物体的主次等,再加上你强调的水墨表现的浓淡干湿等画面效果的处理,它产生的变化就是一种节奏,这样,儿童水墨画的画面就更有味道了。

美国教育家勒温费尔特说过:"儿童只要给予充足的时间、帮助、获得与创造性材料接触的机会,而不被强迫接受成人的模式和规范,那么每个儿童都能成为艺术创造的能手。学生对于学国画有了一定的兴趣,就要看教师的教学模式了。

(一)欣赏中国画,从感受中领悟国画的艺术魅力

在名画欣赏中感受美术作品本身蕴含的对生活、大自然的热爱和审美意识。中国画,讲究"寓情于景""情景交融"。因此,美术作品欣赏就是让学生从感受作品到渐渐领悟美术作品的艺术语言及艺术家的思想感情。

(二)深入生活,扩展学生表现面

在儿童水墨画教学中,扩展学生表现的内容是十分重要的,传统的教学不外乎临摹、写生、创作三体合一,这是历代画家实践证明的一条行之有效的教学模式,内容也是常规的花鸟、山水等,而目前相当数量的儿童国画班,也实行依样画葫芦的教学模式,此现象已引起众多美术界有识之士的忧虑。瑞士著名心理学家皮亚杰曾指出:"教师不应企图将知识硬塞给儿童,而应找出能引起儿童兴趣、刺激儿童好奇心的材料,然后让儿童自己去解决问题。"

(三)灵活的学生课堂活动

通过训练学生对各种用笔、色彩间的关系、疏密关系等知识有了一定的了解来激发学生的主动性,让每个学生都有自己发挥的余地。

(四)写生感受式教学

写生,是美术学习、绘画入门的基础,"外师造化,中得心源",水墨画学习与创作也是离不开写生的。但在课堂教学中,安排什么样的写生内容,怎样进行教学,怎样由写生到创作表现,也是值得我们实践探索的问题。

任何教学模式都是有其优缺点的,面对不同特点和年龄的学生,在教学中我们应依据实际情况灵活运用。

四、小学水墨画课程建构的教学实践与探索

随着新课程教学改革的不断深入,要想全方面提高教学质量,就必须加强美术校本课程个性化教学,因材施教。相比较传统美术教学,现如今美术教学课程应该根据教学对象的能力水平和艺术修养,创设不同的教学情境,适应不同年龄学生的发展,从而激发学生的潜力,进而探索小学水墨画校本课程教学实践研究。

(一)小学水墨画校本课程教学的现实意义

许多小学水墨画教学课程固守传统教学方式,由老师讲解基本的知识点和概念,并加以示范。不能保证学生的听课质量,学习效率会低。传统教学课程无法抓住学生的学习兴趣,课堂内容枯燥无味,书本上和老师示范的图画与自己所绘画出来的大相径庭,容易使学生失去学习积极性。小学水墨画校本课程与个性化教学正是为了激发学生的学习动力,让学生真正认识笔墨、线描、色彩等水墨画知识,爱上并热衷于水墨绘画,既能培养学生作为特长,又能在学习水墨画的过程中塑造耐心、专注、认真、细心、创新等优秀品质。

(二)小学水墨画校本课程教学实践研究

1.课程教学的分段设计

由于小学生本身的美术水平较低,教师通常从基础知识和能力教起,无法领会较深奥的知识,学生理解能力不足,这是其一,其二是教师仅仅为了满足教学任务而不去涉及课外易于学生学习的课程资源,只依靠书本教材知识,千篇一律,单一乏味,也缺少与日常生活实际的联系。在研究的过程中,根据学生的年龄段进行归纳开发适合学生的国画课程《墨韵十七》。课程主体分三个单元如:低段——童真童趣——笔的尝试,让学生在玩中体会笔墨的乐趣感受水墨。中段——传承墨法——水墨与民俗结合,让学生在了解中国传统民俗的过程中感受水墨画公鸡的大吉大利,鲤鱼的年年有余等。高段——发扬墨韵——水墨与传统,通过画荷

花、紫藤、梅花等感受映日荷花、紫气东来、喜上眉梢等等墨韵的抒发与表达。

《墨韵十七》具体课程目录如下。

第一单元:童真墨趣(适用于一、二年级)

第一部分　笔墨纸砚的乐趣

第二部分　墨点变一变

第三部分　色块添一添

第四部分　金鱼游一游

第五部分　狮子吼一吼

第二单元:传承墨法(适用于三、四年级)

第一部分　大鸡(吉)大利

第二部分　年年有鱼(余)

第二部分　柿(事)事如意

第三部分　粽子情缘

第四部分　喜庆灯笼

第三单元:发扬墨韵(适用于五、六年级)

第一部分　映日荷红

第二部分　紫气东来

第三部分　欣欣向荣

第四部分　暗香浮动

第五部分　喜上梅(眉)梢

2.课程教学的分段实施

俗话说:欲速则不达。在学生水墨画的学习中,要循序渐进,才能让学生学到知识学好水墨画。在低年级中,学生初步接触水墨画,以着重了解水墨画为主,知道最基本的绘画工具、材料,了解颜料和墨是可以和水一起用来改变颜色的深浅变化,如在《金鱼游一游》一课,学生不可能画出很有大师风范的作品,启发学生分别用各种线、点和面画出不同特征的荷花荷叶,让学生自由地发挥,根据自己的理解画出自己喜欢的水墨金鱼。在学生们能够用简单的线条绘制水墨画后,就可以进一步教他们用弧线、圆圈等通过用墨技巧来画比较复杂的作品了。这样针对这个年龄段的学生就可以画出适合他们的作品。

中年级的学生对于水墨画有点了解，在这样的基础之上可以让学生多欣赏一些能够提高他们绘画水平的作品，在欣赏作品之时，要让学生学到一定的知识，让学生知道水墨画原来那么的深奥，从而激发他们的兴趣。将握笔、蘸墨、蘸水、配色、用笔、用墨分别进行重点学习和训练。然后，在熟悉重点的基础上逐步学会综合运用。在教孩子们用笔、用墨、用水和用色时，采用他们喜闻乐见的游戏儿歌等形式来指导练习和巩固。如：《年年有鱼(余)》一课，学生在宣纸上尝试水墨产生反复渗化交融的效果，这种方法叫"破墨"。常用的破墨法有：浓破淡，即用浓墨加在未干的淡墨上；淡破浓，即先画浓墨，未干时用淡墨画第二遍。点、线、墨块、干擦，在破墨时可交替使用。在这样的基础上可以适当地给学生进行创作练习，学生根据自己的想象，加上有一定的笔法基础，那么学生突显出来的作品总会出人意料(见图1)。

图1 学生作品(一)

高年级的学生在进行创作水墨画中，要投入情感。这时学生还是需要大量欣赏作品，从而来感觉画家创作时的心情或者当时的背景。如《风雨鸡鸣》图是徐悲鸿于1937年创作的，画面表现了一只站在岩石上的雄鸡，激昂地高声鸣叫，寓意着唤起人民赶快觉醒，加入抗日救亡的洪流之中，表达了画家对祖国的深情、对正义的伸张、对光明的向往。李可染、林风眠创作的《万山红遍》《秋》以中国画不同的表现形式，鲜明地再现出秋色之美，浓郁醇厚、明艳诱人。画家用饱蘸深情的笔墨，

赞美家乡的可爱,祖国山河之壮美。通过欣赏画,学生对中国画产生了浓厚的兴趣,迸发出热爱祖国山河、热爱家乡一草木的情感。这样采用由易到难,循序渐进的方法,使他们增强自信,培养兴趣。

对于高年级的学生需要进行构图的训练,首先从简单的单一构图入手,要求学生作品主题突出,背景干净,并且主体部分要求比例协调,位置要放中间。教师除采用范例教学外,请孩子们一起评价自己的作品,在比较中领悟其中内涵也不失为一种好办法。接着从均衡式构图入手,要求学生对画面内容自由组合,使画面均衡、饱满、和谐。

小学水墨画校本课程的构建,可以让学生真正认识水墨,发现水墨的美,激发学生的学习兴趣和爱好,让水墨带着学生走走进生活,走进传统。校本课程建构能够根据每个学生不同的身心特点,因材施教。也能够避免传统美术课程下的弊端和不足,让学生主动参与进美术课堂,提升自己的美术水平和意识。

五、水墨画课程建构的课例实践分析

(一)低段单元课例实践分析对学生的发展和影响

中国水墨画以笔墨为载体,具有悠久历史的中国民族绘画,积淀了深厚的中华民族的文化渊源,源远流长,已形成了融合整个中华民族独特的文化素养、审美意识、思维方式、思想哲学观念的完整艺术体系。因而,在小学低年级开展中国画教学,让学生从小接触,有利于培养学生对中国民族传统文化的热爱情感,也是中国画传承与发展的重要途径。

我们所整理的校本水墨画课程教学与传统的水墨画教学有很大的区别,更注重学生自己的实践体验与感受。在低年级开设的水墨游戏,如《墨点变一变》一课,带领学生感受水墨在宣纸上的有趣变化,调出浓淡枯湿不一的墨色,在宣纸上画点;《狮子吼一吼》一课,用点、线、色进行有节奏的水墨造型,水墨画就是这样以轻快地游戏形式进入学生的视角。

《笔墨纸砚的乐趣》 教学设计

这一课的教学目标是:①认识中国画的工具材料,感受水墨画笔、墨、纸的特点;②在自主探究的学习活动中,能学会控制水分,并能用中锋、侧锋调出不同层次的墨色;③通过欣赏及表现,使学生感受中国传统文化的独特魅力,激发学生的民族自豪感。教学重点是:在自主探究的游戏中体验笔、墨、纸在水墨画中的变化,感受水墨画独特的魅力。教学难点是:大胆尝试水墨画的多种表现方法,体验创造乐趣。教学中准备了:水墨动画片《小蝌蚪找妈妈》,课前收集数幅水墨画家的作品及优秀的儿童水墨画作品或图片,水墨画作画工具。学生准备:宣纸、墨汁、毛笔、水杯、调色盘等。

教学过程是这样安排的。

引导阶段

(1)师生共同欣赏水墨动画片《小蝌蚪找妈妈》,感受中国水墨动画片画法的特别之处。教师请学生谈一谈自己对水墨动画片的感受。学生互相交流发表自己的看法。

(2)教师介绍:水墨动画片是中国人的创举,在全世界有着独一无二的成就。

(这一过程通过水墨动画的欣赏感受中国传统文化的独特魅力,激发学生学习水墨画的兴趣及民族自豪感。)

自主尝试阶段

(1)认识水墨画的作画工具,让学生说一说你对水墨画了解多少。

(2)试一试,画一画,玩一玩,谈一谈自己对水墨画工具材料使用等的新发现。

教师指导学生调出淡墨。将毛笔在清水中蘸湿,然后用手挤去多余水分(也可用抹布拭去),用笔尖蘸墨汁,在调色盘中调开,在宣纸上随意画些线条。然后让学生尝试调出重墨和清墨,调出后随意画些自己喜欢的图形,最后学生交流谈一谈自己的新发现。

教师在学生交流的基础上小结:墨有浓、淡、干、湿的变化。

(3)教师用浓墨和淡墨示范中锋和侧锋用笔,学生观察并讨论:中锋与侧锋用笔各适合表现什么?

学生在宣纸上尝试玩一玩中锋、侧锋用笔。

(这一阶段,通过学生的自主尝试、教师的示范、学生的交流,初步感受水墨画的笔、墨、纸的特点。学生在实践中认识感悟,增加兴趣,乐在其中。)

欣赏阶段

(1)欣赏画家吴冠中、张大千、齐白石、徐悲鸿、吴昌硕等的作品,感受水墨画不同的表现风格,鼓励学生像画家一样,勇于创新。

(2)欣赏同龄人的水墨画作品,感受甩、洒、拓、画等不同的水墨表现方法。

(3)在欣赏中启发学生交流:还有哪些方法可以用来表现水墨画?

(这一阶段:通过欣赏画家的作品和同龄人的作品,开阔了学生的眼界,开拓了学生的创新思路,激发学生探究、创新的欲望,培养学生的发散性思维。通过小组交流,进一步体验水墨画的多种表现方法,培养学生勇于尝试、大胆创新与合作探究的能力。)

创作阶段

让学生大胆用中锋与侧锋以及不同浓淡的墨,大胆创造一幅水墨画作品。

(1)引导学生思考,如何使自己的创意变得更美。

(2)教师强调作品评价标准:是否能够控制毛笔的水分并能用不同层次的墨色来作画。是否能够巧妙地运用中锋和侧锋表现不同的物体。构图是否饱满,表现是否有创意。

(3)同桌间在作水墨画时可用不同的表现方法进行互相添画的游戏,也可单独完成。

(4)学生作画,教师巡回辅导。

(这一阶段:通过对水墨游戏的再创作,再次感受水墨的魅力,使学生在快乐的游戏中亲近水墨,在自由的涂抹中获得无穷的乐趣。)(见图2、图3)

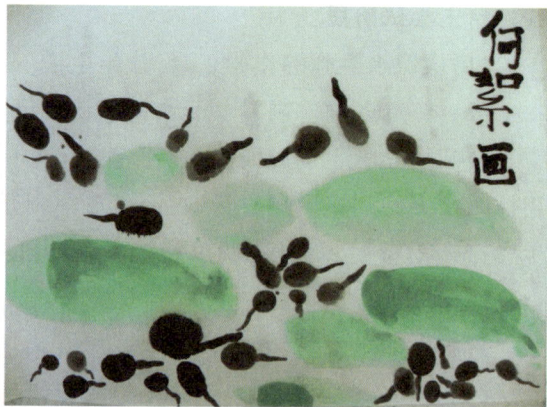

图2　学生作品(二)

评析阶段

教师组织学生进行互相评析,选出自己喜欢的作品,说出喜欢的理由,也可为同学的作品提出改进的措施,教师作扼要的点评。

(这一阶段:让学生在评价中欣赏,在评价中学习,通过评价充分表现自我、展示自我,内化学生的个性品质。)

通过实践,学生进一步感受水墨画的表现形式,水墨画

图3　学生作品(三)

与其他的画种有着明显的区别,它由所用工具材料决定,墨色的浓淡干湿、线条的粗细变化在生宣纸上可以生成许多不同的笔墨趣味,产生独特的艺术效果。这对孩子来说吸引力是很大的。指导学生学习水墨画,应遵循学生的认识规律和心理特征,以毛笔、宣纸、水、墨为媒材,采用适当的教学方式,激发学生的学习兴趣,有效地指导学生进行水墨造型和表现,让学生在轻松、愉快的学习环境中,逐步掌握水墨画的基础知识和基本技能。《笔墨纸砚的乐趣》一课教学,主旨就是要打破传统教材中对传统技法的教授,使水墨画课程适应小学生的身心特点,让他们自然的、愉快的、主动的接受,掌握相关的知识。通过水墨实践获得对中国水墨画的一些真实的体验和感受。让他们体会笔墨的情趣、笔墨的神奇、笔墨带给人的美妙感受,激发学生创作欲望。通过对水墨画的教学活动,使学生发现自己的能力,建立起大胆创造的信心,让学生在动手操作的过程中把自己潜在的创造力充分表现出来。

让学生从低年级开始尝试各种美术表现方法,对学生的美术能力的发掘具有重要的意义。水墨画自有其随机、变通、接近童趣的一面。让学生们在水墨中玩起来,在游戏中了解传统、感悟自然、创造自己的表达方式,就开辟出了一块绘画活动的新天地。

（二）中段单元课例实践分析对学生的发展和影响

喜欢动物是孩子们的天性,用画笔来表现动物也是他们津津乐道的事情。习惯了用水彩笔、蜡笔、颜料来表现动物造型、表现动物情趣,现在尝试用水墨的方法来表现,会给孩子们带来新奇的感觉。用水墨画动物,可以充分发挥水墨浓淡干湿的特点,浓淡之间挥洒出一片生动活泼的世界。在教学过程中注重学生的原创性和自我的表达,在游戏和审美中感知水墨画的意境,在体验中表现水墨的韵味。让他们的思绪在宽松的环境中、在愉悦的心情中得到宣泄。在以前的学习中孩子们已经学过水墨画的基本知识,从点、线、面到花卉、植物等,经过一系列的训练对基本笔法和水墨运用都有一定的了解。因此,水墨画——《大鸡(吉)大利》这一课的重点是要让学生使自己的水墨画作品生动起来。教学过程中让学生在观察和了解公鸡的特征和生活习性的基础上,欣赏韩美林的作品,学习夸张变形的方法,用水墨画方式创作出特征明显的美丽的公鸡形象,在创作时,学生不必拘泥于公鸡的真实面貌,只要抓住公鸡的特点就行。在感受水墨画独特的水墨韵味美感中,增强民族自豪感,体验探索的自由、游戏的快乐。

水墨画是我国艺术宝库中的一朵奇葩,在继承的同时,我们更有责任将它传承下去,我们有义务、有责任将水墨画教育做得更好,使这门富含东方文化底蕴和中华民族情结的国粹在我们的手中发扬光大。在小学阶段就培养学生学习水墨画是对水墨画艺术传承的最好方式,本课让学生用水墨画形式来画公鸡是很不错的。公鸡是常见的家禽之一,与人的关系密切,因为形体美丽而惹人喜爱。现在尝试用水墨画的方法来表现,会给孩子们带来新奇的感觉。

《大鸡(吉)大利》 教学设计

教学目标:①欣赏感受水墨画公鸡的独特表现方法,知道水墨画的特点,初步掌握水墨表现的方法。能抓住鸡的神态,用水墨画形式画出一只美丽的大公鸡。②在造型中体会墨色的变化,提高观察、表现能力,培养学生在抓住物体特征的基础上大胆想象夸张的创造力。③通过欣赏、表现水墨公鸡,激发学生创作热情,提高自己的水墨画水平。帮助学生树立学习水墨画的自信心,养成自主探索的学习习惯。教学重点是培养学生感受美、鉴赏美和创造美的能力,感受水墨画的魅力,学习水墨画公鸡的技法。鼓励学生用水墨画形式画出自己的感受,懂得水墨画是我国的传统绘画。教学难点是在抓住公鸡各部位的特征的基础上,大胆用水墨画的表现形式画出拥有独特个人造型特点的夸张变形的公鸡,表现出水墨画的意境和韵味。教学准备:(学生):中国画材料(毛笔、宣纸、调色盘、水桶等)(教师):中国画材料(颜料、墨汁等)、课件教学过程是这样安排的。

回顾导入

同学们,你们还记得公鸡为何被称为"五德之禽"吗?(它头上有冠,是文德;足后有距能斗,是武德;敌在前敢拼,是勇德;有食物招呼同类,是仁德;守夜不失时,按时报晓,是信德。)其实啊,这五德,还说出了它的两个形态上的特征和三个生活习性的特征。画画主要是抓形态特征,除了这两个特征,还有哪些重要特征呢?(头——顶上有锯齿状的大红肉冠,眼睛圆圆的,嘴又尖又利,嘴下有肉髯,特别威武。颈——长又圆,长满了美丽的羽毛。身子——胖又肥,背上有短短的翅翼,满身披着美丽的羽毛。尾巴——特别美丽,尾巴上的羽毛特别长,颜色丰富多彩。脚——金黄的色彩,粗短有力,脚上生爪。)

通过师生对话交流对公鸡的外形特征等有个初步的认识。

感受经典

正因如此,古往今来,公鸡备受人们的喜爱。而"鸡"同"吉"又是谐音,含有吉祥之意,故认为是吉祥之物。很多画家都画过公鸡,让我们一起去感受一下经典的水墨作品。

齐白石《家鸡》《公鸡图》,他画鸡是怀着对少年生活的眷恋之情,巧妙的构图,精粹的笔墨,带出浓浓的田园情意。

陈大羽的《雄鸡图》画的则是在层次井然的红梅簇拥之下,一只雄鸡正昂首阔步,神采奕奕地走来,教导人们要奋发进取。

在传统国画中,常见画家将鸡和柿子画在一起,取名——百事多吉;又如将鸡和荔枝画在一起,曰"大吉大利"。

让学生通过欣赏感受画的寓意及人们对美好生活的企盼向往,使水墨画与民俗生活紧紧联系在一起。即有认识又有传统的渗入,激发了学生学习水墨画大兴趣。

渐渐深入

出示作品《金秋大吉利》。鼓励学生有信心的画好今天的水墨大公鸡。

接触画家韩美林

学生感受韩美林把大公鸡的鸡冠、尾巴和爪子表现得十分突出,而身体被忽略了,把大的变得更大,把小的变得更小,这种方法叫"夸张",更能突出物体的特点。

韩美林很注意画面形式感的处理,从章法布局,物象的夸张与变形,神态的刻画,直到笔墨和色彩。这些画的艺术形式既新颖又美,使人看了清心悦目,很有味道。他追求艺术技法的新颖,努力学习中国传统绘画,学习民间艺术,也从西方印象派绘画中学到有用的东西,加上他在实用美术上有扎实的功底以及从古典诗词和中外音乐中吸取丰富的艺术营养,构成自己的艺术特点。但他不是生搬硬套,简单地师法前人,而是消化它,有目的地取舍,使之有机地融合,着眼于"创",创出自己的风格和表现手段。为了达到理想的艺术效果,他创造了各种手段,有时把酒精,糨糊也和到颜色里用;为了画出动物毛茸茸的感觉,反复实践,掌握了画纸、水分和墨晕的效果,做到胸有成竹,落笔准确,几分钟内一气呵成。

极具装饰风格的五彩公鸡:鸡头、鸡身由繁复的圈点状组成华美的图案,漂亮的鸡尾上下卷曲展开,艺术性地把鸡的美丽展现得淋漓尽致。

看了这些画,使人享受到天真的快乐,感受到青春的活力和生活的美。绘画不是自然物象的翻版,也不是教科书上的图解。一个画家,无论画什么,单靠忠实地描绘物象的功夫,画得再惟妙惟肖,如没有感情的贯注,表达不出爱憎的情操,是难以引起观众的共鸣的,也难有艺术的生命力。

这些画的造型完全是独树一帜"美林风格",秉承了他一贯的既容东西方艺术手法于一炉,又兼有他独属的变形传神特点,运用民族性的色彩,非常耐看。生动传神、风格独具。

了解了大师的作品教师总结。

夸张变形、生动传神、色彩艳丽、风格独特。

大胆创作

今天老师要来个比赛,看看谁画的公鸡最美,最独特,最有水墨的感觉!学生创作,教师巡视(见图4、图5)。

图4 学生作品(四)

图5 学生作品(五)

创作提示

(1)抓住公鸡特征,大胆用水墨来画一只美丽的大公鸡,要有夸张的特征、艳丽的色彩,生动的线条,传神的造型,饱满的构图。

(2)用水墨画公鸡,要表现出水墨的变化,注意用笔、水分、浓淡的变化,体现水墨画的意境和韵味。

欣赏评价

今天办个小小画展,贴出所有学生作品,说说觉得谁画的公鸡最美和学生一起讨论构图、用笔、线条、色彩、特征表现(夸张变形)、造型把握(生动传神)水墨变化(浓淡、意境、韵味)等问题,帮助学生加深对水墨画的认识和画公鸡需注意的地方。评一评,看谁画的公鸡也能被评上"美丽的大公鸡"的美名(见图6)。

总结拓展

其实,中国画讲求"以形写神",追求一种"妙在似与不似之间"的感觉。所以不要怕我画得不像怎么办呀,画得不像并不代表着不好,只要把水墨画的特点表现出来了就是好作品。画出你心中最美的大公鸡,美本来就是千娇百媚各种形态。

在水墨画教学中,我们要充分尊重学生的个性特点,因材施教,不以统一的标

图6　学生作品(六)

准来衡量学生的作品,也不以传统水墨画的标准来衡量学生的作品,更不以成人的眼光看待学生的水墨画作品。总之,水墨画教学的重点是在基本了解、掌握传统笔墨技法的基础上,通过水墨语言大胆表现生活中的美好事物,开发学生的想象力,培养学生的创造力。艺术源于生活,又高于生活,这才是体现中国画艺术美的精神与境界。因此,在各学段的中国画教学中,教师们要贴近学生的实际生活,遵循学生的学龄特点和认知规律,敢于打破传统的一讲二临摹的国画教学模式,引导学生在游戏的体验中,进行水墨的趣味性造型活动。充满兴趣与信心的国画造型活动,才会使学生更加乐于表现中国画,更加热爱中华民族的传统艺术。充分尊重学生的接受能力和所感所想,充分发挥学生的个性和创新精神,在继承传统水墨表现的基础上,进行大胆的个性创作。这样,儿童的水墨画学习将儿童的天性、随意无拘束性地表达,与成人的有意识的处理、与书写性表现的进入画面两者一结合,儿童画的水墨肯定会不一样。

(三)高段单元课例实践分析对学生发展和影响

五年级的学生具有求知欲望强、好奇心大、积极性高、表现欲望强的特点,具有一定的收集信息和处理信息的能力,具有一定的动口、动手、动脑的能力,具有一定的分析、比较、归纳、概括能力,也有一定的合作探究的能力,自主学习能力有待提高。学生是教育活动中的主体,是具有主体性的人。以下是教材中高学段的水墨画——《映日荷红》一课的教学实践分析(见图7)。

图7　学生作品（七）

中国画是我们中华民族灿烂文化的组成部分,更是中国艺术立足于世界之林的资本。它融诗、书、画、印为一体,反映了中华民族的文化修养与精神内涵,是我们国家的瑰宝。要想使中国画发扬光大,关键在于加强中国传统文化的学习。通过中国画教学,使学生认识中国画、了解中国画、欣赏中国画、喜欢中国画、会画中国画,进而培养学生对美的感悟能力和创造力。学生通过本课的学习,初步了解中国画造型的基本方法,体验和感受中国画用笔、墨的方法,尝试运用笔墨表现荷花,培养学生对祖国传统绘画艺术的兴趣。

本课的教学目标

1.知识与技能

(1)知识:了解荷花的生长习性、造型特点,欣赏与荷花有关的艺术作品,了解中国画借物抒情的艺术表现形式。

(2)技能:尝试用中锋、侧缝的用笔方法及焦、浓、重、淡、清的墨色变化,表现一幅荷花小品。

2.过程和方法

在体验探究中学习用中国画的表现形式创作有意趣的荷花作品的方法,感受艺术家所寄托的人格精神。

3.情感、态度和价值观

通过欣赏创作等学习活动,激发学生热爱自然、热爱生活、热爱民族传统文化的情感,提高自己的生活品质。

谈话法的教学方法在本课教学中应用较多,问答的形式,有助于激发学生的学科思维,调动学生的积极性,培养学生的独立思考能力和语言表达能力,让学生在活动中知识得到建构,各种能力得到锻炼,情感得到培养,各种智能得到发展。在欣赏中国画家潘天寿的作品《映日》时，分析环节中对问题的设置，引导学生通过欣赏画家作品，了解笔墨在中国画中的运用，明确学习目的。教学设计中以直观的形象引导学生探究、分析、体会画面所产生的意境以及画家创作作品时用到的各种表现技能，这样能够调动学生的积极性，激发学生的学习兴趣。观看与展示荷花图片，旨在引导学生欣赏荷花的自然之美，理解花、叶、茎的生长形态及色彩特点。同时在课堂之中，边做示范边让学生观察，理解我是如何掌握荷花的画法。再做到讲解，"荷花的色彩丰富，有红色、白色、蓝色、黄色等；花瓣上尖下圆，荷花像一把大蒲扇。"再用两位大师作品做对比，陈大羽《清荷》与潘天寿《映日》，目的是让学生懂得不同画家表现同一题材时，所运用的手法也不尽相同，为学生在学习中能充分地展现个性提供了有力的保障。教师在演示示范的过程中注重形似的基础上发挥，并让学生掌握技巧的过程中大胆表现，最后以长卷的形式完成，老师画一轮红日，学生在长卷上自由表现各种动态的荷花，以形成干湿浓淡的有意境的荷塘之作。既能学习水墨，感受水墨，又能发挥团结协作的力量，让传统水墨课的学习能够意义深远。

通过教学，培养了学生创新意识，一种宽松的教学气氛，学生能够充分开展创造性的认知活动，并建立了民主、平等、亲密、和谐的师生关系，有利于产生联想的指导和有利于创造思维的活动。教师尊重学生的选择，让学生随心所欲地去画，这样学生就能够创造出丰富多彩的作品。总之，在水墨画课程教学过程中，我们不仅仅把国画教学作为美术课特色教学的一种手段，而更重要的是把它作为对孩子全面实施素质教育的一个切入点，营造一种校园创造情景和氛围，使学生们在实践活动中去体验，去领悟，实现教与学的和谐发展。

学水墨画课程建构是在核心素养实践的过程中从水墨画进行梳理，提炼，研究适合小学生的课程及教学方法，促进学生的发展。通过对课程的合理建构，找到适合学生发展的课型来培养提高学生的多方面能力，最终使学生得到发展是我们课程的实施要点，是我们教师施教的关键。

所以，建构适合小学生水墨画学习的校本课程，使学生体会精神内涵的同时，还能够发展学生的天性，助推课程的灵活性，发展学生的多方面潜能，对培养学生的发展不言而喻。

参考文献

[1]郭思乐.教育走向生本[M].北京:人民教育出版社,2001.

[2]张桂木.美术课程标准教师读本[M].武汉:华中师范大学出版社,2012.

[3]邹尚智.校本研究指导[M].北京:教育科学出版社,2010.

[4]安德春.少儿美术技法丛书:水墨画[M].北京:北京师范大学出版社,2011.

[5]陈桂生.教育学视界辨析[M].上海:华东师范大学出版社,1997.

[6]陈旭远.课程与教学论[M].长春:东北师范大学出版社,2012.

[7]王静奎.国画起步[M].北京:北京时代华文书局,2014.

基于区域特色的
小学美术单元教学实践研究

天津市宝坻区教师发展中心　　赵春军

摘　要:本课题依据地域美术课程的特色,重点对小学各学段单元教学分析实践的深入研究。经过本区域五所学校自身多年以来形成的美术特色与本校美术教师自身专业特长相结合,教师开展了丰富多彩的单元教学课堂实践活动,有效地提升了美术课堂的教学质量和学生的综合素养。课题论文遵循实验法为主导的课内外单元教学活动途径的研究思路,探索出美术教学"欣赏激趣—自主探究—交流评议—巩固训练—总结提升"的五个环节,形成了组合的美术单元教学的基本模式,使核心素养引领下的教学目标在美术课程单元教学中得到更好的实施。研究成果使学校特色更加鲜明成熟,也为打造区域名师工作室奠定了坚实的基础。本课题研究为全区美术学科建设的可持续性发展提供了理论依据和丰硕的实践成果。

关键词:单元教学　核心素养　特色　发展

一、绪论

(一)本课题核心概念的界定

(1)在新课改背景下,随着对核心素养的深入研究,教育部于 2014 年发布《教育部关于全面深化课程改革落实立德树人根本任务的意见》,其中核心素养是新一轮课程改革的核心,是立德树人的育人基础,明确提出应该是学生核心素养发展不同阶段、不同学科的核心。

(2)区域特色美术,既要了解核心素养和学科核心素养,也要在教学区域特色为核心的美术单元化教育教学,主要是指在美术教育中加入与本地人们生活息息相关的民间美术。借助各类优质平台,把更多的具有地方特色的资源融入我们的美术课堂,开发具有区域特色的美术课程资源,呈现出异彩纷呈的美术课程体系。

(二)研究意义

(1)传承民族文化,激发学生热爱祖国文化的情感。

(2)爱国主义教育、民族文化教育、审美教育对学生也很有价值,要结合学校的实际情况和办学特色要求,充分展示艺术成果。育人能力和提高学生素质不仅要注重绘画技巧的培养,更要充分育人。练习绘画的过程实际上是在培养情感和审美能力。提升文化发展过程是学校全面实施素质教育、塑造学校管理特色的重要环节。

(3)为了深入贯彻落实关于"立德树人"建设指示精神,由天津市宝坻区教研室美术学科室决定组织开展"基于区域特色的小学美术单元教学实践研究"。本课题结合各校实际,强调重点,突出特点,讲求质量,注重调研和实证研究方法的运用,大胆提出设想并突出理论和成果创新。

(三)研究的价值

(1)美术具有实用功能,搞好美术教学,不仅能帮助学生更好掌握绘画技能,

更能提高学生的文化素养和创新精神。

(2)美术具有审美功能,能提高学生审美素质。

这一课题,旨在全面贯彻党的教育方针,切实推进基础教育课程改革纲要,转变美术教师被动的教教材内容,转变思想观念,变成依据国家课程标准主动地筛选课程内容,整合课程资源,主动研究课程。

研究价值具体表现如下。

在以往美术教育教学过程中,所面临的突出问题就是教材知识的碎片化,教育者不能发挥其自身的专业特长,教学模式过于单一,学生很难形成一个完整的知识体系,在一个课题下动手动脑能力得不到充分的锻炼。站在如何让学生更全面的掌握知识、能力得到更大提升角度考虑,就要从优化课堂教学设计入手加以改革。本课题组成员所在学校,在多年以来形成的特色课程,如国画、剪纸、版画、布艺、手工制作等特色课程从实际出发,依托单元教学设计进行教学实践研究。

事实上,在美术教学中,不仅应该对知识进行构建,更应该注重学生个人能力的培养,探讨如何将教师自身的个性化优势发挥出来与课程内容相结合,如何依据课程内容进行小学各个学段美术课程单元化教学以及深入研究对小学生产生积极的影响。

(四)研究的目标

了解当前学校在实施美术特色课程教研过程中存在哪些问题,寻找其根源,并采取相应的措施。这样能提升教师自身的学科素养和教科研能力,同时促进教师的快速成长,教师在教学过程中要学会反思、创新,成为实践的研究者。在学校形成一种崇尚学术、崇尚研究的氛围,保证教学改革开展和教师专业化发展,并形成各个学校不同的教研特色。

(五)研究的内容

(1)加强区域特色的美术单元化教学,使学生掌握基本的绘画与制作技能方法。

(2)探讨美术单元化教学规律,针对学生认知水平和美术单元教学的特点,制定美术单元教学训练目标和评价标准,构建科学有效的美术单元课堂教学模式。

(3)普及特色的美术知识,结合世界多元文化,重点弘扬我国民族优秀文化,利用各种优质资源,激发学生热爱祖国的情感。

(六)创新之处及方法

创新点以"欣赏激趣—自主探究—交流评议—巩固训练—总结提升"五个环节组合而成的美术单元教学基本模式。它以美术为载体贯穿教学全过程,通过师生的交互活动,让学生在尝试自主探究的过程中产生自主学习、互相合作和探究的动机与欲望,从而逐渐养成自主学习的习惯,并在不断的实践中优化自主学习方法的教学模式。激发学生自主练习的兴趣。

以小学国画、剪纸、版画、手工制作、布艺制作为研究对象。课题以实验法为主,辅之以文献研究法、实地调查研究法、比较研究法、归纳总结法。课题组制定美术单元教学研究方案,提出课题假想。

(七)研究现状

1.国外研究现状

"单元教学法"最早由芝加哥大学的莫里逊于 1931 年提出。"设计单元"是"专注于问题或活动",有五个教育过程。美国学者迈克帕在《美术教学指南》中明确指出:教学过程的最终点;建立循序渐进的单元结构,也是通过循序渐进的单元教学。促进学生从基础知识和技能达到高级思维。国学者格兰特·威金斯和杰伊·麦克泰格在《追求理解的教学设计》一书中发表了讲话:教学理解是学校教育最重要的目的。要达到这样的效果,认为教育应该注重课程单元的设计。表达性任务和量规的四个要素用于设计和组织科目和课程。这些整体元素为所有单元及其互连的设计提供了蓝图。

欧洲、美国和大洋洲等国家在艺术教育中强调艺术素养,重视学生的全面发展,重视学生对艺术相关知识和技能的理解和应用。在学习研究过程中强调创作、展示和交流,强调对艺术思维的整体学习研究。为了很好地落实教学目标,将一个主题课程划分为多个课时完成教学目标,以单元教学模式进行教学。

2.国内研究现状

王大根先生在新课程强调学生的全面发展,即注重学生知识与技能、过程与方法、情感态度价值观三维目标的实现。但由于单课时的局限性导致三维目标无

法落实。同时，王大根先生又提出："研究性学习是一种围绕课题而展开的研究和学习的活动，结合美术课程的学习特点，美术的单元化研究性学习包括美术类课题研究和项目设计两种"。就学校美术教育与文化艺术环境的关系进行探讨，他认为学校美术教育不应该局限于某一狭隘的艺术文化领域，中小学美术教育应该既介绍东方艺术，也介绍西方艺术；既介绍古典艺术，也介绍现代艺术，"从而建立一种宽容的审美心理、开放的文化心态。"并规范了单元化研究性教案及其格式，强调单元问题在单元化教学中的重要性。钱初熹先生主张以艺术家、绘画作品等为主线，从这些作品的创作理念、材料应用、社会文化等方面出发，延伸一套教学方案。

目前，我国大部分的艺术教育都是在一个班级进行的。在研究过程中，艺术知识和技能的转移，艺术思维和创作实践过程缺乏"像专家一样的思考"，在这个过程中，国内学者提出，目前还缺乏解决相关问题的相关研究，但这个领域逐渐成为一个受到关注的研究领域。但可喜的是该领域成为逐渐受到重视的研究领域，并且在大城市上海、北京等地区已出现对"单元化研究型学习"的教学。

我国正在逐步实施基础教育改革，地方学校长期以来只注重学校属性和特色的一致性，而忽略了每所学校的不同特色。学校管理统一忽视了学校管理的特点和学生的个性。作为一所独立的学校，它的规模、历史、内外环境、师资、学生、发展定位等都与其他学校相似。有差异，正是这些差异构成了学校的特色，各种特色的融合形成了学校的形象。因此，提倡多样性和开放性，注重个性和差异性的素质教育概念提上了日程。

(八)研究思路和技术路线

(1)制定目标，根据大纲中美术教学的有关规定，分年级分学期，按区域特色的美术技能等项目制订具体的教学目标和训练要求，规范训练。

(2)营造氛围，开展具有区域特色的小学美术单元教学实践指导研究。

(3)利用网络同步课堂，实现几所学校互动学习。

(4)纳入考核，强化检查与评价。

(5)开展特色的美术单元教学活动，促进学生全面整体提高。形式多样、丰富多彩的美术教学活动更易培养学生良好的审美能力，激发学生对美术的兴趣。

技术路线:调查筛选—课题论证—制定方案—实践研究—交流总结—申请
结题。

(九)区域特色与发展学生核心素养下的单元教学之间的联系

2014 年我国颁布了《教育部关于全面深化课程改革落实立德树人根本任务的意见》,明确要求了要研究制订学生发展核心素养体系和学业质量标准。对于美术学科来讲,发展核心素养需要通过整体的活动来实现。由于当前使用的统编教材内容相对丰富,致使在农村区域的美术教育教学出现了难实施、材料缺乏、知识碎片化的境地。美术课程还要保留自身的特点,也就是技能性特别显著,要兼顾各个方面的目标。为了破解此类难题,还要顺应当前美术教育发展趋势,符合新的教育理念和学生学习规律。所以对课程按照某些规律进行拓展或重组,变成单元教学的模式。这样看来,"美术教学应该进入一个'新常态',所谓新常态就是有些方法我们过去也在用,但是并不是经常用,现在则应该经常的、普遍地加以运用。美术教学新常态是以主题来统领的单元教学实施则有助于学校特色更好的发展。"保障了学生学习的连续性和知识的系统性,还可以保障作业或作品的质量。优秀作业一般用于布置环境美化校园,是校园凸显特色的窗口,以此达到环境育人的教育目的。特色课程可以为区域特色提供可持续发展的动力,特色课程也是发展学生核心素养的有效渠道,而单元设计的特色课程为小学生搭建了一个系统化学习美术的平台。

二、国画课程单元教学研究

(一)借助素描基础课程为国画课程服务

一般来说,学生在接触美术时都要先从西画体系入手,先要解决造型问题。素描是西方绘画体系之一,它是把现实形象转化为艺术形象的手法语言,这种艺术语言在东西方绘画中都符合美学规律,且两者都有着千丝万缕的联系。素描中的光影在国画中所对应的是墨色变化;素描中的笔触在国画中可以理解为笔墨或者

用笔;素描中的黑白灰关系在国画中叫作墨分五色等,只是称谓不同,其内在含义是相近的。素描和国画之间具有相辅相成的可借鉴关系,在单元教学衔接上可以做到中西画之间的过渡,素描是造型的基础,而国画讲究韵味、神似,是艺术的升华,主要以线造型为主;在表达空间上,西方主要是用明暗对比分出前后,而国画中更多的是进行虚处理分出层次,二者既有区别又有联系。艺术无国界,东西方绘画艺术通过互相借鉴,让优秀的文化艺术得到更广阔的延伸与发展。

(二)国画单元教学设计与西方色彩课程的链接

国画中的色彩讲究的是"随类赋彩",尊重物象固有色彩的基础上的意向色彩,在此基础上加上自己主观情感的表达,不同的画家有不同的色彩感,就会产生不同的色调风格。色彩感也就是画家理解的色彩表达,不像西方绘画色彩是物象的固有色加上光线变化相结合的色彩。西方绘画以客观意识为主,更加写实,而我们的国画艺术是以主观意识为主,讲究意境,如画竹子时可以画成黑色的,也可以画成朱砂色的,画白菜、牡丹都可以画成墨色的等,利用二者各自作品的色彩加以对比来设计教学环节。做到洋为中用,为分课时全面讲好国画课而服务的同时,也回顾了西方的美术知识。只有站在我们本民族艺术的基点上才能发展,通过课程让学生深入地了解我国绘画的精髓。因此我们应该了解自己国家独特的艺术文化背景,使我们的国画艺术得到更好的传承与发展,用我们民族的艺术语言表现祖国大好河山和鲜明主题,增强文化自信。

(三)中国画构图中的常见程式

程式,就是相对稳定和成熟的艺术语言形式。如山水中石头的各种皴法,画树各种点叶画法,梅、兰、竹、菊的各种表现手法,都已形成了一定的程式,这些我们要灵活运用到美术课程大单元课程体系中。

中国画构图的程式有如下几种:"之"字形、三线体、对角位、三角形、矩形,在国画教学中让学生对这些构图程式进行自主探究,大胆尝试不同的构图程式,体验小组合作成功的快乐!在作品展示时要进行自己评价、同学之间互相评价、小组之间也要进行互评,老师对学生的评价要进行合理补充与总结,中国画的构图程式还有很多,课后自己去进一步探究发现新的构图程式与大家分享交流。

(四)国画与书法融合的研究

中国书法艺术具有三千多年的悠久历史,是中国独有的一种艺术门类。俗话说"书画同源",书法的抽象符号意味着对中国画的发展具有重要意义。中国画从古至今,它一直离不开书法这门文化艺术,书法中的每一笔、每一画,书法的笔墨精神是中国画生存发展的支撑。如果没有了书法,中国画也就成了无根之木,无源之水。书法艺术对中国画的发展具有不可估量的重要作用。

在小学中国画单元教学中强调:国画题款位置一定要注意画面虚实变化和空白处理。一幅画完成后必然留有大小不同的空白部分,但并不是所有空白部分都是适宜题款,而适宜题款的空白部分一般称为"候款处",因此题款前应认真考虑落笔的位置。一般地,题款位置的选择要遵循以下两条原则:一是补空,使题款与画迹相呼应,起平衡作用,以补画面的不足;二是不能侵画位,清孔衍轼《石村画诀》说:"画上题款,各有定位,非可冒昧,盖补画之空处也。如左有高山,右边宜虚,款即在右。"意思就是说,画面上的题款,各有各所应该放置的位置,不可以随意更改,皆补充画的空虚处,比如画面的左边有高山,右边有空白部分,那么题款应在右边。对于一些形完意足的画,也就不必再加题款画蛇添足,只署名于不碍之处即可。所以,最好是在构图时,就预留题跋角度考虑。

1.求实

即化虚为实。画中的"虚",是指画中的留白部分,这部分或笔墨轻淡或分量轻薄。画中的空白,在有的作品中显得比较平稳,有的作品中则显得比较奇险。但不论这些空白是平稳还是奇险,如果使人感到空虚,那么就可以借题款来达到化虚为实,使画面构图更加完整,从而达到更满意的效果。

借题款来调整画面一般有两种目的:一是补充画面空虚,二是平衡画面轻重。画中的物象和空白如果缺少变化,那么题款就可以作为有效的补救手法丰富画面中的变化;画中空白如果被分割成两块及以上近似的空间,就会导致画面的呆板而缺少变化,从而造成视觉上的不平衡,在这种情况的时候,题款就是补救的有效方法,也就是说题款的字体和形式和画儿是一体的,彼此间是相互融合的。

2.求势

因势随形、加强气势。根据画中物象的气势布款,能更加增强画中物象所体现的气势,但画中物象的气势是千变万化的,题款或顺延,或隐形或拦边封角,以求聚气,都应该具体情况具体分析,随着画中物象的气势题款,如郑板桥的《墨竹图》,画家在竹竿之间的题写增加了画面气机和趣味,是题款的艺术手法。由此看来,好的题款和画面相融合,起到画龙点睛的作用。

3.求趣

为了呈现出活泼画面,画中题款要根据画面的具体情况来决定,款文所占据的空间位置以及其长短,也要从画面实际情况出发,如果为了题款而题款,不免有画蛇添足之疑。但是,有些画面不仅缺少题款,而且只一处题款尚嫌不足,那么像这种画面需要多处题款。总之,要看画面的具体情况决定。除此之外,还应随形布款,依据画中物象的边缘,再结合画幅的形状巧妙进行布款,也是增添画中趣味的艺术手法。

题款格式有竖题、横题、斜题、不规则题等竖行长题,一般都靠边书写。在给中国画提款时,还要选择恰当的字体,使题款字体与作品风格相一致。如:工笔画不能用狂草,大写意不能用楷书;画风清新的,字体也应俊秀;画风古朴的,字体也应朴拙;画风大气的,字体也应奔放……只有这样才能使画面协调统一。中国画中的题款所用字体应遵守"今不越古""动不越静"的原则。一般来说,以大小篆为正文者,落款就用隶书、章草书写;以隶书、魏碑为正文者,落款就用行楷、草书书写;以楷书为正文者,落款就用行书、楷书书写。姓名、年月等用行书以求变化。

(五)印章在书画作品中的运用

一张完整的书画作品都离不开印章,它是书画作品不可缺失的组成部分,它是将中国篆刻艺术融入书画作品的巧妙结合,在书画作品中占据着重要地位,一般来讲,创作一幅画的尾声就是钤印。

其一,补款之不足。如齐白石的《和平》,这幅花鸟图所用的一行题款,恰好止于主体鸽子的脚部,从而影响了外形的变化于是印章一方,使几处轮廓略显错落,视觉上达到了补缺和封边的效果,甚是巧妙。

其二,收聚画中之气势。压角印、栏边印最能起到聚气作用,如八大山人的《鱼鸟图轴》,作品所画鸟鱼分别位于左侧右下,而右上这块空白地带,为了不让其泄气,题款钤上两方印,从而与鱼和鸟相呼应,形成三角之势,凝聚了这块画面的气势,印章有阴刻和阳刻之分,阴刻视觉上分量要重些,在盖章时要加以选择来保持画面的均衡。再有就是画的尺幅大小和印章的大小要相互匹配,否则就感觉有些不协调。

其三,平衡画面虚实。虚谷的《秋英图》,菊花占据画面正中形成角形实体团块,题款反而使用渴笔,虚化处理,款尾钤了一方白文小方印,使整个款识协调稳重。从整体上平衡了画面虚实。

(六)传承与发展教学实践研究

国画是中华民族文化的重要组成部分,它将随着时代的发展变化而进行自我完善,在教学中一定在继承的基础上进行创新,在作品中保留国画艺术本质的民族审美特征,它是国画的本质和生命线。国画中的审美在教学中也很有必要,如"远观其势,近观其质",主要是说明一幅好的国画作品既有大的气势又要有精微之处。再有就是作品中的墨韵和情趣也决定一幅画水平的高低,作为教育者必须引导学生提升审美水平,分辨美丑能力。国画的传承是需要美术教师进行传授教育学习来实现的,小学生又是接受这种教育的主要对象之一。一定要沿着国画历史发展的规律和按照大单元的形式做好国画课程教育教学,使学生的知识架构立体起来,让国画艺术在中国民族文化发展中可持续性传承发展,绽放出更加灿烂的光彩。

(七)小学国画课程单元教学实践成效

在小学美术教学中,国画教学是不少美术教师感到为难的课题,原因有以下几点。①国画教学的过程比较烦琐,一节课需要解决的问题太多;②小学生对毛笔的控制能力较弱,对笔力、意境等一些抽象的名词不理解,教学上很有难度;③教师自身的专业素质不够扎实,对国画的教学有点欠缺;④教材中对于国画课课程安排较少,三至六年级共有十节国画课,开展国画教学有一定的难度。因为这种原因就对国画课程进行单元整合。今年春天受疫情影响,只能在家利用微信、腾讯会议等软件平台进行线上教学,在单元教学中对各年级的课程安排进行了调整,对学生的要求降低了难度,一二年级主要以彩墨游戏的方式接触中国画、熟悉中国画。让孩子在刚开始接触中国画时能感受到乐趣,对学习国画充满了期待,在每一阶段的学习中保持愉悦的心情。三年级从儿童喜欢的简笔画入手,以简单的线条

画出有趣的图形,同时贯穿运用简单的国画理论(墨色、用笔、干湿)。四五年级是尝试用中国画的表现方法、技法,表现自己对花、鸟、鱼、虫的认识与理解,通过自主探究、小组合作体验笔墨趣味。六年级运用笔墨来创作作品,在创作中体会诗书画印的巧妙运用。不同年级的学生在国画课程学习中自由发挥自己的情感,表达自己的想法和创意,增加自信心。国画单元教学课程在不脱离课本的情况下,充分利用网络提高学生自身素质,为国画作品多又质量好的学生举办个人网络画展,让学生们积极参加区举办的书画大赛,增强学生创作的动力。笔者在疫情期间不忘对自身专业素养的提高,创作的抗疫作品《坚守一线》入选 2020 年"书香天津秋季书展"并在天津图书大厦展出,另外国画作品还参加了"宝坻、永登、武山"书画展,这些课程资源都会给学生在主题表现上得到很好的启发。

美术骨干李秀霞老师撰写的案例《汉字中的象形文字》在"停课不停学,学习不延期"线上教学期间,被评为区级优秀教学案例;李秀霞老师的小楷作品《送瘟神》在"同舟共济,万众一心"天津师范大学书画院、天津炎黄文化研究会河西分会书画作品主题展中发表;其国画作品《鱼乐图》在天津师范大学书画院"庆祝中国共产党成立九十九周年"书画作品网络展中发表,名师的引领作用初步彰显,借助自身创作的作品作为教学资源是非常具有说服力的。

总之,经过一学期的学习活动,学生的国画水平有了很大提高,并能够自觉积极地进行自我训练,但在后期,有个别学生出现自满的情绪,在下学期的活动中让学生进一步端正学习态度,争取取得更大进步。

三、版画课程的单元教学研究

版画课程是动手操作能力较强的一门综合学科课程,通过教学活动的单元化设计,让学生系统的了解版画的历史,学习版画的基本理论知识,培养学生的造型能力,以及通过活动的开展,使学生有个良好品格的养成关键能力的培养。同时,本课程开设的目的在于使学生掌握各版种的创作技巧,尝试版画的表现方法,领会版画的艺术魅力,培养学生版画作品的鉴赏能力。

(一)与课改要求相吻合

当今的美术课堂,教师们都是拿着教材去教课,课程设计也新颖独特,但殊不知,这样"完美"的一堂课后,教师也只是对书面教材的知识、技能进行讲解示范,学生对所学内容掌握过于狭窄,不能做到系统消化知识,这样的课堂教学,也只是简单地完成了"知识与技能""过程与方法"的教学目标,教学效果犹如"雨过地皮湿"的状态,"情感态度与价值观"目标效果甚少,更不必说学生们关键能力和创新思维的培养,那么一堂课后,不能打造出"有效"的课堂效果。

单元教学的实施,就要求教师考虑诸多因素,从教学内容出发,拟定有价值的课程,设计出系统单元的学习计划,运用几个课时去完成教学计划。依附于大的单元学习计划,每一节课又是独立的个体,几节课后,学生们又有了思考学习的时间、又有动手参与的时间,那样才可以极大地激发学生们学习的潜能,创作出更多有意义的作品,从美术学习的乐主观思维得到训练,从而打造出有效课堂,使教学与课改要求相吻合,做到注重整体育人模式的实施。

(二)以安全为由禁止了剪纸课程的实施,从而影响了"非遗"课程的传承与发展

校园安全一直是困扰学校领导和广大教师的重大难题,由于一些隐患的存在,使得许多学科的发展都受到了限制。如体育课诸多项目、美术课一些工具的使用等。剪纸课程必需品——剪刀如何安全使用也是摆在美术教师面前的一大难题,有的学校索性就取消了此类课程,那么剪纸课程就无法发挥其独有的教育作用,这样因噎废食的做法显然是不能提倡的。任何活动作为活动的组织者一定要周密策划,俗话说:办法总比困难多。必要时,针对小学阶段的学生而言,也可以单独开设一课时怎样安全使用剪刀的内容,算作是单元教学的一课时或一个环节,设置的内容主要以如何使用剪刀为主题,为剪纸课做铺垫。只要做好安全预案和充分的准备,认真培养学生安全使用的良好习惯,就不会出现课堂上不愿看到的结果。

(三)推动教学活动的完整开展

单元教学是一个整体的编排与实施过程,在课程目标的引领下,设计几个独立的课时去进行教学任务。每一个课时又有自己的小目标,但这个目标要依附于

总的教学目标,并且每一个课时间又有着紧密的联系,为最终总目标的实现所服务。通过几个课时的学习,学生们能够感受到单元系统学习的乐趣,感受到系统完整的知识、技能以及情感体验,从而培养美术学习的兴趣和乐趣,而不是每一节凌乱破碎的知识点。与如今多数美术课堂学习相比较,单元美术课程学习能够做到环环相扣。通过单元教学活动的开展,学生学习主动性会大大得到提升,他们会变得更加投入而富有激情,那么在开展教学的过程中,教师教学也会变得更加轻松有趣,将学科知识有效地传达给学生,使课堂变得更"有效"更有意义。

(四)培养学生必备品格与关键能力

新时代,学生是学习的主人,是课堂的主人,单元教学为学生们提供了发展、提升的空间。单元教学,可以很好地站在学生的角度,以学生的实际需要作为切入点,在设置课程的环节,根据学生认知与能力的不同,有的放矢地让学生参与到不同的活动环节,从而引导学生自主学习。这样几乎做到了全员参与,极大地调动了学生的学习积极性,较大地调动了课堂学习气氛,提升了学生接受新知识、掌握新知识、新技能的效率。那么相应地就给授课教师提出了新问题,在设计单元教学之前,要求对教材做到熟悉了解、对学生兴趣爱好和能力强弱进行了解、同时还要求自身有较强的专业能力和教育教学能力,这样才可以为单元教学的顺利开展做足了准备,才可以让单元教学顺利地开展实施,从而达成目标。

以往的美术课教学中往往一言堂是常态化,教师讲、教师示范,学生吸收教师所传授的知识、技能,这样的教学模式,多数学生都是被动接受知识,只知道按照老师的"样子"去做,却创作不出来有意义的作品,不能够将自己的思想意识完好地表达出来,久而久之,培养出的学生就一种模式,一旦脱开老师、脱开稿子,不但不会进行创作,反而连笔都不敢下,往往是头脑中一片空白。单元教学的开展,击破教师一言堂、教师示范的模式,为不同学生提供不同的学习上升空间,为表达自己的思想意识提供机会。单元的课堂教学模式,能够让学生们创作出有思想、有活力的作品。例如,在学校的版画兴趣小组活动中,将黑白版画和粉印版画以单元形式进行教学。分时段进行黑白木刻和粉印版画学习,既缓解了单一教学的乏味,同时在较大的提升了教学效果的同时,让学生们的学习兴趣和能力得到了培养。也就是把版画中的知识与技能划分出若干环节,制定出分目标,让不同的学生都能在原有的水平上有所提高。关注课堂中所有学生的学习情况,真正体现出因材施教的崇高理念。

(五)优化课程资源,助力新型课堂教学

教材中很多的课程是可以进行总结的,例如五年级上册《色彩的对比》《色彩的和谐》这两课就可以进行整合单元教学,拿到教材,发现这两课的学习都和色彩有关,可以考虑合并学习。在安排课时时,第一课时,先对三原色进行学习了解,然后带学生对色环进行对比学习,在对比学习的过程中,讲色彩的和谐和色彩的对比进行讲解,然后向学生展示对比、和谐的画面,让学生对比学习画面效果,从而对色彩的和谐和对比有更深入的了解。第二课时,利用对比色和邻近色分别进行现场画画展示,让学生谈感受,再谈创作思路以此打开学生创作的思路。第三课时,安排学生利用对比色和邻近色进行创作,我会给予相应的指导。第四课时,对学生的作品进行评价,第一环节,让学生以组为单位,自己介绍作品,同组讨论;第二环节,在小组中推出作品,进行全班的展示评价,最后教师对作品进行点评,对这次课程的安排做总结。这样,不仅为能力强的学生搭建了展示的平台,在小组内部,也为创作能力相对差一些的学生提供了锻炼展示的机会。

单元课程的开展,不仅做到了课程间的整合,通过整合,让师生间互相了解,关系更加密切,让学生学习更加主动,从而既达到了节约时间,又较好地完成教学任务的效果,从而打造出了"有效"的课堂学习。

四、剪纸课程的单元教学研究

(一)当前农村小学剪纸课中存在的突出问题

剪纸是中国的非物质文化遗产,具有千年的历史,是中国最普遍的艺术之一,在民间生活中被广泛使用。小学美术课教师不仅教授绘画和欣赏,还开设剪纸内容的艺术课,促进剪纸文化的传承,这不仅锻炼了学生的艺术技能,还培养学生的爱国热情。那么,目前农村小学剪纸课还存在哪些问题呢?

1.教学观念相对滞后

在新课程标准实施之前,国家已经实施了素质教育。学校教育不排除应试教育模式,受学校招生和考试的影响,这种思维方式会影响教学质量,影响素质教育工作顺利开展。在学科教育中,美术往往没有得到应有的重视,一些学校也忘记了剪纸教学。事实上,剪纸恰恰是培养学生各方面技能的主要方式之一。首先,它与美术制作、装饰和手工等同等重要。其次,剪纸具有一定的艺术性,历史悠久,具有很强的文化意义,可以培养学生的实践能力、思维能力、创新能力。剪纸教学很难在学校做推广,因为它对教师的专业要求很高,而且是一门消耗性的课程。

2.专业剪纸美术教师稀少

目前的小学美术教师都是高等院校培养出来的,高校中没有专门的剪纸课程,而小学阶段需要的是既有理论讲解又能做专业示范的教师。由于教师们缺乏这一方面的专业知识,大多数美术教师以完成剪纸教学为任务,不进行深入研究。其实,剪纸同美术绘画一样,需要经过长期的、专业的教育,教育需要良好的实践能力和较强的观察能力,要成为一名优秀的剪纸老师,需要一个漫长的学习过程。

3.学生没有学习剪纸的兴趣

剪纸活动在很多孩子幼儿时期就很喜欢进行,孩子们好奇心强,希望创作新鲜的游戏方式,而剪纸恰恰能满足他们对游戏的渴望、对美术知识的探知,从幼儿阶段的无意识的撕纸到有意识的撕纸、从不会拿剪刀到会简单地剪图形、这都是对剪纸活动探索的过程。进入了小学阶段,孩子无论是从心理还是生理都飞跃式发展,不再满足于简单的剪图形,而是开始探知剪纸图样或剪制一幅完整的作品,但由于各方面的原因,学生在学习剪纸时,很难上手,甚至努力了也剪不出好的作品,于是就放弃了。教师也没有对学生进行耐心教育,学生没有兴趣,即使有一点兴趣,也会逐步丧失。

4.缺乏单元化剪纸课程

现行的美术教材中关于剪纸的内容只有寥寥几课,更多的是只有简单的几个图片。所以,要上好剪纸课,培养学生的兴趣,必须应该根据学校的区域资源优势,进行剪纸单元化教学。

(二)剪纸艺术在农村小学美术单元教学中的融合与实践研究

在《义务教育美术课程标准(2011年版)》(以下简称《课程标准》)中明确提出来美术教育"具有人文教育功能",并将美术学习视为一种"文化"学习。在人教版2013教育部审定的美术教科书1~6册课本中,二年级上册《对折剪纸》一课是对剪纸知识的初步认识,学生可以通过对折画图形、剪出图形、展开的过程,得到不同的剪纸体验。区别于幼儿时期的自由剪纸,本节课中,加入了主题性、设计性和创新性,能让学生更明确地知道自己在剪什么、在细节处怎么处理、为什么。四年级下册《对称的美》一课是在《对折剪纸》的基础上进行的,随着对折剪纸的初步认识和练习的深入,学生可以尝试剪制更加复杂的图样,用多折剪纸的方式剪出二方连续、四方连续图样。教师带领学生进行对称物体的欣赏,如:古建筑、雕塑、绘画等,让感知对称的形式美感,同时,历史学科、数学学科的融入也使单元化教学更加丰富。六年级上册《让剪影动起来》,皮影戏是操纵以动物皮或纸板做成的人物剪影,它是鉴于剪纸作品之上的动态的展示。通过学生剪制的人物造型部件,用针线进行缝制,然后装上木棍,最后配以幕布、灯光、配乐进行表演。一个小小的舞台、一个简单地剪纸、一个美妙的故事就这样呈现在你的眼前。

这三节课形成的单元化教学,是由初步感知到呈现效果的学习过程、相互递进、相辅相成,知识点统一且紧密相连。《课程标准》也明确指出,美术课程要弘扬优秀的中国文化,要特别重视优秀的中国美术和民族、民间美术,充分运用民族与民间美术进行教学。要最终实现这一要求,必须要融于单元化教学实践中,在四年级教学进行尝试,并把单元化课程设计为三个单元子题进行:单元一《感受剪纸之美》,认识剪纸的历史、了解剪纸的种类、制作工具;单元二《制作剪纸》,用剪刻的方式尝试制作单色剪纸;单元三《剪纸动起来》,模仿皮影戏的方式,剪出剪影,设计简单的表演。剪纸的过程是对学生动脑、动手能力的培养,这样的单元化课程可以用游戏的方式让学生在学中玩,在玩中学。

(三)剪纸在农村小学的传承与发展研究

在文化全球化的时代背景下,保护和传承本民族的非物质文化遗产是提高文化软实力的重要措施,剪纸作为一项非物质文化遗产,有责任和义务传承它,那就

需要在美术课堂中给孩子渗透剪纸文化,让学生了解剪纸的美;学习如何剪纸,让学生感受剪纸的美;根据所学创作剪纸作品,让学生体验创造剪纸的乐趣。针对农村小学的特点,在美术教材课程的整合上融入剪纸元素,针对不同年级的学生特点、教材内容设计相对应的剪纸课程,让剪纸在农村小学的美术课堂扎根。为此,我指导的录像课《让剪影动起来》被报送为市级双优课。精心设计单元化课程《指尖上的艺术——剪纸》,并于 2020 年 6 月被认定为天津市精品网络课程。

多元化尝试,取得多项成绩,我在天津市宝坻区 2019 年"金鼠贺岁 庚子迎春"学生作品剪纸展研讨培训会中进行了《剪纸作品说明与装裱》的典型发言,对如何进行剪纸作品装裱进行了经验分享;在 2019 年宝坻区教育系统教师剪纸大赛中获得二等奖。

2020 年新冠肺炎疫情暴发,全国的师生们开启了"停课不停学"线上教学活动之旅。基于美术学科特点,以宝坻区美术学科教研模式"尚美塑心"为基础,经过认真推敲,确定了以剪纸为媒介,以"防疫小常识"为主题的美术单元化教学,广受区内学生及家长的好评,教学案例《为一线医护人员制作最美口罩》《巧手剪蝴蝶》被评为区级优秀奖,此类课程的实施不仅感染了学生,培养了甘于奉献的大爱精神,也使得课程形式更加丰富。同时,通过单元化的学习,同学们体验到剪纸学习的乐趣,形成基本的美术素养,培养学生热爱民间工艺的热情,也学习了防疫小知识。

现在,就剪纸这门课程而言,已经不单单是美术学科的一种艺术表现方式,它已经融入很多学科之中,在相关教学中发挥着它的积极作用,激发了学生的学习兴趣,有效地提高了教学质量。

五、小学美术布艺课单元教学计划的实施思路

(一)全面整合课本内布艺相关教材

对小学阶段的美术课本的教学内容进行分类,将与布艺相关的纵向和横向内

容提取出来,并将这些教学内容进行整合,形成具有特色的布艺教学单元内容。把小学中布艺内容进行单元整合,要求教师考虑诸多因素,从教学内容实际出发,拟定有价值的连续的布艺课程,设计出前后连贯的布艺内容单元的学习计划,运用多个课时去完成教学计划。依附于整体的布艺单元学习计划,每一节课又有其相对独立的学习内容,这样学习几节课后,学生们不但有了思考学习的空间,而且有动手参与的时间,利用连贯的前后衔接的知识技能才可以极大地激发学生们学习的潜能,创作出更多有意义的作品,从美术学习的乐趣中让主观思维得到训练,使教学与课改要求相吻合,达到学生美术素养的提高。

(二)实现布艺内容单元教学,实现这一模块内容的完整教学活动

以小学布艺内容形成一个完整的单元教学内容,在课程目标的引领下,细化出以不同技法为准,比如缝纫、裁剪等基本技能为核心的内容,经过这些前期的工作后,学生们实现了美术布艺手工技能的循序渐进、由浅入深地掌握。经过每一个课时的学习,学生们能够实现了自己的每一个小目标,同时能够逐渐体会每个课时的基本技能之间的联系,感受到了系统完整的知识、技能以及情感目标,从而培养美术学习的兴趣和乐趣,而不是每一节凌乱破碎的知识点。与以往多数美术课堂学习相比较,单元化的美术课程学习能够做到环环相扣和循序渐进。通过单元化的教学活动实践的开展,学生学习的主动性得到了显著的提升。

(三)布艺内容单元化拓展活动,实现布贴画 2D 作品向布偶 3D 作品的良好过渡

在小学美术教学内容中有《十二生肖》布贴画和《小布偶》玩具布偶的课时内容,经过布艺内容的单元化后,就可以把这两个看似独立不相干的内容整合进了布艺单元中,把《十二生肖》课时安排在前,《小布偶》课时紧随其后,这样就很好地站在了学生的角度,以学生的实际需要作为出发点,设置课程的环节,实现了布艺内容中由平面 2D 作品向布偶 3D 作品的拓展,通过单元化的课堂教学模式,学生们创作出有思想、有活力的作品。这样的教学过程,让学生产生主动学习的动力和兴趣,使学生体验到了逐步掌握美术手工技能的乐趣,单元教学为学生们提供了

发展、提升的空间,较大调动了课堂学习气氛,提升了学生接受新知识、掌握新知识、新技能的效率。另外在示范环节还可以利用部分示范和电脑动态展示各部分缝合过程来突破重难点。

布艺单元课程的开展,不仅做到了课程间的整合,通过整合,师生间能够更多地互相了解,关系更加密切,让学生学习更加主动,从而即达到了节约时间,又较好地完成教学任务的效果,从而打造出了"有效"的课堂学习。

六、浅谈小学美术手工课单元教学的实施

(一)小学手工课的探究

手工艺课程是一门课程内容多样化的典型课程。它不仅反映了各种能力的培养和各种知识技能的探索,也有助于提高孩子未来的生产劳动、发明和美化生活等多方面所需的基本素质。小学美术教育中的"手工"是指学生通过自己的手和简单的工具,充分利用想象力和创意,制作出平面、立体的装饰性和实用性的作品。对孩子来说,手工课是他们特别喜欢的艺术活动,是表达感情的方式。但是,新形势下的手工教育仍然存在很多问题和挑战。

(二)手工制作单元教学发展的实施过程

针对手工课存在的问题,在小学手工制作课的教学中,尝试用"单元教学法"。对教材内容进行分析梳理,重新组合,整体设计,合理的分配每一节课的内容,使学生的学习过程更丰富,使他们在较充分的时间和空间中自主探究,大胆创作,它丰富了学生的学习过程,让他们在更多的时间和空间中自主探索,大胆创造,让学生更好地理解手工知识和技能。真正贴近《课程标准》中提倡的以人为本,在学习知识和技能的同时激发学生的学习兴趣,培养创新思维,提高整体素养,从而实现有效教学。通过对整套小学美术课本进行整理查阅,小学美术课本里的大部分课程都能拓展成手工课,对于"单元教学法"的实施有很大的帮助。例如二年级下册《友谊卡》一课,教师可以把简单的手绘卡片拓展成多种形式的手工制作,让孩子们通过了解友谊卡的意义与作用,激发孩子们的创作欲望,教师适时引出友谊卡的多种制作方法,从简单的单页卡到折叠式、对开门式、异形卡等等形式,孩子们在亲手为自己的亲朋好友制作出漂亮的友谊卡的过程中充满了激情。

手工课本身是具有开放性的,其作品形成的整体过程,不管是平面造型或立体造型的手工课,都离不开问题的探究性。将作品的创作与课前问题性探究活动相联系,有其实际意义。课前探究式学习,既是学习的过程,又是学习的目的。所谓过程,是学生对作品的创作,能从文化的高度、生活的角度来考虑,能充分理解艺术设计的重要性。所谓目的,就是让学生学会学习,学会探索,学会创造,以五年级创编课《我们一起吃火锅》一课为例,教师从寒冷的冬天大家怎么御寒入手,通过学生们五花八门的回答引出寒冷的冬天大家围坐在一起,吃一顿火锅,真是既美味又温暖。课堂上经过大家的相互交流与教师的指导,学生们了解了火锅起源,火锅的制作方法,以及如何健康地吃火锅,从而激发了学生们的艺术创作灵感。而同学们再创作的过程中又运用到了以前学过的各种技法,如轻黏土的制作方法、剪纸、拼贴等。整个过程既体现了思维的科学推理和纵向连贯性的训练,又在自主研究中体验了动手实践的乐趣,真是一举两得。

(三)特色手工制作单元教学的成果展示

在单元教学设计前,教师需要先将不同的内容划分成单元组合,分析单元课题的设置目的、内容、调查学生对本单元的需求,包括功能,结合学校的独特情况和学生的实际学习能力,制定教育内容,思考教育运用的组织形式。如独立完成、小组合作等。同时,调查学生对这一单元的熟悉程度,找出学习难点,并提出解决办法。如人教版小学美术五年级上册第11课《陶泥的世界》,把主题活动分为四个阶段,并且在三个课时内完成。通过一整套的教学实践活动让学生初步了解陶艺的表现形式,了解陶艺在我国的悠久历史文化,了解几种简单的陶艺造型的表现方法,并学习用陶泥盘条制作的方法设计创作一件有新意,有特点的陶艺作品。第一阶段:在欣赏陶艺作品结合陶土的基础上,了解陶器的表现形式,本作品阐述了陶器的成型方法,分析陶泥盘条成型的操作要点和方法。第二阶段:①让孩子们在揉泥、练泥中体会泥巴的泥性;②通过简单的盘条制作,体会陶泥盘条成型的操作

要点;③通过陶泥作品的欣赏,分析其造型的特点,从中受到启发并设计出自己的陶泥作品,体现出自己独特的艺术风格,使作品达到比较个性化的表现风格。第三阶段:相互欣赏,分析评价。第四阶段:小组汇报,谈话活动收获。这样一系列的教学活动下来,使学生的学习过程更加丰富,使他们在较充分的时间和空间中自主地探索、研究、创作,从而使学生对手工制作课中的知识、技能了解掌握得更加充分。

假如想要真正让单元教学充满生命力,在落实单元教学方案的同时,不应被课程方案所限制,要及时更新并提升教育理念,教学理念和实施达到相适应的水平,在未来的教学中,单元教学将以"大单元"为教学任务,以"整合"构建的单元法呈现在"独立探究"的学习方式中呈现当时的单元教学。

学习经过"教育到课程,课程到教育"的过程,变得更加完善,更加适应师生的成长。

七、特色美术教学的实践与展望

(一)校内外课程相结合

在小学阶段统编教材中,可以把四个领域的课程按照一定的要求进行归类,在不改变课程本身结构的基础上设计成大单元展开教学。在教学实施过程中,要着眼于学校自身历年来的特色和教师所擅长的领域,正如以上几个领域中呈现的作业形式也要与特色保持一致,注重全员课程参与的基础性。课程在不同的年级要有不同的目标和要求,避免教学内容与教学目标的重叠,从教学难度上要加以区分,校内外教学课程中的单元教学设计应该适应当前课程标准的要求。"走进美术课程单元教学案例"——《走进宝坻京东大鼓艺术馆》参加了天津市环境基地类案例征集活动,此教学案例为开展校外美术课程做了一次很好的尝试,同时也积累了一些宝贵的经验。校外课程的设计与实施可以说是既新颖又极具挑战性的,但是对学生进行美育教育又是最有效的方式之一,所以说利用校外的各种优质资源进行美育教育是很有必要的。城市中有各种场馆资源,而农村则有着各种天然的自然资源,这一切都为我们校内美术教育拓展创造了条件。乡村少年宫是小学校外美术课程学习的一个平台,是学生发展特长的重要途径。依托天津市炎黄文化研究会的书法、国画、音乐、民间艺术、曲艺与写作等五大板块的优秀师资力量助力乡村少年宫复兴是当前一项重要举措,让乡村少年宫发挥出应有的作用。

(二)校内课程与校外学术组织相结合

校内课程体系单元教学要构建校外学术组织机构融入机制,在课堂中的某一节课开展名家走进课堂的活动,这样可以有效提高学生学习美术的积极性,同时也让单元教学形式更加丰富。充分发挥社会教育与学校教育相结合的多元教育作用。如天津市教师书画研究院、天津市炎黄文化研究会、宝坻区民间美术家协会等学术组织可以不定期深入学校来进行讲座或授课示范与技能展示等,当前的美术教育应该广泛利用一切可利用的社会资源,因为教育不能让学生在真空的环境中实施,要与社会巧妙地融入是美术教育的重要方式之一。同时还可以开展单元教学中设计一堂名家个展的参观与学习研讨,学生可以在校园中直观地接触到原作的魅力,呈现出在美术馆内参观学习的艺术效果,也可以邀请作者与学生面对面交流创作心得。这种形式是真实的课堂情境,不再是原来课堂中那种创设的虚拟氛围,为学生的发展和美术素养的形成打下坚实的基础。

1.美术课与市美术家协会相结合

美术家协会副主席孟老师亲自辅导培训美术教师,提升从教者美术专业素养。美术课程的发展与建设离不开地域底蕴,特别是中国绘画的传承与发展的大任将落到在一线辛勤工作的美术教师身上,美术教师的专业提升需要市区级美术家协会共同营造良好的学习交流的机会,带动美术教师这个特殊的群体。美术教师的专业素养良莠不齐,有的可以说是在某一领域显示出具有一定的优势,可是大部分课堂示范水平不够。我市的著名书画家孟庆占先生在专业素养与绘画水平方面可以说是已形成了自己独特的风格,现任中国艺术研究院特聘研究员、天津市美术家协会副主席,且在中国画教育教学方面具有很高的造诣,由孟庆占先生创立的田原画派在全国具有一定的影响力,带动一批以表现田原湿地为创作主题的创作团队。团队中大部分是美术教师,这样一来借助于美术家协会和中国艺术研究院的影响力来全面提升美术教师绘画水平与教学示范能力是今后我区国画特色

发展的方向。美术教师可以积极参加由美协组织的各种采风写生活动、绘画展览、讲座、学术交流活动等。

2.美术设计课程与天津师范大学美术与设计学院教学相结合

美术设计课程与天津师范大学美术设计学院教学相结合,聘请教授讲座培训,带动设计类专业特长教师整体提升。面对我区学校不同区域特色的发展需求,进行高质量开展美术单元教学,就需要有针对性地与学术团体相对接。利用他们在各自领域所研究的成果,对美术学科单元课程进行专业化的培训,这样更有利于课程知识科学性与准确性的把握。如在设计应用领域方面,就要积极与天津师范大学美术与设计学院教学相结合,把一些专业理论知识加以梳理和提炼,要合理化制定美术教学单元目标和分目标,让各学段学生分层次掌握所学知识。学生美术核心素养的提高与专业教师的专业素养密不可分,所以要聘请专家对一线美术教师进行培训,使其在理念与专业等领域加以提升。为国家育才要纵观全局站在高位开展美术教育实践,运用一切可利用的资源为美术单元教学服务,面对艺术教育我们要拓展视野,心中要树立"大教育观",摒弃自扫门前雪的狭隘思想,才能为美术教育更好更快的发展做出自己应有的贡献。

3.聘请书法家讲座和利用智能软件辅助课堂教学

本区域内文化底蕴深厚,素有"文宝坻"美称。其中中国书协会员多达十余位,还有现任天津市书法家协会副主席刘洪洋先生带领着一批书法名家。每年都会开展送春联下乡,迎春节笔会等活动。在书法教育逐步走进课堂的今天,广泛利用本区域的各种资源,广泛聘请书法家为一线书法教师开展培训,不仅使宝坻区书法教师的示范能力大大提高,同时也使书法特色学校可持续发展,为基层学校实施单元教学拓宽了思路。为今后能让更多的小学语文教师胜任书法教学,可以定期安排书法家进行集中讲座或者笔会交流。还可以利用当前"墨云智能"书法教学软件辅助教学,这样可以有效解决在书法课堂中的示范问题、评价问题、自学问题等。让学生充分了解书法是国画的基础,笔法训练对国画的影响不能忽视。

(三)在本区建立高端学术组织基地,培养名师

美术学科在所有学科中属于小众学科,但在培养学生核心素养方面发挥的作用不应该被忽视,根据实际情况在本区域内建立教研基地,联合校外学术组织

开展交流与合作,为学校美术学科的发展助力。同时借助高端学术组织的资源进行培训教师,为教师专业发展奠定坚实的基础。让在各个领域有特长的老师都能在各类高端学术组织中汲取营养,助力美术教师示范各级各类公开课的讲授,为培养市、区级名师提供理论支撑。比如在实际应用领域标志设计方面的教学,要依托中国标志设计研究中心这个平台,在专业知识与设计理念等方面要进行借鉴与整合。利用高端学术组织培训的成果,促使美术专业教师在实施标志设计课程时,着力解决学生审美能力不足的短板,提升学生的设计能力和标志识读能力。

(四)开阔视野,参加教学实践

学校广泛参与全国标志设计大赛和书画大赛的组织筹备和创作设计活动。在与"中国标志设计研究中心"等全国性学术组织的通力合作和各位知名高校专家指导下,提升了本区域中小学美术教育教学和学生们的设计能力和创新理念,让基础教育美育绽放光彩。外界信息与资源的注入直接会使美术学科单元教学更加富有活力,同时也特别受学生们的欢迎。区域内教师专业化成长必定会打造一批各个领域的名师,教学能力与学术理论水平都会相应得到提高,各校会因为自身的优势呈现出自身特色,由此,广泛开展校际之间的交流活动,发挥名师的引领作用,是青年教师成长的重要途径。单元教学的模式会更加成熟,一校一品的格局与影响力也会越来越大。在高端学术团体中的这些名师积极组织与实施全国性的大赛会更有实力,在宣传、策划、收件、评审与发证等环节会做出自己的贡献。如公益性全国标志设计大赛和各级各类书画大赛等,按照一定的流程都会收到良好的效果。青年教师所创作的抗疫作品入选 2020 年"书香天津 秋季书展"并在天津图书大厦展出,另一幅作品受邀参加首届"神农杯"全球华人书法篆刻大赛,这些成绩的取得,都为一线美术教学高质量发展提供了无限的可能性,因为教师的成长与学生们的成长关系密切。面对当前小学阶段美术教育所面临的诸多问题,一定要立足于高位,总结经验面向未来,勇于创新和实践。在课程统筹与规划中,总结出一套完整且具有区域特色的单元教学体系,以便适应今后的美术单元教学需要。要设置任务驱动完成参与全国标志设计大赛等活动,鼓励学生积极参与到这些活动中来,学生们在设计应用领域中的劳动成果,都要经历各级各类大赛的检验,才

能让学生们快速成长,将来才能为国家做出更大的贡献。

(五)国画和创新相结合

为了不断提高国画教学课程水平,拓展了单元化教学的横向发展,融合中西美术教学理论的相互渗透;同时在教育领域,所有的教学模式和教学方法都不是一成不变的,它会随着社会的发展而不断改进。特色的形成也会因为授课者的变动或环境的变化而改变,那么传统的模式就要和创新相结合起来对原有的课程进行设计,从而呈现出一套全新的单元教学模式。为了打好基础,将基础课程进行了深度融合,如:素描、色彩、造型、构图和构成等课程加入了国画作品的图例分析,使学生对中国画产生了浓厚的兴趣,学生们会逐步对国画进行深入的研究。对于国画中的一些不良之作要加以抵制,可以在单元教学中加入一些关于美术批评课时,这种创新能引导学生不盲从网络中的作品和炒作的俗画作品。还可以尝试一些关于国画技法实践课程,如撒盐法、弹点法、打磨法等,引导学生积极探索一些其他方法与大家分享交流。不仅仅如此,面对网络中的一些美术方面视频可以有针对性地来讨论分析,如唐伯虎翻跟斗打把式来画画、用墩布写书法、用针管射字等,用真实的案例做一节主题课,让学生增强辨别是非美丑的能力。

除此之外,其他领域也可以考虑通过加入鉴赏的内容、不同材料表现同一主题、跨学科融合或应用 STEAM 等角度来设计课程,起到了多课时系列单元课堂教学效果。

参考文献

[1]中华人民共和国教育部.义务教育美术课程标准(2011年版)[S].北京:北京师范大学出版社,2011.

[2]中华人民共和国教育部.教育部关于全面深化课程改革落实立德树人根本任务的意见[Z].2014-04-08.

[3]格兰特·威金斯,杰伊·麦克泰格.追求理解的教学设计(第二版)[M].闫寒冰,宋雪莲,赖平,译.上海:华东师范大学出版社,2017.

[4]王大根.三维目标须以"单元化研究型教学"来落实[J].现代中小学教育,2010(05):23-27.

[5]迈克·帕克斯,约翰·赛斯卡.美术教学指南[M].郭家麟,孙润凯,译.长沙:湖南美术出版社,
2015.

[6]段鹏,李光.它山之石,可以攻玉——国际文凭课程视觉艺术科的教学理念与实践[J].中
国中小学教育,2016(01):56-61.

[7]王大根.小学美术教学与研究[M].北京:人民教育出版社,2013.

[8]尹少淳.美术核心素养大家谈[M].长沙:湖南美术出版社,2017.

[9]陈川.构图.题款.用章[M].南宁:广西美术出版社,2008.

"宝辇的过去与今天"的单元教学的设计与实践研究

天津市津南区葛沽第二小学　朱洪兰

摘　要：宝辇会是葛沽地域的民俗文化，其中宝辇又是古镇特有的文化遗存表现形式。这一文化空间，以宝辇会为代表的几十道民间花会延揽于妈祖祭祀盛事之中。全镇共有花会30余道，包括座乐会（宝辇会等）、耍乐会（龙灯、旱船、竹马、杠箱、渔樵耕读、高跷等）。这一大型活动，始自明代，代代传承。为了使学生传承国家非物质文化，弘扬宝辇花会这一民间艺术瑰宝，依托葛沽当地文化资源，以人教版美术教材延伸拓展，以美术课堂为载体，带领美术教师们充分开发"宝辇的过去与今天"的单元教学的设计与实践。在美术课堂教学中使学生初步了解宝辇的历史与文化，感知宝辇的过去与今天的变化，使学生弘扬和传承宝辇国家非物质遗产文化，使学生运用不同的绘画形式表现宝辇，进而全面提升和发展学生的核心素养，并以此培养学生热爱家乡，传承家乡优秀文化的情怀，让传统文化在学生中得到活态传承。于是在美术课堂教学中大力弘扬葛沽宝辇这一优秀传统文化，以单元化教学为框架，以学生年龄特点分为低段、中段、高段等不同学段的有关"宝辇的过去与今天"的单元化教学的美术课程。我们一步步扎扎实实地开展了相关宝辇文化的教学设计与课堂实践，生成出了较为优秀的教学设计、生动具体鲜活的案例成果等，为美术课堂实践研究奠定了坚实基础。

关键词：宝辇　传承　民俗文化

一、"宝辇的过去与今天"单元教学的研究背景

　　我国是一个拥有五千多年悠久历史的文明古国,在历史长河中形成了独具特色的民俗文化。天津市津南区葛沽镇是具有漕海民俗文化特色的历史名镇,素有"小江南"的美誉。在历史长河的积淀中,勤劳善良的葛沽人民在长期渔、盐劳作和漕运文化等独特的地域文化孕育下形成了宝辇会。宝辇会是葛沽地域的民俗文化,其中宝辇又是古镇特有的文化遗存表现形式。所以基于宝辇在葛沽镇的地位,周边的居民、学生、家长对宝辇会活动都非常了解。因此把宝辇的过去与今天的现状和它独有的文化设定为美术单元教学既是对地域的民俗文化的探究又是对美术教学方法、策略和教学模式的研究,同时也是为全面培养学生的核心素养打下坚实的基础。

二、"宝辇的过去与今天"单元教学的研究意义

　　葛沽宝辇会被列入第四批国家级非物质文化名录。它记录着葛沽人民社会生产生活方式、风俗人情、文化理念等重要特性。为积极吸纳非遗文化中的精髓,传承中华血脉,我校以传统武术、快乐竹马、吉祥法鼓、旱船老会、剪纸艺术、高跷表演等社团为载体引导学生了解葛沽历史的沿袭,了解地域的优秀民俗文化。

　　为让葛沽民俗文化之宝辇在学生中一代代传承和发展下去,进一步激发同学们热爱家乡的朴素感情,在学习和传承中增强学生们的民族自豪感,在美术课堂中充分调动学生绘画的积极性、创新性,激发学生以不同的绘画形式生动地创作宝辇图画。以学生年龄特点分为低段、中段、高段等不同学段开展美术课程单元化教学。低段学生以彩泥和纸绳画为表现形式使学生初步了解宝辇文化;中段学生以布贴画动漫形式表现宝辇人物,使学生进一步感知宝辇这一国家非物质遗产文化;高段学生以国画、剪纸和装饰画形式使学生传承和发扬葛沽优秀的地域民俗文化。通过研究,将不断促进"宝辇的过去与今天"美术单元教学的实效性,同时也丰富了美术教材资源,提升了美术教师的综合素养,更为学生感受乡土乡情的教育和发扬学生传承宝辇的国家情怀具有深远的意义。

三、"宝辇的过去与今天"单元教学植根学生心中

(一)将非遗文化融入美术课堂

要使葛沽优秀的地域文化在学生心中扎根并将其传承和发扬,依托美术课堂使非遗文化走进学生心灵是培养学生家国情怀的很好体现。首先,美术教师们深刻感受到这浓浓的宝辇文化及其文化内涵与精神依托美术课堂传递给学生。其次,要研究学习大量关于宝辇文化方面的书籍,向葛沽地域的非遗文化传承人访,实地调研与考察,观看宝辇等多种形式,使美术教师从中获得了大量的有关"宝辇的过去与今天"的历史文化知识,对今后如何将此优秀资源融入美术单元教学课堂中进行了系列的规划。为了使学生更深入地感知非遗文化在美术课堂中的鲜活,研究中还开展了座谈、问卷调查等形式,清晰地掌握学生对宝辇的过去与今天历史文化的了解情况。将搜集与拍摄的大量宝辇会的过去与今天的素材,经过精心筛选,在美术课堂中以图片、视频等多种形式使学生感知"宝辇"独有的优秀的民俗文化,使学生了解葛沽民俗文化"宝辇的过去与今天"、它的历史与人文发展等,带领学生走进非遗,植根学生心中。

(二)探索研究形式多样的单元教学

通过前期对学生的问卷、座谈等了解了不同年龄段学生对宝辇文化的认知。"宝辇的过去与今天"单元教学更适宜以学生年龄特点将非遗文化由浅入深,由易到难,潜移默化地走进学生心灵中,引领学生在非遗美术课堂中开展美育实践,学习不同绘画"宝辇"的技能技巧,在课堂教学中运用彩泥、纸绳画、动漫画、布艺粘贴、国画、剪纸和装饰画等多种形式,在技法上找到适合不同年龄段学生展现宝辇的方法,提高学生的美术素养,激发学生热爱家乡的情怀。结合学生的年龄特点与实际设计出自己的教学模式、教学风格的课例设计,加强组内备课、磨课、听课,同课异构等多种形式。充分了解、研究宝辇绘画的过程与方法,做到理论联系实践。边实践、边研究、边总结,结合课堂案例、反思等,在交流研讨中形成有效的教学方法和案例成果。还通过"宝辇文化"单元教学的美术课堂,研究出自己的教学方法和策略。使学生通过直观的感知、观察对比、教师示范等多种形式为载体,将视频、图片、微课、美术知识、方法等融入美术单元教学课程中,引领学生学习不同绘画宝辇的技能技巧,积极鼓励评价学生的绘画作品,使学生在绘画过程中了解葛沽宝辇多元化的艺术特点,在创新的基础上深刻感受葛沽的民俗文化是血脉,是赖以生存和发展的根基,深层感悟自己对家乡优秀文化宝辇的热爱。

(三)分段循序渐进开展美术单元教学

基于学生年龄特点的不同,对宝辇文化的认知也不同以及绘画基础和能力等方面的差异。我们结合低、中、高段开展了不同的美术单元教学内容。低段学生以彩泥和纸绳画表现的形式使学生初步了解宝辇文化;中段学生以布贴画、动漫的表现形式绘制宝辇人物使学生感知宝辇这一国家非物质文化遗产;高段学生以国画、剪纸和装饰画的形式使学生发扬和传承宝辇这一优秀的地域民俗文化。共计7课时。

四、初步了解宝辇文化的美术课堂

(一)彩泥生动表现象形文字——"辇"

低段以《汉字中的象形文字——辇》一课为课例,这节课的教学内容是由人教版一年级美术下册第二十课《文字中的象形文字》衍生而来。低段学生初步感知"辇"是融入葛沽民俗文化"宝辇花会"中的重要组成部分。从学生最为熟悉的文字入手,使学生初步认识葛沽地域文化特色中辇的产生与发展,了解辇的作用和基本的结构,使他们在浓厚的学习兴趣中了解"辇"字的象形特点。让他们在模仿和想象中借鉴象形字造型方法来表达自己的想法,巧妙地运用恰当的美术形式赋予汉字一种新的、个性化的审美趣味。学生们在寻找历史的记忆中感受"辇"的艺术美,初步引导低段学生感受家乡的传统文化。

低年级学生对于宝辇的认知程度并不高,在日常了解和调查中发现,他们对于"辇"这个汉字的认识程度偏低,孩子们的印象里,只是正月十六"葛沽宝辇花会"很热闹,人很多,还有各种表演。辇是干什么的?它是什么样的?为什么葛沽人会这么重视宝辇?孩子们还是不知的,只是单纯凑热闹,看热闹而已,并没有真正地去了解我们身边的非遗文化。这正是"非遗进课堂"教学中所要探索和突破的。结合一年级学生的年龄特点首先做好基础性的正确引导,从识字入手,进而使学生了解宝辇的艺术内涵。

人教版小学美术一年级下册《汉字中的象形文字》就是一个很好的切入点。根据教学大纲中的教学重难点衍生出拓展课程《汉字中的象形文字——辇》。教学策略以识字音,认字意为抓手,使学生初步了解宝辇。在通过简单的象形字"夫"和"车"拼组形成"辇"的象形字体,由此引导学生以实物图片"辇"造型艺术去改造"辇"的象形造型,用象形字体去贴近实物造型。由于是低年级教学,教师要手把手地去传授给学生宝辇的结构知识以及所蕴含的艺术特色。低年级教学重点还是以兴趣入手,绘画虽然是学生最熟悉的方式,但不如彩泥更能激发学生的学习欲望。再加上本课是彩泥半立体浮雕的形式来表现"辇"的象形字体,丰富的色彩以及多变的点线,更能激发学生的创造性。

一段精彩的"葛沽宝辇花会"表演片段把学生们吸引到本课的学习中来:宝辇花会精彩吗?你们喜欢吗?你认识这个字吗?(辇)它在哪?谁能指给大家看一看?它漂亮吗?你最喜欢它的哪个部位?为什么?教师通过一系列由浅入深的提问教学,引导学生从浅显的看热闹中去发现"辇"的造型美感。随即出示"辇"的象形字体与简体字做对比,让学生看一看,找一找,想一想,两种字体哪里变化最大,你能从中发现并理解"辇"的含义吗?师生在互动交流中,揭示"辇"的含义,通过"夫"和"车"的组合,人们创造了"辇",也就是夫(人)拉的轿子给皇帝或娘娘等贵族乘坐的车,是一种交通工具。随着历史变迁与发展,"辇"逐渐退出了交通工具的行列,变成了一种信仰与崇拜的守护,通过一段视频介绍葛沽宝辇妈祖文化,使学生更加深入地去了解当地民俗文化,因为它就在我们身边,是葛沽镇独有的优秀文化,从而使学生对宝辇有更加深层次的认识。现今民间的手工匠人们怀着虔诚之心,把辇装点的无比庄严大气,在花会表演中八人抬辇,抬辇的人就是"夫",他们头戴红帽,身穿黄色宫廷服饰,引领学生在创造"辇"的象形字体时要贴近实际,结合抬轿人的服饰色彩创作"夫"的象形字,还要考虑两个"夫"的摆放位置,可以一前一后有所遮挡。在下面的"车"的创作时,就要考虑辇实际的基本结构:上部的穹隆顶,中部的辇龛,下部的辇座。引导学生要结合"车"的象形字加入"辇"的结构进行改造其象形。为了使字体更加贴近实际,启发学生还可以用彩色的点来装饰字体:穹隆顶上会有彩灯,可以用彩色圆球点缀,辇龛四角有流苏,可以用细线来装点,辇座上有雕刻画面,我们可以用点线结合来表现它的意境。整个浮雕字体的点可大可小,线条可粗可细,具有丰富的变化和色彩的层次。学生在创作中去体验和发现宝辇的造型之美,从而对本土的民俗文化有了更深入的认识(见图1)。

图1　学生作品(一)

(二)观察、体验纸绳画制作流苏灯笼

生活是美术创作的源泉。我们在感受体验生活的同时,善于用美术的眼光去发现美,并借助美术的语言表达出自己的思想和情感,才会创作出好作品。《宝辇中的灯笼情结》是一节充满了浓厚传统文化情结的"造型·表现"课。

灯笼并不是陌生的事物,它不仅仅是一个传统的物件,对于些学生来说更意味着童年里难以表达的快乐,甚至还会有一些特殊的情感在其中。本节美术课的内容来源于学生的童年生活。宝辇花会是孩子们非常感兴趣的事,当老师讲述出辇的文化背景和历史内涵后,他们对本课的内容就更加喜欢了。因为葛沽当地的孩子们每到正月十五葛沽花会,他们便会随大人一起看花会,拿着自己心爱的灯笼穿梭在人群中嬉耍。由此可见,这些共情之处正可以激发孩子们学习制作灯笼的热情和对传统文化的兴趣。通过北京 2022 年冬残奥会吉祥物雪容融的形象为切入点进行导入,在通过"溯源发现—实物探究—黑白感知—对比感知"几个步骤,将辇中灯笼的文化以及灯笼形象特点层层深入地传递给学生。当孩子们在近距离观察流苏角脂披挂灯讨论灯笼的各种指向性的问题时,他们奇思妙想。有的同学将宝盖上角上的"草头龙"的龙头,看做了半圆形的装饰、还有的认为它像一个小鸟。在欣赏照片时,学生初步感知宝辇中灯笼的外观、数量与寓意,从而进一步介绍宝辇的历史、文化及相关知识。尽管如此,对于大部分学生们来说,他们对灯笼的形态还是缺少一个系统的观察。因此在进行《宝辇中的灯笼情结》这一课的教学中,给学生充分观察和研究的机会是非常重要的。

1.动手体验纸绳画流苏灯笼

三年级学生通过观察与体验,尝试用纸绳画设计一个具有独特代表性的宝辇灯笼的外形图案。虽然此前接触过这种创作形式,但要想使学生完成好作品,技能的系统讲解仍显得格外重要。这更需要学生认真观察完成灯笼对称的外形的把控以及体验尝试中找到经验。灯笼外形的粘贴较为容易,但是对于部分学生仍则需要借助教师的指导和能力较强学生的帮助。然而灯笼流苏的制作更是本课中的难点。

①首先是流苏的长度需把握好,使学生在画面中用实际比对的方式确定流苏长度,并在确定长度后要反复对折 5 次以达到流苏装饰的足够粗细,让学生仔细

观察一定要将对折后的下边缘剪开,这是确保流苏美观的关键。②接着最为困难的步骤是流苏的缠束,在这个部分要讲清楚流苏缠束时距离上边缘3厘米处开始打一个正常的结,并要将结打紧。接着将一端留出的纸绳向上折,用另一端的纸绳将其紧紧缠绕5次,强调缠紧的重要性。然后让学生紧紧捏住缠绕后的部分将最后一圈纸绳松开一点,并将缠绕的纸绳留出4厘米的距离剪断,将剪断后的部分穿过松开的第五圈纸绳的孔洞,然后拉紧穿洞的纸绳,注意在穿洞拉紧过程中捏紧绕圈的手一直要紧紧捏着。③最后调整穿洞纸绳以及被线圈压住纸绳的位置,将两个尾巴调整到一起,再将多余剪断。注意剪断的部分不高于流苏上端即可,不能在根部剪断。由于流苏制作有一定难度,而学生学习的能力也各不相同,更需要学生仔细观察和牢记重点部位制作的要领。学生独立创作时,滚动播放流苏制作的视频,以供学生学习,效果会更好(见图2)。

图2 学生做的流苏

2.集体合作探究纸绳画流苏灯笼

集体的智慧是强大的,美术课堂也不例外,课前给每个小组推荐好小组长,易于帮助解决学生制作中的问题,使他们既有合作又有探究的空间。合作中体现了他们的团结,探究中使他们感受到积极参与与努力的成果。

3.鼓励性的评价激发学生自信

在制作过程中学生敢于尝试用自己的想法进行制作。有的学生选择了先将灯笼的轮廓粘贴好,有的则是先去尝试流苏的制作。但无论作品如何抓住其优点,积极充分肯定学生的作品,使他们轻松地表达出了自己的心声。欣赏作品时,教师应鼓励学生选择典型性作品进行品评,使学生探索更多中国吉祥文化中灯笼的奥秘,并与宝辇灯笼对比不同和相同之处,进一步激发学生积极探索地域的优秀传统文化。

4.自主探索挖掘优秀地域文化

为使学生进一步用自己的双手感知优秀文化,用自己的眼睛发现优秀文化,用自己的行动传承优秀文化。又一次将孩子们带回了辇的身边,引领他们去发现辇架中的小灯笼和流苏回头穗,让学生把意犹未尽的热情融入对辇架上更多工艺的探索中去。使他们尽情去探索辇架中的美,探索真实生活中的辇架,自主探索模式在美术课堂中尤为重要。只有真正用心去感受才能将宝贵的传统文化植根于学生心中。

任何一堂课都不是一蹴而就的,都需要长期磨砺的过程。对于宝辇凤辇上那些数不清的传统工艺的探索更需要长期潜移默化的薪火相传。如何才能让传统文化在美育中生根发芽,是美术教师去长期探索的。此堂课所传递的宝辇中的文化仅仅是沧海一粟,如何让美术课充满生机与活力,让传统文化在美术教育中成为孩子们温情的摇篮是我们在今后的教学中需要去探索的。

五、进一步感知宝辇文化的美术课堂

葛沽花会种类繁多,规模宏大,年年演绎代代相传,是先人留给我们的一份无与伦比的珍贵遗产。中段的学生们在情感认知和绘画能力方面较低年级学生都略胜一筹。因此在中段美术课堂中我们将以漫画、布贴画的形式使学生进一步感知宝辇文化,学习葛沽镇特有的宝辇中的高跷文化,感悟民俗文化的魅力。

(一)捕捉特点绘制高跷动漫人物

1.“宝辇文化与我画的动漫人物”一课衍生背景

长乐高跷是学生、家长都非常喜爱的宝辇花会之一。有的学生父亲就是高跷人物角色的扮演者,基于此,如果学生们能以动漫的形式将自己喜欢的高跷人物形象表现出来,一定是非常欣喜且乐在其中的。于是结合人教版小学美术四年级下册的《我画的动漫人物》一课便衍生出“宝辇文化与我画的动漫人物”拓展课程。

“宝辇文化与我画的动漫人物”一课属于“造型·表现”领域;课时为1课时。本课的教学目标是学生通过欣赏,感知宝辇会中的人物特点,了解人物形象由来、历史、文化及相关知识。通过观察、体验尝试用动漫人物的表现方法和创作特点,设计一个葛沽花会高跷中的人物动漫形象。在欣赏、感悟丰富的宝辇文化的同时,提高学生学习民俗文化的热情与兴趣,使我们家乡的传统民俗文化得以传承和发展。教学重点是能够自主设计创作出一个高跷人物的动漫形象。教学难点是使其作品赋予鲜明的个性特点的高跷人物动漫形象。花会种类繁多,本课内容主要涉及的是花会中耍乐会的高跷。葛沽高跷属文高跷,全会共十二个角色,分别是头棒、两个文扇、樵夫、渔翁、武扇、青杆、白杆、前锣、后锣、前鼓、后鼓。有时还可以加上"傻妈妈""傻儿子"两个角色,增加一定的诙谐色彩。本课提炼出每种角色的人物特点,如:服饰、头饰、道具、妆容等特点,与美术人物"造型·表现"课程相结合,融合成为一节既传统又有创新的课程。

2.观看聆听感悟高跷人物特点

本课通过观看葛沽花会长乐高跷视频。了解长乐高跷人物中共十二个角色,他们分别用自己的肢体语言及面部表情充分表现各自人物独有的特点,高跷的表演还配有各种不同的锣鼓点伴奏,有的铿锵骤急,也有温柔徐缓,烘托着表演的气氛。边看视频教师边分析其人物的服饰,头饰,妆容,道具,表情等方面的特点,以此激发学生学习兴趣。例如:头棒应是大义凛然英气勃勃,令人生畏不敢冒犯;武扇(公子)表现为亦庄亦谐,亦聪亦傻;两个文扇(老坐子)是娇羞怯懦稳重不苟;渔翁老当益壮处世老辣;青、白杆活泼洒脱俏丽优雅;樵夫敦厚诚信勇武过人;双锣俊气袭人庄重不俗;前鼓豪气冲天雄浑大气;后鼓(丑鼓)诙谐有趣不落低俗。同时在欣赏观看中还使学生知道葛沽高跷表演艺术非常严谨,无论行舞或落场的形式、内容、动作(手、眼、身、法、步)均近乎程式化,数百年来少有变化。也就是说这是民间传统文化所固有的地域优秀文化是不宜增减或稍加改动的,动则"变味",甚至动摇其风格。通过细致地讲解和观看,使学生找到自己较感兴趣的一两个角色使学生说一说每个长乐高跷的人物角色中各个动作的含义。如:扑蝶、摸鱼、斗锣鼓、五角子、穿亭子、抱角子、串四门、套花篮、走天下太平及大马驮象(拉骆驼)等形式,这样会使学生在创作动漫形象时做到有理可寻,就这样潜移默化地引领着学生进一步感知葛沽地域的传统文化。

接下来通过回顾四年级下册《我画的动漫形象》一课,以《簪花仕女图》卡通版

形象版为例,引出如何将人物绘制成为生动有趣的动漫形象呢?引导学生自主探究,以小组为单位进行讨论能用到的绘制方法,此时及时鼓励学生参与的积极性,教师再归纳总结绘画步骤及特点:①人物头身比例1:3;②放大动作幅度;③夸张形象表情特点;④精简繁杂细节。通过明确的规范步骤使学生更能直观地感受动漫人物的绘制过程。他们独立尝试对自己的选择的感兴趣的高跷人物造型能力的把握,努力做到造型上大胆夸张,放大动作形态,学会概括,尽力还原真实色彩等。一幅幅喜闻乐见的动漫形象,既提高了中段学生专业的绘画技法又使他们进一步了解了家乡传统的民俗文化,激发出学生对于传统民俗文化的兴趣(见图3、图4)。

图3 学生作品(二)

图4 学生作画

3.拓展课堂增强学生责任感

结合当今社会的时代特点,鼓励学生进一步将优秀的传统文化传承和发扬就要通过美术文化宣传浸润到一代又一代人们的心中。于是在美术单元教学课堂中、社团活动中和学生们一起创作高跷动漫人物文化衫等。进一步开拓学生的创新思路有的学生不仅想到将来要打造葛沽的旅游业还想将来的他能够研究拍一部动画片等。本节课不仅激发学生对优秀文化的创作热情,培养了学生热爱家乡的情怀,增强了他们对家乡建设发展的责任感。

(二)色泽艳丽的布艺创作高跷人物

在了解了葛沽高跷人物的性格特点后,教师注意到高跷人物着装更是艳丽多姿,着实吸引着每一位前来观看宝辇花会人们的眼球。于此,也是想到了用漂亮的多彩的废弃的布料来制作"布艺贴画——宝辇人物"一课应该效果很好。

1.培养动手能力感知高跷人物

贴画的制作材料恰好就是生活中弃之不用的布角料。动手能力又是十分重要的学习能力,既培养了学生的动手操作能力又提高了学生的审美情趣。手指是智慧的前哨,就连心理学家也是这么认为的。布贴画的制作不仅要求儿童先在纸上绘出高跷人物图案,而且要求孩子们运用剪刀,将布块剪成合适的图形,然后用双面胶或胶水加以粘贴,其操作过程较难掌握,这就要求学生细心认真,这不仅锻炼了他们的动手操作能力,还培养了学生做事认真细心的好习惯。学生们在收集布角料的过程中可能还没有什么感受,而一旦他们将这些不同质地、不同色泽、不同花纹的布角料制作成一幅幅精美宝辇人物图案时, 他们一定就会感到很神奇,使他们将更有成就感且信心倍增。因为这一幅幅精美的图画都是出自他们自己的双手。因此,"布艺贴画——宝辇人物"一课应运而生。

2.课前准备是上好课的基础

"布艺贴画——宝辇人物"一课,布艺贴画看似简单实则却是不易的。如何能完整地且干净整洁漂亮的布艺贴画展现在眼前呢? 这还真是需要教师下一番功夫! 变废为宝是布贴画的特色,更是使学生运用布艺点滴的拼贴高跷人物进而学习感知家乡民俗文化的课堂。学生的课前准备:要提前搜集相关宝辇高跷人物服饰所用的布头、布料,有的是家里人做裁剪剩下的,有的是用盛酒的盒子上鲜艳的红绸、黄绸、蓝绸搜集起来的;还有规整的三层板或卡纸、强力胶。老师把同学们分成几个小组,在小组合作中开展创作使学生们分工明确还能互帮互助,一切准备工作就绪。老师将搜集的葛沽会 20 多道花会表演,包括高跷、竹马、旱船、龙灯、舞狮、法鼓、吹笙等表演,长乐高跷队是其中最著名的相关宝辇花会中高跷表演的图片,做以简要介绍。通过观看高跷人物表演的《渔翁摸鱼》的片段。欣赏、了解高跷每个人物造型的特点。教师边出示图片边讲解长乐高跷最早表演的曲目——《水浒传》里的三打祝家庄,高跷中十二个角色人物都是依据水浒传中的人物演变来的。简要介绍后学生们分别说他们服饰的颜色及特点,学生通过欣赏图片,提高学习民俗文化的热情与兴趣,使之使他们今后弘扬、传承葛沽的民俗文化。

3.掌握布贴画步骤及方法是关键

课堂中学生了解高跷表演人物的造型特点后,小组能用布贴画的形式完成一个高跷表演人物,这是本节课要实现的教学目标和重点。本课通过学生以往的记忆和观看视频中对不同高跷人物的服装颜色的新奇激发学生们创作的欲望,但是虽有激情还需了解布贴画制作的步骤以及注意的事项,这样才能使学生们喜爱的高跷人物跃然于画面上。教师播放布贴画的视频使学生明确布贴画的制作步骤和注意事项。①设计底图。底图的设计构选择黑、蓝或具有中国风的布料。②拓描图样。教师板演如何拓描图样。拓描就是把复写纸垫在底图和内衬纸板之间,再用笔按照底图的结构、形状,分别画出分解图样。然后将其剪下来,就得到了布贴画各部件的图样。③选配布料。按照作品底图的形状和艺人的创作构思,选配好所需的布料。选配布料很关键,要切合花会时表演人物的角色实际特点,选择最接近的颜色,要与背景颜色有较大的反差。④裁剪布料。⑤粘填充物。其方法是:在作品部件的周边均匀地抹上一层胶水。再将抹好胶水的作品部件粘压在蓬松棉薄片上。最后将蓬松棉粘牢,用剪刀沿着部件的边缘裁剪下多余的蓬松棉,一幅幅布贴画成功完成,使学生感知着宝辇中高跷角色人物的衣着美,动态美(见图5、图6)。

图5　学生作品(三)

图6　学生作品(四)

4.色彩搭配提高审美能力

中段年龄的学生对于色彩的认识和发现,一方面是来自对生活的直接观察,正如不同的高跷人物的服装颜色,但凡他们见过的都会形成色彩印象,这种色彩印象是最牢固、最深刻的,也是最接近真实的。另一方面便是通过临摹、观看美术作品,从而获得间接的色彩印象。通过观看图片资料、影视图像等感受渠道,慢慢形成了色彩的记忆,成为他们对高跷人物图案色彩的依据。为了积淀学生丰富的色彩知识,学生在进行布贴画的创作时,不但要进行基本的色彩搭配,而且要对布料的质地、花纹、色泽进行比较、参考,最后进行合理的搭配。他们运用剪刀,将布块剪成合适的图形,用双面胶或胶水加以粘贴。布贴画的制作使学生们对其色彩认知也更加牢固、更加深刻,提高了学生对色彩的感知和搭配的能力,并受到美的教育和熏陶,提升了学生的审美情趣和艺术品位,进而对民俗文化的传承有了更深的理解。

六、深刻感受"宝辇文化"的美术课堂

(一)中国画描绘葛沽宝辇

中国画课程是小学中、高阶段美术学科的学习模块之一,是美术课程中的"造型·表现"学习领域的必修课。虽重在体验与引发思考,但也是帮助学生掌握初步的国画技法,引导学生动手探寻中国画丰富的表现手法、独特的表现形式,使学生通过国画中的水墨情趣表现出葛沽的宝辇,在学生深入学习的基础上了解家乡的民俗文化。

1.学情与教材分析

本课教学对象为小学五年级学生。在国画课程中既要运用笔墨掌握一些中国画的基础技法,又要激发学生的学习中国画的兴趣,提高学生对宝辇艺术特点和文化内涵的理解。

"中国画——葛沽与宝辇会"一课是基于五年级上册《彩墨脸谱》这一造型表

现的基础上拓展的,本节课重在体验与引发思考,同时也帮助学生掌握初步的技法。学生对国画墨色的运用方面有浅显的基础,但对全国盛名葛沽宝辇花会的绘画仍感到有些难度。于是边鉴赏边实践,使学生在学习宝辇花会辇、人和物等重点学会画辇,有能力的学生可添加抬辇的人或物。

"中国画——葛沽与宝辇会"一课属于"造型·表现"学习领域。课时安排为一课时;本课的教学目标体现在:①知识与技能:深入学习了解历史名镇葛沽和关于葛沽宝辇的历史人文知识,并通过学习国画的表现形式,将宝辇绘画出来;②过程与方法:了解分析宝辇的结构花纹的特点通过国画的方式表现宝辇的造型;③情感态度与价值观:通过了解家乡传统文化,增强学生对传统文化及家乡的热爱。教学重点:运用中国画的表现形式表现葛沽宝辇的基本造型。教学难点:能够完整地描绘宝辇使画面补充丰富,使学生深刻感受到家乡的优秀文化,激发学生的家国情怀。

2.讲故事导入新课

教师以葛沽宝辇花会的起源讲起葛沽镇是中国古代"八大古镇"之一,曾经乾隆皇帝路过此地特赐名为"太平庄"……明万历十三年,张氏家族到福建进行货运,途中遭遇翻船事故,万幸无人伤亡,上岸之后便请了一尊妈祖神像带回天津以便供奉,但是由于葛沽周边有很多从事海运与打鱼为生的人,人们纷纷前来祭拜神灵以求保佑,前来的人多了便演变出宝辇供人瞻仰。张氏家族的宝辇一经问世,其他村的乡绅也纷纷效仿,由此产生了八座造型各异的宝辇,截至2020年年底,葛沽镇已经有8座宝辇4座亭子——八宝四亭,进而产生并定于每年正月十六进行葛沽宝辇会。(一边讲解一边播放视频使学生进一步了解葛沽宝辇相关知识。)

3.观察、示范宝辇的造型

出示宝辇图片,使学生清晰感受辇分为四个部分组成:辇顶、辇龛、辇座、辇杠,其中辇龛是供奉妈祖的地方。虽然宝辇的造型大体一样,但是他们也有不同之处。比如辇座上面的雕刻、绘画都不一样,有的是山水,有的是神话故事,有的是动物。通过观察图片了解八座宝辇的相同与不同之处,不同的辇所供奉的神也各不相同。同时了解宝辇由:雕、刻、扎、画、绣几种形式组成。宝辇会除了有宝辇以外还有划旱船、踩高跷等。他们的动态起伏比较大,衣服的颜色鲜艳,动作夸张。同学们显然对宝辇有了更深刻的认识。宝辇上的花纹图案及装饰学生可以自行创作,边上是亭,亭分三层有铃铛、彩穗、灯组成,结构与辇的结构大体一样,教师让学生边看边讲解用笔用墨的方法(见图7)。

4.国画描绘宝辇反思

在学生充分了解历史名镇葛沽及关于宝辇的历史知识的基础上,通过学习国画的表现形式,学生能够理解墨与色的运用,基本能够表现出宝辇的基本造型,将宝辇运用墨色的不同变化体现出来。同时学生的造型能力和自由运用笔锋在宣纸上绘画等还需要加强和提高。宝辇的具体细节处往往能看到如一些花纹和装饰却不能通过画笔表现出来。有的学生添加了抬辇的人,他们对于人体的动作表现比较僵硬,动态不是很稳定,画中形象显得较为稚拙,还需要多加练习,应将抬辇人的荣耀与幸福生动地体现出来。由于学生平日只是看宝辇,但并未深入观察和了解其家乡宝辇的内涵

图7 学生作品(五)

与缘由,于此加强学生对葛沽的地域的民俗文化内容是很有必要的,让学生在体会国画乐趣的同时能够深刻认识宝辇出会的意义及内涵,激发他们继续发扬和传承优秀的民俗文化。

(二)剪纸塑造宝辇中的吉祥文样

剪纸艺术直接反映着各地域人们的思想情感和审美趣味,更能够显示出他们的聪明智慧和艺术才能。学生对剪纸艺术了解接触较多,可以通过丰富的美术教学和社团活动来开展活动。如果将剪纸艺术与宝辇文化、美术教学相结合,这样不仅能够锻炼学生的动手操作能力,也能培养学生的传承意识,使中华民族的传统民俗文化能够发扬光大。于是就有了"宝辇中的吉祥文样"一课。

1.学情分析

四年级学生喜欢剪纸,喜欢信手拈来剪出图案带来的快乐。学生在学团花剪

纸时,初步感受到剪纸的简单方法,感受到了剪纸的神奇魅力。但是吉祥纹样与团花又有许多不同,它打破了团花固定的外形模式,形式更为多样化,经常以左右对称或单独纹样的形式出现,还要在纹样中表现比较具象的动物、植物造型,这对学生来说是比较难的任务。所以,借助宝辇中的纹样,让学生感知宝辇民俗文化,感受宝辇中吉祥纹样的艺术美,帮助学生了解吉祥纹样的造型特点,解决吉祥纹样的剪纸技法,使学生的作品以较好的面貌呈现出来,剪出形象各异、题材不同、寓意不同的吉祥纹样是本课教学努力的重点。

2.教学目标及教学过程

"宝辇中的吉祥纹样"此课是"设计·应用"学习领域;课时安排为1课时。本课的教学目标:①学生通过欣赏,感受吉祥纹样美感,感悟丰富的宝辇文化,激发学生的学习兴趣;②尝试用剪纸形式制作吉祥纹样,表达自己美好的心愿;③了解宝辇文化,培养学生健康向上的情感与态度,感受剪纸艺术的魅力,提高对民俗文化的研究热情。学生通过观察、体验,学习创作一个吉祥纹样。感受吉祥纹样美感,感悟丰富的宝辇文化,提高学习民俗文化的热情与兴趣,弘扬、传播民俗文化走向世界。教学重点:学会吉祥纹样的剪纸技法,弘扬、传播民俗文化。教学难点:吉祥纹样的造型要生动、有趣,并且能表达自己的美好愿望。

3.欣赏探究吉祥纹样

教师以欣赏导入。教师提示播放葛沽宝辇视频时"看一看和你平日里观看的宝辇有什么不一样?"此环节的设计意图是:通过学生观赏视频,初步了解宝辇文化,激发学生的学习兴趣。当学生观赏视频里清晰的宝辇图案,正在意犹未尽时,教师说:"你能从宝辇的造型、饰品,纹样等方面说一说你看到的宝辇吗?"学生分别从欣赏观察宝辇纹样细节,从宝辇雕刻的花纹(草叶纹、动物纹、几何形状、不规则形状),色彩以及饰品的造型(简单、复杂、奇特、质朴)方面。此环节设计意图是使学生用自己积累的美术语言描述,引导学生了解宝辇的多样性与独特性。

4.游戏感知吉祥纹样

为了加深学生对宝辇吉祥纹样的图案,借助猜一猜、考一考、找一找的游戏使学生更加深刻了解宝辇的吉祥纹样在生活中的形象代表什么。教师带来一件礼物——剪纸(牡丹),这是中国传统的民间艺术。剪纸源于我国,至今已有一千五百年的历史。由剪纸牡丹作品引出宝辇的吉祥物的寓意。学生纷纷说出逢年过节或喜庆的日子,人们剪出各种象征喜庆的剪纸,装饰在门窗上或放在物品上,增加喜庆的气氛,代表吉祥。在中国的吉祥文化中,人们常常借助一些吉祥纹样的寓意和与其相关事物名称谐音的艺术语言及表达方法,表达人们对美好理想的追求。学生分别说出宝辇图案中的吉祥纹样所寓意和传达的吉祥含义。如:连年有余的"连"取的是莲花的"莲"的谐音,"余"取的是鲤鱼的"鱼"的谐音。这个图案的寓意是连年有余,就是祝愿人们的生活越过越好。

5.演示讲解,教师示范

教师播放吉祥纹样的剪纸微课,边剪边探究剪纸技法和注意事项等。先剪外形(展示),外形剪好后,还可以再在图案上设计一些花纹,让剪纸作品更生动、更精彩。同时学生还自主说出剪纸的方法,剪纸的形状(小水滴、柳叶形、锯齿形、月牙形、小圆孔)。他们用剪纸的方法自行表现展示了一款款美丽的吉祥纹样。

6.反思小结

"宝辇中的吉祥纹样"一课使学生了解剪纸的形式和题材是多种多样的,尤其是中国吉祥文化中,人们常常借助一些吉祥纹样的寓意和与其相关事物名称谐音的艺术语言及表达方法,蕴涵着丰富的寓意表达着人们对美好理想的追求。通过观看宝辇中吉祥纹样丰富多彩和千变万化的造型,引发学生对宝辇纹样的学习兴趣。本课将剪纸艺术与宝辇文化相融合,学生用剪纸的形式设计、制作出形象各异、题材不同、寓意不同的吉祥纹样,不仅提高了学生剪纸的技能,还使艺术素养得到了潜移默化地提升;不仅学会了自己动手装饰美化生活,还使学生深刻感悟到葛沽地域特色的民俗文化的多姿多彩,并将其传承和发扬。

(三)延续宝辇之光——从装饰画到服装设计

色彩是宝辇中的亮点和特色,宝辇花会呈现给人们的是一场视觉盛宴。在四五年级的教材中,都涉及了有关色彩的理论知识。然而宝辇作为葛沽民俗传统文化的"代表",它还拥有着美丽的图案纹样,它所运用到的装饰纹样图案大多富有一定的吉祥寓意。结合人教版五年级教材中《色彩的对比》《色彩的和谐》《美丽的纹样》课程与宝辇的装饰、服装绘画相融合,将会更加激发学生对宝辇文化探究的动力。

"延续宝辇之光——从装饰画到服装设计"一课就是将这几节课相结合,使学生感受宝辇色彩、图案纹样的美及其特点,并进行创意装饰画设计。学生们依据装饰画和纹样设计的经验,还在观察中发现了纹样的魅力绝不止于其形式美,还在于它的丰富内涵,因此,学生在教师的带领下还拓展创作了具有宝辇特色的文化衫等作品。通过有针对性的、有重点的、有系统的和可操作性的指导,宝辇的优秀文化在美术课堂中自然渗透,学生的专业知识、技巧、核心素养等也得到了提高。

1.课例背景的产生

葛沽作为"华北八大古镇"之一,沿古海岸线的位移演变而形成,这里湖、港、塘遍布,渔盐业尤为发达,妈祖文化是民风民俗里最具特色的文化。据记载,葛沽"海神娘娘"是从福建请回,这是人们对出海平安的一种祈求。在经历过世世代代,辉煌—没落—复兴的演变后,它所传承的不仅是人们祈求平安与祥和的妈祖文化,还有老人们对儿时回忆的重温,男人们在跑辇时所展现出的豪迈之气,孩子们在花会上尽情玩耍的快乐。所以让这孩子们充分地认识与了解家乡优秀的历史文化,将葛沽优秀的民俗文化,在一代又一代的学生们中传承十分重要。

2.找寻宝辇中的色彩

文化的传承并不是简单刻意地将形式的内容进行传递,它更注重于内心情感或精神上的传递。就像这几年大火的文博节目《国家宝藏》的标语一样"让文物活起来"!首先就是要对国家对文化有敬畏与热爱之心。朱青生老师也曾说过:"每个国家都有自己过去的传统,每个文明都有自己不同于他人的特色,而先进的文明不会被动地固守差异,继承传统更要指向未来,只有建造了新的艺术和文化才会受到后世的爱戴。"所以,在进行课程设计时,想要和学生之间碰撞出新的文化火花,首先要了解高段学生的年龄特点,其次不能架空教材。作为中华优秀文化艺术传承,有部分学生在非遗文化课堂中学习宝辇花会中耍乐会时的部分项目,比如,高跷、旱船、法鼓等,这些学生作为花会的参与者,让他们在课堂上和其他同学进行交流沟通宝辇花会事宜,相信会比任何文字都更有说服力。

但宝辇中的色彩却是需要视觉感官的,通过欣赏大量的宝辇会照片的细节之处,学生们才发现原来他们只是看个热闹,很少观察到对比色彩与和谐色彩在宝辇中及其相关物件、服饰中的应用。同时虽然学生们对色彩有一定的认知,但脱离实际去讲解色相环、饱和度、色相更不是一件容易的事情。通过实地考察将搜集到的图片、视频与学生分享,一起感受宝辇花会里的热闹氛围和色彩。将色彩知识与宝辇文化有机结合,这样一来,学生们发现了对比色彩与和谐色彩在宝辇中及其相关物件、服饰中的应用,以及所产生的形式美的特点。进而让学生试着用自己的彩笔找出这些相对应的色彩,给出黑白线稿,有意识地规定孩子们使用提取出的"宝辇"色彩进行创作填色,如此也为后面课程的展开做了铺垫,也激发了学生对宝辇文化探究的动力。

3.装饰画——连接古今的纽带

如果让宝辇文化能够延续与传承,以装饰画形式为载体,让文化走进现代高楼的千家万户,不失为一个好的方向。装饰画就是一条能连接古今的纽带。顾名思义,这一类画作具有一定的装饰作用,根据每个人不同的喜好及所要装饰的场合,人们会选用不同风格和题材的作品对室内环境进行装饰画设计。那么我便结合《美丽的纹样》一课,让学生感受宝辇纹样特点,并进行创意装饰画设计。

(1)从欣赏中提升美术素养。在之前的课程中,学生们提取宝辇中的色彩是相对容易的。通过观察提取宝辇每一部分的纹样就不是那么简单了。宝辇从上至下分为穹隆顶、辇龛、辇座,每一部分又是更多细节的集合,比如辇座又分为了座面、蓬牙、弓腿。于是,将学生进行小组划分,每一小组研究一个部分的纹样,师生共同分析这些纹样的形式结构特征。宝辇纹样纷繁复杂,分组探究,集体共享,在这一过程中,学生们能感受到大部分纹样的骨架变化规律,加深了对纹样的理解。

纹样的魅力绝不止于其形式美,还在于它的丰富内涵。宝辇作为民俗传统的文化代表,它所运用到的装饰纹样图案大多富有一定的吉祥寓意。同样还是以小组的形式,让学生寻找宝辇纹样中运用最多的图案,猜猜他们又有什么寓意,最后通过交流分享让孩子们自己对吉祥纹样进行组合。三个环节"找一找""猜一猜""组一组"环环相扣,将本源寓意重构延伸。这样不仅让孩子们为传统文化而惊叹,更能调动他们的思维去思考与创新。

(2)在创作中提升绘画技能。好的想法与创意如果付诸不了实践也是"竹篮打水一场空"学生们会因为宝辇复杂的写实表现手法望而却步,为了打消他们的"恐

惧"心理,便通过几张花朵不同表现方法的图片让学生们进行对比,他们会发现纹样还有其他设计方法,如夸张、变形、概括等,每一种方法都有着各自的魅力。不同形式的表现,丰富了学生们的绘画技能,他们的创作热情也显得格外高涨。

4.我为宝辇代言

"我为宝辇代言"是根据四年级下册《设计文化衫》和六年级下册《我设计的服装》全新编写的拓展课程。

(1)纹样再创造。装饰画、纹样设计虽然一定程度上可以起到文化推广的普适性作用,但还无法让学生们产生对宝辇更强烈的探索欲望。装饰画是可以再创作的,它的再开发与创作也许能进一步让学生们挖掘出宝辇中更多的细节。葛沽现今正在建设特色文化小镇,借由这一规划,宣传宝辇文化当然是必不可少的一部分,也是作为在葛沽这座萌新古镇生活的人们义不容辞的责任。宝辇代言的文化衫作为伴手礼送给亲朋好友能更好地宣传和发扬宝辇文化。所以启发学生从之前的作品中选取创作素材,有了明确的主题指导,在共同简短回忆文化衫的设计要领后,学生们依据装饰画和纹样设计的经验,创作出了不错的文化衫作品。孩子们平时在创作时会因为无意义而缺乏动力,有了这样的情景设置,学生的情感体验将加浓厚了。

(2)不止有文化衫。虽然孩子们通过精心地设计,作品呈现的效果不错,但发现大部分学生都是按部就班地遵循着以图形为主,或以文字为主,抑或者是图文结合的规律在循规蹈矩的白衬衫上画画改改,一位学生的作品引发了新的思考,她不同于其他学生,她设计的是一条连衣裙,袖子宽宽大大,袖口收紧,衣襟前和裙摆处使用的是和整体深蓝色调相对比的橙色与黄色,这样的搭配方式似曾相识,学生为我解惑,原来是以辇身上的织绣为灵感进行的设计,袖口的设计则是借用了高跷艺人所着的服饰。宝辇文化真的是何等丰富啊,只要发挥想象和改造便可成为现代转化的元素。

也许在某方面限制住了孩子们的想象,教师看待事物的态度和指导方法在一定程度上会影响了他们的思维。如何激发他们的潜力与思维活力呢?应该还是要把主动权交还给学生,再次授课时,便沿用提取宝辇元素的方法,让学生自主找出他喜欢的部分,然后再将这些元素重组设计出了一件件精美的服饰(见图8~10)。

图 8　学生作品(六)

图 9　学生作品(七)

图 10　学生作品(八)

5.课例总结和反思

　　从教学内容来看,信息量大,在日后的尝试中可继续细化,宝辇花会分为了座乐会和耍乐会,其中又有很多不同的项目比如:旱船、高跷、法鼓等,可以将学生分为项目小组,让孩子们自主推选项目主管,组员进行角色分配、任务分担、进程计划、创意思路、草图设计、作品呈现及总结汇报,在合作实践探究中最大限度地挖掘学生潜能,在体验感性文化的同时,培养他们理性科学探究的精神。教师在课程设计中就是总导演,只有更了解宝辇的文化历史,才能做学生走进过去的引路人;只有拥有更宽广的眼界和思维,兼容并蓄,才能给予学生更多的空间,让他们将宝辇文化指向更开放的未来。

七、结束语

优秀的民俗文化需要慢慢浸润于学生的内心深处，但也许在某一节课程中学生却备受启发，使宝辇文化植根于学生心中。因此，"宝辇的过去与今天"单元教学的美术课堂中的自然渗透，需要美术教师推波助澜与学生一起深入挖掘她独特的艺术与内涵，因为继承和发扬传统文化需要在时代的更新换代中保留和延续。

只有民族的才是世界的，只有家乡的才是独具魅力的。非物质文化遗产关系着一个民族文化与精神的传承。葛沽镇的非物质文化遗产记录着葛沽人民社会生产生活方式、风俗人情、文化理念等重要特性，是人民的共同宝贵财富。今后还要将葛沽民俗文化之宝辇出会的其他形式如：旱船、竹马、法鼓等作为更广阔的美术教学资源，让传统文化在美术教育中成为孩子们温情的摇篮，在美育中生根发芽，让美术课堂充满生机与活力，使学生的美术素养得到更广阔的提高是我们美术教师应长期探索的课题。感悟优秀的宝辇文化，提高学习民俗文化的热情与兴趣，让一代又一代热爱家乡、具有家国情怀的孩子以丰富的美术表现形式弘扬和传播民俗文化的深远意义，让优质的美术资源植根于学生的心中。

参考文献

[1]尹少淳.美术核心素养大家谈.[M] 长沙：湖南美术出版社,2018.

[2]鲍国之.古镇葛沽.[M]天津：天津古籍出版社,2014.

第三篇

基于创编的单元教学研究

基于"互联网+"小学美术单元教学的研究

南开大学附属小学　张丽鸿

摘　要：本论文是基于核心素养下的"互联网+"小学美术单元教学的研究。是基于小学美术教材创编的中高年级的单元化教学与信息技术相融合的创新的教学方法、策略的成果。在研究中深入探讨了学生在老师的引导下，自主合作形式的像艺术家一样的创作型教学模式。在教学研究实践过程中，不仅落实了课程的教学目标，还对学生"五育并举"的美育进行了全新的尝试，培养了学生的五大美术核心素养。

根据"五育并举"课程思政的指导思想，信息技术与美术教学的融合是单元化教学课程创编的大趋势，基于"互联网+"与欣赏课教学实践摸索，利用大数据、活动设计、微课及问卷调查等课堂实践的研究，不仅发挥了信息技术支撑艺术教育融合创新的重要作用，也形成了"五育并举"形势下的保证艺术教育顺利进行的重要保障手段。教师们可以在短时间内对知识进行高效的整合与处理，学生可以开阔视野，选择大量的微课、PPT、活动等学习，制定适合自己的进度和学习方式。

研究证明，大数据与大量的实践教学得到了广大教师和学生的好评，更在"停课不停学"的防疫期间发挥了巨大作用，使我们创编的课程得到推广与大量的应用，其收效甚好。"互联网+"的信息技术更是成为小学美术网上"停课不停学"教学的"危机公关"。此次研究总结出，"互联网+"小学美术单元教学具有优越性、系统性、连续性、实践性、趣味性。

关键词：核心素养　单元教学　互联网

一、绪论

(一)研究背景

2015 年开始,中国的课程进入了"核心素养"时期。美术课程也由内容的单一性走向了完整性。从 21 世纪初的课程改革之后,美术教育由过去的"关注学科"转变为"关注学科与关注人"并重,这是一直在发生且愈发明显的转变。因此为适应核心素养的要求,美术学科提出五大学科核心素养,即图像识别、美术表现、审美判断、创意实践、文化理解。美术课程要求教师引导学生像艺术家一样去思考和创作。因此,通过分析,一个艺术家从个体成长为艺术主体需要经历"欣赏学习—临摹复制—创作革新"三个基本的阶段,因此欣赏学习的部分作为开端就显得尤为重要。

1.研究的时代性

现今"互联网+"时代的小学美术课程中,教师会有意识地利用媒体进行作品欣赏的引导,其中包括中外名家的作品、教师的范图甚至有优秀的学生作品欣赏,然而这一部分所占课程的比重并不大,只作为一节课中讲授的一小部分出现。

当今高速发展的"互联网+"时代的教育背景下强烈呼吁教育"五育并举"。学校一定要重视美育的教育。其中还要融入"四史"教育,加强学生的德育素养,增强真正能够通过美术教育达到对学生终身受益的核心素养的培养。所以,改变教育的传统观念,让美术课堂紧跟时代性。

2.研究的本质性

小学美术教材中的内容繁多,其中最有价值而经常忽略的欣赏部分都是美育教育的好时机,但这一部分占整体教材的内容的比重很小,一学期一节。对于现在的美育教育本质要求是远远不够的。所以,我们要想研究要先从教材的本质内容入手进行研究。其次要考虑到内容的选择的价值问题,应该本质上是在树立价值

观的初期选择一些符合社会主义核心价值观体系的知识和内容进行欣赏。

3.研究的科学性

有的授课方式停留在图片欣赏上,会使小学生流于表面,失去兴趣及意义,随着时间而快速淡忘,从而导致课堂吸收效不高,缺乏科学性。因此,教学目标和教育形式及教学评价的科学性都关系着"互联网+"时代背景下的美育的发展和完善。

可是,要想开展"行之有效"的欣赏课也并不容易,要考虑到小学生的认知水平,让他们独立完成欣赏内容,独立思考是有困难的。

首先,要解决如上的几点问题,我们要先从大的环境开始分析。互联网的出现给人类的生活、工作、学习带来了翻天覆地的变化。近些年来,"互联网+"早已不再是一个新兴词汇,通过其不断地与生活中各个行业的深度融合,民众们普遍看到了一番新景象。更重要的是互联网+时代的到来给教育事业带来了重大机遇。

从宏观层面来讲,"互联网+"打破时空限制,使学生能够随时随地进行学习。大数据和学习分析等新一代新兴技术的出现使得学生的学习更加个性化、智能化。学生们在接受新模式的同时也增加了学习的选择性和多元性。现如今社会上有这样的一种观点:"互联网+"教育可以让每个人都拥有优质的教育资源。排除掉一些绝对化因素,这种观点从侧面反映出人们对于"互联网+"便利性的肯定与认可。因此,教育工作者们可以充分地利用和借助"互联网+"的环境优化自己的课程。除此之外,互联网也是学生们获得信息资源最直接和最便捷的途径。现阶段的小学生们从出生就开始与互联网打交道,因此这一方向的研究不仅是时代大环境的趋势,也是针对研究对象所确立的。

其次,义务教育阶段的美术课程划分为四大学习领域,"欣赏·评述"学习领域作为四大学习领域之一,肩负着培养学生的图像识读、审美判断、文化理解等美术学科核心素养的重任,然而无论是在教材编写上还是从教师的实践教授上,比较偏重的仍然是能够提升学生美术专业知识与专业技能的实践课程。然而学界对于欣赏课的专业研究逐步增多,也提出了许多非常有建设性的建议。例如从学生角度出发,创设情境,因材施教,创设体验环境等。目前,我国关于美术欣赏教学的研究大多集中在高中阶段,对小学阶段的研究相对比较薄弱。专家指出以美术鉴赏教育促进青少年心理健康为基本出发点,把我国优秀美术传统与国际先进课程理念、美术鉴赏教学观念相融合,从多角度论述美术作品的鉴赏方法和教学方法。不仅如此,越来越多的一线美术教师们也开始不断反思自己的教学模式,能否在每节课中渗透欣赏的知识,如何把专门的欣赏课上好,许多创新举措是否能够奏效,这都需要本课题在研究过程中逐一实践。

最后,针对本课题为《基于核心素养下小学美术单元教学的研究》的子课题《"互联网+"小学美术单元教学的研究》中所选择的"单元教学"模式进行深入的分析和思考。1931年,单元化的教学模式被提出,并逐步地被我国教育学者所借鉴。最早应该出现在劳技六年级的教材中,现在高中美术课标准已经开始实施。对于这一教学模式是否适应小学生,是否适用于小学的美术课堂,这是需要探索研究的。但不可否认的是单元教学的优点是颇多的。如:将碎片化知识系统化,着重培养学生自主解决问题的能力,更加明确学习目标,提高学习效率等。这些都是不可忽视的。尤其是针对现阶段的小学美术课程,很多一线的美术教师们在研究过程中发现单课时内容的设置在丰富美术教学趣味性的同时,也造成了美术知识的碎片化,甚至有的学生出现了学一课会一课,学得快忘得快,而不是能力的提升。设想一下我们对美术教材中的课程进行整合,综合把握将绘画、手工、欣赏等课程分类和融合,再进行集中深挖授课深层内容知识,将分散的课程综合起来,不止关注美术教学的趣味性还要关注课题内容的深度及核心价值。这样的方式比按照原定教材顺序进行教学是否有提高,这有待课题中期通过教师们实践得出答案。

此次研究将视角定位在"互联网+"小学美术单元教学的研究的欣赏课中,通过对教材内和教材外的深入研究,让一线的美术教师们发现欣赏课的内容是可以进行拓展的,可以在一课内容之下分出多课时,借助微课或者是学生动手实践,让学生从不会到会最后得到核心素养的等多种形式,让小学的中高段的学生们逐步完善和提升审美能力,激发出仁爱之心,爱国家爱社会主义的正能量。

综上所述,本课题是在核心素养"五育并举"的大背景下对"互联网+"小学美术单元教学的思考,完全符合了美术教育的时代潮流。

(二)研究意义

"互联网+"虽然是从经济学方面渗透出来的概念,但是由于现今社会所存在

的大数据特性，"互联网+"的意义和应用也更多地被广泛延伸到各个领域。尤其是对教育的影响更是深远。

美术教育或者美术活动的前提是视觉体验，所以更加值得注意是"互联网+"的应用在一定程度上帮助美术活动优化了视觉体验，致使美术教育更加的便利和高效。因此在研究核心素养本位下的美术教育这一领域的问题时，从"互联网+"的信息和技术角度入手是具备一定实际意义和时代特点的。除此之外，由大数据所衍生出来的整合思维也恰好是推动单元教学的一大原因。

无论是美术教育还是其他学科的教育，启发式教育在今天的教育过程中占据了相对重要的位置，教师在授课的过程中更多的选择采用引导的方式，让学生能够更多地去自主探究，发现问题和解决问题。相较于以往的教师教学生学的模式，启发式教学能够从教育的角度去更好的挖掘学生的潜力。然而当启发式教学应用到美术教育当中去的时候，教师往往重视培养学生的发散思维，而忽略了聚合思维的培养，导致学生只是这一课学会了，然而这一个领域或者说这一方面的美术技能的延续性或是连贯性还是欠缺，当出现不同题目同一类型的美术课题的时候，学生就会出现畏难情绪和困惑心理。因此利用信息技术的小学美术单元教学设计就在一定程度上解决了这一问题。例如小学教学中，中高年级出现的欣赏课，教师就可以设计单元教学，从开放性的角度安排学生利用多媒体和多种途径自主探索，能够使学生养成自己发现问题自己动手解决问题的能力，从而提升的是学生对于欣赏类课程的学习和掌握，而不是只针对这一课的了解与熟悉。因此研究小学美术单元教学的对于美术教育向好发展是必要的。那么当具备了技术加持和理论成果两方面的时候，美术教育就距离核心素养所要求要达到的目标更近了一步，以此本选题的意义致力于能够从当下普遍的大数据时代中发现小学美术教育单元教学的有利之处，从而达到核心素养本位对于美术教育的要求，使更多的学生通过美术教育能够更好地达成"五育并举"的美育，从而掌握发现美和创造美的能力。

(三)研究现状及方法

基于"互联网+"这一角度去思考教育问题的论文已经是数不胜数，学者们也都能够看到时代的变化对于教育行业的影响，国内外不少专家已经就大数据时代下的教育现状、教育问题进行过了非常深入且完备的研究,甚至给出了一定的教育建议。

从实际教学的角度来看,多媒体进教室早已经不再是一件新鲜事了。更多的教师是接受过大数据时代的教育才选择进入教育行业的,因此教师对于多媒体的使用也是得心应手的。即便如此,如何合理的使用"互联网+"又成为摆在教育面前的又一个问题。正如社会上对于互联网使用的讨论一样,最终人们得出的结论是"互联网是把双刃剑",并且已经得到了如何有效的控制互联网影响的行之有效的办法。那么当互联网对教育产生影响的时候,如何能够在课堂上合理的利用互联网技术就成为教育工作者们思考的问题。其实要得到这一问题的答案并不困难。

第一,教师要明确问题的症结所在。

由于多媒体教学的便利性,导致教师在上课的时候过度的依赖多媒体电脑进行教育活动。例如在美术教育活动中,由于课件使用的普及,很多教师完全依赖PPT展示作品,一节课全由一个PPT穿起来。然而对于参与美术活动的学生来说,即便图片系统再完善也无法真正的取代纸质范画所带来的直观性体验。学生在媒体面前停留在浮夸的"假繁荣"的兴趣点上,学的快课后忘得快,却看可持久的连贯知识体系。

第二,教师要正确分析问题。

因此当我们享受"互联网+"所带来的便利的同时,我们依然不能抛弃很多经过实践检验的传统模式。尤其是针对美术教育来讲。不得不承认的是"互联网+"所带来的高效的美术教学课堂是大数据时代到来之前所不曾拥有的。或者可以说电子设备的发展在某种层面上就是为了帮助人类提高效率的,因此当"互联网+"进入到教育行业之后,也为教育行业带来了巨大的提速。直观的视频演示和各种信息化步骤的演示,都在提高课程质量的基础上提升了课堂的效率。对于这一类观点,不仅是学界认可也是社会大众普遍认可的,更是在教学实践中被反复证明的。然而除此之外,更多的教育界的论文当中甚至是某些省市的优质课中还将互联网的使用权小部分的移交到学生手中,在教师合理的引导和管控之下,学生们可以自发的进行探索,这要比教师一味地讲授更加具有直观性和操作性。

第三,教师要正视问题用心去解决。

因此,从这一层面来看,合理的使用"互联网+",在保证高效课堂的基础上,做到知识的系统化,保证小学美术单元教学的顺利开展,才是"互联网+"教育的最优解。

所以从宏观上来看,学术界对于这一领域的研究是非常充分的。但是单元化的教学理念是全新的。要求教师的教育理念来一次大的变革。它体现了一种大数据中聚合思维的再转化。所谓单元教学实际上就是从教的层面帮助学生将碎片化的知识系统化,使学生摆脱"学的快,忘得快"的困境,真正地做到学一课会一课由不会到会最后学会创造的能力,让学生接受过教育之后能够养成解决问题的能力。

例如,小学美术教材中欣赏课。无论是小学、初中还是高中学段,以往的传统教育模式都是老师讲,学生在下面听,学生会根据老师的提示互动,虽然学生在上课的过程中对于美术知识进行了大量的吸收,但是在下课后学生没有实践的知识延伸,当学生遇到一个不曾讲过的美术知识的时候照样不会。我们不难发现只能依靠老师讲授这一种方式是不行的。因此无论是专家还是一线教师都在探索一种行之有效的解决方法。

第四,教师要运用实践系统改进。

小学美术单元教学,教授的是一种探索知识的方法,而不是只单纯地去输出理论。通过课时的分布,教师教授给定研究范围—学生自行确定研究主题—学生制作研究规划—学生自主搜集资料—学生小组合作、汇报研究成果—多元化评价,师生进行点评讲解。

在这样一个大致的过程中,学生自己利用"互联网+"技术多途径的掌握了一种获取知识信息来源的方法,而不是只单纯地知道了课程中教师教授的内容。当然,这种形式更适用于高年级的学生,对于低年级的学生,还是需要教师更多的讲授和引导。可是,从这样一种实践模式中不难看出,小学美术单元教学对于培养学生通过自主探究解决问题的能力是十分有效的。这是符合核心素养本位下的美术教育。因此从宏观且普遍的数据时代入手,探究如何更好地利用"互联网+"技术的教学优化小学美术教育,这一课题虽在某些专著或论文中被涉及,但是从基于核心素养的角度的单元教学研究理念是全新的。

(四)创新之处

(1)如何将"互联网+"时代的高科技应用与经过实践检验的传统教学模式更好的融合。

(2)以小学美术欣赏课为主要案例,探究如何利用互联网科技能够使欣赏课更加高效。

(3)如何进行单元的教学设计以及单元教学的实践应用。

二、基于核心素养下小学美术的教学在"互联网+"的作用下的针对中高段欣赏课的单元教学的研究

从课堂教学中使用互联网设备的表面现象到学生们自主利用互联网进行学习探索的深入改变,这种现象已经极度明显且不可忽视。然而在所谓"便利"的掩盖下,小学美术教学开始出现问题,例如教师过度依赖互联网技术,美术教师的特性和作用被逐渐概念化;由于互联网教育的快捷性致使学生们进行快餐式的学习等。如何从培养学生核心素养的角度出发,基于互联网+时代进行更加高效有利的小学美术教育就显得十分具有研究价值。如何把专门的欣赏课上好,许多创新举措是否能够奏效,这都需要在本次研究过程中逐一实践。所以此次研究将视角定位在"互联网+"小学美术单元教学的研究的欣赏课中,通过对教材的分析和教材外的创编的深入研究,因此,"互联网+"的作用下的针对中高段欣赏课的单元教学的研究是十分必要了。

欣赏课程并不是今天才出现在美术课堂中的,关键在于要让欣赏课行之有效且发挥作用。因此,实践研究分为三个阶段。第一,针对教材里的中高段欣赏课的单元教学的研究。第二,针对教材里的高段欣赏课进行拓展的单元教学的研究。第三,针对教材外的特色课程的创编单元教学的研究。

（一）在第一阶段的针对教材里的高段欣赏课的单元教学的研究。进行了传统性教学在原教材课程案例的分析。对"互联网+"小学美术教学案例和传统教学与"互联网+"教学如何碰撞的案例进行了实践研究分析

1.原教材主题

《珍爱国宝——秦始皇陵及秦兵马俑》

年级：四年级

教材：人民教育出版社四年级下册

教学目标

(1)知识与技能：让学生了解秦始皇陵兵马俑的艺术特点。

(2)过程与方法：唤起学生对我国古代珍贵艺术作品的重视。

(3)情感、态度、价值观：增强学生的民族自豪感。

课时安排

《珍爱国宝——秦始皇陵及秦兵马俑》1课时。

教学重点

搜集秦始皇陵兵马俑的历史资料并欣赏。

教学难点

谈谈对秦始皇兵马俑的感受。

本课的教学为欣赏评述学习领域，一课时抓住规模的宏大壮观、表情和发式的独特、服装和动作的特点，将其串联起来，利用收集的大量图片资料利用PPT直观辅助教学，细部的欣赏让学生比较全面地了解古人的精美的手工艺，增强学生作为中华后人的自豪感。在教学中让学生模仿兵马俑的动作进行表演也充分地调动了学生的学习兴趣。通过这课的教学，看到学生对国宝有很大的兴趣。但由于一课时，所以时间不足，在对兵马俑的分类时不够细。还需要教师去引导改进教学环节，建立在充分钻研教材的基础上的，只有挖掘教材的深层次内容来才能引导学生，吸引学生，让学生成为学习的主体。

美术欣赏课应该是科学的、严谨的。但也有一些内容对于小学生来说也是枯

燥的,如果单纯按教科书照本宣科宣读,用幻灯片走马灯试着演示会导致学生上课无精打采。信息媒体就如同虚设。如果再课堂上烦琐地罗列一大堆的画家和作品来平淡的介绍,对作品创作背景和象征寓意以及历史事件引导学生去分析评价,学生对此很少有兴趣。限制了学生的艺术想象力和大胆评价对象的能力。如果教师在讲的不透彻不生动,学生就会反感厌学,使美术教材当中的欣赏课失去了实际的意义。时间一长学生就不喜欢这一类的课程,也偏离了当下核心素养的最终要求。那么美术教学的欣赏课到底如何来上?就是一个重要的研究问题。教师起到一个很重要的主导作用,让学生主动地去感受、去分析、去讨论,去评述理解与鉴赏美术作品以及科学的用独特的视角理解对象的思维艺术特点。从作品的价值作用中去获得正确的审美的体验,实现发现问题分析问题解决问题的能力以及发展自身的审美能力。随着核心素养以及"五育并举"的深入开展,小学美术欣赏教学将成为重点,起到促进学生全面发展的重大推动作用。从案例中不难看出每册书中的欣赏课比重小,上课间隔时间长,使本应连贯的知识变得碎片化。老师在反思中也起到了时间不足内容不够细化,学生缺乏主体性,所以现在急需教师改变教育观念,以核心素养本位下的小学美术教育来要求学生,尤其是"互联网+"时代下的美术教学设计成单元教学则是能够改善当前小学美术欣赏课现状的最好解决办法。让我们看看下面的案例。

2.现"互联网+"小学美术单元教学案例的分析

单元课题 :《珍爱国宝——秦始皇陵及秦兵马俑》

年级:四年级

教材:人民教育出版社四年级下册

单元设计基本思路

基于小学美术学科核心素养的美术教学,使用"互联网+"等信息技术在人民教育出版社小学美术四年级下册教材中《珍爱国宝——秦始皇陵及秦兵马俑》为基础,以系列微课《珍爱国宝——秦始皇陵及秦兵马俑之跪射俑》《珍爱国宝——秦始皇陵及秦兵马俑之将军俑》《珍爱国宝——秦始皇陵及秦兵马俑之立射俑》《珍爱国宝——秦始皇陵及秦兵马俑之骑兵俑》组成教材内的中高段欣赏课的单元教学的研究,探究教学过程中使用的方法和实践应用。

单元目标

(1)知识与技能:让学生了解秦始皇陵兵马俑的艺术特点。

(2)过程与方法:唤起学生对我国古代珍贵艺术作品的重视。

(3)情感、态度、价值观:增强学生的民族自豪感。

课时安排

《珍爱国宝——秦始皇陵及秦兵马俑之跪射俑》1课时。

《珍爱国宝——秦始皇陵及秦兵马俑之将军俑》1课时。

《珍爱国宝——秦始皇陵及秦兵马俑之立射俑》1课时。

《珍爱国宝——秦始皇陵及秦兵马俑之骑兵俑》1课时。

共计4课时。

课题及每一课学习目标

《珍爱国宝——秦始皇陵及秦兵马俑之跪射俑》学习目标

(1)知识与技能:让学生了解秦始皇陵兵马俑中跪射俑的艺术特点。

(2)过程与方法:唤起学生对艺术作品的重视及了解独特的欣赏价值。

(3)情感、态度、价值观:通过学习增强学生的祖国的热爱及民族自豪感。

《珍爱国宝——秦始皇陵及秦兵马俑之将军俑》学习目标

(1)知识与技能:让学生了解秦始皇陵兵马俑中将军俑的艺术特点。

(2)过程与方法:唤起学生对艺术作品的重视及了解独特的欣赏价值。

(3)情感、态度、价值观:通过学习增强学生的祖国的热爱及民族自豪感。

《珍爱国宝——秦始皇陵及秦兵马俑之立射俑》学习目标

(1)知识与技能:让学生了解秦始皇陵兵马俑中立射俑的艺术特点。

(2)过程与方法:唤起学生对艺术作品的重视及了解独特的欣赏价值。

(3)情感、态度、价值观:通过学习增强学生的祖国的热爱及民族自豪感。

《珍爱国宝——秦始皇陵及秦兵马俑之骑兵俑》学习目标

(1)知识与技能:让学生了解秦始皇陵兵马俑中骑兵俑的艺术特点。

(2)过程与方法:唤起学生对艺术作品的重视及了解独特的欣赏价值。

(3)情感、态度、价值观:通过学习增强学生的祖国的热爱及民族自豪感。

教材分析

四年级下册的美术教材共包含20课教学内容,教材内容丰富多彩,非常适合

四年级小学生的年龄特征和成长需要。四年级的美术教材编写与美术课程安排是
对于三年级美术学习的全方位升级,虽然所包含的知识体系与以往的美术学习互
相关联,但是知识的难度全面提升,甚至是需要运用和学习美术教材以外的拓展
知识来辅助理解课程内容。对于四年级的小学生来说,教材在巩固复习已学会知
识的基础上,帮助学生建立新知识的体系,通过生动有趣的课程安排,分解不太好
理解的知识点。从动手实践的角度来讲,为学生提供全方位的美术体验。

因此,本次的单元教学研究根据当下实际情况设计为"微课教学设计",教学
内容还是人教版小学美术四年级下册第二十课《珍爱国宝——秦始皇陵及秦兵马
俑》。本课属于"欣赏·评述"类课程。从教材的角度出发,人教版小学美术教材都会
在第二十课的位置安排"欣赏·评述"类的课程,专业性以及难易程度根据学生的
学段增加而增加。本课安排的欣赏主题为秦始皇陵及秦兵马俑,虽然文物的体量
和内容较为庞大,然而这一主题对于四年级的小学生来说却并不陌生,是非常适
合小学生学习和关注的内容。

学情分析

欣赏课是小学美术学习中的难点,四年级之前,学生已接触过如何欣赏美术
作品,但大多欣赏的是绘画作品,对如何欣赏雕塑作品还并不是很了解。但四年级
学生已具备一定的欣赏常识和评述判断能力。因此在本课的学习过程中,教师需
要充分地进行引导和辅助,帮助四年级小学生顺利的提升学习难度和能力水平。

教学目标

整个单元教学设计,通过教师的讲解,使学生了解秦兵马俑的相关知识,在欣
赏图片的同时掌握搜集信息和汇总信息的方法。从而培养学生自行解决问题的能
力,提升学生的审美能力,对国宝的关注程度,培养爱国主义精神,唤醒爱国情怀。

教学重难点

结合四年级学生的实际情况,本课的重点在于教会学生如何自行搜集信息和
汇总信息。本课的难点在于如何将搜集来的信息进行筛选整理学习。

单元教学微课内容

微课的制作大致分为四个部分。

第一个部分为引导学生思考珍爱国宝的重要性。

第二个部分为讲解如何搜集信息与汇总信息。

第三个部分为秦兵马俑相关知识的普及。

第四个部分为本课的拓展与升华。

本微课从引导学生思考"为什么要珍爱国宝"开始,教会学生如何对国宝进行分类并制作调查清单。在中间部分,采用实际举例子的方式,让学生了解如何针对某一国宝进行信息搜集和信息整理。

具体过程如下:先将所要搜集的文物进行分类,大致分为建筑类和非建筑类。建筑类的文物需要搜集地理位置、相关历史、构造特点、功能用途、作用影响。非建筑类的文物需要搜集朝代(时期)、归属(人物)、用途功能、出土地、馆藏地、价值影响。再进行分情况的信息搜集。得到例如兵马俑1974年被发现以及出土地为陕西省西安市临潼区等信息资料。除此之外,在视频中还对秦兵马俑的艺术特色以及种类划分进行了简单介绍。为后续的系列微课进行铺垫。在以上内容讲解完成后,出示教师制作的信息清单,供学生参考使用。最后,通过梳理搜索渠道使学生真正了解如何得到正确信息。经过以上全部的内容安排,完成本课的教学重点。针对本课的难点,我将通过在搜集信息时给定学生准确的搜索方向和关键词并在学生筛选信息的时候给予指导来突破。

在本次单元微课的设计中,我承担了一整个单元的教学设计,并根据单元化教学的目标要求,制作了分课视频,其中包括跪射俑、将军俑、立射俑、骑兵俑的具体知识介绍。通过文字与图片相结合的方式,使学生在感受秦代独具特色的人文底蕴的同时,增强爱国情怀,提升审美素养。

在第一部分的微课取得初步成效后,进行了系列微课的制作。

主要包括

《珍爱国宝——秦始皇陵及秦兵马俑之跪射俑》1课时。

《珍爱国宝——秦始皇陵及秦兵马俑之将军俑》1课时。

《珍爱国宝——秦始皇陵及秦兵马俑之立射俑》1课时。

《珍爱国宝——秦始皇陵及秦兵马俑之骑兵俑》1课时。

继续深化学习内容和学习程度。采取欣赏图片与语音讲解同步进行的模式,帮助学生学习和完善欣赏内容。

教学反思

首先,单元微课的设计是利用网络微课,要有"课"的特征。目标明确、主题突出、内容具体。其次,微课所呈现的"流媒体"形式是一种依托于互联网+时代的便捷方式,能够更加的有利于学生进行随时随地的学习以及反复多次的观看。对学生而言,微课对传统的教学与教研方法进行了革新,突破传统的听评课模式,能够在很大程度上提高学生的学习效率。对教师而言,教师可以在制作微课的过程中提高自己的信息技术,深化各个环节的教学设计,体现出自己的审美情趣和综合素养。从长远看,微课将会成为学生自主学习的重要资源。因此值得教师重视和应用。

在与其他教师交流和评课的过程中,继续优化课程中的学生实践与参与部分,继续完善学生们的评价系统。

综上所述,本次单元微课所选取的"秦始皇陵及秦兵马俑"是一个知识体系非常庞大的研究对象,然而结合微课的形式,以点带面,在普及知识的同时,进行方法的教授。因此针对本次系列微课的制作还可以把针对点进行更加细致的划分。在语言讲授方面还可以再精炼。提升自身的电子信息技术,尝试用更加生动有趣的方式来呈现微课。

在课题研究初期进行过充分的理论研究后,我进行了课程实践,现从四个方面分析本次课程实践的教学案例。

(1)"互联网+"时代的优越性。近些年来,"互联网+"早已不再是一个新兴词汇,更重要的是,"互联网+"时代的到来,给教育事业带来了重大机遇。从宏观层面来讲,互联网+打破时空限制,使学生能够随时随地的进行学习。大数据和学习分析等新一代新兴技术的出现使得学生的学习更加个性化、智能化。学生们在接受新模式的同时也增加了学习的选择性和多元性。因此本单元微课制作正是依托于现在大数据时代的先进技术。教师们可以在短时间内对知识进行高效的整合与处理,学生们也可以反复地观看微课视频,选择适合自己学习进度的学习方式。

(2)"欣赏·评述"类课程的重要性及具体案例分析。义务教育阶段的美术课程划分为四大学习领域,"欣赏·评述"学习领域作为四大学习领域之一肩负着培养学生的图像识读、审美判断、文化理解等美术学科核心素养的重任,然而无论是在教材编写上还是从教师的实践教授上,比较偏重的仍然是能够提升学生美术专业知识与专业技能的实践课程。从教材编排的角度进行分析,人教版小学美术教材共包含20课教学内容,只有一课为"欣赏·评述"类课程,所占比重的确不大。从教

材内容的角度进行分析，很明显可以看出四年级是非常重要的专业性分水岭。四年级上册的内容还是偏向于趣味性比较强的《漫画欣赏》，而从四年级下册开始，则进入了相对专业的《珍爱国宝》系列。因此，本次的单元微课设计，我选取的是人教版小学美术四年级下册第二十课《珍爱国宝——秦始皇陵及秦兵马俑》。希望能够从小学中高段学生开始进行专业知识欣赏的时候给予学生一定的能力培养和方法指导。然而，欣赏课是小学美术学习中的难点，教师需要充分地进行引导和辅助，帮助四年级小学生顺利的提升学习难度和能力水平。还原到本课案例中，我采取教师的讲解为先行引导的模式，使学生了解秦兵马俑的相关知识，在欣赏图片的同时掌握搜集信息和汇总信息的方法。从而培养学生自行解决问题的能力，提升大家对国宝的关注程度，唤醒爱国情怀。

更为重要的是，欣赏课是立足于视觉感受的课程形式。但欣赏课的功能是要培养学生独立欣赏与评述的能力。因此在以"秦始皇陵及秦兵马俑"为主题的单元微课设计中，我将视觉欣赏与方法讲授放在了第一课时。从引导学生思考"为什么要珍爱国宝？"开始，教会学生如何对国宝进行分类并制作调查清单。在中间部分，采用实际举例子的方式，让学生了解如何针对某一国宝进行信息搜集和信息整理。具体过程如下：先将所要搜集的文物进行分类，大致分为建筑类和非建筑类。建筑类的文物需要搜集地理位置、相关历史、构造特点、功能用途、作用影响。非建筑类的文物需要搜集朝代(时期)、归属(人物)、用途功能、出土地、馆藏地、价值影响。再进行分情况的信息搜集。这样的微课设计相当于数学学科中的公式学习。通过这样的一个模板，学生们不仅可以对秦始皇陵及秦兵马俑的相关知识进行深入探索，还可以针对任何自己感兴趣的知识进行深入学习。这样就从方法和架构上达到了对学生能力的培养。学生们会在先探究—再学习—再创造欣赏活动中，不断地提高自己的审美能力和独立解决问题的能力。

（3）"欣赏·评述"类课程学习需要系统性与连贯性。众所周知，微课的优越性在于短时间内的精细知识点输出。然而，"欣赏·评述"类课程需要的是系统性的学习，某一领域的知识也并不是简单的一节微课就可以涵盖的。因此我在微课制作中充分引用了单元化教学的模式。现阶段，单元化教学模式得到广泛关注和普遍引用。很多一线教师都不断尝试把单元化教学模式运用到自己的教学实践中。单元化教学模式能够将碎片化的知识系统化，提高学生的学习效率，注重对学生能力的培养,通过类似于公式化的教学,让学生掌握解决问题的方法。

因此,为完善本课题的教学内容以及对单元化教学模式进行充分的实践。继续深化学习内容和学习程度。采取欣赏图片与语音讲解同步进行的模式,帮助学生学习和完善欣赏内容。从内容选择上,秦兵马俑的俑种十分丰富,单独选择这四种俑是因为它们跨越了身份等级,从普通步兵到将军统领,使学生在欣赏的同时感受到秦代独特的历史风貌;这四种俑还跨越了不同姿态,从跪姿、站姿到牵马绳等姿势,使学生在欣赏的同时感受到古代工匠的技艺超群与智慧凝结。从材料选择上,选择了权威网站发布的论文以及秦始皇帝陵博物院官网的文物详解作为微课的资料储备,以确保欣赏课的正确性。

传统教学与"互联网+"教学如何碰撞的案例分析:针对本次系列微课的具体分析然而结合核心素养对培养学生提出的要求,以此次微课制作为起点,需要在未来的教学工作中深化有如下几点。

(1)引导学生自主发现问题。强烈的好奇心会增强人们对外部环境的敏感度和观察力。在科学史上,很多规律的发现往往都是由提出问题开始的,因此,在学习中善于提出问题,实际上是对学生核心素养的要求,也是学生创造能力的体现,更是培养学生独立解决问题能力的前提和基础。过去的授课模式一般都是以教师讲授为主,然而随着教育水平的提高和人才需求的变化,教育需要培养的是全方位的能力型人才,而能力的培养多半需要自学的能力。这种自学能力细化可以分为发现问题—寻找答案—解决问题三个方面。因此,作为教师,不仅要及时提醒自己改变观念,注意在教学过程中的身份转换,更要注重对学生自行发现问题的能力的培养。

(2)创新教学流程和模式。传统的美术教学模式一般包含教师讲授与学生学习两个部分。细化到美术课程的设计中,一般分为导入部分、讲授新知、课内练习、小结评价四个环节。由于互联网等技术的不断革新,课堂的流程与模式也应该进行更改与创新,寻找到能够更加适合核心素养培养要求的教学模式与方法。

(3)充分尊重每一个学生的学习水平。根据加德纳的多元智能理论,每一个学生所擅长的智能方向是不同的。因此,要进行因材施教,对于擅长美术学习的学生,要帮助他们进行自我拓展;对于不是很擅长美术学习的学生,要帮助他们首先树立学习兴趣以及提供更加细致的学习方法。从尊重学生的智能水平出发,帮助

学生培养在美术学习领域的能力。

因此,通过本次的案例分析,希望能够在充分利用互联网+时代的基础上,将课程内容整合入单元化教学的模式中,借助微课的优势,进行更加高效的教学实践。

(二)基于核心素养下小学美术的教学在"互联网+"针对教材外创编课程的单元教学的研究

1.教材外的创新教学单元化进行案例研究的分析

单元主题:老城砖雕——创意砖雕

砖雕是我们身边最多见的一种建筑上的装饰,人们对它既熟悉又陌生,虽然就在身边,但真正了解砖雕艺术的人寥寥无几。砖雕,又叫花砖俗称"硬花活",是我国的建筑装饰艺术,是中国古代劳动人民的智慧结晶。充分体现了我们天津老艺人的聪明才智和艺术天分。砖雕作为地方特色课程在中学开展的丰富多彩,但因材料过于坚硬和笨拙对于小学生开展有困难。而近现代社会的迅猛发展,东方文化西化的倾向日益蔓延。人们对我们中国几千年的砖雕文明及艺术视而不见淡漠了!遗忘了!这是我们作为中国人多么大的遗憾。我们作为人类灵魂的工程师人民教师有必要也必须教育自己和学生要了解我们身边的艺术——中国传统的砖雕艺术。所以我们要继承和发扬中国传统文化,弘扬民族精神。明确了我们的地域文化老城砖雕的重要性。自那时起我对砖雕有了浓厚的兴趣开始了研发创意砖雕。起初,我用石膏加墨虽然效果好,但在小学大面积的进入课堂真的太耗时并干湿学生不好掌控最终以失败告终。后来,我又尝试用市面上买到的花泥进行设计创意砖雕,虽然学生很容易创作上手快但对于砖雕的细节无法雕刻,耗时也是太长,更不易保存。最终选择了超轻纸黏土用灰色纸黏土的仿砖雕的创意砖雕教学实践。学生从不知道不了解到知道明白再到熟知并参与创作,最后升华为自己的爱国情怀。学生发自肺腑地说出要继承和弘扬我们祖国的民间传统文化,并立志好好学习为祖国争光。

在一次次的创意砖雕教学实践中不断地总结经验教训。发现用灰色的纸黏土真的实现了砖雕艺术进入小学课堂,而且深受学生的喜爱。既锻炼了学生的动手能力提高了审美又弘扬了民族文化加强了爱国教育。

学生尝试黏土材料,以立体造型的方法,体验砖雕的乐趣,表达自己的情感,激发创造精神,陶冶高尚的审美情操,提高美术素养完善人格。将美术与砖雕课程的知识、技能相结合的方式,体会美术与环境及传统文化的关系。

在单元目标中让了解中国砖雕历史分类和制作的方法,尝试创新的技法提高学生的动手能力和审美能力。利用灰黏土尝试砖雕的创意方法,以游戏及答题等形式完成制作的过程。

了解祖国优秀的传统艺术,从而提高民族自豪感和自信心,培养学生热爱生活的情感。

整个单元将普及砖雕的传统文化知识,尝试体验灰黏土的制作方法作为重点。着力解决利用灰黏土同时有主题的与中国的传统的砖雕寓意联系起来。以引导探究的教学策略,用游戏的形式将讲授与反馈及时的以答题的形式的设计思路进行推进充分体现在玩中学学中玩的特点。《创意砖雕》设计为三节课。第一节:利用电脑搜集有关砖雕的知识材料。第二节:利用白板 PPT 小组形式分享和汇报砖雕知识与制作方法。第三节:尝试以临摹的形式制作或自己创作《创意砖雕》作品。最后以年级为单位设计校园展览分享作品。

起初在导入环节里学生因为第一次接触所以兴趣不大,及时的鼓励使组与组展示的环节充满了竞争和积极的氛围,及时对一个完成的小组进行表扬和鼓励,给其他的小组展示作以示范样式的作用。使课堂顺利地进入下一个环节。五个单元教学环节清楚,每一个环节都有及时的反馈,从形式上变换不同的形式使学生时时都充满了极高的学习兴趣。

在范图和板书上精心设计了镶嵌式的范作,最大限度的让学生感受体会砖雕艺术的欣赏和用途,有一种环境的氛围。学生一声声的称赞和掌声是最好的反馈。在用范图视频图片真的青砖的大量的信息和感官的视觉冲击下学生喜欢上了砖雕,甚至发自内心地说出自己的真实感受。回顾单元教学,应该说给学生终身留下了深刻的印象,每件作品里都包含美好的寓意。静心沉思教师要坚持不懈的以学生爱学的各种方式普及砖雕,将我们的传统砖雕发扬光大。通过本次的创意砖雕单元教学的实践达到了预想的目标,使砖雕变得不再陌生,用孩子们最容易接受的灰色纸黏土这种材料使本来无法实现在小学实现普及的砖雕知识进入了小学

美术课堂。还给学生们留下了深刻的印象并且十分的感兴趣。信息技术作为教学的支撑利用电脑网络、PPT、微视频、电子白板等等现代网络信息媒体与教师的传统范图指导实践教学相融合,效果良好,学生反馈与参与能达到百分之百。孩子们对传统的技艺还加上了自己的设计有做成圆雕的,还有制成冰箱贴的,喜欢的不得了。实现了砖雕进入小学课堂的研究,"互联网+"单元教学研究为小学生搭建了更高更强的学习与交流的平台。

现在《创意砖雕》为主题的小学单元教学在"互联网+"的支撑下已经在1~5年级里顺利进行了课程实践初见成果。学生反馈与参与能达到百分之百。孩子们对传统的技艺还加上了自己的设计有做成圆雕的,还有制成冰箱贴的,喜欢得不得了。实现了砖雕进入小学课堂的研究,感谢宋老师给我们搭建了这么好的学习与交流的平台。

单元课题:创意砖雕

课时安排:3课时

第1课时:《重启记忆中的中国砖雕文化》——欣赏。教师利用PPT展示用媒体、书籍、网络等让学生学习到知识,引导学生学会利用互联网从描述、分析、解释、评价等方面欣赏砖雕作品。利用思维导图的手抄报形式,为进一步了解和走进传统文化砖雕打好基础。

第2课时:《走进老城砖雕》——研究。天津人尤其是位于我们南开区的老城砖雕文化值得学生学习,所以利用互联网技术和老师和同学们的书籍资料进行对天津老城砖雕的研究,填写学习单将砖雕的知识进行归纳,引导学生以小组汇报的形式分享学到的知识。

第3课时:《弘扬砖雕文化创意砖雕》——制作。在了解和研究砖雕的基础上利用学生最容易找到和操作的灰色超轻黏土普及知识的同时引导学生实践做一做仿砖雕作品。

单元教学目标

1.知识与能力目标

了解中国砖雕历史分类和制作的方法,尝试创新的技法提高学生的动手能力和审美能力。

2.过程与方法目标

利用灰黏土尝试砖雕的创意方法,以游戏及答题等形式完成制作的过程。

情感目标与价值观目标

了解祖国优秀的传统艺术,从而提高民族自豪感和自信心,培养学生热爱生活的情感。

3.教学的重难点

(1)重点:普及砖雕的传统文化知识,尝试体验灰黏土的制作方法。

(2)难点:利用灰黏土同时有主题的与中国的传统的砖雕寓意联系起来。

教学策略的选择

以美术核心素养本位的教学为出发点将一课时内容设计为三课时进行。做成单元研究型学习。利用信息技术和网络资源将重视技能学习的被动接受转化为主动参与的探究型知识。

三、总结对"互联网+"小学美术单元教学研究的结果

在完成整个"互联网+"课内单元教学的实践研究后对学生设计了一个问卷调查:我们发现有100%的学生能接受微课单元教学,有78%的学生认为本次四节微课很有吸引力。有22%的学生觉得微课还可以再做的生动和有趣些。有100%的学生都认为在微课的单元教学时间短小,课下学习起来不用占太多的时间,不会的时候还可以反复观看学习。比课上所学习的内容学习得更系统,影响更深刻。问卷的数据统计,为我们下一次的单元教学的研究提供了宝贵的资料。

在完成教材内课程拓展课的整个单元教学的学习后对继续让学生完成问卷调查:我们发现有100%的学生能接受微课单元教学,有95%的学生认为本次6节微课很有吸引力。有5%的学生觉得微课还可以。有100%的学生都认为在微课的单元教学时间短小,课下学习起来不用占太多的时间,不会的时候还可以反复观看学习。比课上所学习的内容学习得更系统,影响更深刻。有96%的学生在学习

中喜欢课程的最后的实践动手活动,觉得很有趣(见图1)。

13.谈一谈你对单元微课的感受:

答:我对这节课的感受是老师高超的教学水平和精致的画面呈现给了我极大的视觉的震撼,运用首尾呼应的手法,生动形象地展示了中国文化的博大精深。答:继续努力!

图1 学生的调查问卷

最后的《创意砖雕》单元教学中因为是教材外的资源,所以形式设计为课堂教学,而非微课。在整个案例的设计中,学生是在老师的全程引导下,以自主合作探究的形式学习,体会一把像艺术家一样的创作与学习的过程。不仅落实了课程的教学目标,还对学生“五育并举”的美育进行了全新的尝试。培养了学生的五大美术核心素养。

在此次研究中以中高年级欣赏课为契机设计了珍爱国宝主题的一系列创新课程。

例如:创新课程1

单元主题:珍爱国宝——木艺传承与创新

木艺是木雕艺术的简称。中国的木雕艺术起源于新石器时期,距今七千多年前的浙江余姚河姆渡文化,已出现木雕鱼。秦汉两代木雕工艺趋于成熟,绘画、雕刻技术精致完美。施彩木雕的出现,标志着古代木雕工艺已达到相当高的水平。

通过对木艺综合实践课的教学,使学生初步了解木艺的发展史,掌握一定的生活劳动和生产劳动所必需的基础知识和基本技能;形成正确的劳动观点和良好的劳动习惯,形成正确的人生观和价值观;培养学生的创新精神和实践能力,形成和谐、健全的个性品质,对中小学生将来继续升学或参加社会主义现代化建设,都具有重要意义。

让学生了解学科融合领域,理解国宝传承的意义,形成正确的人生观点和热爱劳动的思想感情。使学生能够注重生活中的技能学习,学会生活自理,形成积极的生活态度。通过小组探究积极参与技术实践,积极搜集文化历史了解木艺的历史,掌握基本的技术知识与技能。

激发木艺传承与创新的学习兴趣,初步形成团队合作学习的基本能力。并有想创造木艺艺术的想法与尝试。

首先教师需要收集那些资源来进行活动准备:图书馆查阅木艺资料、网络搜集、有条件的同学与名人学者交流。材料准备:教师准备木料、工具箱等;学生准备防护手套、一次性筷子、冰棍棒、胶枪、白乳胶等。

另外,教师要提前创设研究问题:如木艺的发展历史;中国木艺的特点及用途;木艺的基本技法学习;木艺的实践体验。

活动设计:项目名称木艺传承与创新

第一课时

师生问候

一、教师讲解

木工是以木材为基本制作材料以锯、刨、凿、插接、黏合等工序进行造型的一种工艺。更好地完成此次项目,我们对教学进行了设计,那么在经过粗加工后的木材的基本制作材料上进行设计,画线、锯割、打磨、连接等工艺手段,进行简单的木工造型。

二、教师讲解安全在劳技课的重要性(板书:安全第一、操作安全)

三、锯条

第二课时

一、师生问候

二、教师在讲课前做安全教育,指导学生正确使用工具

三、认识工具

台钳、小手锯、曲线锯等。

教师引导学生将自己准备的木筷子以 10 厘米的长度练习锯。

1.教师演示

2.学生练习

四、教师巡视辅导,观察学生的安全操作情况,及时做出正确的判断,及鼓励

五、展示学生的作品,并总结本节课的学习练习情况

六、请学生说本节课的学习收获

七、清点工具,整理用品,布置下节课的内容。

第三课时

一、师生问候

二、教师在讲课前做安全教育,指导学生正确使用工具

三、认识工具

1.各种锉

2.砂纸

四、教师演示如何使用木锉

教师引导学生练习使用锉和砂纸。将木件固定在台钳上用小手锯先。锯割掉四角。用木锉粗加工锉掉八个角木件近似于圆,用中板锉加工成圆形,最后用砂纸板儿粗面打磨掉毛刺儿,用细面打磨光滑。

第四课时

一、师生问候

二、教师继续重申安全第一的要求

三、教师讲解连接的不同方法

1.粘接

以白乳胶为黏合剂,按照自己有的设计方案,对材料进行粘接。

2.金属件连接

按照自己已有的材料设计组装方案,用铁钉或合页进行连接。

3.插接

将两块三层板中间做成插口,进行插接。

4.榫接

以凹凸的打孔来连接。木与木的结合。

四、教师引导学生进行以小组的方式开始练习连接(选择连接方式)

五、教师巡视辅导并实时监管表扬

六、总结展示小组的作品,说说学习的感受

七、教师总结并布置下次课的内容

第五课时

一、师生问候

二、教师继续重申安全第一,正确使用工具的重要性,并说明本节课和下节课要完成的内容时"相框"

三、教师提问

你见过什么样的相框,你们都知道用什么样的材料做的。如果准备用木材做一个相框,你们打算做一个什么样式的

四、教师引导学生进行技术研究

木质相框的样式多种多样,制作方法也有所不同,那么我们一起来看一看书上是怎么给大家介绍制作方法的

1.备料

准备 490 毫米×20 毫米×7 毫米和 360 毫米×45 毫米×7 毫米的木料各一块。100 毫米×80 毫米,相片托板一张。

2.下料

准备好的木料锯割成 180 毫米×45 毫米×7 毫米两根和 155 毫米×20 毫米×7 毫米两根。180 毫米×20 毫米×7 毫米一根。直角边为 40 毫米的等腰直角三角形两个,然后进行打磨加工。

3.组装

第一步,在上梁 180 毫米×20 毫米×7 毫米和相片托板 110 毫米×80 毫米的对应位置上打孔。第二个环节是将 180 毫米×45 毫米×7 毫米的两根材料,用白乳胶黏接在底坡托上。第三个环节加装上梁与边框 155 毫米×20 毫米×7 毫米。第四个环节,在底坡背面连接上两个三角形支架。第五个环节,把喜欢的相片用双面胶贴在相片托板上,用彩绳季赛相框的上梁上。

五、教师提出制作的要求

本节课的任务是完成画图备料,快的组可以下料。下节课进行组装。

六、教师巡视辅导,学生组内合作

教师实施监管并注意学生使用工具的安全。

七、学生上交工具,并汇报本节课的进度

八、教师总结,布置下次课的准备

九、活动评价方式

(1)教师引导学生演讲出自己本组通过自己搜集到的有关木艺发展历史的内容。

(2)学生在小组合作的同时是否团结,进行现场评价。

(3)教师出调查问卷,学生答卷来了解学习的情况。

(4)体验制作木艺作品,尝试制作。学生小组互评,教师评价。

(5)学生要以小组合作的形式,完成《珍爱国宝　重启艺术》——传统木艺的学习报告单。

创新课程2

活动主题:珍爱国宝——中国瓷器研究

本次的创新课程以素质教育理论为指导,对学生的现状进行分析研究,拟以传承传统文化教育为主题,以实践为核心,以活动为载体,以研究中国瓷器为主题,以提升审美能力和综合素质为重点,提高学生的学习兴趣,增强学生的审美意识,对传统文化有一定了解掌握一定的审美技巧。在实施过程中强调整合,注重实践,突出开放,关注过程,提倡自主,切实培养学生的创新精神和实践能力。

通过开展综合实践活动,培养学生对社会生活的积极态度和参与综合实践活动的兴趣。形成善于质疑,乐于探究,努力求知的积极态度。通过探究中国瓷器研究,了解中国传统文化一部分的一些常识。使学生具有基本的审美能力、交往协作能力、观察分析能力、动手实践能力以及对知识的综合运用能力和创新能力。使学生进一步了解中国传统文化,增长审美能力和综合能力。初步掌握参与实践与调查的方法、信息资料的搜集、分析与处理的方法和研究探索、实验实证的方法和一定的审美技巧。获得亲身参与综合实践活动的积极体验和丰富的经验,塑造完善人格,初步养成合作、分享、积极进取等良好的个性品质,形成对自然的关爱和对社会、对自我的责任感。懂得了解中国传统文化,热爱中国传统文化。

主要工作任务:①构建出以研究性学习为核心,以信息技术教育为补充与拓展,以劳动与技术教育及美术相融合为主要活动形式的小学综合实践活动基本模式;②提供若干备选主题,六年级每个班各选择一个进行研究,注意活动过程中资料的积累,期末整理好资料上交;③作为学生开展活动的指导老师,全程指导各班开展好综合实践活动;④将活动与开发校本资源、社区资源结合起来,办出学校特色。

主要研究内容:①唐三彩;②汝窑;③青花瓷;④釉色研究;⑤烧制时间分析。

另外,具体的活动内容可以从学生与自我、学生与他人,从学科与学科的整合、延伸处等等生成相关的主题。

创新课程3

课程主题:珍爱国宝——重启历史

课程内容

以"瓦当"作为研究对象,进行知识探索

教学目标

(1)知识与能力:通过学习与实践,让学生在探索的过程中领悟具体的知识,在探究的过程中掌握解决问题的能力。

(2)过程与方法:通过发现问题—提出问题—解决问题的探索过程达到对专业知识的学习和对中华文化的感知。

(3)情感态度与价值观:培养学生的文化自信。培养学生的观察力、感知力和独立解决问题的能力,从而达到对学生"核心素养"的培养。

课时设计

前期准备:学生发现问题——"瓦当是什么?"并进行知识检索和资料收集。

第一课时:将搜集来的资料进行发表,以简报的形式整理成知识清单。并在本课时中继续让学生根据"瓦当"的图片和资料进行发问。结合学生发现的问题将全班学生进行分组,每组成员分配一个问题,再次进行知识检索。

第二课时:将搜集到的资料进行分组发表,以简报的形式整理成知识清单,全班所有小组进行资料的拼凑与知识交换。

第三课时:利用陶泥进行"瓦当"制作的模仿,充分体会中华文化的博大精深。

教学设计

以3课时为基础对"瓦当"进行深入的探索与研究。从发现问题("瓦当"是什么?)开始,让学生自行发现问题。第二阶段引导学生通过网络或书籍进行知识检

索("瓦当"的作用、不同朝代的发展等相关知识的积累)。最终达到对于知识的汇总整合与汇报,以小组形式进行探索,再将搜集到的知识以简报或者是演讲的形式进行交流。最后一课时用陶泥进行动手实践,模仿制作"瓦当"。

教学重点

学生在自我探索并解决问题的过程中了解认识"瓦当"的相关知识,并从中感受到中华文化的博大精深。

教学难点

学生自发探索所获得的知识是否具有针对性,内容是否正确丰富。

预期作品

(1)发现问题清单。

(2)两份学生制作的简报。

(3)学生模仿"瓦当"制作的作品。

第一课时具体教案

一、用猜一猜的方式导入课题

二、介绍"瓦当"综合实践活动的主要部分

三、教师讲解瓦当的基本知识

四、将学生进行分组,布置探究问题

五、欣赏瓦当的实拍图片

六、学生利用教师展示的资料进行整理,制作简报

第二课时具体教案

一、学生利用PPT进行每组探究问题的发表汇报

二、未进行PPT制作发表的学生,利用搜集到的纸质资料进行剪报制作

三、教师总结有关于"瓦当"的相关知识

四、展示学生制作的剪报

第三课时具体教案

一、学生进行瓦当图案的绘制

(1)学生根据收集到的瓦当资料,进行手工图案绘制。

(2)教师下发同等规格的圆形纸片。

(3)学生们可以选择经典图案进行绘制,也可以选择创新图案进行绘制。

(4)要求构图合理,图案体现中华文化元素。

(5)学生们可以选择黑白或者彩色。

二、利用彩泥制作仿制立体瓦当

1.从瓦当的图案进行分类

(1)素面瓦当:未经装饰的瓦当。

(2)图案瓦当:以各种形式、各种寓意不同的图案装饰过的瓦当。

(3)文字瓦当:瓦当中的重要装饰元素为文字。

2.从瓦当的形状进行分类

(1)圆形。

(2)半圆形。

(3)大半圆形。

3.从瓦当的材质进行分类

(1)灰陶。

(2)金属。

(3)琉璃。

4.学生可从图案与形状的搭配进行自由选择

第四课时具体教案

一、利用彩泥制作仿制立体瓦当

1.从瓦当的图案进行分类

(1)素面瓦当:未经装饰的瓦当。

(2)图案瓦当:以各种形式、各种寓意不同的图案装饰过的瓦当。

(3)文字瓦当:瓦当中的重要装饰元素为文字。

2.从瓦当的形状进行分类

(1)圆形。

(2)半圆形。

(3)大半圆形。

3.从瓦当的材质进行分类

(1)灰陶。

(2)金属。

（3）琉璃。

4.学生可从图案与形状的搭配进行自由选择

此次的一系列的小学美术单元教学研究正是依托于"互联网+时代"，现在大数据时代的先进技术。教师们可以在短时间内对知识进行高效的整合与处理，学生们也可以反复观看微课视频，选择适合自己学习进度的学习方式。因此，"互联网+"时代对教育的影响是至关重要的。

所以，我们通过对"互联网+"小学美术单元教学的研究总结出，"互联网+"小学美术单元教学具有以下几种特点。

（1）优越性。

（2）系统性。

（3）连续性。

（4）实践性。

（5）趣味性。

在不断的教研活动和听取优秀教师的经验分享中，我逐渐理解要发展学生的美术核心素养要进行观念的大变革，"单元教学"就是培养学生应具备的能够适应终身发展和社会发展需要的必备品格和关键能力的途径。"互联网+"就是完成单元学生的手段和技术支持。尤其是在当下通过对于人教版小学美术教材的观察，不难看出，中高年级的最后一课均为欣赏·评述类课程，对提高学生整体的艺术素养起到非常重要的作用。学生们可以在欣赏文物的过程中学习历史，珍爱国宝，对中华文化有一定的认识和了解，并在此过程中拓展自己的审美眼界。不断地将个人与社会相连，挖掘学生滋生潜力，有效的学习，从而落实核心素养。互联网+时代的到来不仅给各个行业带来了便利也为教育行业带来了转机。从课堂教学中使用互联网设备的表面现象到学生们自主利用互联网进行学习探索的深入改变，这种现象已经极度明显且不可忽视。然而在所谓"便利"的掩盖下，小学美术教学开始出现问题，例如教师过度依赖互联网技术，美术教师的特性和作用被逐渐概念化；由于互联网教育的快捷性致使学生们进行快餐式的学习等。如何从培养学生核心素养的角度出发，基于"互联网+"时代进行更加高效有利的小学美术教育就显得十分具有研究价值。

在课题研究进行的全过程中，成员们不仅探索出了一条完全不同于以往的教学模式,学生们也在这种新颖的学习方式下事半功倍地掌握了更多的知识,培养了更多的能力。在课程实践中,我们发现单元化课程的优势并在疫情期间充分实验网络化学习的便利, 充分挖掘了微课相较于传统型授课方式所存在的优缺点。除此之外,成员们对课程内容的联系、内容挖掘甚至是如何将课程内容设置得更加与时俱进都有了更加深入的思考。

自 2015 年开始,中国的课程进入了"核心素养"时期。美术课程也由内容的单一性转向了完整性。从 21 世纪初的课程改革之后,美术教育由过去的"关注学科"转变为"关注学科与关注人"并重,这是一直在发生且愈发明显的转变。这些转变要求美术教育要同步革新,课题组成员们在课题研究期间所进行的各种教学实践取得了基本性的成功,为下一阶段的课程革新实践提供了基础案例。

通过本次课题研究,课题组成员们完成了分析现状—学习理论—发现问题—寻求解决—课程实践—教学反思—深化拓展的全过程。在本课题成功结题后,成员组教师们将进行如下的研究拓展。

(1)继续完善微课教育体系。

(2)在课程实践中进一步实践单元化教学的模式。

(3)重视"欣赏"在美术课程中的作用,继续开发探索"欣赏课"新模式。

参考文献

[1]尹少淳.美术核心素养大家谈[M].长沙:湖南美术出版社,2018.

[2]尹少淳.小学美术教学策略[M].北京:北京师范大学出版社,2010.

[3]王大根.小学美术教学与研究[M].人民教育出版社,2013.

[4]尹少淳.尹少淳谈美术教育[M].北京:人民美术出版社,2016.

[5]托马斯·L·萨蒂.创造性思维:问题处理与科学决策[M].石勇,李兴森,译.北京:机械工业出版社,2016.

[6]南旭光,张培."互联网+"教育:现实争论与实践逻辑[J].电化教育研究,2016(9):55-75.

[7]张岩."互联网+教育"理念及模式探析[J].中国高教研究,2016(2):70-73.

[8]陈丽."互联网+教育"的创新本质与变革趋势[J].远程教育杂志,2016(4):3-8.

浅议小学美术课堂非遗皮影单元教学的实践与研究

天津市河东区东局子学校　何英

摘　要: 皮影作为我国民间传统的艺术形式,集中体现了东方美学,也折射出中国独特的哲学思想,十分符合学生的年龄特点。同时皮影戏的相关课程,对于加强学生对中国传统文化的了解,弘扬民族精神,振兴民俗文化有着重要的作用。我们怎样在文化艺术传承的前提下,激发学生的艺术潜能、提升美术学科素养,并与生活和时代气息相结合,在艺术创作和综合表现中自由挥洒儿童率真的天性呢? 这就需要我们在皮影课程的构建上从学生的认知与接受能力出发,让皮影艺术以一种与时俱进的姿态从传统走向现代得以生生不息的传承和发展。

关键词: 皮影　非遗课程　单元教学　乐学能学

　　"非遗皮影单元教学研究"是建立在"基于核心素养的小学美术单元教学研究"下的研究项目。本着始终全面贯彻党和国家的教育方针政策,落实立德树人根本任务的初心和使命,"非遗皮影单元教学研究"力求在皮影教学实践的过程中对美术核心素养进行梳理提炼,探索适合小学生美术单元教学的内容及教学方法,最终促进学生的发展。

　　美术课程具有人文性质,重视中国传统艺术的传承。皮影戏作为中国优秀传统民间艺术,拥有极其丰富的文化内涵和研究价值。这种艺术是将中华民间绘画艺术、雕刻艺术、戏曲艺术、民间音乐融为一体的综合艺术形式,从有文字记载至今已经有 2000 多年的历史。2011 年,中国皮影戏入选人类非物质文化遗产名录。新中国成立以后国家对皮影戏进行过保护与发展,但是随着信息科技时代的到

来,人们的文化需求、艺术视觉、审美角度等方面也发生了转变,皮影戏开始逐渐
淡出了人们生活的视野,有些中小学生已经不知道皮影戏为何物,皮影戏的传承
后继乏人已经濒临失传的边缘。

在学校美术教育中开展皮影戏的单元教学,让小学生了解这一古老的民
间传统艺术,可以更好地对这些艺术瑰宝进行深层次的传承与发展,提高小学
生的综合素质和文化素养。目前国内有很多对学生开展皮影教学的研究案例。
主要以皮影游戏为主,更多关注皮影的游戏性,往往忽略皮影教学蕴含的造型
意识、综合表现意识、人文意识等的培养,也很难让学生真正领会皮影的独特
魅力。

基于皮影艺术开发的美术单元教学,立足传承传统文化,以美育人、以文化
人、创新性强,即是对非物质文化资源的保护与传承,也在学校美育教育中为
皮影艺术的延续发展开辟了新的空间。皮影艺术具有综合诸多艺术门类的特
点,极大丰富了美术单元教学内容和人文素养。也因其制作工艺所涉及的众多
艺术形式和表演所涉及的团队协作精神,使孩子在审美认知、美术表现、综合
表现、文化理解和人际交往等领域均得到锻炼与发展。在单元学习中通过美育
激发学生潜能,提升审美价值和艺术修养,培养感知能力、形象思维和抽象思
维能力,以及语言表达能力、动手能力和想象创造能力。运用皮影这一传统艺
术媒介使孩子在继承传统艺术和人文精神的同时树立自信心,获得健康人格
并逐步形成热爱祖国传统文化的价值观,为培养创新型全方面发展的人才奠
定基础。

在学校美术教育中开展皮影戏的单元教学,可以更好地对这些艺术瑰宝进
行深层次的传承与发展,提高小学生的综合素质和文化素养。本课题研究主要
借助皮影的艺术形式,在技法和内容上大胆创新,既关注了传统文化元素的传
承,又注重了美术实践活动的创新与发展。本课题研究的皮影单元教学正是在
不断丰富积累教学实践课例的基础上,努力形成体现新时代特色的皮影单元教
学模式。

皮影单元教学无论是在弘扬民族文化、了解传统艺术,还是提高学生的综合
美术素养都有着深刻深远的意义。因此皮影(偶戏)也被列入了义务教育阶段美术
"综合·探索"学习领域的课程中,是学生美育教育必修的课程之一。而皮影单元教

学则为学生传承民族优秀传统文化搭建了一个更好的平台。本项研究是在拓展教材内容实践基础上的皮影综合表现教学，旨在让学生在传统文化传承的情境中，大胆的体验，提升综合表现能力。使传统皮影艺术与学生的生活联系起来，与民风民俗联系起来，融会贯通美好童真。

一、"巧设单元"丰富的教学主题设计是基础

通过皮影单元教学继承传统民间艺术瑰宝，通过欣赏、制作、表演激发并张扬学生的艺术天性，力求让每一个孩子都能像艺术家一样去学习、去表现，并在课堂教学中大胆实践皮影艺术，将皮影教学与学生生活体验及文化认知紧密结合，凸显继承传统的特点。本着传承与发展的原则，营造情境魅力、文化理解、学中有玩、张扬童趣、多元包容、立美立德的学习氛围。从学习中领略到皮影艺术所包含的传统文化精神、工匠精神，激发他们自觉融入对传统文化氛围，继承并发展下去。

课堂是传统艺术传承的有效载体，皮影单元教学主要包括以下内容。

(一)赏皮影、知瑰宝

托尔斯泰说过："成功的教学所需要的不是强制，而是激发学生的兴趣。"皮影艺术在引发学生学习兴趣上具有得天独厚的优势。通过皮影实物、照片、皮影戏视频，通过"自力更生"组成学生皮影队等各种形式的欣赏形成氛围，让学生多层次接触皮影的由来、历史、制作工艺、艺术特色、现状等基本知识，提高学生对皮影艺术的文化理解和认同，进一步引发学生的继承发扬这一传统艺术的兴趣。

(二)制皮影、自传承

"纸上得来终觉浅，绝知此事要躬行。"传统的皮影制作工艺复杂也是普及开展皮影教学的瓶颈之一,为此简化制作步骤、创新制作材料、丰富表现形式,在课堂用投影复印纸代替传统的牛皮或驴皮,用绘画的方法模拟传统的皮影镂空制作方法,用打孔器、工字扣快速连接活动部件,让每位学生体验到制作影人的乐趣。

(三)创剧本、红基因

"要知道梨子的滋味,你就得亲自尝一尝。"皮影单元教学可以最大化的发扬美术学科的育人功能,要以全方位提升学生综合素养的高度来传承皮影艺术,结合学科思政教育,让学生弘扬红色题材和社会正能量,集体编写小剧本,配合剧本制作相关影人、道具,通过表演的形式树立学生正确的新时代社会主义核心价值观,培养学生的合作意识和集体主义精神,提升美育综合表现能力。

二、"巧设单元"多样的教学形式是关键

皮影戏作为中国民间传统艺术非物质文化遗产的代表而享誉世界,没有陷入失传的境遇,在于自身的原汁原味,在于自身的民族地域性被后人成功的焕颜,借助多元传播的途径,赢得了今日的辉煌。如果延续教学,还可以注重如下环节。

(一)深入挖掘文化特质,寻找发扬途径

对于皮影戏的了解不可仅限于了解,对它的历史渊源、社会地位、姊妹艺术特征,还需大量地挖掘整理和实践学习,找到亮点发展传承。

(二)确立教学目标,设计教学环节

结合学生美术学习的心理特点,努力寻找提高皮影表现力的有效手段和方法。如何有效的培养学生通过造型、色彩、创作、表演综合的去实现艺术表现,是当今美术教学中努力研究的方向(见图1)。

图1 皮影视频

(三)关注跨学科形式融合的新时代皮影

皮影戏流传的经验在于始终保持着原生态的韵味,丰富的表现形式不断拓展其艺术表现力。在舞台表演中有地方戏剧的历史,美术中有刻皮重彩的表现方法,剧本编创中有"四史"等素材的挖掘源泉,音乐、与美术教学中还有皮影地域文化的交融。如何使传统文化与新时代主旋律交融碰撞出新的火花,今后的教学之路任重而道远,值得深思。

三、"巧设单元"优化的单元结构是主旨

美国教育家勒温费尔特说过:"儿童只要给予充足的时间、帮助、获得与创造性材料接触的机会,而不被强迫接受成人的模式和规范,那么每个儿童都能成为艺术创造的能手。"

(1)欣赏评析,从感悟中理解交融。从培养学生的审美感知和文化理解素养这一宗旨出发,把学生带入皮影赏析教学情境创设中。在教学中,将表演带入课堂,通过皮影不同层面的欣赏,解析民间艺术的内涵,在实践参与中体验民间艺术的厚重绵长;在情景化、游戏化环节的引领下,从美术本体语言出发进行解构,引导

图2　学生上皮影课

学生整体把握皮影的基本表现形式与文化内涵,激发学生对民间艺术学习并传承发展的兴趣(见图2)。

(2)以文化人,扩展美育领域。在皮影教学中,扩展学生表现的内容是十分重要的,皮影戏流传的经验在于始终保持着原生态的韵味,丰富的表现形式不断拓展其艺术表现力。在舞台表演中有地方戏剧的影子,美术中有刻皮重彩的表现方法,剧本编创中有"四史"等素材的挖掘源泉,音乐与美术教学中还有皮影地域文化的交融。如何使传统文化与新时代主旋律交融碰撞出新的火花,今后的教学之路值得深思。

(3)多任务驱动的学生课堂活动。瑞士著名心理学家皮亚杰曾指出:"教师不应企图将知识硬塞给儿童,而应找出能引起儿童兴趣、刺激儿童好奇心的材料,然后让儿童自己去解决问题。"通过训练学生对造型表现、综合表现、文化理解等知识有了一定的了解来激发学生的主动性,让每个学生都有自己发挥的余地。教育不是一成不变的,处于不同时代,面对不同特点的学生,教学中应依据实际情况有的放矢地开展。

四、"巧设单元"优化的实施策略是保障

新课程教学改革的不断深入,为我们指出加强美术个性化教学的必要性,因材施教才能全方面提高教学质量。

(一)课程教学的单元设计

为了适应小学生美术水平较低,学生理解能力不足的问题,教师通常从基础知识和能力教起,因而也造成教师仅仅为了满足教学任务而不去涉及深受学生欢迎的学习资源,千篇一律,单一乏味。在研究的过程中,本着易于激发学生学习兴趣这一宗旨归纳开发皮影单元教学内容。

例如《非遗皮影》课程主体分三个单元:欣赏——寻根问道——了解皮影的往事今生;制作——传承匠心——工匠精神与民间艺术的有机融合结合;表现—时代影韵—四史篇章永流传(见图4)。

《非遗皮影》具体课程目录如下。

第一单元:寻根问道(欣赏)

第二部分　光影乐趣(综合介绍)

第二部分　千古流芳(历史发展)

第三部分　四海同歌(流传发展)

第四部分　工匠精神(工匠百态)

第五部分　时代活力(皮影今天)

第二单元:传承匠心(制作)

第五部分　师出民间(了解造型特点、方法)

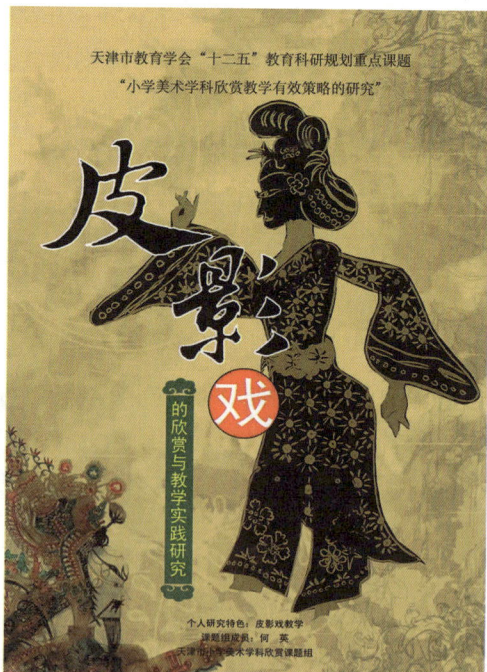

图4　皮影课展示(二)

第二部分 头头是道(头部造型)

第六部分 霞衫漫舞(身体构件)

第七部分 指挥自如(组装调试)

第八部分 因地制宜(场景制作)

第三单元:时代影韵(表演)

第五部分 舞动自如(技巧训练)

第六部分 娓娓道来(剧本角色)

第七部分 红色基因(红色记忆)

第八部分 我话皮影(自主表演)

(二)课程教学的实施策略欲速则不达

学生在皮影的学习中,要循序渐进,才能让学生学到知识,学会表现。在欣赏教学中,学生初步接触皮影,以着重了解皮影为主,知道最基本的制作工具、材料,了解中国传统民间艺术。了解偶戏,感受皮影戏的艺术特色。如在《光影乐趣》一课,通过介绍皮影戏艺术历史,提出传承民族文化的教学意义。感受传统工艺的精湛,启迪出精益求精的"工匠精神"。

又如在《师出民间》一课,要让学生学到一定的皮影制作知识,让学生知道皮影的制作原来那么的深奥,又有许多知识是他们接触过的,激励他们大胆想象,勇于表现,从而激发他们的兴趣。在这样的基础上可以适当地给学生进行创作练习,学生根据自己的想象,加上有一定的造型基础,那么学生突显出来的作品总会出人意料。

再如《红色记忆》一课,让孩子进一步享受皮影戏的精彩与快乐,传承民间艺术经典,通过激励引导,开发有新时代意义的皮影作品,共同用自己制作的皮影完成《劫刑车》《绣红旗》等情景制作,学生用皮影作品进行表演,体验综合表现的快乐,升华爱国主义情感,强化非遗艺术皮影的认知与传承,启迪工匠精神,表演中升华情感,升华美育内含(见图5)。

这样采用由易到难,循序渐进的方法,使他们增强自信,培养兴趣。

图 5 皮影课展示（三）

图 6 皮影课展示（四）

(三)皮影单元教学的课例实践分析

艺术可感,育人无形。用好艺术教育美育和德育的功能,推动思政与艺术深度融合,用"大思政"的理论引领全员育人、全过程育人、全方位育人,是当前办好学科思政教育的一条重要途径。

在美术课堂教学中如何融美于学,打造美术学科思政渗透教学模式成为我的教学探索目标。为此尝试把打造革命故事系列艺术实践活动,作为思政教育的有效载体,选取好代表革命精神的一批人物,追本溯源,用多种艺术化的手段挖掘他们的人格魅力、精神品质,宣传他们的事迹,弘扬他们的精神,从达情达意到入脑入心。

下面就以五年级美术第三单元:时代影韵(表演)红色基因一课为例介绍如何在学科教学中落实皮影单元教学的。将从教材分析、学情分析、教学目标、教学过程等几个方面谈谈对本课的整体教学设计。

1.教材分析

《时代影韵——红色基因》一课基于原教材涉及的偶戏种类多,泛而不精,为进一步挖掘美术世界中蕴含的民族文化精神,将"皮影戏"带入了课堂,打造"灯光下、舞台上"思政教育与艺术教育深度融合的模式。从培养学生的审美感知和文化理解素养这一宗旨出发,通过结合快板书演绎的"四史"故事皮影戏,用艺术实践作为思政教育的催化剂,在实践参与中体验"非遗"艺术的博大精深。在这样的情景化引领下,在艺术化呈现中,使一个个人物鲜活起来、一个个故事明晰起来。

2.学情分析

通过以往的学习,学生对我国的民间艺术已经有了一定了解,认识了剪纸,农民画,刺绣,脸谱等民间艺术形式,知道民间艺术的造型和色彩特征。像皮影戏这样的传统艺术,在日常生活中已不再多见。因此,在小学课堂教学中,教师可以利用多媒体技术进行教学。用自己制作的皮影配合同是非遗的"快板书"来表演红岩故事。从而激发学生学习皮影戏的兴趣,增进他们传承中华传统文化的的兴趣。

鉴于以上对教材的分析,结合学生的年龄特点和认知规律,确定本课教学目标。

3.教学目标

文化理解:了解中国传统民间艺术。了解偶戏,感受皮影戏的艺术特色。

艺术表现:通过观察、体验、分析、比较等方法引导学生感受理解偶戏皮影戏的独特魅力。

审美感知:培养学生欣赏美、表现美的能力,激发学生对民族传统文化的热爱和传承;通过演绎"四史"故事;潜移默化地融入爱国主义教育。

根据以上教学目标,确定本课重难点如下。

重点:感知皮影的艺术魅力,借鉴皮影的造型表现特点,尝试做一个"红岩"故事人物。

难点:在感悟皮影艺术的人文性、历史性和社会性的基础上,融入自己的主观创造,学会根据故事和角色设计皮影人物并进行表演。

为了完成目标,解决重难点,将以下面几个环节设计本节课的教学过程。

4.教学设计

(1)情境导入,初识皮影

出示实物。说一说皮影和木偶有什么区别? (见图7)

让学生初步感受传统艺术的魅力,感受皮影艺术。直观接触皮影,激发学习兴趣,明确学习任务。

图7 皮影课展示(五)

(2)互动欣赏,探究新知

观看视频欣赏皮影、了解皮影特色。提出问题皮影是什么制作的?皮影戏是如何表演的?皮影戏流传至今的原因?用视频启发回忆,为本课内容的学习做好铺垫。介绍皮影戏艺术历史,提出传承民族文化的教学意义。

(3)皮影的艺术特色、造型特点

1)分析皮影能成为非遗的原因。首先介绍传统皮影的制作工序。皮影选料考究、制作精细,每一个皮影雕刻下来至少需要 3000 刀,每一刀每一线都见证了艺人们精湛细腻的手艺。

2)皮影的结构和独特表演绝活。在这里学生使用交互式课件,通过拼摆组合的方法,直观演示皮影结构,便于学生认知结构特点。并通过直观的随机组合演示,了解艺人们通常是把皮影的身段和头分开存放原因。因为除了特定的角色,皮影的头是可以通用的,不同的戏里身段和头可以有不同的组合,演出时只需携带少量的身段通过给影人换头就可以让有限的皮影造型立刻变成各种的角色。揭示皮影的换头绝活。开拓课堂教学内容,进一步弘扬民族文化。

3)揭示皮影与戏剧的姊妹艺术关系,了解主要行当的造型特点。培养欣赏评述能力,体验成功的快乐。分析皮影在造型手法上借鉴了剪纸阴刻和阳刻的手法。色彩上吸取了传统的年画装饰性强的特点,为造型表现打下基础。通过观察、体验、分析、比较等方法引导学生感受理解偶戏皮影戏的独特魅力。

(4)体验表演乐趣,了解制作过程

1)翻转课堂,课前发给学生音频故事,是以快板书的形式演绎的红岩故事片段《劫刑车》。了解快板书也是我们的非遗,而且是我们的地域文化。它以自身的特色丰富拓展着中华文化。为培育和弘扬中华民族精神提供丰富的素材。

2)学生初次体验皮影的表演,快板书音频伴奏,降低皮影表演的综合难度。感受皮影的乐趣,同时以劫刑车故事为主线,先表演故事的开头,了解红岩故事为升华后面的红岩精神打下基础。

(5)教师示范,点拨创新

1)演示皮影人物的制作步骤,利用课前录制好的微课快速、直观地介绍使用新材料透明打印光片,制作"小萝卜头"人物形象的创作过程,通过过稿—绘制—剪裁—打孔—连接—安装操纵杆等环节,学习制作过程及美术技法。同时启发学生可使用皮影换头的绝活,模拟皮影的造型特色来创作人物(见图8)。

2)提问红岩故事里还有几位主要角色,造型有什么特性。分析红岩正反派人物的造型特点。

师生共同探讨用美术语言设定人物造型的方法。让学生利用交互式课件加以组合变换,体验造型创作的规律和乐趣。学会以笔墨褒贬善恶,从而改变学生的精神世界。

图 8　皮影人物

（6）学生分组合作实践

学生参考老师给的模板进行小组分工，共同合作完成皮影人物。实践制作，体验技法，享受皮影戏的精彩与快乐。

（7）变式练习，拓展提高

1）学生用自己制作的皮影表演《劫刑车》中除叛徒，救江姐的故事片段。体验表演技法，享受皮影戏的精彩与快乐。激励引导，传承民间艺术经典，开发有新时代意义的皮影作品。

2）延续红岩故事，学生用自己制作的皮影人物进行共同表演《绣红旗》，升华爱国主义情感，强化非遗艺术皮影的认知与传承，启迪工匠精神。传承红岩精神，提升美育素养。

（8）课堂小结，单元回归

让学生感悟新中国来之不易，中国特色社会主义来之不易，要铭记无数革命先烈为民族独立和人民解放建立的不朽功勋，激发学生爱国主义情怀。

本节课的教学设计突出了中国学生发展核心素养的理念指导，整合"艺术+思政"育人的优势的初步研究成果。应植根于中华优秀传统文化土壤中，主动、积极回应中国现代化建设的伟大召唤，从基础教育课程改革的经验总结和深度反思中，吸取丰富的营养，获得重要启示，紧贴中国学生发展的实际，从中国学生发展的特点和需求出发，熟悉并热爱祖国的艺术文化，增强民族文化自信，培养爱国主义情操。

5.教学反思

(1)设计思路。从培养学生的审美感知和文化理解素养这一宗旨出发,通过结合快板书演绎的"四史"故事皮影戏,把学生带入皮影赏析教学情境创设中。在教学中,我将表演带入课堂,通过皮影不同层面的欣赏,解析民间艺术的内涵,在实践参与中体验民间艺术的厚重绵长;在情景化、游戏化环节的引领下,从美术本体语言出发进行解构,引导学生整体把握皮影的基本表现形式与文化内涵,激发学生对民间艺术学习并传承发展的兴趣。

(2)设计意图。本课以培养学生的美术学科核心素养为宗旨,以"弘扬民间艺术、理解多元文化"的课程理念为教学目标,通过教学情境的创设,将学生带入皮影学习情境中。通过探究皮影基本表现形式与文化内涵,领会皮影艺术的特征,激发学生探究民间文化的愿望,正确评价民间艺术的人文价值,提高美术鉴赏力和表现力。为了有效完成教学目标和解决教学重难点,在设计环节中注重"设景创学"教学模式的应用,合理加入思政教育内容,强化情感体验,实现全面育人、以美育人的培养目标。

(3)理论支撑。本节课的教学设计突出了中国学生发展核心素养的理念指导,应植根于中华优秀传统文化土壤中,主动、积极回应中国现代化建设的伟大召唤,从基础教育课程改革的经验总结和深度反思中,吸取丰富的营养,获得重要启示,紧贴中国学生发展的实际,从中国学生发展的特点和需求出发,熟悉并热爱祖国的艺术文化,增强民族文化自信,培养爱国主义情操。

皮影戏作为中国民间传统艺术非物质文化遗产的代表原汁原味的被民族地域性被后人成功的焕颜创新。如果延续本节课的教学,还可以注重如下环节。

(1)深入挖掘文化特质,寻找发扬途径。对于皮影戏的了解不可仅限于了解,对它的历史渊源、社会地位、姊妹艺术特征,还需大量地挖掘整理和实践学习,找到亮点发展传承。

(2)确立教学目标,设计教学环节。结合学生美术学习的心理特点,努力寻找提高皮影表现力的有效手段和方法。如何有效的培养学生通过造型、色彩、创作、表演综合的去实现艺术表现,是当今美术教学中努力研究的方向。

(3)关注跨学科形式融合的新时代皮影。皮影戏流传的经验在于始终保持着原生态的韵味,丰富的表现形式不断拓展其艺术表现力。在舞台表演中有地方戏

剧的历史,美术中有刻皮重彩的表现方法,剧本编创中有"四史"等素材的挖掘源泉,音乐与美术教学中还有皮影地域文化的交融。如何使传统文化与新时代主旋律交融碰撞出新的火花,今后的教学之路任重而道远,值得深思。

皮影作为我国民间传统的艺术形式,它集中体现了东方美学,其中也折射出中国独特的哲学思想,十分符合学生的年龄特点,同时通过皮影戏的相关课程,对于加强学生对中国传统文化的了解,弘扬民族精神,振兴民俗文化有着重要的作用。那就要在文化艺术传承的前提下,激发学生的艺术潜能、提升美术学科素养,并与生活和时代气息相结合,在艺术创作和综合表现中自由挥洒儿童率真的天性。这需要在皮影课程的构建上从学生的认知与接受能力出发,让皮影艺术以一种与时俱进的姿态从传统走向现代,得以生生不息的加以传承和发展。

参考文献

[1]尹少淳.美术核心素养大家谈[M].湖南:湖南美术出版社,2018.

[2]杨九诠.学生发展核心素养三十人谈[M].上海:华东师范大学出版社,2017.

[3]陈文强,许序修,罗俊明.核心素养与学校变革[M].厦门:厦门大学出版社,2016.

[4]杨立梅,李东风,周杰.综合艺术课程与教学探索[M].北京:高等教育出版社,2003.

[5]赵晓松.浅谈皮影艺术的现状与发展[J].戏剧之家,2018(17):22-23.

[6]齐新霞.浅谈小学美术教学[J].软件(教学),2015(7):261.

[7]王文静.中国非物质文化遗产——皮影戏的传承与发展[J].民间故事,2019(12).

[8]成尚荣.核心素养的中国表达[M].上海:华东师范大学出版社,2018.

第四篇

基于名师名法的单元教学研究

漫画"教学三分法"的实践研究

天津财经大学附属小学　吴蔚

摘　要:本文研究内容为天津市中小学"学科领航教师培养工程"攻坚课题"核心素养下小学美术单元教学的研究"下的子课题。《漫画"教学三分法"的实践研究》旨在围绕教材中漫画相关内容的的基础上,基于美术核心素养理念,探索单元化教学中原创漫画教学的内容、方法和策略。笔者将教学实践中的经验与创建的教学法相结合,特别是在领航专家的指导帮助下形成了体现个性教学思想追求的美术"教学三分法",在单元教育学课题研究中进一步实践验证,并在领航实践活动中推广。

　　本文共分为五个部分:绪论(介绍研究背景、意义、现状以及研究的目标、内容及创新点等)、"教学三分法"在漫画单元教学中的应用价值、小学美术教材漫画单元教学的实践研究、小学美术漫画单元教材改编的实践研究、课外漫画单元教材创编的实践研究。

关键词:核心素养　单元教学　漫画

一、绪论

(一)研究背景

2015 年开始,中国的课程进入了"核心素养"时期。这主要是基于从 2014 年 11 月由教育部开始推进的《普通高中美术课程标准》修订这一背景提出的一个关键概念,为未来国家层面的课程改革指出了新的方向。高中美术课程标准依据美术学科媒材特性和技法特点划分学习内容,帮助学生更好地形成美术学科核心素养。到目前为止,我国的美术教材大多仍是以课时为单位编写的。为了适应素养学习探索单元教学的方式方法,发掘教材中的内涵并进行创造性的设计和开发"单元化教学"以某一主题或单元内容为单位的整体开发,设计的教学形式,合理分配每一节课的教学内容,使每节课之间既有联系又各具特色,使学生的知识掌握更系统,更深入,从而培养学生的研究、思考、创造和解决问题的意识和能力,充分发挥教学的整体优势。基于以上问题,"学科领航教师培养工程"小学美术攻坚团队确立了的核心素养下单元教学的主课题,通过我们对小学美术单元教学的研究,探索小学阶段单元教学的方式方法,选择适合学生核心素养形成的学习内容,梳理知识技能的脉络,为今后基础教育新一轮改革展开单元教学做一定的积累与实践。

漫画内容在教材中占有一定的比例,深受学生欢迎,但课程相对分散,难成系统。漫画这一绘画形式的独特激趣功能,对学生的创新思维的训练,漫画培养学生的幽默品质,漫画培养学生的审美素养与正确世界观等育人功能。与此同时漫画与多学科的适当的有效的整合,以及用漫画培养学生的鉴赏能力、绘画能力等方面的关注不够。根据领航教师小学美术攻坚团队确立的主课题,笔者选择了漫画单元教学作为子课题的研究内容。

(二)研究意义

漫画,是一种艺术形式,是用简单而夸张的手法来描绘生活或时事的图画。一般运用变形、比喻、象征、暗示、影射的方法。构成幽默诙谐的画面或画面组,以取得讽刺或歌颂的效果。

漫画精炼的笔墨能够表现出幽默乃至发人深思的内涵其意义绝不仅是消遣娱乐而已,它就像一面镜子折射出我们生活的方方面面,在欢乐中给人以深思,在幽默中给人以回味,它通俗易懂、贴近生活的表达形式,常常让孩子们在笑声中启迪了心灵、受到了教育。本课题的制定基于核心素养背景下的小学美术教学漫画单元教学展开研究,意在探索课内教材中漫画相关内容的单元化教学与课外兴趣社团中原创漫画教学的内容、方法、策略。

在教学实践中经过多年经验积累与实践研究,在专家的指导下逐渐形成了美术"教学三分法",通过本课题的研究亦可以进一步完善和凝练出独特的教育教学方法,形成教材创编、论文、案例等成果,并使研究成果进一步推广与使用。

(三)研究现状

漫画这种具有独特趣味功能的艺术形式,是基础教育美术教学中极富吸引力的课程资源。它以其夸张、幽默、富有想象力的艺术形式,而深受广大学生的喜爱。在小学阶段开展漫画教学,不仅容易入手,而且有利于推动素质教育的发展,潜移默化地培育学生的艺术素质和完善人格。著名女作家张爱玲在 1937 年写过一篇《论卡通之前途》,文中认为:"未来的卡通画绝不仅仅是取悦儿童的无意识娱乐。未来的卡通画能够反映真实的人生,发扬天才的思想,介绍伟大的探险新闻,灌输有趣味的学识。"1996 年美国克里夫兰州立大学的贝克威兹在其论文《在美术课堂中把漫画书作为形成动机的工具》中得出结论:"漫画、卡通可以作为美术教育的手段,而且很有效。"日本作为一个动漫产业发达国家,在其国家美术课程中指出"通过流行艺术让学生表达他们的思想"。中国教育科学研究院的刘万岑老师在《中国美术教育》杂志上撰文《学校美术课程应当重视流行视觉艺术》。然而我们美术教师因没有漫画教学经验,不恰当的教学方法严重影响漫画教学的效果,错误的教学意识更无法凸显出漫画教育的真正意义。

我国内地的美术课程中漫画以及少儿漫画在 1949 年中华人民共和国成立以来基本没有涉及,20 世纪 80 年代以来,由于少儿对漫画的兴趣,美术教材逐步开始少量涉及漫画,但是课时与内容偏少,并且多数只是作为一种绘画形式加以介绍,以小学为例:人美版九年义务教育六年制小学美术课本中,中国画在小学阶段共有 11 节课,而漫画只有 6 节课。

图像识读是美术学科核心素养的重要组成部分,它是指对美术作品、数字图像、影视作品或生活中各种图像符号的造型、色彩、比例和肌理等形式特征,以及材质、技法和风格特征等的认识、比较与辨别。当前人类文化传播方式已有了革命性变革,摄影、摄像、电影、电视、手机等现代媒介技术所传播的图像文化,在我们日常生活中随处可见,并改变了我们的阅读方式、阅读性质和阅读心理。由于图像比文字具有更强的直观性和真实性,发挥的作用也越来越大。因此,"图像识读"是基于当今图像传播方式变革的需要而提出的,也是当今社会人们在学习、生活、工作和科学研究时一种必不可少的素养。现在读图的形式已经受到越来越多人的关注,以读图形式存在的漫画艺术作为流行视觉艺术之一,受到了人们的广泛青睐,成为今天人类文化的一个不可或缺的组成部分。随着碎片化、快餐化的移动互联网时代的到来,漫画已经成为一种信息的载体,以轻阅读的全新体验方式迅速渗透到普通大众的娱乐生活中。

综上所述,人们已经在开始重视漫画教学活动,但纵观国内外漫画创作、教学与研究,多数国家对漫画创作不够重视,漫画教学活动也没有得到有效地开展,漫画教学与学生素质培养的研究也基本上是空白。

(四)研究目标、内容及创新点

研究目标

基于小学美术学科核心素养的美术教学,使用"教学三分法"对小学美术教材中漫画单元教学,以及兴趣社团中原创动漫内容的方法和策略研究,形成教材创编、论文、案例等成果,使研究成果进一步推广与使用。

研究内容

(1)探索小学美术教材中漫画单元教学的方法和策略。

(2)兴趣社团中原创动漫内容。

(3)进一步完善和梳理"教学三分法"的实践与理论。

预期创新点

基于核心素养的美术教学要义,探求未来美术教学的新常态,通过研究、实际、探索漫画单元教学内容、方法和策略,形成原创动漫教材资料,为当下美术教育教学实践研究、教材编写提供案例,进一步完善和总结"教学三分法"的理论以及实践成果。

二、"教学三分法"在漫画单元教学中的应用价值

(一)何谓"教学三分法"

提起"教学三分法"的名称,不得不重点说一说数字三,为什么选取三分而不是二分也不是四分,这里其实有很多思考。

其一,老子《道德经》提到"道生一,一生二,二生三,三生万物",表达的意思是,道是独一无二的,道本身包含阴阳二气,阴阳二气交而形成一种适匀的状态,万物在这种状态中产生。西方哲学家毕达哥拉斯认为三代表完整,因为它既有首尾又有中间。选取三这个数字也就是从哲学的角度思考问题。

其二,从传承中国传统文化的角度,三在中国文化中是一个吉祥数字,比如成语"三阳开泰",吉祥图案"三多九如"寓意多福多寿多子、福禄寿三星等等;中国传统礼仪有三让三辑、做事要三思而行、三十而立等等。

再有,从数学的角度分析三是自然数、奇数、正整数,是从 0 开始第二个质数,三是第三个非零自然数,也是第一个梅森素数。而且三作为数词通常与量词同用。

还有不得不说,"三"容易被人们重视,不然为什么做一件事经常要数三下,我们发送一条重要的信息要重复推送三遍。

综上所述,不论从哲学角度、文化角度、数学角度还是人们的生活习惯来看,三这个神奇的数字与这种教学方法的内容非常契合。

美术教师在教学中针对教学内容,为凸出重点、突破难点,解决学生在学习中的各种问题,要对教学内容进行分析与提炼,选择适合的教学方法展开教学过程,比如常见的"谈话法""演示法""比较法"……所谓"教学三分法"是我在教学实践中经过研究实践总结出来的,将教学内容分层化解,由浅入深、由简入繁、从简单到复杂的实施过程。

对于"教学三分法"的研究最初始于我在漫画肖像教学中的探索。术业有专攻,一名美术教师需要在自己的专业领域有自己的专长,试想一位不会美术实践的美术教师如何辅导学生体验美术活动的实践过程,这就如同农民种下种子坐等收获一般。我平时喜欢漫画,业余时间也创作一些漫画作品,投稿参加一些比赛活动也小有收获,曾经在《今晚报》动漫专刊举办的全国肖像漫画大赛中获得优秀奖;动漫作品还在天津市青年美展中获得银奖。在日常教学中有时将自己的作品作为范作展示给学生,都很受欢迎,纷纷问我怎么画,我就将自己的绘画方法与心得分享给我的学生,为了适合学生掌握方法易于操作,我在魏瑞江老师的帮助下将绘画步骤分为:①观察人物找特征(漫画肖像的绘制先要找到人物形象的特征);②夸张脸型显特征(用线条勾画脸型);③刻画五官显神采(先用辅助线定位,再分别画五官,夸张的同时要注意形的准确)。

通过这三个易于理解的步骤能够使学生较轻松掌握漫画肖像的绘制方法,部分学生能够创作出较为出色的作品。除了日常教学,我在组织社团活动中带领学生创作了一系列漫画肖像作品,并在总结的基础上创作了《漫画教学实践》一文发表在《少儿美术》杂志 2010 年第 11 期。随后没有止步,实践了不同的漫画肖像教学形式,如从题材上画自己、画父母到画老师、画同学,从材料技法上线描画、水粉画、剪贴画再到水墨画等都进行了研究。

在题材选择方面,西方的漫画肖像艺术有着传统的影响和众多绘画名家高手的支撑,社会名人把自己被知名漫画家画成肖像漫画向公众展示视为荣耀,可见其魅力所在。我在创作之初也多选择一些大家所熟知的娱乐和体育明星的形象,但这也是大多数画家所表现的题材,在技法上我是很难超越他们的,在这时还是魏瑞江老师给了我很大的帮助,他在教研活动中非常重视美术教师的专业发展,他指引我去表现自己的学生,因为这是我们美术教师所特有的创作资源。受到魏老师的启发,我开始关注我的学生,以肖像漫画的形式来画学生,从而用这种特有的形式拉近了师生间的关系,我还以组画形式进行主题创作,比如题为《五年级的96 只眼》这幅作品,画的内容表现了我所任教的一个年级中 24 位戴眼镜的学生,采用肖像漫画幽默的特点进行夸张,突出眼镜。通过这一组画引起人们对戴眼镜的学生以及对过重学业负担的关注,在天津市河西区师生绘画展览中这幅组画受到很好的评价,我的作品引起学校、家长以及小学生们的关注,可见漫画的影响,通过这些创作使我的专业水平不断提升,在教学上逐渐成熟,并形成特色。通过魏瑞江老师的推荐,我参加了河西有线电视台《名师讲堂》节目的录制,不仅推广了我在漫画教学与创作方面取得的成果,还为我的进一步发展明确了方向,在天津

市小学美术学科教师技能专场展示活动中我展示了我的漫画教学成果和漫画才艺,现场为活动中的做课教师即兴画漫画肖像,其中最难忘的是为参加会议的全国美术教育专家侯令老师绘制了一幅肖像漫画,受到侯老师的好评。随后作为魏瑞江名师工作室首批成员,在魏老师的支持下成立了由我领衔的"领域"动漫工作室,与10余名喜爱漫画创作的美术教师一道,共同研究漫画教学和漫画创作。

可以说对于漫画肖像的探索使我明确了自己的发展方向,"教学三分法"的形成促进了我教学的成长,专业与教学更是一个相互联系不断提升的过程。

随后我就考虑除了漫画教学之外可不可以将其运用于日常教学之中,从而将"教学三分法"引申为:①细致观察;②概括外形;③刻画细节。通过教学实践我发现这种从观察入手到概括再到细节刻画的方法通过分层化解,就会使教学由简单变得丰富。比如写生教学,教师先引导学生观察特征,再教学生怎样表现特征,表现特征可以有很多方法,教师演示一两种后再引导学生思考有没有其他的表现方法,从而有效地开发了创意。

以上是之前对于"教学三分法"的由来和发展的过程,日前天津市中小学"学科领航教师培养工程"进入团队攻坚阶段,在导师牟跃教授和魏瑞江老师的指导下我们小学美术学科确立了主题为《单元化教学》的团队课题,在此主题下我确立了《漫画教学三分法》的子课题,自此对于对"教学三分法"的研究带来新的契机。

(二)基于核心素养单元教学中"教学三分法"的意义与作用

之前对于漫画教学以及教学三分法的研究意义已经进行了叙述,教学三分法对于漫画单元教学有怎样的意义与作用呢?

这里我打一个比方,我们在使用某件不熟悉的物品之前一般要提前读一下说明书,因为说明书会简明扼要介绍物品的使用方法。我们教师在教学中就要为学生提供一份相关内容的使用"说明书",这份说明书至关重要,好的"说明书"可以令学生的学习事半功倍。而使用教学三分法设计的这样一份"说明书"可以达到由基础到应用再到拓展的一个逐渐提高的过程。这对于漫画教学具有实际意义,因为漫画教学的目标不是只达到会临摹就可以了,而是要让学生在掌握基本的绘制方法的同时学习一般的应用乃至能够创作漫画作品。

漫画单元教学也必然是一个由浅入深的学习过程,我们的漫画学习一般由漫画形象设计到单幅漫画再到四格漫画进而到多幅漫画组成。如果只是按部就班进行教学,学生可以掌握方法,会用一些漫画的方法去表现,但我们需要做的是让学生理解漫画能够达到创作漫画的目的。

2016年9月,我国提出了中国学生发展核心素养,以"全面发展的人"为核心,分为文化基础、自主发展、社会参与三个方面,综合表现为人文底蕴、科学精神、学会学习、健康生活、责任担当、实践创新六大素养。各个学科据此再提炼自己的学科核心素养。高中美术课标组提炼出了图像识读、美术表现、审美判断、创意实践、文化理解五个美术核心素养,旨在在新的时代教会学生用美术的方式、用跨学科的方式来解决美术的问题及生活中面临的各种问题。通过教学三分法指导下编写的学习使用"说明书"就可以从以下五方面促进学生美术核心素养的形成。

(1)获得漫画知识和有益信息。

(2)运用一定的媒材、技术和语言创造漫画。

(3)促进学生创新意识的发展。

(4)从文化的角度看待漫画作品和现象。

(5)对漫画作品进行感知、评价、判断与表达。

(三)漫画单元教学中"教学三分法"的实践策略

在教学中运用教学三分法遵循以下三个原则。

(1)连续性原则,将教学的各部分内容联系成为一个整体,具有连续性。

(2)递进性原则,教学内容设计遵循由浅入深由简入繁的原则。

(3)开放性原则,教学过程中尊重学生的个性和创新意识。

三、小学美术教材漫画单元教学的实践研究

(一)美术教材中漫画相关内容梳理整合

以人民美术出版社小学美术教材为例,与漫画相关的课程内容有以下几种。

一年级上册第12课《卡通明星总动员》(欣赏·评述);

三年级上册第 4 课《连环画》(造型·表现);

五年级下册第 11 课《动漫—动起来的漫画》(欣赏·评述);

五年级下册第 12 课《电脑美术—巧用动漫形象》(综合·探索);

六年级下册第 12 课《动画片的今昔》(欣赏·评述);

六年级下册第 13 课《拟人化的动漫形象》(造型·表现);

通过统计我们发现与漫画相关的课程共有 6 课,其中欣赏·评述学习领域 3 节课,造型·表现学习领域 2 节课,综合·探索学习领域 1 节课。

现有漫画课程内容一、三年级各占一节,五六年级各有两节课。整体看来漫画课程内容较少,并不能贯穿整个小学六年级的美术学习过程,其中联系断断续续,不能形成完整的知识技能学习体系。

(二)漫画单元教学的策略与方法

为了落实学生美术核心素养的培养要求,通过漫画这一美术形式帮助学生从兴趣为出发点树立正确的审美观,提高学生感受美、欣赏美、创造美的能力,引导学生感受漫画特有的夸张表现手法、幽默的内涵和不同地区、不同风格的漫画文化,实践过程中进一步落实构图、比例等概念学习的同时培养学生的创新精神和创造意识,我们尝试在现有教材课程的基础上进行漫画单元化教学实践。

具体做法是将五年级下册的第 11 课《动漫——动起来的漫画》与第 12 课《电脑美术——巧用动漫形象》组成一个教学单元;六年级下册第 12 课《动画片的今昔》与六年级下册第 13 课《拟人化的动漫形象》组成一个教学单元。可能有的老师会说这些课程本来在教材中就有连续性,我们在教学中就是有联系地去实施,是否采取单元化教学也就是一种形式而已。

我们先简单分析一下教材,五年级的这两节课,第 11 课《动漫——动起来的漫画》教材设计旨在引导学生感知不同国家漫画在造型、内容、手法上的特点与风格,在欣赏和评述的过程中拓宽学生对于漫画创作的认知视野,而第 12 课《电脑美术——巧用动漫形象》重点在于培养学生运用电脑图像处理的相关功能,把动漫形象和自己需要表现的内容进行有机的结合。这样一看,两课看似都提到了漫画,但是侧重点不同,第 12 课还是与电脑美术联系更密切。六年级的这两课看起来联系较为紧密,第 12 课《动画片的今昔》教参中提到本课以动画片为欣赏内容,不是单纯地关注动画形象的造型与色彩的设计,而是深入到研讨这种艺术形式的发展历史与拍摄制作的科学原理层面上。下一课则通过学习拟人化的手法创作原创动漫形象,显然从概念上12课包含的内容远远大于13课,动漫造型只是动画片的一个小小的部分,如果有条件可以让学生体验动画片制作的全过程会不会更加具有意义,以现在的条件也不是完全不能实现。

我们课题组成员以五年级的两课为例进行了尝试,按照"教学三分法"的基本原则将第11课《动漫——动起来的漫画》由一节单纯的欣赏内容扩展为第一课时欣赏评述,第二课时造型表现,再将创作出来的漫画造型使用电脑美术的形式运用到美术创作之中,形成由欣赏到实践再到应用三课时组成的漫画教学单元。

我们将本单元的教学目标设定如下。

(1)知识与技能:观察、比较、感知不同国家动漫作品的形象特点、动漫风格和表现手法,理解动漫创作中所蕴含的文化。通过为小熊纸模板设计一个动漫形象。使用创作出来的小熊形象进行电脑美术设计。

(2)过程与方法:在赏析不同国家动漫作品的过程中,提高学生对于动漫作品的观察、分析和评价的能力与水平。通过观察、对比、探究的方式来掌握动漫形象创作的方法。利用电脑美术将设计出来的形象进行实际应用。

(3)情感、态度、价值观:感受不同国家、不同风格、不同表现形式动漫作品的艺术美感,培养学生对动漫这种艺术表现形式的理解与尊重。在创作漫画形象过程中培养学生探究学习的能力,提升美术表现和创意实践的美术核心素养。在漫画形象应用中体会科技进步为艺术实践带来的便利。

下面我们就五年级下册第11课《动漫——动起来的漫画》如何扩展为两课时,与课题组成员宁洁与刘娟两位老师进行了教学设计。

(三)研究过程案例与结果

第一课时 《动漫——动起来的漫画》

编写者:宁洁

学习领域:欣赏·评述

教学目标

1.知识与技能:观察、比较、感知不同国家动漫作品的形象特点、动漫风格和

表现手法,理解动漫创作中所蕴含的文化。在赏析不同国家动漫作品的过程中,提高学生对于动漫作品的观察、分析和评价的能力与水平。

2.过程与方法:通过看一看,说一说,画一画等活动,加深学生对动漫创作的感知与理解。

3.情感态度与价值观:感受不同国家、不同风格、不同表现形式动漫作品的艺术美感,培养学生对动漫这种艺术表现形式的理解与尊重。进一步让学生感悟民族文化传统与艺术是动画创作取之不尽的源泉,从而提升学生的爱国情怀。

学情分析:学生对动漫这种表现形式具有很高的热情与兴趣,生活的积累也为本课的学习奠定了基本的认知基础。但学生对于动漫的关注与喜爱大多会停留在故事情节与动漫形象上,很少去探知动漫创作中所蕴含的艺术与文化内涵。

教学重点:认识、了解动漫的知识,了解动漫造型的规律,能运用拟人的方法表现动漫。

教学难点:创作出的动漫造型生动、有趣。

课前准备:多媒体课件,动漫图片,视频,范作等。

教学过程

一、重温动漫记忆

出示动漫图片,提问:图片中来自哪些动漫作品?(学生看到这些图片非常兴奋,激发了学习趣,引导学生进入动漫的世界。)

二、中外漫画赏析

1.欣赏《郎雀》,提问:作品中的郎雀长什么样子?是个怎样的人?(牛角发型,大头小身子、大眼睛的小男孩。他热情、真诚、朴实、武艺高强。)

2.欣赏《幸运儿》,提问:这部漫画作品的创作手法和《郎雀》有什么不现?(细腻的画法,富有诗意的色彩和画面,使几米的漫画图画感很强。)

3.欣赏《蓝精灵》,了解外国漫画作品的造型特点。

意图分析:观察分析漫画作品中人物的塑造和表现方法的运用。引导学生关注漫画内涵,引导学生对漫画艺术特点形成初步认知。通过中外动画的欣赏,使学生的欣赏水平、对比分析能力,观察能力,评述能力都得到了提高。进一步让学生感悟民族文化传统与艺术是动画创作取之不尽的源泉。

三、中外动画赏析

1.动漫定义:动画和连环漫画统称为动漫。

2.动画和漫画的异同:角色塑造、情节构思、色彩表现等相同。动画是动态的,而连环漫画是静止。

3.对比《喜羊羊和灰太狼》的动画和漫画,有什么相同和不同呢?通过欣赏,激发学生对思考什么是动漫,探究动漫的异同,并由此进入对动画艺术的赏析。

4.分组讨论,说一说中国、美国、日本动画中的人物造型有什么特点。培养学生对比、观察的能力,及评述能力。

四、形式多样的中国动画片

1.欣赏水墨动画《牧笛》。

2.欣赏其他形式的动画作品。《神笔马良》《渔童》《瓷娃娃》木偶动画、剪纸动画、瓷偶动画。

意图分析:提出中国动画产业的发展日新月异,在其他国家具有一定的影响力,从而提升学生的民族自豪感和爱国情怀。民族文化传统与艺术是动画创作取之不尽的源泉。中国动漫具有独特的艺术魅力。

五、艺术实践

提出要求:画一画自己喜欢的动漫形象。

六、展示学生的作品

小组相互交流,通过画、写、说的过程升华自己对动漫艺术的情感与认识。

七、小结

在这节课中,我们在欣赏与交流中认识、了解动漫,并运用动漫造型手法进行了练习与创作,最终使我们爱上动漫。民族文化传统与艺术是动画创作取之不尽的源泉,希望热爱动漫艺术的同学创作出更多优秀的动漫作品,未来可以将我们祖国的传统文化与艺术发扬光大,为国争光。

第二课时 动漫——动起来的漫画(2)

编写者:刘娟

学习领域:造型·表现

教学目标

1.知识与技能:学习表现动漫表情。通过为小熊纸模板添画表情与服饰,来设

计一个动漫形象。

2.过程与方法:通过观察、对比、探究的方式来掌握动漫表情的绘画特点。

3.情感态度价值观:培养学生探究学习的能力,提升美术表现和创意实践的美术核心素养。

教学重点

学习表现动漫表情。通过为小熊纸模板添画表情与服饰,来设计一个动漫形象。

教学难点

能够大胆地表现动漫表情,通过表情凸显动漫形象的情感。通过表情和服饰的添加设计动漫小熊的形象。

教学准备

课件、范画、小熊纸模板、黑色记号笔。

教学过程

一、明确课题

1.板书课题

今天我们来学习《动漫——动起来的漫画》第二课时。

2.了解学习任务

在上节课,我们一起欣赏了很多动漫形象,那这节课我们就来画一画动漫形象。

二、新授

1.出示创作模板

展示事先裁剪好的小熊形状纸模板。

在很多动漫中都有小熊的身影,例如"小熊维尼""泰迪熊""草莓熊"等。

今天我们也来设计一只小熊的动漫形象。

2.学习动漫表情

(1)探究

首先我们要给这只小熊添加上表情。让他成为一只拟人化的动漫小熊。

板书:表情

提问:我们身体的哪个部位可以做出表情?

总结:眉毛、眼睛、嘴巴产生面部表情。

请同学们来做不同的表情演示。

总结:表情传递情感。

板书:表情——情感

(2)教师示范

教师示范画动漫表情。

提问:动漫表情和真实表情有何区别?

总结:夸张。

学生参与黑板绘画表情。

出示不同表情的范画。

(3)学生创作

赋予自己的小熊一个表情。

教师巡视辅导。适时进行展示评价。

3.添画服饰

(1)探究

板书:服饰

提问:不同职业不同身份的人,在服饰上有什么区别?

总结:不同的服饰体现不同的身份。

板书:服饰——身份

说一说:

你想给黑板上的小熊设计一个什么身份的形象?

利用怎样的服饰进行表现?

如何抓住服饰的主要特征?

(2)示范

教师可以请学生到前边来画。

(3)学生创作

请你给自己的小熊添画上服饰,赋予它一个身份。

教师巡视辅导。适时进行展示评价。

意图分析:选择学生生活中熟悉、喜爱的内容,拉近学生与知识之间的距离,激发学生的学习兴趣。引导学生探究,主动发现面部的五官变化可以产生表情,进

而表达情绪。培养学生探究知识的能力。培养学生探究学习的能力和语言表达能力。积极发挥学生学习主动性。解决教学重难点。

三、展示评价

1.故事介绍

教师创设《小熊王国》的故事主线,把学生设计的形象带入故事当中。

2.学生展示

是否表现出了动漫表情的特点,添加的服饰是否能够凸显角色本身特点。能够向同学们展示自己的作品,并表达自己为小熊设计了怎样的角色、身份,自己为小熊添加了什么样的卡通表情和什么样的服饰。

小组合作创编故事。

意图分析:通过故事激发想象力和学习兴趣,感受成功喜悦。培养学生合作精神、创新精神和语言表述能力。提升学生创意实践的美术核心素养。

实践总结:漫画几乎是每个学生时代的人都喜欢的美术形式。在这两节课的教学活动中,很容易抓住学生学习本课的兴趣。在第一课时通过展示优秀卡通形象来提升学生的学习兴趣,注重教材内容与实际生活的联系,比如了解漫画在实际生活中的运用之后,学生就会发现,在实际生活当中我们处处能见到漫画作品,通过中外动画的欣赏,使学生的欣赏水平、对比分析能力,观察能力,评述能力都得到了提高。进一步让学生感悟民族文化传统与艺术是动画创作取之不尽的源泉,从而提升学生的爱国情怀。学生能够比较深入的挖掘实际生活当中一些和动漫有关的问题,并能够找到创作漫画的表现语言、表达生活的方式以及漫画与情感、生活之间的联系。第二课时开门见山,直接由第一课时欣赏导入直接进入漫画形象创作,教师通过模板,引导学生在五官、服饰上展开创意,并创设了《小熊王国》的故事主线,把学生设计的形象带入故事当中。最终在教师的引导下完成自己的不同身份的漫画小熊,为下一节课使用漫画形象以电脑美术的形式应用打下了基础。

两位老师的教学设计在单元框架下使教学内容中的知识技能具有衔接性,便于学生体会漫画的特有情境氛围,为单元化教学和核心素养的落实进行了有意义的探索。

四、小学美术漫画单元教材改编的实践研究

(一)教材改编漫画教学的策略

单元课程内容选择

前面提到过美术教材之中的漫画相关教学内容终究有限,能够形成单元教学的课程更是少而又少。为了使学生在教材基础上获得更好的漫画学习体验,在知识学习上更加具有连贯性,我在教材基础上进行引申拓展加入漫画教学相关内容,形成了教材改编单元教学。

我选择人美版五年级上册《画人像》一课为基础,在学习了写生人像基础上掌握基本比例构图和写生方法有助于学生理解夸张变形的漫画表现手法。通过这一单元教学能够系统地掌握人像写生到漫画形象设计的相关知识与技能,体验造型活动的乐趣。

教学"三分法"使用策略:遵循"三分法"的使用原则,采取以下教学模式。

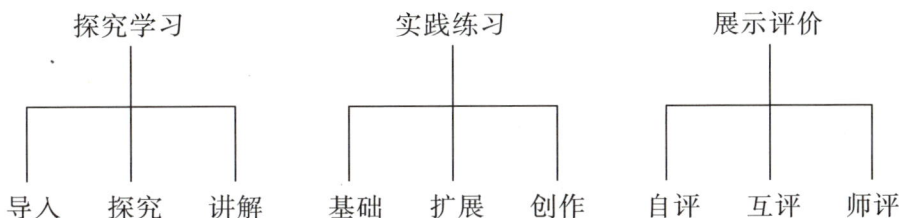

探究学习			实践练习			展示评价		
导入	探究	讲解	基础	扩展	创作	自评	互评	师评

(二)教材改编漫画单元教学实例

单元课题《漫画人像》

年级:五年级

教材:人民美术出版社小学美术五年级上册

学习领域:造型·表现

单元设计基本思路:

273

基于小学美术学科核心素养的美术教学,使用"教学三分法"在人民美术出版社小学美术五年级上册教材中《画人像》基础上进行拓展延伸,以《画人像》《画漫像》《漫画形象设计》组成"漫画人像"漫画单元教学,探究教学过程中使用的方法和策略。

单元目标

1.知识与技能:学习构图、比例、夸张、变形等造型知识,掌握绘制人像、漫像和动漫形象的方法。

2.过程与方法:能够使用线描的形式表现通过写生人像到用夸张变形的方法表现漫像进而创作漫画形象。

3.情感、态度、价值观:在学习画人像、画漫像、漫画形象设计的过程中发展美术表现素养,感受写实与夸张手法的特征,体验造型活动的乐趣。

课时安排

《画人像》1课时、《画漫像》1课时、《漫画形象设计》1课时,共计3课时。

课题及每一课学习目标

《画人像》学习目标

1.知识与技能:学习构图、比例等造型知识,掌握绘制人像的方法。

2.过程与方法:能够使用正确的方法观察人物的特征,使用线描的形式进行人像写生,并能有意识的表现人物特征。

3.情感、态度、价值观:在学习画人像的过程中发展美术表现素养,感受写实表现手法的"以形写神"的魅力,体验造型活动的乐趣。

《画漫像》学习目标

1.知识与技能:在写生人像的基础上学习夸张、变形等造型知识,掌握绘制漫像的方法。

2.过程与方法:能够使用夸张、变形的方法,以线描的形式绘制漫画肖像,人物特征突出。

3.情感、态度、价值观:在画漫像过程中发展美术表现素养,感受漫画肖像独特的艺术魅力,体会东西方文化的差异并形成正确的审美观,体验造型活动的乐趣。

《漫画形象设计》学习目标

1.知识与技能:在画漫像的基础上学习漫画形象设计的知识,掌握绘制漫画形象的方法。

2.过程与方法:能够进一步概括与凝练,在漫画肖像基础上使用线描的形式创作漫画形象。

3.情感、态度、价值观:在学习漫画形象设计的过程中发展美术表现素养,感受独特的造型语言,体验造型活动的乐趣。

教学课例

第一课时　画人像

一、探究学习

1.谈话导入

同学们,我们在上节课学习了《肖像艺术》,这节课我们来学习《画人像》。

2.探究新知

通过上节课的学习大家觉得一幅好的肖像画应具备怎样的特点?

(形神兼备)

欣赏教材中的作品图片并提问,你觉得怎样才能做到形神兼备?

学生回答

教师总结:同学们认识到只有观察并表现出人物的外貌特征才能做到形神兼备。古人在绘画实践中总结出"三庭五眼"的五官规律:由发际线到眉弓,眉弓到鼻底,鼻底到下颌底,分为上庭、中庭和下庭,三庭基本相当,人脸正面的宽度相当于五个眼睛的长度,有了这个规律可以使我们更好地发现人物的特征。

意图分析:引导学生通过观察体会人物外貌特征的重要性,了解五官位置规律,为后面的观察表现特征、画面构图比例等的掌握做好铺垫。

3.演示讲解

先在学生中请一位模特或根据照片写生。

(1)观察特征

教师讲解方法

观察顺序:由发型到头型再到五官。

发现特征:从形状到大小再到位置。

(2)表现特征

使用马克笔,采用线描的绘画形式。

按照从头发到脸型轮廓再到五官的顺序勾勒。

注意构图,即在头像纸上的位置和大小(见图1)。

(3)刻画细节

用线条刻画头发、五官、服饰等细节。

意图分析:将写生过程总结成观察特征、表现特征和刻画细节这三个步骤,举一反三可以掌握人像写生的方法(见图2)。

图1　线描人像

二、实践练习

1.基本要求:两位同学一组相对而坐,使用马克笔采取线描的形式写生画一幅头像。

2.完成速度快的同学可以挑战画另一位同学,短时间观察后回座位默画。

3.最高等级挑战:默画一位老师。

学生练习,教师巡视指导及时发现解决问题,展示评价学生作业。

意图分析:学生实践的环节依据"三分法"递进性原则为不同能力的学生设计了不同的练习,关注了每一个学生。

图2　刻画人像细节

三、展示评价

评价要点:构图合理,人物特征突出,用线肯定流畅。

1.自评,学生利用实物投影展示作品,说一说自己的人像哪些方面做得好。

2.互评,教师展示几位学生作品请其他学生评价。

3.教师点评

总结:今天我们学习了写生人像的方法,同学们已经初步了解了如何通过观察特征画好人像,下节课我们将学习用漫画的手法表现人物特征。

意图分析:展评环节也是由学生自评、互评和教师点评三个层面展开,引导学生从人物表现像与不像到关注作品的构图、表现等美术手法的运用,提高了对写实作品的认识。

第二课时　画漫像

一、探究学习

1.谈话导入

教师:我们之前学习了《画人像》,通过学习你觉得画人物肖像最重要的是什么?

学生思考并回答问题。

教师小结并板书:写实。

教师:现在请大家看几张我画的肖像作品,观察一下与之前学习的肖像有什么不同?

教师播放课件,引导学生观察绘画作品。

学生观察并回答问题。

教师小结:这些作品不拘于人物的比例使用了夸张的表现手法。板书:夸张

这种肖像画由于使用了夸张的漫画表现手法所以被称为"漫画肖像",这节课我们就来学画漫像。板书课题:画漫像。

意图分析:通过观察对比的方法了解漫画肖像夸张的造型表现手法。

2.探究新知

(1)欣赏作品

教师:漫画肖像是一门幽默的艺术,在国外,尤其是西方国家的人们崇尚幽默感,肖像漫画艺术由来已久,各个阶层名流都以自己的形象被知名漫画家画成漫画并公之于众为一种莫大的荣幸。我们现在也在接受这种夸张变形的艺术,大家都能感受到其多表达对某人的喜爱。

教师播放课件出示多幅漫画肖像。

请你说一说作品分别突出了形象什么特征?

学生观察并回答问题。

意图分析:通过观察感受漫画肖像的幽默风趣,了解其文化的同时体会其表达的内涵,并感受不同形式的漫画肖像的美感。

(2)学习方法

教师播放课件出示范做,引导学生观察。

教师:请大家观察这几张漫画肖像作品,说一说它们使用了什么工具、材料和方法。

教师播放课件出示作品。

学生观察分析并回答。

教师小结:这几幅画是使用线描方法绘制出来的,今天我们继续使用线描的手法学画漫像。下面来看老师演示。

意图分析:了解这节课的表现形式,使用的工具及材料。

3.演示讲解

(1)观察特征

以上次画人像为基础引导学生复习观察方法:依次观察脸型、发型和五官,找出特征。

(2)表现特征

用夸张、变形的手法画出观察到的人物特征(见图3)。

(3)细致刻画

表现头发服饰,注意夸张与写实的平衡(见图4)。

图3 夸张人物特征

意图分析:通过教学"三分法"引导学生从观察到表现特征,再到细节刻画,绘制漫画肖像的方法。带领学生体验漫画人像的独特魅力。

图4 细致刻画漫像

二、实践练习

1.学生在上节课人像的基础上绘制漫画肖像头部

要求:构图合理、线条流畅。

学生进行实践,教师巡视及时发现解决学生出现的问题。

2.添画完成

引导学生为自己的漫画肖像添加肢体动作。

3.剪贴等方式提升画面效果及作品内涵

学生实践,教师巡视指导。

意图分析:按照"三分法"的基本原则,将学生练习分为三个层次,基础为在上节课的人像基础上绘制漫画头像,进阶为肖像添画肢体动作,最终可以通过剪贴方式提升画面效果。

三、展示评价

展评方式

1.自评

教师使用手机拍摄学生完成的作品,将图像投射的屏幕上,引导学生猜猜画中是哪位同学并让作者说一说自己的创意。

评价要点

(1)人物特征表现。

(2)画面构图及用线。

2.互评

教师引导学生从手法、构图、用线等方式展开评价。

3.教师点评

教师总结:这节课我们学画了漫画肖像也认识了这门幽默的艺术。不知大家在观察与表现自己的过程中是否意识到,人的相貌是与生俱来的我们无法改变,但是我们可以通过不断学习来提升自己的内在素养。正如法国思想家、哲学家、文学家伏尔泰所说:外表的美只能取悦人的眼睛,而内在美却能感染人的灵魂。希望每位同学都拥有美的内心。

意图分析:通过自评、互评及教师点评从绘画构图、线条以及用漫画夸张的表现手法表现特征等角度分析作品,通过总结提升作品内涵。

第三课时　漫画形象设计

一、探究学习

1.谈话导入

我们在上节课里学习了画漫像,这节课我们来学习漫画形象设计。

2.探究新知

出示漫画形象与漫画肖像图片,引导学生观察。

提问:你发现漫画形象有什么特点?

学生观察回答。

教师总结,漫画形象更加概括夸张。

意图分析:通过观察对比的方法了解漫画肖像夸张的造型表现手法。

3.演示讲解

(1)精简提炼

在漫像基础上进一步概括提炼。

(2)创意形象

根据喜好用漫画的手法设计形象身体外形。

(3)细节刻画

表现头发服饰等的细节。

意图分析:使用"三分法"学习漫画形象设计

二、实践练习

1.学生在漫画肖像的基础上创作漫画形象

要求:形象概括、线条流畅。

学生进行实践,教师巡视及时发现解决学生出现的问题(见图5)。

图5　学生线描漫像

2.添加肢体动作

为自己的漫画形象添加肢体动作(见图6)。

3.添加漫画效果

学生实践,教师巡视指导。

三、展示评价

展评方式:

1.自评

教师使用手机拍摄学生完成的作品,将图像投射的屏幕上,引导学生猜猜画中是哪位同学并让作者说一说自己的创意。

评价要点:

(1)漫画语言的运用。

(2)画面构图及用线。

2.互评

教师引导学生从手法、构图、用线等方式展开评价。

图6　学生添加漫像肢体动作

3.教师总结

至此,一个完整的由教材内容拓展改编创设的漫画单元教学设计告一段落,接下来我通过这一单元学习后学生作品对教学效果做一分析。

学生1作品:(见图7)

画人像练习　　　　　画漫像练习　　　　　漫画造型设计

图7　学生作品(一)

这位学生造型能力较强,通过一个单元的学习逐步从主体形象画得较小逐渐树立了构图意识,并且掌握了漫画表现的一些手法,创作意识得到提高。

学生2作品:(见图8)

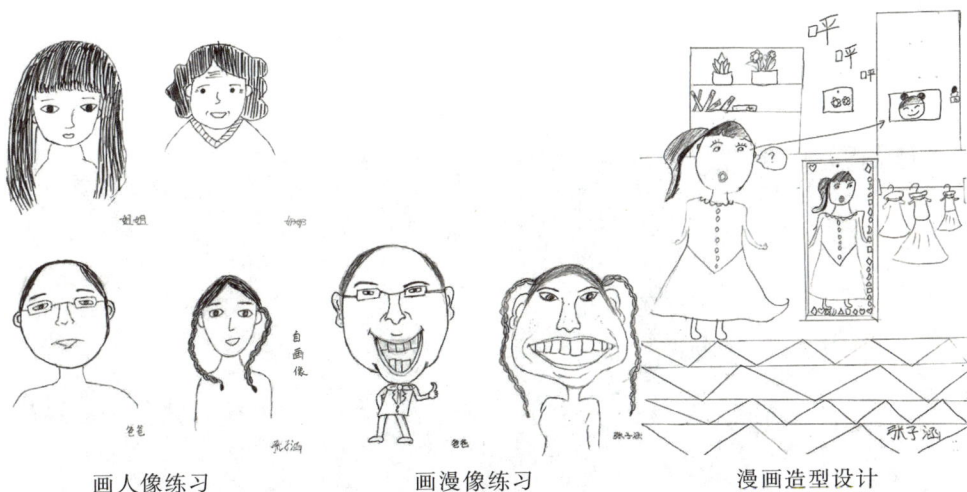

画人像练习　　　　　画漫像练习　　　　　漫画造型设计

图8　学生作品(二)

这位学生在第一课时默画自己和爸爸的基础上在第二课时创作了两个人的漫画肖像,在夸张与变形的理解上有自己的心得,第三课时中作品风格转变很大,说明了这个学生理解与表现能力很强,通过一个单元的学习充分感受了由写实到夸张的变化。

学生 3 作品:(见图 9)

画人像练习   画漫像练习   漫画造型设计

图 9　学生作品(三)

这位学生的作品可以看出经过学习逐渐关注人物的细节,虽然表现手法还比较幼稚,但是也符合学生的年龄特征,作品有一定的童趣。

接下来我们再来看几位高年级学生在线描基础上通过剪贴添画创作的漫画形象设计(见图 10)。

图10　学生作品(四)

从中可以看出漫画单元教学带来的观察到表现的能力的整体提高，较常规的、无联系的美术教学学生素养的提高是显著的。

(三)研究总结

通过本单元在教材基础上扩展学习漫画肖像和漫画形象设计，能够向学生系统地提供构图、比例、提炼等知识，使学生从中掌握写生、夸张、创作的方法，体验写实作品的形神兼备，漫画作品的夸张幽默，在欣赏人像作品过程中获得审美体验，了解漫画文化的过程中树立正确的审美观。本单元的课程设计为实施美术学科核心素养进行了积极的探索。

学生作品表现出来单元教学知识技能系统一贯性的优势。尤其是人物观察方法的掌握对于这几节课都具有同等重要的作用,构图、比例等知识都为作品的完成奠定了基础。体验了从写生到提炼再到创作的艺术实践过程。

教学"三分法"则为学生提供了绘画方法的指导,并依据因材施教的原则为不同水平的学生设计了逐层递进的实践练习,使不同水平学生都能从中获得一定艺术体验。

五、课外漫画单元教材创编的实践研究

(一)课外原创漫画教材创编的目的、意义

课外活动,我们可以称其为兴趣活动,还可以称之为社团活动,它以其灵活多样的形式受到了师生的普遍欢迎,在小学美术教学中发挥了不可忽视的重要作用,不仅有利于激发学生的美术学习兴趣,还可以提高学生的动手实践能力。

当前小学美术课堂教学达不到预期效果,主要是受到教学时间与空间的限制,部分教学设计未能落实以及学生的需求得不到满足。课外活动的存在打破了时空限制,不仅丰富了学生的课余精神生活,而且还给美术教学另辟课堂。在课外活动中,可以将课内遗留问题进行解决,抑或是对一些关键内容的展开,更可以创编开发学生感兴趣的内容,给学生带来更加立体化的教学内容,成为课堂教学的有益补充与延伸。我们以美术课外活动为载体不仅可以拓展延伸美术教材内容,还可以展开美术校本课程的开发与实施、组织学生进行各种美术主题活动。

在之前的章节中我们就以人美版美术教材为例分析过其中漫画相关课程的比例很小,课外活动的开展则可以为这一学生有较高兴趣的美术形式有了发挥的空间。

(二)课外活动中校本课程的开发

"校本课程"是一个外来语,最先出现于英、美等国,已有 20 多年的历史了。现在中国新课改的教育形势下,校本课程成为新课改的重点。校本课程(school-based curriculum）即以学校为本位、由学校自己确定的课程,它与国家课程、地方课程相对应。校本课程是学校自主决定的课程,它的开发主体是教师。教师开发课程的模式是实践—评估—开发,教师在实践中,对自己所面对的情景进行分析,对学生的需要做出评估,确定目标,选择与组织内容,决定实施与评价的方式。

"现代化学校"评估检查不仅考察学校的硬件如美术教室的使用还需要考察通过美术教室形成的学校艺术活动特色,于是在学校的支持下我创意成立了"视觉工厂"艺术社团。"视觉工厂"在迎接检查的过程中受到领导好评,随后我们的"视觉工厂"先后迎接了从校内师生参观,进而周边幼儿园学校有组织的参观、学习。诸多好评使当时的校长决定要保留这间由仓库临时改装而成的美术教室,成为众多学校中少数幸存下来的专用教室之一,而作为美术教师的我则有了开展自己美术教育教学活动的基础。

"视觉工厂"成立以来,我带领学生通过社团活动的实践发掘了一些校本课程,比如卡通画、纸工造型等专业课程,入选我校的校本课程"快乐52"。在之后的教学实践中我逐渐找到了自己的专业定位,漫画教学成为我的研修方向。在课堂教学中实施漫画教学的内容有限的情况下,课外活动成了我进行漫画教学研究的主阵地,经过实践总结我开发了校本课程"一起学漫画"。

课程定位于原创漫画形象设计,以上图片即"一起学漫画"中漫画头像单元的内容,本单元从学生感兴趣的漫画形象入手,采取临摹—写生—创作的"教学三分法"的方式展开学习。通过学习漫画头型、五官、发型再到头像创作,课程安排可根据课外活动的时间长短灵活掌握,既可以在每次20到30分钟的活动时间里每次学习其中一页,也可以在40分钟以上活动时间里进行头型+发型、五官刻画、头像设计的组合学习(见图11)。

图12的学生作品是在学习漫画头像单元后开展的"我的老师"主题创作,不仅为自己的老师画出了漫像,还通过文字表达了对老师的喜爱。

通过本单元的学习学生从中可以掌握漫画人像的基本绘制和创作方法,体验从临摹到写生再到创作的漫画学习过程,感受了漫画夸张、幽默的艺术魅力。

视觉工厂成立以来带领学生参与了众多活动,比如天津市小学美术课程改革总结会,我们制作的纸工鱼装饰在活动主题的下方;我校的吉祥物:"水宝贝"也诞生在视觉工厂,众多比赛活动自不必说。围绕学校爱的主题教育:爱祖国、爱自然、

图 11 "一起学漫画"校本课程

图12 学生作品(五)

爱校园、爱科学、爱劳动的美术主题活动,举办了多次艺术节美术展览,使学生从中获得了各种美术体验,提高了学习美术的兴趣。社团成立以来参与过《今晚报》组织的"父爱如山"美术展、天津市小学美术课程改革总结会、"天津故事"少儿创意美术展、迎接加拿大学访团为其成员画水墨漫像等活动,获得众多好评。社团成员在历年的"全国少儿美术杯"年度艺术展评、"枫叶杯"全国美术大赛、天津市"艺术之星"、天津市河西区"艺术之星"等比赛中取得众多奖项。视觉工厂的活动不仅学生从中受益,我的专业也获得发展,由于有了工作室的场地和学校在工具、材料的支持,我也创作了大量作品,多次入选天津市教师美展,作品《铁骑》获得天津市青年美展银奖,经过不断努力我也成为天津市青年美术家协会的一员。专业的成长也在不断促进我的教学,使我的教学演示更加轻车熟路,亦使我对学生的指导更加有的放矢。

(三)课外活动中原创漫画创编的实践研究

在漫画校本课程开发的基础上,结合校园文化我围绕学校吉祥物漫画造型创编了"水宝贝"主题单元漫画课程,下面谈一谈这一单元课程的创编、实施过程如下。

　　"水宝贝"是我们天津财经大学附属小学的吉祥物,分别以三种原创卡通人物,代表我校学子的良好形象。校领导与我研究学校的校园文化建设,需要我设计代表我校文化和办学特色的吉祥物,设计既要有"水"的元素(因为我校原校名是三水道小学),又要有爱心、文明与活力的含义。

　　带着这样的任务我首先在我任教的学生中广泛开展征集活动,恰好这学期教材中有《生命之源——水》一课,结合本课教学(本课属于综合探索学习领域,要求学生了解水资源的重要性,了解当前浪费与破坏水资源的现状,从而树立爱水护水的意识并用绘画、板报、宣传栏等形式宣传爱水护水的行为),我引导学生增加了一种新的表现形式,即引导学生展开自己的想象创造"水宝贝"动漫形象。在搜集整理了学生众多的优秀设计后我设计出三个"水宝贝"形象,它们分别是,文明水宝贝:文明守纪,道德高尚;爱心水宝贝:爱心满注,无私奉献;活力水宝贝:体魄强健,勤奋向上(见图 13)。

"文明水宝贝"　　　　　　"爱心水宝贝"　　　　　　"活力水宝贝"

图 13　吉祥物"水宝贝"

　　这三个形象顺利通过学校的审核成为我校的吉祥物,很快就在学校的开学典礼上亮相。它们被学校文化建设广泛应用:每个学生的好行为都会被以积分的形式累计,当达到一定数量后就会获得其中一个"水宝贝"的称号并佩戴该"水宝贝"形象的标牌,"水宝贝"很快被全校师生所熟知。

　　我和学生关于"水宝贝"的动漫创作也没有停止,我带领视觉工厂社团的学生以单元课程的形式开展了一系列的漫画创作活动,包括有"水宝贝"造型设计、"水宝贝"漫画故事、"水宝贝"连环画等课程(见图14~图16)。

图14 "水宝贝"造型设计

图 15 "水宝贝"漫画故事

图16　"水宝贝"连环画

在实施这一单元教学的过程中，为了使学生学习与创作活动形成连贯性、知识与技能掌握系统化，从课题选材到实施均采取了"教学三分法"。首先，课题选材依据"教学三分法"递进性原则，由基础造型到依据"水宝贝"造型展开四格漫画创作，再进一步引申到更具故事性的连环画创作。

在实施过程中学校各部门还举办了众多"水宝贝"系列活动，比如德育处的"水宝贝心向党"——庆"七一"主题长卷绘画、"水宝贝在行动—爱的轨迹""灿若夏花童心飞扬"水宝贝庆"六一"大会、"水宝贝"与社会主义核心价值观等主题性活动，现在"水宝贝"已经成为我们天津财经大学附属小学"爱"文化教育的重要组成部分。

总体来说，教学"三分法"的运用则通过对美术学科大概念中从写生到漫画创作的解析，逐层分化为学生提供了绘画方法的指导，并依据因材施教的原则为不同水平的学生设计了逐层递进的实践练习，使不同水平学生都能从中获得一定艺术体验。同时，通过单元教学课程的实验也证明"教学三分法"可以在其他绘画形式和学习领域实施的可行性，为日后进一步实践打下基础。

漫画单元中教学"三分法"的实践研究积极运用美术学科大概念的方式探索由教材内容引申出来漫画单元练习，为进一步落实美术学科核心素养和即将到来的小学美术课程标准和教材的调整与改革做出了有益的尝试。

参考文献

[1]尹少淳.美术核心素养大家谈[M].长沙:湖南美术出版社,2018.

[2]尹少淳.小学美术教学策略[M].北京:北京师范大学出版社,2010.

[3]尹少淳.尹少淳谈美术教育[M].北京:人民美术出版社,2016.

[4]托马斯·L·萨蒂.创造性思维:问题处理与科学决策[M].石勇,李兴森,译.北京:机械工业出版社,2016.

[5]维克托·迈尔·舍恩伯格,肯尼斯·库克耶.与大数据同行:学习和教育的未来[M].赵中建,张燕南,译.上海:华东师范大学出版社,2014.

"创想绘画三步走"单元教学研究

天津师范学校附属小学　　韩静茹

摘　要：本论文是天津市中小学"学科领航教师培养工程"攻坚课题"基于核心素养的小学美术单元教学研究"的子课题。是在总课题的核心素养依托的基础上，面向小学美术的绘画教学，进行单元化设计的研究。

　　本文共分为五个部分，包括研究背景、研究意义及相关路线内容，基于核心素养的单元化教学的设计理念，基于"创想绘画"的单元化教学重难点，课程设计内容和课题相应的案例研究，及课题的研究结论及分析总结等。

关键词：创想绘画创　想线条　创想图形　创想图案

　　本文将小学美术二年级教材"造型·表现"领域内的部分内容进行了单元化改编。研究以核心素养为基础，以攻坚课题"基于核心素养的小学美术单元教学研究"为依托，意在探索能够有效提高学生美术课学习兴趣、学习效率，启发想象创新能力的单元化教学方法，以适应学生的身心发展，促进美术核心素养更好的形成。

一、绪 论

(一)研究意义

在传统美术教学中,小学美术教材基本都是"一课时"的课程教学安排,这样的教学,学生每课时只能学到一些简单的美术知识和浅尝辄止的练习,能够在一节课内完成的美术作品也都是一些比较简单的作业,不能有效、连续地进行深入的学习与创新,其学习能力的突破也受到局限。同时,教师不可能在一节美术课中提出更加具有深刻意义的学习目标,即使提出来,学生在一堂课中也不可能实现较高水平的深入学习。因此,长期进行单课时的美术教学活动就很难有实质性的改变,不能让学生循序渐进地将某一内容进行深入学习,对某一知识的学习也不能从根本上有所改善,更难以达到以核心素养为基础的教学目标。

那么,如何能改善这一教育现状呢?我国著名教育家王大根教授,提倡参考国外美术课堂教学模式,将原来的单个课时教学改编成"主题教学"。用几堂课围绕着同一个主题展开。针对这一点与传统美术课堂进行对比,能够显出两者的优劣,学生能够真正掌握到美术的艺术精髓。

本文研究的,正是教师如何根据小学美术课程,为学生设计单元化教学,围绕着"创想绘画"这一课题,让学生通过自主探究、研究性学习、合作学习等方式,师生共同参与到知识创新中,利用多课时的单元化教学方法,实施有效的美术教学,最终将研究的内容、方法、策略等进行改编,形成案例、论文等成果,并使研究成果进一步推广与使用。

(二)研究目标

美术教学中,绘画部分是美术学习的基础,也是小学阶段美术整体教学的重中之重,如果没有富于想象、变化的线条,任何美术作品都会是模仿下呆板生硬的复制品。本文的研究正是基于小学美术学科核心素养的单元化研究,将"创想绘画三步走"的教学方法作为内容,对小学二年级美术教材中造型表现领域的"线条绘画内容"展开教学研究,对包括《添画》《会变的线条》等课进行改编,意在探索培养学生绘画想象力、创造力等相关内容的单元化教学研究。

教师在研究的同时,也可以利用自己的教学实践来推进单元化教学理论的深入探索。对于我们小学一线美术教师来说,经过多年的实践,每个人有一套属于自己教育特色的教学方式,教学实践是老师们最为宝贵的财富之一,但这种教学方式如果长期没有理论的支撑,只是零碎的知识,其内容就会变得死板,渐渐失去教学价值。一线的教师中,大多存在实践与理论研究相脱节的问题,本课题的研究,会使我们在拥有自己丰富的实践机会的同时,积极拓展自己在单元化教学方面的理论知识,提高理论与实践研究的高度、广度。

(三)国内外研究现状

美国芝加哥大学的莫里逊教授曾经提出了著名的"莫里逊单元教学法",这也是最早的单元化教学理念。其核心内容是倡导"以某一主题内容为一个单元,进行合理设计和教学计划,整体分配每一课时的教学内容,让单元教学中的几节课之间既有联系又有各自的教学特色。这样的整体设计,可以让学生掌握的知识更加系统、深入,并从中培养学生的研究思考意识和创造、解决问题的能力,充分发挥"单元化教学"的整体优势。这种理论,也是现在我国基础教育改革倡导的"单元化教学"。

在我国的义务教育阶段,小学美术课程一般都是按照单课时的形式编排,采用按学习领域进行划分的方式编写。这种划分方式,容易出现教材学习领域内容比较分散的弊病,影响学生美术学习的有效性和整体性。这种教学编排方式只能满足一些较简单的创作教学活动,适合于以往那种简单陈旧的以知识和技能为目标的美术教学,而我国现在提倡培养学生核心素养,发展学生的探索、研究、创新能力以及学会学习的能力,对于我国现阶段推行的教育观来说,单一课时的教学显然是不适应的。

因此,王大根老师提出了他的观点:我国的美术教育要推行"美术核心素养本位的教学",这种形式的教学有更丰富的内容和深刻的内涵,无法在以往教学的"一课时"内完成,需要更多课时的"单元化研究型教学"形式。因此,我们的教学设计、编排需要考虑的问题应该更多更全面更连贯。此外,虽然传统的零散式教学不

可取,我们还应参照国外主张的主题型教学的优点,结合我国小学生的学习现状,在实践中不断探索和改进。相比较于国外基础教学,我国小学美术课堂中,学生缺乏的是足够的活力和提出问题的能力,这就需要教师去引导,要对课堂进行有启发性的内容编排。另一方面,还要提倡学生在小组探索中,学会团队合作,学会表达,学会释放自己的美术灵感。学生有了好的思考轨迹、好的探究过程,成果才不会是泡沫似的,才能经得住考验。美术课堂的改革并非一蹴而就,而是一个摸着石头过河的过程,教师在设计教学模式的时候,应该尝试引导组织学生创造出一个符合当下素质教育理念的课堂,能够让美术课堂教学为时代的发展创造出真正有意义的价值。因此,作为美术教育工作者,我们应该在教学中不断探索研究,将理论与实践相结合,更全面地把握好美术教材与教学设计,不能"照本宣科"的盲目照搬国外教育模式,而是要取长补短地对教材进行更深入的研究与探讨,同时寻求更系统的教学方法,让我国的小学美术课成为系统、完整的单元化教学体系。

(四)研究创新点

本文重点探讨小学美术的单元化教学研究。美术教材中的每一类知识,都有自己相应的领域,但这些知识都用零散的方式编排在教材的各个课时中,这就造成教学计划的松散,也缺乏连贯性。本文在进行美术教材创编探索时,从内容出发,通过教师对教材的分析总结,把同一领域中相通性很强的教学内容放在同一单元进行整合,将美术教材中的内容化繁为简、融会贯通,突出单元的重点。具体操作,就是在原有教材的基础上先设计一个单元主题,在同一个单元里,把同领域内的有相似性和相关性的知识进行一个重新安排,再把这一单元的知识,按照难易程度和知识的相关性进行一个重新的规划设计,将知识整合得符合教学主题,并且在编排时注重知识的连贯性和整体性。这样的设计,不仅能加强课与课之间的联系,还加强了内容与内容之间的联系,并且具有了具体的操作性和有效性,在时间的安排上,每一课也都有了充足的时间来进行完善细化地研究教学。

例如,本文实践研究的主题是"创想绘画三步走"单元教学内容,属于人教版二年级美术教材的造型表现领域。本领域中,有关于绘画的内容很多,并且有非常大的相似性,在内容上大部分都能融合。在"创想绘画"三步走单元教学中,分别以"创想线条""创想图形""创想图案"作为设计内容。线条学习是美术学习的基础,本课题研究将绘画中的线条、图形、图案三部分内容创造性地关联起来进行教学实践,在教学内容和教学难度上,具有承上启下的前后关系。单元的教学设计,在"如何将小学绘画内容进行单元化教学""如何让学生像大师一样去思考""如何培养学生大胆自由的创新精神"等问题上,进行深入、具体的研究探索,运用大量理性与感性相结合的启发式教学方法进行教学实践,内容新颖、视角独特、设计合理,具有很强的独创性和教学实用价值。

(五)研究思路及研究方法

1.研究思路

为确保本课题顺利进行,在研究之初制订了如下计划:文献的整理研究、研读国内外单元化教学著作及实例、对美术教材相关内容进行单元化教学的整合和总体设计的研究。

2.研究方法

文献法:查阅有关国内外单元化教学研究的著作、文献、期刊以及网络资料,整理小学美术单元化教学案例,进行分析研究,并最终为本课题研究内容提供充实有力的理论支撑。

归纳法:通过对单元教学的实践研究和教材分析,总结归纳出美术单元化教学的基本内容和步骤。

实践法:在核心素养的基础上,制定美术单元教学计划,并在实施的过程中,随时分析、总结,把单元化教学从理论上升到实践;经过实践的探索,再将获得的经验上升到理论的高度,让本课题研究内容充实、科学、合理,也为攻坚总课题提供有力的理论支持。

案例分析法:结合自身教学实践经验,在课题实践研究中,对单元化教学内容进行分析研究,尝试找出教学中存在的优势,为本课题研究开辟创新的途径和大量新颖的实践素材。

二、"创想绘画三步走"单元教学研究相关概述

(一)什么是单元化教学

我们现在所研究的"单元化教学",就是以教材中某一类型内容作为主题,将不同的教学内容划分到不同的单元,然后再进行整体、系统的开发与设计,这种教学形式就叫"单元化教学"。

单元化教学中,教师要合理的去分配每一单元中出现的各类教学内容,以及每一节课的重难点和作业,这就要求教师必须熟悉教材、吃透教材,同时注意单元下面的每一部分既有区别又有联系,内容各具特色。要使学生充分发挥单元化教学这种方式在美术教学中的优势,从整体入手学习美术学科所需的知识和技能,培养学生达成所有教学目标。还要注意单元教学是以某一主体或领域作为完整的单元教学活动,它要求师生共同参与教学,因此,教学活动中必须有能引导学生学习的各种有效方法,有具体、明确的教学活动和三维目标,教材也要与教学目标相匹配的,学生在完成单元学习之后,应该能获得完整的生活体验,要有检测教学效果的教学评价表或评价活动及标准,而不是只有简单的知识和技能,也不是死板的模仿书上的范画和画家作品。

(二)什么是"创想绘画"

创想绘画,是笔者作为一线教师,根据二十多年美术教学经验,将创意和联想作为主线融入美术学习而形成的一种绘画方法。创意绘画以学生为主体,以启发创意想象为理念,倡导通过与音乐融合、观看有启发性的影像资料、合作绘画、在游戏中创作等教学方法,引发孩子们视觉、听觉、触觉等全方位的感受,来训练他们打破固有的逻辑思维模式,将绘画变成想象创新的平台。创想绘画是学生从体验、游戏等开始,向独立创作过度发展的绘画过程。注重学生的体验,通过培养兴趣、发展个性,打破他们喜欢模仿的习惯,营造"随心所欲""落笔成画""自主创新"的绘画氛围,学会可以在绘画中尽情表达和宣泄情绪,进而创造出新颖不落俗套

的美术作品。

(三)美术核心素养下的创想绘画与传统绘画有什么区别

在传统的绘画教学中,学生进行绘画前,老师会习惯性的给孩子播放某样物体的录像或逼真的图片,甚至还会亲自从头到尾演示绘画的过程,并让学生跟着自己一起画。虽然学生的观察能力、临摹能力会因此有所增长,但长此以往,他们的创造性思维却受到严重的束缚,这样的教学不仅磨灭了孩子们的天性,也是与美术核心素养背道而驰。

在创意实践方面,美术核心素养要求学生能够运用联想、想象和变通的方式进行构思与生成,能够通过美术学习鼓励学生进行动手实践和创作。因此,为了更好地促进学生核心素养的形成,本文设计了"创想绘画三步走"单元教学内容,让学生从简单随性的线条开始,到引情激趣的图形变幻,再到图案设计的大胆创新,逐步打开思维中的创意空间。

(四)"创想绘画三步走"单元教学研究的相关定义及理论基础

王大根教授曾指出单课时教学和传统单元教学的局限,提出教师需要用单元化教学来落实三维目标的观点和实施事宜。在学习过程中,美术学科的单一课程教学,其实就是相似技法的反复操练,所有掌握某一知识点或某种技能,都是单一的接受一些碎片化知识的过程。

而单元化教学是基于核心素养理念的教学,强调的是围绕情绪化主题展开,单元中各个环节强调相互关联,由不同性质的学习活动小单元组成的,是学科理解的综合学习,与单一学科教学有本质区别,提倡让学生像艺术家一样去创作,按照"主题欣赏—技法构思—创作展评"这一逻辑过程步步推进。单一课程教学看中的是学会某一个知识点或某种技能、技巧。而核心素养的教育观认为,就学习教学而言,学习知识本质上不是学科事实,不是遮蔽世界,而是学科理解,是揭示世界,不是内容越多越好,而是理解越深越好。

"单元化教学"是一种复杂、综合的教学方式,它与"单课程"的学习不同,不是简单的教授学科知识与技能,而是强调解决问题的"单元化教学研究"的过程。我国现在的教育专家,都提倡美术学科的教育应该培养学生"像专家一样去思考","像艺术家一样去创作",这即是美术学科的研究性学习和解决问题的过程,也是

核心素养最基本的要求。为建立学科核心素养与课程教学的内在联系,更好地发挥不同学科中独特的育人价值,教育部要求各学科专家和教师都要凝练本学科的核心素养。核心素养是学生在接受教育的过程中,逐步形成的适应个人终身发展和社会需要的必备品格和关键能力。美术学科,要根据美术家的思想观念、思维方式、创作特点与过程等,提炼出图像知识、美术表现、创意实践、审美判断和文化理解等五大美术核心素养。这也是教育部要求各学科教师要理解的"学科教育观",最终目的是为落实学生发展核心素养。因此,我们要进行单元化教学,强化学科本质和育人价值,强调学科大概念,提升思维能力,追求深度学习和学科理解。据此理念,我根据小学美术二年级教材内容,创编了"创想绘画三步走"单元教学研究内容。

(1)线条,是最原始、最朴素、最直接的艺术语言,是绘画的第一元素,也是绘画艺术中最基础和最重要的一部分。线条的造型是比较抽象性的,同时,富于变化的线条又有着较强的质感、动感、和速度感。

(2)图形,是绘画的第二元素,主要是用线条穿插或组合,绘制出相对简单的外形和轮廓,所呈现出图形的外表,也属于简单的绘画表现。

(3)图案,是经过艺术加工的图形,比图形更注重装饰性,更具有欣赏的实用价值。图案的组成要比图形更加多元化,所以,图案可以说是图形的深化形式。

(4)"创想绘画三步走"单元化教学的理论依据如下。

在"线条、图形、图案"这三者里,"线条"是最基础的元素,线的交叉组合绘制出图形;"图形"经过创新设计的艺术加工后,变成更具有欣赏和实用性的图案;而"图案",又是线条和图形的深化组成形式。因此,这三者在内容上具有整体性和相关性,属于阶梯性的从简到繁、从基础到提升的关系,从知识内容上讲,也是环环相扣、层层递进的。

也就是说,如果想启发学生在图案设计上具有创新能力和创新精神,首先就要培养他们能够大胆画出自由、充满想象力的线条和图形。如果在教学中,没有对线条和图形进行创新思维的引导,学生在图案设计上也不会有太多的想象力。

张华老师在考察了世界各地后指出:核心素养是人类适应信息时代和知识社会的共同需要,是人类适应不可预测情境的高级能力。这种所谓的"高级能力",是人们面对复杂问题与情境时能做出的富有创造性判断、决策和行动的一种能力,即"像专家一样去思考,像美术家一样去创作"。而本课题的研究正是基于核心素养的内涵,带着"让学生像大师一样去思考"的目标,将小学美术部分绘画课程进行单元化教学设计。

通过以上理论分析,子课题的研究以攻坚总课题内容和小学美术教材为依托,将线条、图形、图案的教学内容,以启发学生想象创新能力、让学生像大师一样去思考为目的,改编成单元化教学设计,分别是创想线条、创想图形、创想图案三部分,并将子课题题目定为《"创想绘画"三步走》。

(五)"创想绘画三步走"单元教学研究的内容特征和对攻坚总课题的重大意义

本文秉承了攻坚总课题的研究思路,以美术核心素养为基础,把美术课程部分内容进行单元化研究,培养学生更加丰富的创造力、想象力。

在"创想线条"和"创想图形"的学习部分中,教师不去事先设定画面内容、结果,而是通过引导孩子观看世界顶级大师的绘画作品和过程,明白"即使没有大师的绘画技巧,也要像大师一样去思考和创作"的道理。启发学生在绘画过程中,感性的去自由挥洒画笔,并且以自由创作、小组合作等形式,凭直觉去联想,甚至把绘画的痕迹不断进行添加、改造、推翻、重塑,进而创造出属于自己的独一无二的作品。这个创新的过程是具有生成性的,通过不断变化创新,最初的样子可能已经面目全非,而孩子们的创造力也在这些不断改造、重塑的过程中化蛹成蝶,真正形成了自己的创造性思维。

在"创想图案"学习部分中,教师对学生的引导,又从感性的自由挥洒,变成理性的分析思考,思考到底什么样的美术作品才是真正创新的作品,自己该如何去创造富有自己特点和个性特征的作品。

布鲁纳在他的著作中曾经提出:学生在学习上应该逐步形成自己的学习方法,这是良好的学习素养。他认为,学生在学习各种知识的同时,必须掌握探究和创新的方法,这也是最为基本和最为重要的学习方法。因此,在小学美术单元化教学中,教师要合理安排单元学习目标,学生应该通过自主研究,探索出知识与知识之间的联系,进而获得更深层次的认识和理解。单元化的教学设计还培养了学生的研究思考能力和解决问题的意识跟能力,充分发挥教学的整体化优势。这样的单元化教学,使课与课之间,形成了一个递进的整体,有利于学习内容的相互融合,有利于教学内容、教学手段的拓展深化。学生在经历三个课时后,便能完成具有创新性的、具有创造思维的美术作品。并且,学生对绘画创新能够进行分析和比较,有了更深入的思考,对于如何创新有了更深入的理解。学生的作品也整个上升了一个层次,有了更加伸展的空间。

因此,为了能够更好地提高教学效率,适应学生身心发展,促进学生美术核心素养的形成,本课题将小学二年级美术学习的部分内容整合成单元化教学,并进行相关内容研究。

在设计小学美术单元化教学过程中,我逐步形成单元化教学理念,消除了课时教学意识,把单元目标设定的重点放在培养学生探究能力、创新精神等综合素质方面,将单元主题渗透在课堂教学和美术活动中,结合美术核心素养要求和创想绘画教学方法,设置单元课程教学目标,充分凸显出学科的育人价值。在态度与价值观的设置上,要求学生通过线条表达自己的情感,形成积极的生活学习态度,通过美术活动体会线条的美感和线条的表达方式。整个单元的研究中,引导孩子们从感性到理性去思考、创作的过程贯穿了始终,这也是本课题研究的最大特征和创新之处,对学科团队攻坚项目也具有深刻的意义和内容的支撑。

三、"创想绘画三步走"单元教学研究的内容、目标和设计原则

(一)单元教学设计原则

在进行单元化教学设计的时候,教师要先了解同一教学领域内的内容,还要分析单元课题的设置目的、内容、特征等,然后划分成单元组合,再结合学校条件和学生的实际学习能力设置内容,并调查学生对这一单元课题内容的探究欲望,思考教学运用的组织形式等。还要设计学生是独立完成或小组合作等学习形式,同时要根据学生对这一单元内容的理解程度,找出学习的重、难点,并提出解决问

题的具体办法。

教师还应该注重如何将单元教学目标融入教学,在设计过程中就要注重单元内课程设计的承上启下关系,明确本课程在单元教学中的作用。此外,单元教学中的每一节课都是前一节课的延续,同时也为后一节课做好铺垫,其单元知识的难度应该是递进的,有纵向的联系。因此,在单元化的教学中,教师首先应该在课程开展时,针对上一节课的知识内容对学生进行引导,复习上节课布置的学习任务,在课程的最后阶段,还要请学生做好评价的环节,以及下节课的材料准备,使学生对下节课内容有所了解,做好预习,实现教学的纵向联系。

在单元教学计划中,教师要根据教学实际情况设计出整个单元相对完整的教学策略,和相互关联的承上启下的多课时的教学内容。在单元化教学设计的最初,教师就要思考一些问题。第一,如何根据课程,设计出循序渐进,由浅入深的教学内容,提升课程的内涵。第二,不断深化学生的思维、认知,设计好单元教学中的教学问题,第三,如何运用先进的教学策略和教学模式,来安排教学顺序。第四,要规划好设计什么样的教学规则和评价机制、手段,来保证教学活动的顺利开展,在教学中打开学生的创新思维。

教师需要深入钻研教学标准,对于单元化的教学内容,要在读懂教科书和教学参考书的基础上精心安排,周密实施。要确定学生已有的知识技能和将要学习的知识之间的联系,确定本单元内容在整个学段及美术知识体系中的位置,并具有随机进行重新编排设定的能力,形成更合理的、纵向的、知识难度逐渐加深的单元化教学内容。

每一个单元教学的总目标都是根据课程标准来拟定的,不能将单元总目标与课时目标混淆,这是较为具体并且适合于本单元内容的一种目标,不能用课时目标拿来当单元总目标。尤其在拟定单元教学目标时,要注意以下几个方面。

(1)本单元要培养学生什么能力和理念?增进那些知识?

(2)本单元要发展学生的哪些技能?培养那些习惯?

(3)本单元要养成学生的什么态度?培养什么理想及兴趣?

(二)教学目标和单元教学重、难点

根据上述原则,我制定出如下单元教学目标和单元教学重、难点。

1.本单元教学目标

①通过"创想绘画"三步走单元教学设计,以学生为主体,将联想、创新的教学理念融于课堂教学中,增强学生的线条创新、运用技巧,以及具体形象的创新绘画能力;②美术教学中,造型表现学习领域的"线条学习"部分,是美术学习的基础,也是小学阶段美术整体教学的重中之重。本课题的研究将线条、图形、图案设计三个部分创造性地关联起来,进行单元化学习,无论是内容还是技法,都有承上启下的前后关系,重在启发孩子们创造性地运用各式各样的绘画语言及思维方式;③通过与音乐融合、欣赏大师创作、游戏绘画、小组合作、互动交流等多种方式让孩子对美术表现语言进行创新运用。

2.教学重点

引导学生通过美术欣赏、游戏绘画、感悟音乐节奏、感悟大师创作过程、即兴创作等活动,来感受"线条"作为一种造型语言的功能和魅力,并从中受到启发,自由创作,进而在美术实践中去表达自己想要的线条、图形、图案,以富有创意的美术作品来表达个人情感。

3.教学难点

线条是一种造型语言,它具有表现性、含蓄性、象征性和抽象性等性质,如何用简单易行的方式把这些特性传达给学生,使孩子们能够在轻松愉悦氛围下获得启发,大胆想象,并能够表达出内心感悟是本单元教学的教学难点。因此,教师应该引导学生不追求画面"形"的酷似,而表现出笔下"线"的生动有趣,和图案设计的想象创新。

四、"创想绘画三步走"单元教学研究实践案例

线条,是美术最基本的造型手段,是构成视觉艺术形象的基本要素之一,更是孩子们表达内心世界的基本手段。"创想绘画三步走"单元教学,正是研究如何将

"线"的概念融入小学美术课堂,让孩子们的绘画具有创新性,能够艺术的、自由的运用线条。

在小学低年级学生的绘画学习中,即要有鼓励学生天马行空、随性落笔的感性画法,又要有教师循循善诱,引导学生客观分析、观察的大胆创新。本文案例重点研究把学生的感性思维和理性思维同时调动起来,充分地启发孩子多角度思考、创新,走出传统绘画思维模式,让他们大胆表达对事物的感受,展示自己的个性特征。

在教授"创想线条"这一单元内容时,我首先让孩子们欣赏艺术家动画作品中的线条,在视觉的享受中感受美术作品中线条的运用,体会线条带来的动感,尝试不同线条的艺术语言,再把线条带入自己的作品,让线条动起来,这样的授课方式,让孩子在充分感受了绘画中线条的美,同时,还学会在音乐的带动下,用不同情感、情绪去充分表现出"会动的线条"。

(一)"创想绘画三步走"单元教学设计第一部分:创想线条

创想线条　教学设计环节

教学活动环节一:教学目标

1.了解丰富的线条表现语言,如长短、粗细、刚柔等等,以及它们带来的感官印象。

2.通过美术欣赏、游戏绘画、感悟音乐节奏、即兴创作等教学活动,引导学生进行线条练习。

3.突破定向思维,打破固有思维用线死板的习惯,引导学生对线条进行大胆、随性的创作。

教学活动环节二:导入部分

1.利用动画短片"下雨了"导入本课。在动画的激情引趣中,让学生回忆复习线条的种类及表现特征。

如:横线代表平稳、安静;斜线代表积极、向上;波浪线代表柔美、有韵律感;锯齿线代表激荡、有力量感、顿挫感;弹簧线代表轻快、富有节奏感等。

2.分析哪些线条打动了你? 用恰当的词汇描绘线条特征。

教学活动环节三:新授内容

1.教师亲自演示:用一条连贯的、富于变化的线条来板书课题《创想线条》,并用不同的线条适当装饰,让学生在惊奇中感悟线条的魅力。

2.赏析音乐,游戏练习:教师播放不同类型的音乐,如《命运交响曲》《匈牙利舞曲》《猫和老鼠插曲》等,请学生用手指随着音乐的情绪、节奏,在空中划出不同力度的各种线条。

(注:为了引导学生大胆自由的挥洒线条,此环节设计中,借助音乐来进行辅助教学。音乐可以帮助学生更感性的理解线条,明白线条和音乐一样也是有节奏的,一样富有情绪变化的特征。如:激昂的节奏像锯齿线;舒缓平静的音乐像直线;由低沉变高昂的音乐就像上升中的斜线;轻松欢快的音乐像波浪线和弹簧线等等。)

3.教师出示线条绘画的要求:①听音乐,在纸上画一条不会断开的线条;②线条要随音乐的起伏进行变化,里面要包含不同种类的线条,如波浪线、锯齿形、直线、弧线等,还要相互穿插;③线条要疏密结合,不能留太多空白,也不能画得太密;④线条具有丰富的表现力和多彩的艺术美感, 是人们表现客观世界情感、力度、韵律的必要手段。我们要用线条来创造艺术和宣泄情感,创造出自己对"美"独一无二的感受。

(注:学生在有要求的情况下画出的线条,会比刚开始在空中随意画的线条更具有理性的思考。)

4.教师播放30秒《西班牙舞曲》《命运交响曲》《猫和老鼠插曲》等音乐。学生一边赏析音乐片段, 一边用不同特点的线条在画纸上表达对每一段音乐的理解,学习用线条来表达感情,体现自己的主观感受。

教学活动环节四:探索实践

教师引导创想,学生游戏探索

1.教师提问:穿插的线条,无意中形成了千奇百怪的形状,你能不能从里面找出某种物体的轮廓,并通过添画让轮廓变成清晰的物体形象?

2.教师引导学生有秩序的观察,从上到下,从左到右,甚至将画纸旋转、反转,师生共同探索不同的形状可以添画出什么物体(见图1)。

(注:此环节中,教师要引导孩子们学会分辨物体轮廓,不仅要分辨小的形状,还要擅于将各个孤立的形状联系在一起,经过添画组成新的形象。)

这种观察仅仅用眼睛是不够的，还需要用语言来帮助孩子对直接感知的形象进行表象加工，让他们将观察中获得的零散的感受进行整理、概括、添加，从而形成细节丰富的有创新性的美术作品。学生在观察、思考、添画的过程中，也养成了大胆用笔，自由创作的习惯，潜移默化培养了创新精神。

图 1　引导学生进行"创想线条"的练习

教学活动环节五：展示学生作品、完成自主学习评价表 1。

表 1　美术课自主学习评价表

1.按要求画出自由、随意的线条	1.我能完成
2.能感受音乐的韵律，用线条表达情绪	2.我喜欢
3.能在线条交错留下的痕迹中找出各种图形并添画成新图案	3.困难
	4.措施及效果

美术教学评价是对一堂课，或者一个过程的总结及反思，可以是学生自评，也可以师生、生生互评。美术单元化教学的评价主要体现在：学生对美术知识技能、美术语言等的内容掌握程度；学生在学习中创新思维发展的情况；美术单元化教学对提高学生能力的效果如何。

美术学习评价表是判断我们是否在教学中完成了教学所规定的重、难点和教学目标，以及学生是否理解了本堂课重、难点等情况的反馈。美术课程的学科性质，决定了它不可能像其他学科一样采取用分数测评成绩的方式进行评价，在美术课中，评价在很大程度上反映了评价主体设计的价值体系，教育者的价值体系决定了美术教学想评价什么，和应该用什么形式评价的问题。一般情况下，进行合

理的多元化的教学评价,可以有效地检验出美术课教学目标完成的情况。因此,美术单元化教学中,在对单元内容实施评价时,其侧重点也是要认真斟酌的。我们在落实三维目标、培养学生核心素养的同时,也要关注学生多元智能以及各个方面的发展以及学生学习结果的有效性,教师还要关注学生在单元教学中,对美术技能知识的掌握程度和对美术语言的理解等等。

教学活动环节六:教学反思

在"创想线条"一课的教学中,教师重点启发孩子用线的重叠与交错、粗细与轻重、深浅和疏密的不同变化、节奏韵律的变化、表现不同的事物,自行创造出多种线条表现形式。教师还引导孩子仔细观察各种线条是如何结合、交叉在一起,理解世间万物皆可用线条表现,利用变幻的线条可以组成千奇百怪的基本形状,再进而形成富有创意的组合线条及形状,并进行图案设计。在学生独自观察与感受的基础上,让他们按照自己的情感用线条去进行表现,尽量避免刻意模仿的痕迹,培养出他们的独特个性和创新精神。

(二)"创想绘画三步走"单元教学设计第二部分:创想图形

通过第一部分"创想线条"的学习,学生运用线条的能力已经有了很大提升,能够画出各种富有灵性的线条了。本课的学习,让学生在之前的基础上,站在大师的视角去理解如何将线条变成各种图形并进行大胆的创作。

教学活动环节一:教学目标

(1)观看大师毕加索创作视频、达利绘画作品,了解大师眼中的世界,以及他们是如何进行创作的。

(2)通过小组"连连画"游戏创作,引导学生集体合作,大胆创作。

(3)引导学生突破定向思维,打破固有思维用"形"受束缚的训练,自由创作,发展创造性思维。

教学活动环节二:导入课程

用艺术大师"毕加索"和"康定斯基"的抽象绘画作品导入本课教学。

让学生欣赏毕加索等艺术大师的绘画作品以及生活中出现的线条丰富的图片。如:凹凸起伏的长城、埃菲尔铁塔、螺旋上升的楼梯等等。同时,理解线条与生活的联系。

这些线条有的流畅,有的曲折,有的线条显得纤细、柔软,有的则显得粗壮、坚硬。组合在一起,可以变化成丰富、生动、鲜活的画面。其实,线条在我们的生活中也是多种多样,无处不在。

教学活动环节三:新授内容

(1)图片中运用了哪些线条?这些线的排列给你什么感觉?整齐还是凌乱?流畅舒展的曲线,既有变化又有秩序,给人装饰的美感。

(2)理解美术基本元素:美术平面绘画有三种最基本的绘画元素,就是点、线、面。这三种最基本的元素,再加上适当的色彩,可以让画面更加美观、丰富。

(3)下面,我们就来欣赏一些由点、线、面巧妙组合创作而成的优秀作品。这些画中,线条的变化千姿百态。(播放课件)

(4)研究线条的变化,我们不得不提到一位西班牙著名的绘画大师——毕加索。他绘画的特点就是运用各种各样变化的线条进行造型和装饰。

大师毕加索一生创造了三万多幅珍贵的作品,他创造的灵感是如何找到的?他创作时的状态又是怎样的呢?现在我们就一起来看一段在 60 年前拍摄的录像,这是毕加索创作时真实的过程。

(播放 1 分钟毕加索创作的真实录像。这是毕加索在他的工作室作画,摄影师正在录下他创作的全过程。)

录像中,毕加索刚开始用笔画了几朵小花;添画一个外形后,小花变成了一条鱼的外形;再简单添画几笔后,鱼立即变成了大公鸡;再次添画几笔后,大公鸡又变成了一只黑猫。

后面陆续播放毕加索随意进行创意添画的珍贵影音资料。

(5)观看后教师引导学生理解:原来大师也是在运用点、线、面进行创作,他创作时,有时候几个简单的图形加上装饰,就可以变成漂亮的装饰画;有时候,他并不是提前想好内容再去绘画,而是根据即兴的感觉,自由发挥,随时变化,产生灵感。

你能像大师一样去思考如何进行绘画创新吗?上节课我们学习了如何画出"自由的线条",这节课,你能用"自由的线条"创作出新颖的图形吗?

(通过观看大师的创作过程,使学生摆脱传统绘画的束缚,摒弃模仿的习惯,激发孩子对自主创新的渴望。在上节课"创想线条"的基础上,进一步加深对绘画创作的理解,用自由的线条进行"创想图形"的创新。)

教学活动环节四:游戏实验创新

(1)同学们和老师一起来做个"创新大接龙"的游戏。

(2)游戏的规则是这样的:先请一个同学来画一个简单的图形,其他同学将这个图形添画一笔或几笔,变化成新的图案。学生分小组合作创作出"创想图形"。

游戏名称:"创想线条大接龙"

每个组的同学可以按照游戏规则,在画纸上共同合作创新。别人画的同时,你还可以在自己的小张纸上发挥自己的想象,大胆创作出新颖的作品。

作业要求

(1)发挥自己的想象,大胆创作出新颖的作品。

(2)分小组合作,用点、线、面和简单的色彩,疏密结合、富于变化的进行创作。

小结:游戏创作的环节为孩子们搭建起了"具体经验和抽象概念"之间的桥梁,因此,游戏合作环节在此非常要。

教学活动环节五:教学反思

本课教学设计,通过游戏、集体合作等方式促进学生提高学习兴趣,让创作充满不确定性,在组合变化中寻找思维的灵感。游戏环节激活了孩子们对创作的快乐和渴望,激发了他们的形象思维及逻辑思维,将传统教学千篇一律的"模仿式"绘画变成学生主动学习的乐园,课堂中充满各具风格的"创想式"绘画。

通过让学生观看具有重要启发性的有声影像资料,引导学生理解,即使没有大师的绘画技巧,也要像大师一样去思考如何进行绘画和创新。绘画在技法上可以向艺术家们借鉴学习,但在创意上永远没有刻板的要求,无须刻意模仿。任何伟大的艺术都是具有独创性的,都是作者从自己独特的视角对生活的理解和表达。

(三)"创想绘画三步走"单元教学设计第三部分:创想图案

经过前两课内容的学习,学生在绘画上已经具有了初步的创作意识,但创作的随意性太强。本课的学习中,教师循循善诱,引导学生客观去分析、观察,将培养抽象思维与具象思维相结合,更充分的启发孩子多角度思考如何进行绘画的创新。

在本课教学中,教师对于启发学生创新思维,进行了具有针对性的教学设计。

将联想和创新的思维作为主线引入教学,从而拓展学生的思维,使课程具有创新性。学生在教师的引导下,通过合作、启发等方式对教师提出的问题进行研究探讨,激发学习兴趣,并获得创造性思维。教师通过设计能引发学生深层次思考及创新,使课程具有启发性、人文性、创新性,成为提高学生教学质量,打开创新思维的重要策略。

创想图案　教学设计环节

教学活动环节一:教学目标及重、难点

(1)通过观看达利的绘画作品《记忆的永恒》,以及其他大师的艺术作品,引导学生理性观察,学会像大师一样思考、创作。

(2)养成认真观察的好习惯,理解创作时要抓住物体的主要特征,大胆的创作出富于自己个性特征的绘画作品。

(3)理解艺术来源于生活,服务于生活,与生活实际密切相连。

教学重点:通过观察大师作品,理性的思考创作的方式、方法。

教学难点:大胆想象,创作出新颖的绘画作品。

教具准备:课件、教师制作的范图

学具准备:勾线笔、油画棒

教学活动环节二:导入环节

利用世界著名绘画大师达利的绘画名作《记忆的永恒》局部画面,导入本课教学。

《记忆的永恒》是西班牙超现实主义画家萨尔瓦多·达利于1931年创作的布面油画,现藏于美国纽约现代美术馆。

教学活动环节三:新授内容

教师:《记忆的永恒》是西班牙超现实主义画家萨尔瓦多·达利于1931年创作的布面油画,现藏于美国纽约现代美术馆。在达利梦幻般的作品中,任何物体都是可以夸张变形,充满想象的。你能看出这幅图画的是什么吗?

学生共同答:钟表。

教师:大家回答的真是异口同声啊!桌子上物体的外形就像软饼一样,一半在桌子上面,一半垂到桌子下,你们是怎么一眼就分辨出达利画的是钟表呢?

学生:因为上面有表针和数字。

教师:"表针"和"数字"是钟表最大的并且独有的特征,原来你们是根据这个特征看出这是钟表的,真是太聪明了!

范图《海盗船》

教师:第二幅图上是什么?(一艘海盗船上有各种拟人化的水果)

学生:海盗船。

教师:画面也有很多水果,你为什么不说那是一盘子水果呢?

学生:图上,船头有铁链拴着的船锚,船身上还有救生圈和救生艇,船杆上面还有象征海盗的骷髅旗,所以一看就知道是海盗船。

教师:原来你是根据船锚、救生圈、骷髅旗,这些特征看出了这是一艘海盗船。

(1)教师总结:教师借机引出本课的重点。原来不论是什么形象,只要找出它最主要、独有的特征,就可以分辨出是什么物体了。也就是说,我们在设计、创作一样物体时,必须要表现出它最主要的特征,其余部分的外形,就可以随意变幻创新了。

(2)游戏互动:我们来做个有趣的游戏,老师说出一样物体或一种动物的名称,请同学来说出它最突出的特点。

①大树:有树枝、树叶;②轮船:有船锚、救生圈;③房子:有顶、有窗、有门;④飞机:有机翼;⑤汽车:有车轮;⑥怪兽:有怪怪的眼睛和爪子;⑦瓶子:瓶盖等。

(注:教师在游戏中引导学生能够准确地抓住事物最突出的特征:比如汽车的车轮、瓶子的瓶盖等等。这样做的目的是让学生理解,创作中物体的形态可以随意夸张、变化,只要将最突出的特征画出来就可以了。)

(3)教师:我现在拿出两个车轮和车窗贴在黑板上,谁来大胆地说出,你想创作一个什么样的有趣的汽车外形?

学生1:我想创作一个青蛙外形的汽车。

学生2:我想创作一个鞋子外形的汽车。

学生3:我想创作一个机器人变形汽车。

(4)教师:外形变了,物体最主要的这个特征能不能变形呢?比如房子的窗户只能是方形吗?

学生:还可以是圆形的、苹果形的、葫芦形的……

教师:对啊,最主要的特征一定要有,但是这个特征也是可以变形的。

教学活动环节三:实践创作

教师拿出课前准备好的教具——不同物体的各个重要部分,贴到黑板上。其中有不同形态的表针、眼睛、翅膀、门窗、车轮、发型、瓶盖、树根等等。

作业要求:这些都是不同物体的不同特征,请你选择其中一种,为它创作出别具一格的物体外形。

多媒体给出创作时需要思考的问题。

(1)给你两个表针,你能设计出形态新颖的魔幻闹钟吗?

(2)给你一双凶猛的眼睛,你能设计出怪兽的脸吗?

(3)给你一双翅膀,你能设计出形态怪异的飞鸟吗?

(4)给你一扇门,你能设计出魔幻城堡吗?

(5)给你两个车轮,你能设计出未来世界的超级汽车吗?

(6)给你一个酷酷的发型,你能设计出奇特的小怪人吗?

(7)给你一个瓶盖,你能在设计出形态新颖的魔法瓶吗?

(8)给你一个树根,你能设计出一个魔法森林里的怪树吗?

教学活动环节:展示学生作品

图2 学生创作的创想图案《大飞层层屋》和《鞋子钟表》

教学活动环节五：课后小结

传统教学中，孩子们画的汽车大都还是马路上汽车的样子，而经过本课创想图案的学习，孩子们画出的汽车可能是乌龟、青蛙的外形；画出的大树可能像个挥手的巨人；画出的房子可能会在天空飞翔；画出的闹钟可能是一只可以当笔筒用的鞋子(见图2)。通过本课的启发联想，他们的想象力就像张开翅膀的飞鸟，敢于在画纸上大胆自由的遨游！

教学活动环节六：教学反思

本课内容的设计目的，是引导学生像艺术家一样去思考创新。经过单元教学中前两部分感性的绘画创作之后，本课教师带领学生首先进行理性的观察思考，在认真的分析后，逐步有目的、有意识地进行图案创新。学生通过以往生活中获得的记忆经验，与本课所学的知识融合，便能设计出新颖的图案了。在进行教学设计时，我们还应该注重课程内容要与学生生活实际相联系，根据学生的年龄特征，将绘画内容与生活中学生喜闻乐见的物体结合起来。调动学生积极性和好奇心也是单元教学活动中最大的特点之一，为学生提供了机会去考察与他们生活息息相关的事物。美术课因为具有的图形、图像功能，以及特殊的审美功能，让学生了解了我们的绘画与生活是密不可分的。要让学生在学习绘画的同时，理解绘画的实用性，明白绘画的作用，是要服务于生活，美化装饰生活。

五、课题研究经验分析总结

(一)课题研究前必须了解国家最新推行的教育理念

我国开展基础教育课程改革已经近二十年了，新的教育理念和教育要求层出不穷，新的教育问题也不断出现。20世纪，我国小学教育一直秉持学科本位的学习观，学生的主要任务就是学习掌握基础知识和基本技能，即我们所说的"双基教育"，最终以掌握书本知识为主的学习观，显然，这些是不能适应知识不断爆炸的当今社会的发展要求。因此，目前国家提出了"学科核心素养"和"核心素养"的大概念，基础教育改革提出了要改变"课程过于注重知识传授"的倾向，要形成积极主动的学习态度,使学生学会学习、主动学习并形成正确的价值观,同时明确了课改的重要目标是"学会学习"。课程改革目标转向强调深度学习和研究型学习,提倡基础教育的美术学科要进行单元化教学研究,更好地推进以核心素养为前提的基础教育课程改革。

钟启泉老师曾经指出:核心素养在教学实践与课程发展中是环环相扣的关系,作为一线的教师要将设计"基于核心素养的单元化教学"当作是一个常识和常态。由于缺乏学科核心和单元素养的概念,导致我们基础教育领域的各学科教学实践乱象丛生。国外的教育已积累了丰富的单元教学的经验,我们应该积极学习,在未来的教育中,单元化教学设计将成为世界课程发展的主流。虽然不同学科的教学真实性和学习任务各不相同,过程与方法也不相同。但单元化教学的理念是相同的。各学科研究的过程与方法是由学科性质和学习任务的特点决定的。很多教师因为不理解过程与方法该如何实施,也不理解过程与方法所指,课改的目的就会落空。因此,明确单元化设计理念,落实各学科研究的过程与方法,是实现学科核心素养的焦点。所以,基于核心素养的单元设计就成为一线教师必须直面的严峻挑战。

作为小学美术一线教育工作者,我们的教育理念不能还停留在"双基"学科本位的阶段。如果把目标只放在"双基"学习,又不能理解三维目标自主构建的学习内涵,那么我们根本就不能正确理解课改的理念和要点。因此,我们有必要去尝试、探索单元化教学的内涵和要求,充分了解课本,更好地落实学科核心素养下的美术教育培养任务。

毋庸置疑,在当前教育模块基础上,美术学科的单元化教学已经在初、高中的课堂上应用范围扩大,并且取得了较为良好的教学效果,不仅促进了学生的主体地位的巩固,还了提高了学生学习的积极性,实现了师生之间积极互动的优势,其发展前景十分广阔。但在小学美术课本中,教材的编排,主要还是以传统的单课时教学模式为主,没有进行单元化的课程改革。因此,小学美术课本的课时目标定位不合理,单课时教学质量一直较差,存在教学目标脉络不清,美术活动缺乏针对性等诸多问题。小学美术教师应该合理设计运用单元化教学,实现对学生的创造能力、审美能力、思维能力的培养。

(二)本文研究经验总结

1.单元化教学设计内容编排经验总结

本文的研究中,笔者作为一线美术教师,凭借多年的教学实践经验,对小学美术单元化教学设计的方式、步骤及具体内容进行了分析总结,探索了如何在单元化教学设计中,依据美术核心素养,引导学生像大师一样去思考,充分激发学习兴趣,利用单元化教学设计提高教学效率,打开学生想象的空间,自由大胆地进行创作。课题的研究将"创想线条、创想图形、创想图案"三个部分创造性地关联起来,进行单元化学习,无论是内容还是技法,都有承上启下的前后关系。引导孩子创造性地运用各式各样的绘画语言及思维方式,通过与音乐融合、欣赏大师创作、游戏绘画、小组合作、互动交流等多种方式,让孩子对美术表现语言进行创新运用。通过对教学案例的实践总结,研究得到了丰硕的成果,即丰富了总课题的内容,又以总课题的论点作为支撑,对学生今后的美术学习建立了良好的示范模式,论证了单元化教学对美术学习的优势和重要性。

本单元教学的设计中,既有鼓励学生天马行空、随性落笔的感性画法,又有教师循循善诱,引导学生客观分析、观察的大胆创新。整个研究将培养抽象思维与具象思维相结合, 让学生左脑和右脑同时调动, 更充分的启发孩子多角度思考、创新,走出传统绘画思维模式,大胆表达他们对事物的感受,展示自己的个性,对学生今后的美术学习建立良好的示范模式,对美术教学改革有很大的参考价值。本文还用实践课例,论证了"创想绘画三步走"单元化教学研究在小学美术学习上的优势。在让学生感受到线条的动感特点,引起学生的兴趣之后,教学内容并没有戛然而止,而是趁热打铁,利用大师创作的实景激发学生的兴趣,进一步让学生了解"线条与图形""图形与图案" 之间的关系以及创新的特点, 利用知识之间的连续性,启发学生的创新思维,形成"创想绘画三步走"。

2.单元化教学设计难度编排经验总结

二年级原本的教材中,关于线条、绘画的课程,虽然难度也是由浅入深,但课程排列不集中,在编排的时候,未考虑到学生知识的衔接和对难易程度的接受。因此,我在深入分析教科书、教学大纲的基础上,将"造型表现领域"关于线条的内容集中到一起,结合学生的美术水平,进行了重新定位,创立了"创想绘画三步走"单元化教学设计。同时将教材中几课时的内容调整为单元课程中的三课时内容,形成纵向型单元化教学,其难度是逐渐加深的,在单元学习中提供给学生充分的学习探索和反思的时间。在单元教学中,教学内容由单一化逐步由浅入深,学生不断地学到具体的知识与技能,不断升高创新思维,不断提高自己的知识与技能和操作能力、表现能力。在这三课时中,每一课时都是对原有内容知识性、理论性的加强,将已有的知识进行加工创新学习,形成独特的递进的单元化教学,使学生可以更有效的加强认知学习。

"创想绘画三步走"单元教学设计中的每节课都是相对独立完整的课。有自己的重难点、教学目标、有本课独立的教学内容和需要完成的任务,每节课也都有自己的侧重点。如第一课侧重了了解线条的性质,第二课则侧重于图形的认知和变幻,第三课侧重于启发学生的绘画创新思维。在其中还有一些小的变化,例如第一课利用了学习评价表对于学生进行评价。让学生可以获得不同的美术作品的体验和感受。同时,每节课也都是单元计划的一部分,都与单元教学目标相呼应,都注意了承前启后的作用。每一课既是前一课的延续和发展,同时也是后一刻的铺垫和准备,为下一课的课程安排做好铺垫,让学生思考,体现教学的连续性。

爱因斯坦曾说过:想象力比知识更重要。本单元三部分的教学设计,笔者带领孩子们完成了从无意识的自由落笔,到有意识的观察、分析;从线条的酣畅挥洒,到精心的添画创新;从随性的接龙游戏,到理性的设计图案。孩子们打破了思维固有模式,对已经有认知的形象进行不断塑造、推翻、变形、重塑、再创造。改变视角、大胆表现,运用放大、简化、变形的方法自由想象创作。有效地促进了了孩子们视觉识图、美术表现、审美判断、创新实践和文化理解这五大美术核心素养的形成。经过几堂课一系列的尝试,我发现这样的单元式教学设计,以学会学习为最终目标,将学生作为学习活动的主体,将真实的社会生活和生活经验包含在其中,给学生提供更多的学习挑战,激发学生主动学习,探究性学习动机,体验到成功的喜悦,增强了学生对美术的学习兴趣,同时能使学生获得自信和创新作品的灵感,而这些单元化的设计都是学习的强大动力。

钟启泉教授曾说过,单元化教学设计不可能一蹴而就,也不可能一劳永逸。相反,肯定会经历种种迷茫、困惑、冲突、感悟,是一个由否定到肯定,再否定,再肯定的过程。在一线的教师们正是在这样的过程中,才能不断调整自己的教学增长,让

教育扩大深化,产生新的教育智慧和新的教育变革,单元设计归根结底是教师教学活动的重心和永恒的主题。

　　小学美术的"单元化教学",蕴藏着巨大的可创造性和可以开发的空间,许多的课程都需要我们去尝试与实践,开发出各具特色的单元化教学拓展,这也是我们这些美术教师必须思考的一个新的教学思路的问题,也注定是美术教学改革的一种趋势、一种契机。目前,小学美术"单元化教学"正处在尝试和探索的阶段,还有许多理论问题需要研究,也需要广大美术教师充分发挥聪明才智,进行大胆的实验和不懈的探索。

参考文献

[1]王大根.谈谈美术课的单元化教学[J].中国美术教育,2001(03):6-8+13.

[2]王大根.三维目标须以"单元化研究型教学"来落实[J].现代中小学教育,2010(05):23-27.

[3]王大根.小学美术教学与研究[M].北京:人民教育出版社,2013.

[4]钟启泉.单元设计:撬动课堂转型的一个支点[J].教育发展研究,2015,35(24):1-5.

[5]张华.论核心素养的内涵[J].全球教育展望,2016(04):10-24.

[6]张华.论学科核心素养——兼论信息时代的学科教育[J].华东师范大学学报(教育科学版),2019,37(01):55-65+166-167.

[7]中华人民共和国教育部.义务教育美术课程标准(2011年版)[S].北京:北京师范大学出版社,2011.

第五篇

典型实践案例实录精选

画漫像

天津财经大学附属小学　吴蔚

教学内容分析

本课是在人民美术出版社五年级上册第二课《画人像》基础上开发的内容,可以在完成《画人像》教学之后进行本课教学。本课属于"造型·表现"学习领域,开发本课的目的在于使学生接触现在流行的艺术形式,体验造型活动的乐趣,丰富其审美感受。此外,本课教学中利用软件使手机与电脑无线互联从而实现:①手机控制电脑操作及幻灯片的放映;②将手机画面发送到屏幕上,及时呈现学生练习中的优点及问题,方便教师随时点评,也不影响学生练习。

学情分析

五年级的学生随着年龄的增长对于写实手法的美术作品比较欣赏,但是所掌握的技能技巧不足以使其顺畅的画自己所要表现的物象,形成眼高手低的情况。五年级上册的教材从《肖像艺术》到《画人像》无不要求对人物造型的准确表达。大部分学生会对自己的作品不太满意。而漫画肖像独有的夸张变形的表现手法不拘于形体的准确,而是在观察中发现人物外形特征并夸张地表现出来,从而达到了肖像艺术更高的追求——"神似",再辅以教师对本课特有的设计,能够使学生以现有的技能技巧表现出有趣的漫画肖像,体验造型活动的乐趣。

教学目标

1.知识与技能:欣赏漫画肖像作品,了解其表现手法,学习运用夸张手法表现人物肖像。

2.过程与方法:通过欣赏、分析等手段学习漫画肖像的表现手法,运用夸张的手法为自己绘制漫画肖像。

3.情感态度价值观:在欣赏分析中感受漫画肖像特有的幽默与内涵,在实践中体验造型的乐趣,在评价中获得情感的升华。

教学重点:通过学习为自己绘制一幅肖像漫画。

教学难点:人物特征的捕捉与表达。

教具:课件、手机、电脑、彩卡纸、黑色记号笔、剪刀、胶棒。

学具:彩卡纸、黑色记号笔、剪刀、胶棒。

教学过程

一、欣赏导入

师:这学期我们学习了《肖像艺术》和《画人像》,通过学习你觉得画人物肖像最重要的是什么?

生1:肖像画最重要的是画得像不像。

生2:我觉得重要的是写实。

师:两位同学说的意思一致,人物肖像重在写实。(板书:写实)

现在请大家看几张我画的肖像作品,观察一下与之前学习的肖像有什么不同?

教师播放课件,引导学生观察绘画作品。

学生观察并回答问题。

生1:这几张画不完全是写实的画面。

生2:我觉得与之前的 肖像画相比,形象比较夸张。

教师小结:这些作品不拘于人物的比例使用了夸张的表现手法。(板书:夸张)

这种肖像画由于使用了夸张的漫画表现手法所以被称为"漫画肖像",这节课我们就来学画漫像。(板书课题:《画漫像》)

二、探究学习

1.欣赏作品

师:漫画肖像是一门幽默的艺术,现在多表达对某人的喜爱。

教师播放课件出示多幅足球明星的漫画肖像。

师:这些漫画肖像是我在世界杯期间创作的,大家可以看出我的兴趣爱好是足球。请你说一说我使用什么形式画的?

学生观察并回答问题。

生:应该使用了素描的方法。

师:对,这些作品我使用的是素描的方法画的。

2.了解方法

师:漫画肖像的绘制需要有扎实的绘画基础和幽默的灵感。

教师播放课件,出示画一幅漫画肖像的多次修改。

师:以我画柔道运动员佟文为例,我经过多稿的修改才达到夸张与写实的平衡。大家是不是觉得漫画肖像比较难画?

生齐声说:难画!

师:没关系,我为同学们量身定制了一种方法,保证你也能画出很棒的作品。

3.学习方法

教师播放课件出示范做,引导学生观察。

师:请大家观察这几张作品,说一说它们使用了什么工具、材料和方法。

教师播放课件作品。

学生观察分析并回答。

生 1:我看到使用的是使用勾线笔线描的绘画形式画的。

生 2:我还看到了使用彩纸作为背景,主体是画完剪贴上去的。

师:两位同学说得很好,这几幅画使用黑色记号笔在彩卡纸上使用线描方法绘制出来,最后剪贴在另外一种彩卡纸上完成。下面来看老师演示。

教师演示头部自画像。

三、方法步骤

1.观察外形

教师以自己为例引导学生学习观察方法:依次观察脸型、发型和五官,找出特征。

2.概况脸型

用几何形概况脸型,将其画在纸的中上部,不小于纸张长度的1/3。

3.细致刻画

依据观察的特征表现五官,注意夸张与写实的平衡。

四、实践练习

1.学生为自己绘制漫画肖像头部

要求:构图合理、线条流畅。

学生使用小镜子观察自己进行实践,教师巡视及时发现解决学生出现的问题。教师使用手机将有创意的作品拍摄下来,并传送到屏幕上及时评价。

2.添画完成

引导学生为自己的漫画肖像添加肢体动作以及剪贴等方式提升画面效果及作品内涵。

学生实践,教师巡视指导。

五、展示评价

展评方式:教师使用手机拍摄学生完成的作品,将图像投射的屏幕上,引导学生猜猜画中是哪位同学并让作者说一说自己的创意。

图1　学生作品(一)

生1:我画的是自己代表天津队打CBA,正在展示转球。

师:你刻画自己的形象突出了脸型的特征,眼镜也突出了外形特征,动作表现更加出色。

生2:我喜欢玩滑板,就画了自己正在玩滑板的情景。

师:人物动作舒展,外形刻画注意细节,尤其是专注的眼神非常有特点。

生3:我的梦想是成为一位英语老师,在这幅画中我正在组织学生上英语课。

师:这幅画中的形象我们一眼就能看出

图2　学生做品(二)

图3 学生作品(三)

来是你,表情刻画很有特点,一看就是一位既可爱又幽默的英语老师,希望你能实现自己的梦想。

师:请同学们将自己的作品举起来向大家展示一下。

教师总结:这节课我们学画了漫画肖像也认识了这门幽默的艺术。不知大家在观察与表现自己的过程中是否意识到,人的相貌是与生俱来的,我们无法改变,但是我们可以通过不断学习来提升自己的内在素养。正如法国思想家、哲学家、文学家伏尔泰所说:外表的美只能取悦人的眼睛,而内在美却能感染人的灵魂。希望我们都拥有美的内心。

教学反思:本课教学使学生认识了漫画肖像这门幽默的艺术,应让学生进一步了解其幽默不是停留在表面的夸张可笑,更应从作品内涵赏析入手感受其幽默所在。美术课堂不同于其他课堂,基础知识、基本技能、情感意识这三块内容的实施,少不了大量的绘画实践、总结,只有付诸实践,与实践充分结合起来,才能使学生得到更好的发展,来不及在课堂上加以实践,时间很快就下课了,哪来时间与老师进行二次交流,美术课堂要的展示效果从何谈起,真正提高课堂教学的质量和效率也就成了一句空话。因此我在本节课的教学中除了使学生了解本堂美术课的基础知识,更要使学生有时间去训练、比较、思考、交流实践所学到的知识,这样才能使学生掌握基础知识和基本技能,使学生得到真正的发展。此外,在本节课教学中我创造性地使用手机控制电脑,将照片传至屏幕,还应通过开发一些软件的功能使学生观察起来更加直观,以取得良好的效果。

用超轻黏土制作仿古创意砖雕

南开大学附属小学　张丽鸿

课题:创意砖雕

授课地点:南开大学附属小学

班级:五年3班

案例在核心素养中的要求

讲解砖雕艺术的悠久历史和不同风格分类和内容题材。介绍了多种创意砖雕的制作方法和教师和学生的作品。普及砖雕文化激发学生对家乡天津的热爱和民族意识。

创意砖雕是让学生尝试黏土材料,以立体造型的方法,体验砖雕的乐趣,表达自己的情感,激发创造精神,陶冶高尚的审美情操,提高美术素养完善人格。将美术与砖雕课程的知识、技能相结合的方式,体会美术与环境及传统文化的关系。

学情分析

砖雕的教学实践大多在中学进行。小学教学实践因年龄小,对砖雕陌生,手腕发育不易使用工具过力。所以利用灰色黏土能突破难点对普及创意砖雕十分的重要。

教学目标

1.知识与能力目标

了解中国砖雕历史分类和制作的方法,尝试创新的技法提高学生的动手能力和审美能力。

2.过程与方法目标

利用灰黏土尝试砖雕的创意方法,以游戏及答题等形式完成制作的过程。

3.情感目标与价值观目标

了解祖国优秀的传统艺术,从而提高民族自豪感和自信心,培养学生热爱生活的情感。

教学的重难点

教学重点:普及砖雕的传统文化知识,尝试体验灰黏土的制作方法。

教学难点:利用灰黏土同时有主题的与中国的传统的砖雕寓意联系起来。

教学策略的选择

以引导探究的教学策略,用游戏的形式将讲授与反馈及时的以答题的形式的设计思路进行推进充分体现在玩中学、学中玩的特点。

教学环节设计

课前准备(师生问候)。

一、游戏导入新课

首先我以"福"字导入,引导学生做"比捏福抢红旗"的游戏。这时的学生还并不知道自己制作的是什么,只是知道用纸黏土在捏字。等游戏结束时我出示了百福图的图片。

师:同学们,你们看今天张老师给你们带来了什么?

生:"福"字。

师:对,过年各家都会张贴福字。今天在讲课之前老师想和同学们做个游戏。这个游戏叫"比捏福抢红旗"!在一首曲子的时长里捏制"福"字,利用老师提前发的泥板在这上面用纸黏土,就用之前学过的"揉搓压捏"等制作的方法,将你的福字捏漂亮。制作完毕就举起你手中的小红旗,表示胜利!

师:准备好了吗?

生:准备好了。

师:游戏开始。(放音乐,学生制作"福"字)

师:请制作完的同学将福字作品贴到黑板上。

其次,我通过这个游戏中学生做出的福字作品总结出砖雕艺术这样非常自然的导入了新知砖雕。

师:同学们请高高举起你的红旗,真棒有这么多的同学都制作完了。那同学们你们看我们把所有的福字贴在一起像什么?

生：像九宫格。

生：墙上的青砖。

师：嗯,其实除了你们捏制的福字之外,还有一种是用砖制作的艺术作品就叫砖雕。

图1 "比捏福抢红旗"游戏导入新课

二、了解传统砖雕

1.我利用天津市南开区的地方砖雕视频引导学生了解中国砖雕的历史更直观地让学生了解中国砖雕的分类和天津砖雕的内容分类。在了解砖雕的样子的基本型分类和砖雕的技法时我选择了问答和选择题的形式,利用多种形式让课堂气氛始终保持活跃积极。

师：今天我们就来学习一下砖雕的知识。下面我们就进入今天的砖雕学习。

师：同学你们有了解砖雕的吗?

生：不了解、不知道、见过。

师：那就让老师带着大家一起了解传统的砖雕吧。

师：首先,我们先了解一下砖雕的历史。砖雕,源于北宋,成熟于明清。砖雕,俗称"花砖",是民间艺人运用凿和木槌以锯、钻、刻、磨等手法,把青砖加工成各种人物、花卉、鸟兽等吉祥内容的图案,作为建筑物上某一部位的装饰。现在我们看到的图片就是砖雕的应用。

师：砖雕俗称花砖,也叫硬花活。下面让我们看看砖雕的工具。你看出什么

来了？

生：我看到了榔头和凿子。

师：对其实还有打磨工具等。所以，制作一块砖雕可不是一件容易的事。我们现在可以把它分类成：北京砖雕、天津砖雕、山西砖雕、徽州砖雕、苏派砖雕、广东砖雕、临夏砖雕。这里特别要提出的是我们天津的砖雕，因为砖雕的发展就是从我们天津兴起来的。作为天津人我们要了解我们天津的砖雕。天津砖雕的内容大致可以分成十大类：①吉祥图案；②亭台楼阁；③神话故事；④民间传说；⑤世俗生活；⑥花鸟走兽；⑦博古；⑧婴戏；⑨古典小说；⑩文字与图案。我们用图片来辨认一下。

2.教师出示图片，引导学生来辨认一下，这些砖雕都属于哪类？

生：最下面花鸟走兽。

生：第一个是文字图案……

师：对，有的砖雕从图案就可以分辨出来。让我们再看看。

3.师生共同欣赏砖雕。

师：通过欣赏我们不难发现砖雕其实挺好辨认的，因为它很形象、很生活化。同学们，你们想想你会在什么地方看到过砖雕？

生：瓦片、鼓楼、瓦当上、古建筑的墙壁上。

4.教师带领学生了解砖雕的基本形。

师：对砖雕在不同的建筑上它的基本形也不同。

师：我们一起看看常见的基本形。

生：有圆形、有长方形、月牙形、菱形。

师：其实砖雕的形状有很多种，它的形状要根据建筑的墙面装饰的大小以及放的位置来规定的。所以，砖雕的形状真的有很多种。题材也有很多种。今天我们来看一个：清代砖雕精品"三英战吕布"。这是出自哪里的人物？

生：《三国演义》。

师：那这款砖雕属于哪一大类？ **生**：古典小说。

师：对真棒看马上就学会了，但我想讲它用了什么技法？首先我先介绍一下砖雕的三种常见的技法：浮雕、透雕、圆雕。那这款用了什么技法？

生：浮雕、透雕。

三、学习创意砖雕

1.教师出示自己创作的作品,直观地引导学生了解今天的创意砖雕的知识。

师:大家看这是什么作品(图2)?

生:花鸟走兽。

师:大家再看这是什么作品(图3)?

图2 教师自创作品(一)

图3 教师自创作品(二)

生:神话传说。

师:对,老师用了那些基本形?

生:长方形、圆形。

师:什么技法?

生:浮雕。

2.教师总结并引导学生观看教师自己的创意砖雕的演示视频。

师:今天老师带来了自己录制的创意砖雕的微视频,我们一起看一下。

创意砖雕的制作方法:通过视频能直观引导学生学习制作一个仿砖雕,使学生信心倍增。

(1)准备剪刀、壁纸刀、铅笔、尺子、瓦楞板、灰色纸黏土(见图4~图6)。

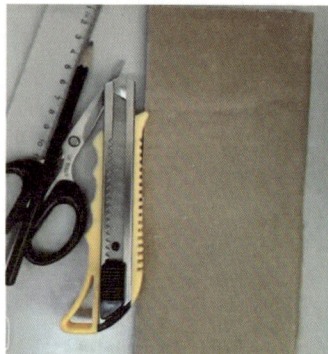

图4　创意砖雕材料(一)　　图5　创意砖雕材料(二)　　图6　创意砖雕材料(三)

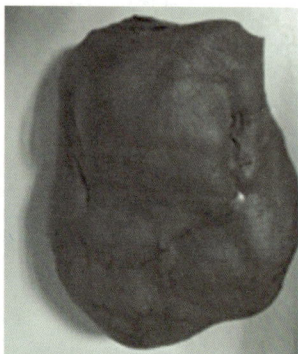

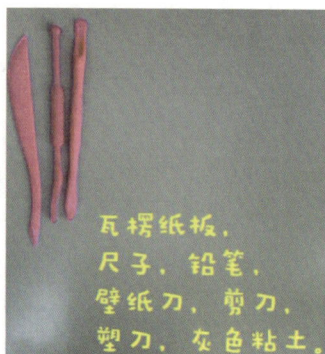

(2)利用工具选取大小合适的瓦楞板(见图7)。

(3)利用灰色纸黏土将纸板正反进行包裹(这样纸板不易变形,见图8)。

(4)利用熟悉的揉搓压捏等技法创作半立体的画面(见图9、图10)。

(5)利用塑刀进行雕和刻的制作(见图11)。

(6)整理完成(见图12)。

师:同学们你们看完这个视频,谁能说说制作方法?

生:先捏后面,再捏前面。

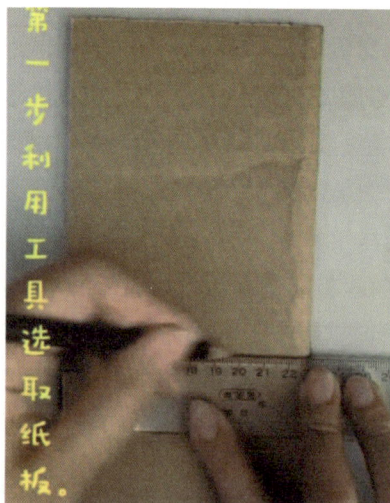

图7　创意砖雕制作第一步　　　　图8　创意砖雕制作第二步

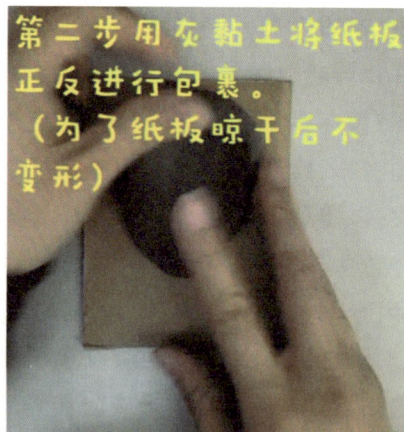

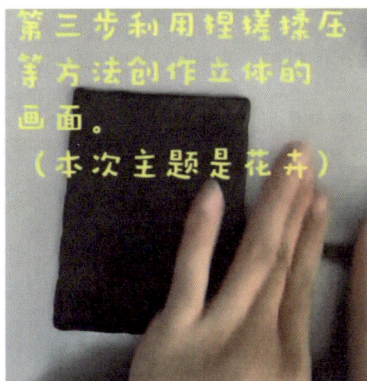

图 9　创意砖雕制作第三步(一)

图 10　创意砖雕制作第三步(二)

图 11　创意砖雕制作第四步

图 12　整理完成创意砖雕

四、引导学生欣赏同学的作品

告诉学生创作其实很简单,只要认真利用学过的揉捏压搓等技法就可以做得很好。

师:同学们我们看看同学们的作品都有什么样的?

生:有猴子,有鱼。

师:对,其实有黏土来制作一点也不不难。想想你会做什么主题?

生:我想做灯笼。

生:我想做花鸟走兽。

生:我想做风景的亭台楼阁。

五、提要求让学生尝试制作

师：感受传统砖雕，创作我们以游戏的形式进行。说明：音乐声起游戏开始音乐声停游戏结束。选择自己最喜欢的吉祥图案、亭台楼阁、花鸟走兽或是文字与图案，用创新的材料纸黏土学着老艺人的样子，创作一件漂亮的砖雕作品。

六、引导学生以游戏的形式创作

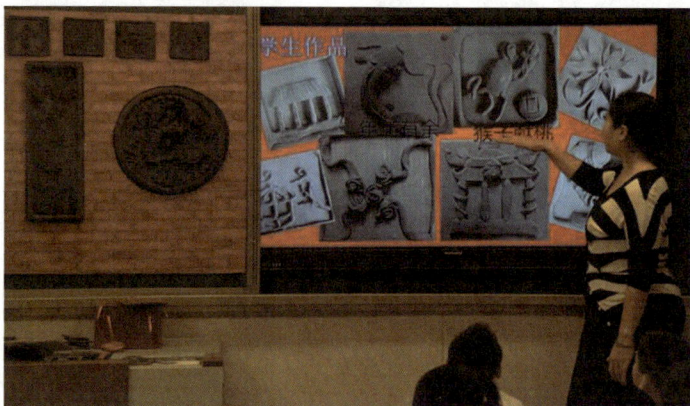

图13　教师引导学生欣赏同学的作品

师：只要创作完成就可以拿到一个表示胜利的小灯笼。音乐伴奏创作开始创作。

图14　教师引导学生以游戏形式创作砖雕作品

七、展示创意砖雕,评价学生的作品

师: 好了,音乐停时间到,有哪些同学得到了红灯笼?

生: 我,我(高高举起了手中的灯笼)!

师: 哪位同学和大家分享一下你的作品,说说感受?

生: 我做的连年有余,我心情此时特别开心,我记学到了用黏土制作砖雕,又得到了灯笼,我想把它挂在我家的大门口。有问的我就骄傲地告诉他这是我做创意砖雕的奖励。

生: 我做的花鸟走兽主题的创意砖雕,我看到自己的作品能挂起来就特别开心。

生: 我觉得砖雕的制作一点也不难,我回家也可以教给我的爸爸妈妈做做创意砖雕,让他们也了解我们天津的砖雕文化。

师: 同学们说得太棒了。其实传统艺术离我们并不远,虽然我们年龄小,不用像艺术家一样用凿子锤头长时间去创作一件作品,但我们可以利所能及地用我们贴近我们小孩子的方法,像艺术家一样去思考去摸索,去创作。其实,从形式上我们做了一个组合的,还做了单片的。

师: 虽然砖雕是从天津兴起的,但现在已经基本无人关注了。这就要靠我们来继承发扬传统文化,做有理想的青少年。

评价总结:在这个环节里学生展示的作品都非常的新颖,人员的参与从学生拿到的小灯笼就可以知道是百分之百的参与率。学生发自肺腑的感慨我们中国传统砖雕的魅力。有的学生还说:虽然在课堂里我们做不了真正的砖雕,但创意砖雕真的很有趣,想回家也让爸爸妈妈也做一做,了解一下我们的传统文化。利用红灯

图 15 学生作品(一)　　图 16 学生作品(二)　　图 17 学生作品(三)

图 18　学生作品(四)

图 19　学生作品(五)

笼的奖励机制,将完成例行创作改成游戏,既有竞争又有趣。将传统的讲授变成答题,学生在游戏里玩着就学到知识了。评价环节一改往日的"你说他评",而是让学生说出自己的真实的感受,让课堂升华。

创意砖雕课堂教学案例的教学反思

本次的创意砖雕教学达到了我预想的目标,我先利用游戏导入使砖雕变得不再陌生,用孩子们最容易接受的灰色纸黏土这种材料,使本来无法实现在小学实现普及的砖雕知识进入了课堂教学,还给学生们留下了深刻的印象并且十分的感兴趣。

起初在游戏导入环节里,学生因为第一次尝试所以制作得比较慢,我及时地鼓励,改变了组与组都要展示的环节,及时对一个完成的小组进行表扬和鼓励,给其他的小组展示起到示范样式的作用。故没有在这个环节耽误更多的时间,使课堂顺利地进入下一个环节。五个教学环节清楚,每一个环节都有及时的反馈,从形式上变换不同的形式,使学生时时都充满了极高的学习兴趣。

在示范图和板书上,我精心设计了镶嵌式的范作,最大限度地让学生感受体会砖雕艺术的欣赏和用途,有一种环境的氛围。学生的一声声的称赞和掌声中是最好的反馈。在示范图、视频里真的青砖的大量的信息和感官的视觉冲击下,学生喜欢上了砖雕,甚至发自内心地说出自己的真实感受。一节课下来,我深受感动。

感动之余我也发现自己的疏漏之处。回顾和梳理评价的环节,我应该再叫孩子介绍一下自己的作品,说说作品里的美好的寓意。

静心沉思,我要坚持不懈地普及砖雕,以学生爱学的各种方式,将我们的老城砖雕发扬光大。

拓展

现在我已经将创意砖雕单元教学在 1~5 年级里进行了课程实践。效果良好,学生反馈与参与能达到百分之百。孩子们对传统的技艺还加上了自己的设计,有做成圆雕的,还有制成冰箱贴的,喜欢得不得了,最终实现了砖雕进入小学课堂的研究。

朝元图

天津市滨海新区塘沽实验学校　曾骁

教材版本: 人(美)版　四年级美术　第七册　第 1 页

课程要求: 了解中国壁画中的经典之作

1.朝元图的历史背景

2.朝元图的精湛技艺

3.朝元图的文化意义

4.激发学生对传统文化的探究热情

学科素养: 图像识读

师: 随着上课铃声的响起,屏幕也定格在了这幅人物众多的画面上,这,也正是我们今天所要赏析的内容——元代壁画《朝元图》。上课! 同学们好!

生: 老师好!

师: 请坐。再看大屏幕,我来读题:

1.元代壁画《朝元图》位于我国山西省什么县?

2.书中运用列数字的方法来介绍《朝元图》,给了你怎样的感受?

3.书中"描绘了道教神仙们朝拜的情境"一句,你能联想到它与题目《朝元图》的关系吗?

现在该你们的任务了,请同学们翻开书,第 1 页,对照题目,从书中找到答案。别急着举手,第一眼看到的,未必就是正确答案,读书需要沉下心来。

师: 通读完的同学,若找到了答案,现在可以举手回答。

生: 我找到的是第一道题的答案,元到壁画《朝元图》位于我国山西省永济县。

师: 大家的答案都一样吗?

生: 一样。

师：来，送给你一个书签，继续努力答题。

师：对于这道题，我有不同的答案。请看书，图左下方的括号内，标注的是芮城县，而书中第一行标注的是跟你答案一样的永济县。大家一起数，第一行第5个字用了一个"原"字，正是这个"原"字和两处标注的不同，让我将永济与芮城之间的关系做了种种猜测。

1.更改县的名字了？

2.或永济隶属于芮城？就好比滨海新区属于天津市，你到外地游玩，只说你是天津的就可以了。

3.或芮城隶属于永济？

4.抑或永济就是芮城？

带着疑问，课前我利用网络查询，得到了这样的答案。（播放朝元图整体拆迁的视频）

师：答案已揭晓了，原永济，现芮城。通过这次答题，相信你们会跟曾老师一样，探究问题，一定会追根溯源，力求准确。

师：答题继续。

生：我要回答第二道题。书中运用列数字的方法来介绍《朝元图》，让我感觉气势磅礴。

师：你继续来补充。

生：因为列出了精准的数字，让我感觉特别严肃、庄严。

师：感觉出你的语文功底很好，还有补充吗？继续分享你们的感受。

生：通过书中的话，我感到了场面宏大、气势磅礴。

师：非常聪明的孩子，原引了书中的两个词"场面宏大""气势磅礴"，我们一起来感受。（播放永乐宫的修建及宫内壁画视频）

师：这是真正宏大的场面了，来，继续回答第3题。

生："描绘了道教神仙们朝拜的情境"与题目的关系，我联想到的就应该是壁画色彩绚烂、华丽，富有装饰性……

师：孩子，我打断一下，咱俩现在的关系是师生关系，你是我的学生，我是你的老师对吧？

生：对。

师:那,就用这样的关联性来概括一下书中的这一句"描绘了道教神仙们朝拜的情境"与题目《朝元图》的关系是怎样的?

生:我还没想好。

师:就话论话,我们听听别人的见解。

生:我觉得题目有一个"元"字,所以,就是画元代神仙们的壁画的关系。

师:好了,来看一看曾老师的解释,我需要你随时为我来补充。我认为,这句话是对题目《朝元图》由来的解释。神仙们在朝拜,拜谁呢?

生:拜元代的皇帝。

师:你为什么说是拜皇帝?

生:因为皇帝才受得起很多人敬重,去拜。

师:由"朝"字告诉我们,一定是他们的最高领袖,一般的领导、朋友,我们通常用的是"拜会""拜见"或"拜访",例如,你今天到曾老师家去玩,你会说"我去拜访曾老师"而绝不会说"我要去朝拜曾老师",所以,能担得起"朝拜"的只有最高领袖,这个最高领袖是谁呢?在这里,未必就是皇帝,由"道教"二字透露给我们,拜的是道教的最高领袖。

生:我觉得……

师:不是觉得,这是肯定答案。

生:玉皇大帝。

师:要回去再仔细看一遍《西游记》了,我来公布答案,道教的始祖元始天尊,连起来,就是描绘了道教神仙们朝拜道教始祖元始天尊的图画,也就是题目《朝元图》名字的得来。记住它吧。

生:原来如此,恍然大悟。

师:因为都是同道中人,所以就有着共同的语言,愿意相互交流、分享,所以大家看书,才有了书上第3行的那一句"浩大的人物行列,通过人物的左右顾盼,形成了一个相互呼应的群体"。这回你能理解,他们为什么"左右顾盼"了吧?因为他们有共同的志趣、语言。

师:看大家意犹未尽,那就再追加一道附加题:选用书中词语来概括《朝元图》线条和色彩的特点。

生:色彩绚烂、华丽,富有装饰性,线条浑圆有力,豪放洒脱。

师：书中还说"画面上服饰的质地、衣裙的飘带、云彩的流动、人物的表情，全凭线条来传达"，足见传统线描有着多么丰富的表现张力。(播放《朝元图》人物刻画视频)

师：百看不如一试，来，将桌面上画稿的第二层图画纸拿出来，放在一边一会再用，现在，依据你看到的线条清重、粗细来对比选用铅笔、勾线笔体验线稿拓画。轻的用铅笔，重的用勾线笔，粗的用勾线笔粗的一端。以音乐为口令，音乐停大家也要停笔。准备好了吗，开始！

师：紧张吗？经过亲身的体验，来说说你拓画时的感受。

生1：怕勾不好，它的线太多、太密了。

生2：我也紧张的手上都是汗，怕自己功底太差，最后拓完跟底稿完全不同，白费了。

师：你这还是有底稿，平面拓画，都紧张成这样，试想，当时画永乐宫壁画的人，他们该是怎样的呢？

生1：他们的画技一定很高。

生2：我刚才倒不是很紧张，我觉得只要我放平心态，就不会出错。但是，可以想象，古代没有这个底稿，画的时候一笔都不能错，不然整幅画就都毁了。

师：我注意到你刚才说的一个词"放平心态"，孩子们，做事情一定要从容应对。

生3：我在画的时候就想，实际画《朝元图》的人们真了不起，线条的粗细切换，没有一根错乱的。我画的时候，特别紧张，慢慢地，都不敢喘大气儿。

师：说明，你努力想让自己这一次的尝试尽善尽美。孩子们，咱们刚才切身体验了《朝元图》浑圆有力、繁而不乱的线条，接下来，再一起感受它色彩绚烂的勾填技法。(播放朝元图勾填法视频)

师：勾填法，先勾线后填色，刚才我们尝试了勾线，现在来试试填色，开始吧。

师：来，咱俩合作，我勾线，你填色。(请一位同学到黑板上来尝试，跟老师合作。)

师：说说你填色的感受吧。

生：牵一发而动全身，稍稍一不小心，颜色就出界了，画就毁了。

师：现在，孩子，我想通过刚才的感受，你一定有话要对当时画《朝元图》的人说。

生1：你们的画技非常高，能画出这么大、这么好的一幅画，非常不容易，你们辛苦了！

生2：除了不容易，我想说，你们的辛苦没有白费，为我们后人创造了这样美丽的一幅画。

生3：你们为我们中国历史创作了一个奇迹！

师：你欣赏到的永乐宫壁画《朝元图》就是最经典的壁画了！那我们大胆猜猜，是怎样的人画出这样精美的壁画？

生1：是很多心平气和的人。我记不住是谁说过一句话"不去想未来的事，自己才会做得非常快乐。"他们一定是心平气和不去想未来能不能画好，能不能画完，所以不会恐惧，特别稳地把画画得特别好。

师：我解读你这句话的意思是——只有做好当下，才是对未来负责。

生2：神仙画的。

生3：皇帝画的。

生4：齐白石画的。

生5：齐白石是近代的，壁画是元代的，所以不可能是齐白石。

师：同学们的知识储备还是很多的。

师：还是我来公布答案吧，永乐宫壁画都是名不见经传的民间画匠所画，虽然他们的名字已无从查证，但他们作画时那份严谨认真、精益求精的工作态度却世代流传了下来，是我们必须要承袭的，也是他们想对你、对我、对我们大家说的，一起来读"态度决定一切"。

师、生："态度决定一切"。

师：再看黑板，重新回顾我们通过学习写下的答案。

（1）元代壁画《朝元图》原位于我国山西永济，经整体搬迁，现位于芮城。

（2）书中运用列数字的方法来介绍《朝元图》，让我们感受到场面宏大、气势磅礴的景象。

（3）描绘了道教神仙们朝拜道教始祖元始天尊的图画。

（4）《朝元图》运用了勾填法，线条浑圆有力，色彩绚烂。

这正是《朝元图》的赏析要点，同时也是我们今天的第一项作业：说一说，课下将所学知识分享给你的朋友和家人。

师: 第二项作业:想一想,这精美的传统线描能怎样装扮我们的生活?曾老师把它装饰在了衣服上、杯子上,还有,第一个回答问题,得到奖品的同学,你的奖品可非同一般,因为封面上的线描故宫是可以涂色的,也就是勾填法,你只需要填上自己喜欢的颜色,完成后它就是全世界独一无二的作品了。曾老师为每一位同学都准备了一张书签,希望在我们下次再见面的时候,能够看到你们更多的创意与惊喜。刚刚提到了贺卡,今天是新一年的1月3号,那就一定要送上信念的祝福:

愿在座的大朋友们新年工作顺利!

愿可爱的小朋友们新年学习进步!

愿我们都在新的一年里万事如意!

今天这节课就上到这里。同学们,再见!

生: 老师再见!

保护珍稀野生动物

天津市北辰区芦新河小学　于红

教学目标

(1)认识几种我国珍稀野生动物,了解动物的生活习性;通过欣赏、探究培养学生的观察能力、形象思维能力。

(2)通过细致探究丹顶鹤,学生能够感受收集资源的乐趣和主动参与发现问题、研究问题能力。

(3)通过学习,带领学生亲近动物,让学生从小树立保护自然、热爱野生动物的意识。

教学重点

认识几种我国珍稀野生动物,了解动物它们的生活习性。

教学难点

通过讲述徐秀娟的故事和学生主动探究学习丹顶鹤,培养学生从小树立热爱自己的事业和热爱小动物的情感,并把这种情感表达出来。

教学过程

一、导入

1.可爱动物图片导入

激趣导入,提高学生的学习兴趣。

师:请同学们欣赏大屏幕上的图片,你看到了什么?有什么感受?

生:我看到了大熊猫、丹顶鹤、犀牛、海豚等动物。

生:我还看到了人们手持猎枪,可爱的大狮子被杀死了,它的同伴仿佛在祈求人类不要杀害它的朋友。

生：有个人拿着棍子在打海豹，雪地上的海豹吓得哀求猎人不要杀害它。

师：同学们当你们看到这些可爱的动物时，它可能已不在这个世界上了，留下的只是它的照片，此时此刻你想对杀害这些动物们人们说些什么吗？

生：我想对他们说，动物是我们的朋友，我们要爱护它，保护它，让它在这个地球上生生不息，不要只留下照片。

生：动物就像我们的家人一样，世世代代和我们生活在一起。

2.出示课题

师：同学们说得非常好，动物就是我们的家人、朋友今天就让我们一起来学习"保护珍稀野生动物"。（出示课题）

二、讲授新课

1.探究学习

师：下面请同学们根据问题卡，结合自己收集的材料，自主探究。（这时，同学们拿起自己收集的资料，开始寻找答案）

①我国有哪些珍稀野生动物？

②世界野生动植物日是几月几日？

③根据屏幕上的图片，学生分别介绍动物习性。

师：（屏幕出现第一题）哪位同学说一说第一题：你知道我国有哪些珍稀野生动物？

生：我知道有大熊猫，它是我国的国宝。

生：我知道鳄鱼、猴子、老虎。

生：还有海豚、梅花鹿。

师：同学们说的都不错，我国有大熊猫、扬子鳄、金丝猴、白唇鹿、白鳍豚、藏羚羊、华南虎、长臂猿、雪豹、梅花鹿、狮子等。

师：谁来回答第二个问题：世界野生动植物日是几月几日？

生：9月1日、6月8日、12月5日（同学们兴高采烈地猜测着，课堂氛围非常热烈）。

师：教师出示保护日期：3月3日。全班同学们一起发出了"哎"的一声，遗憾没猜对。

师：下面请同学们根据屏幕上的动物图片，在自己的资料卡里找一找与它们

相关的内容,包括它叫什么、生活在哪、有什么特点。

(同学们安静地查找着手中的资料卡,教室一下子安静下来,听到的只有翻看纸张的声音。)

师:哪位同学来说一说?刘同学你想介绍哪个动物?

生:我想介绍大熊猫。大熊猫属于食肉目的一种哺乳动物,体色为黑白两色。熊猫是中国特有种,现存的主要栖息地是中国中西部四川盆地周边的山区。全世界野生大熊猫现存大约 1864 只,为中国国宝。

师:这位同学介绍得非常详细,那你能模仿一下大熊猫吃竹子的场景吗?(只见该同学拿起一本书当竹子,津津有味地啃着,下面的同学也都模仿起大熊猫吃竹子了,一时间教室就成了熊猫馆了,"熊猫"们啃着书本竹子,仿佛他们就是熊猫。)

师:"熊猫"们接下来谁想介绍?(只见有位同学举起了手:"老师我来介绍老虎。")

生:这种老虎是华南虎,是中国特有的虎亚种,生活在中国中南部,也叫作中国虎。识别特点:头圆,耳短,四肢粗大有力,尾较长,胸腹部杂有较多的乳白色,全身橙黄色并布满黑色横纹。在亚种老虎中体型较小的华南虎,是中国的十大濒危动物之一,目前几乎在野外灭绝,仅在各地动物园、繁殖基地里人工饲养着不足百只。

师:说得不错。

生:老师我能模仿老虎的吼叫声吗?因为我属虎。

师:好啊!(只看见张赫举起手张大嘴发出了"嗷——嗷——嗷——"的吼叫声,有的同学赶忙把耳朵捂上了,可是张同学一脸洋洋得意的样子,仿佛告诉同学们:"我就是只大老虎。")

2.看一看,说一说(思考、表达)

师:同学们动物就介绍到这,下面老师请同学们听一歌曲。

师:播放歌曲《一个真实的故事》。

师:歌曲听完了,谁能说一说歌曲讲述的是什么内容?(教室里非常安静,没有同学回答,我当时也不知道是什么原因,没有同学回答,是没听懂?)接着我又说,我们再听一遍这首歌,请同学们仔细听。我再一次打开视频播放歌曲,边播放,边解释,就这样又听了一遍。我接着又问,谁能说一说?

生:歌曲表达的是一个小女孩和一只丹顶鹤的故事,最后小女孩为了寻找鹤去世了。

师:(内心的独白:感觉同学们仿佛只听懂了这一点,对于三年级的学生来说,这首歌对他们的吸引力并不大,尤其是受现代的歌曲的影响。怎样继续进行呢?)先讲述歌曲背后的故事,让同学们带着故事的原因去聆听,继续深入了解徐秀娟爱鹤故事。教师讲故事,让学生进一步了解徐秀娟对自己的事业呕心沥血为之献身的精神。

师:(出示第一张图)《一个真实的故事》讲述的是徐秀娟的故事。她为了寻找一只走失的鹤而牺牲在复堆河中。徐秀娟是我国环境保护战线第一位因公殉职的烈士,为了纪念她保护野生动物,与自然和谐相处的热情,特别创作了这首歌。

师:(出示第二张图)徐秀娟抱着龙龙(鹤的名字)。"已故的龙龙再也得不到我的爱了,它的死亡使我的人生有了转折,我选择了一条更崎岖的路,也许青春的热血将洒在这条路上,一生为此奋斗。"这是徐秀娟写在照片背后的话。龙龙的死不但没有打败徐秀娟,更坚定了她养鹤的信念。

师:(出示第三张图)徐秀娟死后,她的侄女徐卓接替了姑姑的事业继续养鹤。通过了解歌曲背后的原因,你是不是非常佩服徐秀娟和她的家人?

生:(同学们齐声回答)是!

师:让我们再次聆听歌曲《一个真实的故事》。(这时我看到有些同学的眼睛湿润了,随着歌曲高潮的到来,竟然听到了小声的抽泣声和看到偷偷擦眼泪的小手)同学们,是什么让你们落泪哭泣?

生:徐秀娟在那样恶劣的环境里坚持养鹤,把鹤的生命看得比自己还重要,直至付出自己的生命。

生:徐秀娟还把自己床让给生病的小鹤住,不怕它拉尿把床弄脏。

师:请同学们欣赏丹顶鹤的图片感受丹顶鹤的美。(出示丹顶鹤不同姿态的图片有翩翩起舞的、有引吭高歌的、有溪边觅食的等)

师:欣赏完毕,哪位同学能模仿一下丹顶鹤的优美姿态。(刚开始还有些不好意思,一会就一发不可收拾了,有叫的,有下座位挥动手臂的,这时我让全班同学

一起起立来模仿,把课堂推向高潮)

师:哪位同学说一说丹顶鹤的特征?羽毛的颜色?生活习性?

生:嘴长、腿长。

生:还有脖子长,羽毛是黑色和白色。

师:丹顶鹤有三长,嘴长、颈长、腿长。

生:栖息于开阔平原、沼泽、湖泊、草地、海边滩涂、芦苇以及河岸沼泽地带,有时也出现于农田和耕地中,尤其是迁徙季节和冬季。食物主要是以浅水的鱼、虾、水生昆虫、软体动物、蝌蚪及水生植物的叶、茎、块根、球茎、果实等为食。

三、实践设计

师:同学们都这么喜欢丹顶鹤,我们制作一个头饰带上,也变成一只美丽的丹顶鹤怎么样?

生:鼓掌表示赞同。

师:请同学们利用撕纸的形式来制作一个丹顶鹤头饰(教师出示步骤)。

(1)把自己喜欢的丹顶鹤用撕纸的形式撕下来。

(2)把丹顶鹤贴在头圈上。

(3)装饰头圈。

四、展示评价

学生带着自己制作的头饰听着歌曲,模仿着丹顶鹤飞行的姿态,结束本次课程。

我设计的自行车

天津市西青区天易园小学　张效兴

第二课时

教材分析

自行车是我们生活中最常见的交通工具，它诞生至今已经历 200 多年的历史，在这 200 多年间，自行车一直处于不断改进和发展中。自行车是人类文化、技术变迁的缩影。不同时代、不同的功能产生了许多风格迥异的自行车。让学生欣赏古今中外不同样式、不同用途的自行车，使学生不仅能观察、了解自行车的基本结构，而且能启发他们探究学习，拓展知识，启发思维，并借助绘画的形式创作出造型独特，功能先进的自行车。在了解自行车结构的基础上，通过自己的想象，对自行车的外形和功能进行改进，创作出风格独特自行车，使学生在动脑动手的过程中充分享受成功的喜悦之情。

学情分析

三年级年龄段的学生想象力丰富，对想象画、记忆画，有较强烈表现欲望，色彩表现力强，同时对工艺制作非常喜欢。同时经过两年的美术学习，对绘画的认识有了一定的提高，也逐步掌握了一定的美术表现技法，绘画作业水平普遍较好。且大多数学生对美术还保持着比较浓厚的兴趣，愿学、乐学。湘江道小学三年九班学生纪律很好，但是学生能力差距还是较大，应以激发学生学习美术的兴趣入手，注重思维与表达，轻造型塑造。

教学目标

1.指导学生利用绘画的方式表现想象中的自行车。

2.培养学生的观察能力和想象能力,激发学生的创造性思维。

3.让学生在创作中体验设计的乐趣,激发学生通过自己努力美化生活改造生活的愿望。

教学重点

在了解自行车结构的基础上进行大胆的创新设计

教学难点

有创意的对自行车加以改进,使其变得美观、更实用

教学步骤

(1)复习导入

教师:通过上节课学习,同学们一定对自行车的结构了如指掌了。现在我们来玩一个《猜一猜》的游戏,看看你通过局部的图片能不能猜到这是哪个自行车的零件? 起到了什么作用? (学生参与游戏回答问题)

学生:车把——掌握方向、车梁——固定支承、车座——骑行更舒适、车铃——提醒他人注意安全……

教师:同学们真棒! 能够将自行车的结构与功能了解和掌握得那么清楚,可以看到我们同学通过上节课的知识学习与自行车临摹,对自行车了解得多么细致。

(2)感悟联想

教师:自行车为我们的日常生活提供了极大的便利,如果在制造自行车时能够增添更多个性化的设计,这样一定会让自行车的造型更漂亮、使用功能更便捷。

教师:最近老师就找到了一家多功能自行车设计公司,那里的工作人员想根据骑行者不同的需求为他们定制出他想要的单车。今天,他们向老师求助,让同学们来做自行车设计师,请同学们根据顾客的不同要求设计出他们需要的自行车。大家愿意尝试接受这项艰巨的任务吗?

学生:我们非常愿意!

教师:今天神奇共享单车店迎来了第一个客人是一位环卫工人,同学们你们

认为环卫工人想要什么功能的自行车呢？能说一说你们的想法吗？

学生甲：遮阳挡雨的自行车，当环卫工人为净化我们的城市时，经常会遇到烈日暴晒或雨雪天气，所以我认为他们需要能遮风挡雨功能的自行车。

学生乙：环卫工人早出晚归很辛苦，我想为他们设计一款能自动清扫街道的自行车，这样他们工作起来就能省时省力。

学生丙：现在国家提倡垃圾分类，我想和刚才的同学一起合作，在给自行车增加了自动清扫功能的基础上再添加垃圾自动分类功能，让环卫工人的工作更加高效。

学生丁：环卫工人每天做卫生要走很远的路，我想为他们设计的自行车加上太阳能发电助力的功能，环卫工人骑行更轻松而且环保。

……

教师：同学们的想法很大胆，而且还特别符合实际。那么在设计这辆自行车时，我们需要在我们原来的自行车基础上设计出哪些特别的装置呢？

学生：可以给自行车装上大大的透明罩子，让自行车既遮阳挡雨又安全；给自行车安装自动笤帚、自动打扫机械臂，帮助环卫工人清扫垃圾；可以在自行车的上面装太阳能发电装置，比如刚才有同学说的挡雨的罩子，可以把太阳能板装在上面为自行车发电；给自行车的后面装上不同的垃圾分类箱，实现垃圾分类……

教师：同学们设计思路可真棒！接下来，我们看看第二位客人有什么特别的要求？

教师：第二位客人提出想一家人想用最环保的方式出门野餐，哪位小设计师可以帮他们设计出适合他们的自行车功能呢？

学生甲：要有更多骑行座位，好让全家人都能一起坐上出行；增加储物功能，能带更多的物品。

学生乙：安装一把大大的太阳伞，增加全家的郊游骑行的舒适感。

学生丙：可以加装骑行充电蓄电功能器，可以增加无线连接和 KTV 娱乐设备，让郊游更放松。

……

教师：那我们在画这辆自行车设计图时，应该怎么去体现这些功能呢？

学生：可以把自行车画长一些增加座位，也可以多加几个车轮，再加车座，让

车体构造更牢固;可以在每个座位后面安装太阳伞;可以给自行车画上太阳能充电蓄电装置,添加无线连接和 KTV 设备的位置……

(3)欣赏拓展

教师:同学们的奇思妙想可真不少,其实跟我们同学有着同样创意的小朋友还有很多,让老师陪同大家一起看看其他小小设计师的大胆设计作品,看看其他人笔下是如何设计想象中的自行车的。(分析同龄人的设计作品,并从造型表现角度进行评价)

学生甲:我感觉他们设计非常大胆。

学生乙:我看到他们的绘画非常细致,能把每个设计点清楚地绘画出来,展现给我们。

……

(4)学生创作,教师辅导

教师:我相信通过刚才的讨论,关于自行车的设计同学们一定有很多自己的想法。同学们我们要设计之前应该首要明确我们为谁设计自行车,才能更好地为自行车设计相应的功能。那么谁来简要地说一下你想为谁来设计具有怎样功能的自行车呢?

学生甲:我想为我们这个年龄段的学生设计更适合我们骑行的自行车,让它更安全、更舒适。

学生乙:我想为老年人设计他们需要的自行车,让他们出行更方便,还要注意安全和功能性。

学生丙:我要设计更时尚的自行车,让我们女孩子骑上去更加漂亮! 还要增加防晒等好多功能。

学生丁:我想为我的爸爸设计一辆自行车,因为爸爸每天为了家庭在外面努力地工作,我想让爸爸骑上更舒适的自行车,让自行车上加上捶背等按摩功能,让辛苦了一天的爸爸下班后得到放松。

……

教师:同学们,你们从不同角度出发来为需求者设计自行车,真好! 特别是刚才某某同学,想为自己在外辛劳的爸爸设计一款捶背按摩自行车,让老师非常感动,这也是我们同学感恩家人、感恩社会的表现。现在就请同学们拿起手中的画笔设计一款外形漂亮功能丰富的自行车吧！

提出作画要求：

1）为制定的服务对象设计一辆自行车。

2）设计的自行车要求外形美观功能丰富。

3）为设计的自行车添加文字,说明设计意图。

学生按要求作画,教师巡视指导。

（5）讲评

（教师鼓励愿意展示的同学把自己的作品展示在黑板上。）

自评：

学生 1:我的创作作品从外形上注重了自行车的稳定性和加速功能,我想把我的自行车送给我国国家自行车队，让我们的国家自行车队运动员多拿金牌,为国争光！

学生 2:我还刚才说到,要为我的爸爸设计一款下班途中能为爸爸按摩捶背的自行车,所以我在自行车的后轮上加了传动杆,在后尾架上加上能捶背按摩的装置,让爸爸边骑车边放松。

学生 3:我给自行车加上了防摔防撞功能,让刚学会骑自行车的人更加安全。

……

互评：

学生甲:我很喜欢第二位同学的作品,首先说他是一位非常善良、懂事的同学,能为辛苦一天的爸爸设计按摩放松的自行车。我觉得能给这辆自行车加上一些自行发电的助力功能,让爸爸骑自行车会更加环保和轻松。

学生乙:我也非常喜欢第二位同学的作品,他的绘画能力也很强,让我们非常清楚地看出每一个功能的样子。

学生丙:我非常喜欢第一位同学的设计,他把自行车要改造的地方单独在旁边画了设计图,并用文字很清楚地标出了使用原理。这是很值得我们学习的设计方式。

学生丁:我感觉最后一张设计也很优秀,毕竟自行车是弱势交通工具,如何保护好骑自行车的我们非常重要。

教师评:今天同学们通过自己的努力设计出了各具功能的自行车,我们一定要把自己的设计图保留好。我要告诉同学们一个好消息,我们天津就有一个享誉全国的自行车品牌,你们知道吗?那就是"飞鸽"自行车。"飞鸽"是新中国第一个自行车民族品牌,企业要发展就要有新的构思,也许自行车厂正需要你们的设计图。我真心希望大家能够好好学习,提高自己的本领。也许有一天你的设计图稿很有可能就能变为现实呦!

教学反思

第二课时主要的教学任务是引导学生自己设计一款独特的自行车。由于学生对当代社会流行的新款且富有设计感的自行车了解较少,这在一定程度上影响了学生的想象力。为了能够顺利达到本节课的教学目标,教师以自行车公司寻求设计师,为不同需求的人群设计自行车的方式,带领同学走进自行车设计殿堂。通过两个案例,全班同学集思广益,设计了两款自行车。这个及时交流的过程,也是学习的过程,同时还是打开同学思维的过程。之后,向学生展示一些优秀学生富有设计感的自行车设计案例,与学生共同探讨分析。在师生共同赏析的过程中,不仅可以开阔学生视野,更能够激发出学生的想法,顺利完成本课的教学任务,培养学生的创新性思维。在学生进行创作前,教师又向学生明确传达为谁设计相应功能的自行车的指令,让学生思路更加清晰。学生创作过程中,教师要对优秀作品及时展示和表扬,以便给更多孩子更好的创新思路的启示。通过第二课时学习,学生的设计思路逐步被打开,有些学生设计的自行车造型奇特、有些功能独特,甚至有的学生打破常规的想法。在课堂中,学生想象的自行车通过自己画笔勾画出来,并且向同学进行展示,教师及时给予鼓励。这样学生对于自己的设计就更有信心,在以后的学习和生活中学生也会不断地探索,发挥自己的创新能力。

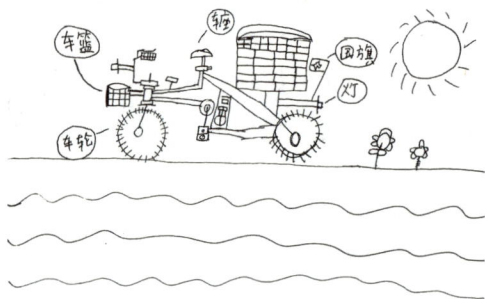

图 1　学生设计的自行车(一)　　图 2　学生设计的自行车(二)

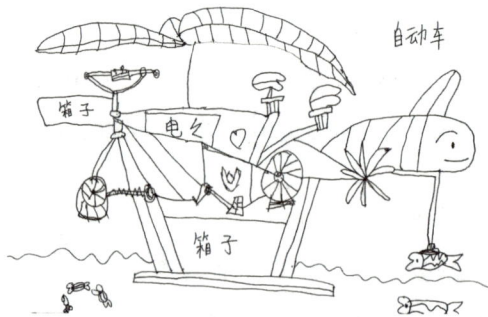

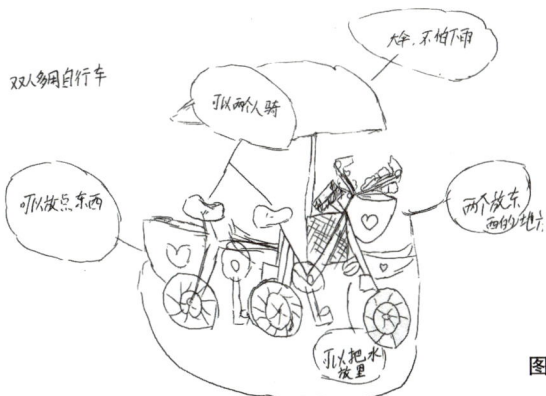

图 3　学生设计的自行车(三)

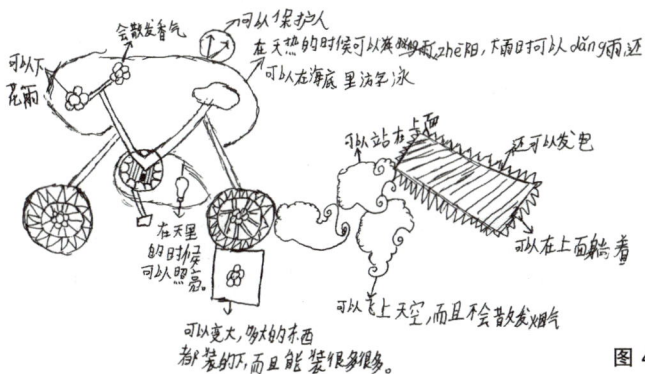

图 4　学生设计的自行车(四)

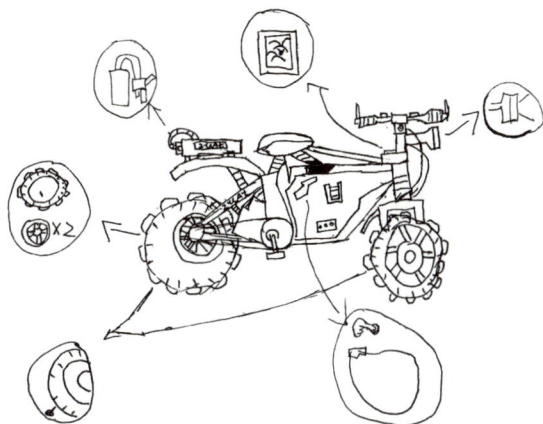

图 5　学生设计的自行车(五)

353

粽子情缘

天津市武清区杨村第十七小学　杨玉

　　端午节是我国的传统节日,每到端午节的日子里大家都会吃粽子,延续我国的传统文化,人们以各种方式来纪念来传承。水墨画校本课程中《粽子情缘》这一课,就是要继承传统文化,并学习用水墨画的方法来表现粽子。以下是课堂实践过程中一些典型片段收录(适用于四年级)。

　　师:你们喜欢听故事吗?

　　生:喜欢。

　　师:那就先来讲个故事吧! 传说,战国时期,爱国诗人、楚国大夫屈原,面临亡国之痛,于五月五日,悲愤地怀抱大石投汨罗江。老百姓为了不使鱼虾损伤他的躯体,纷纷用竹筒装米投入江中。以后,为了表示对屈原的崇敬和怀念,每到这一天,人们便用竹筒装米,投江祭奠,这就是我国最早的粽子——"筒粽"的由来。早在春秋时期粽子就出现了,到晋代,粽子被正式定为端午节食品。你还知道有关粽子的什么吗?

　　生:我会包粽子,我知道南方北方馅料不一样。我还知道最初粽子的寓意是用作祭祖及神灵的,因为古人认为,五月五日为恶月、恶日,必须在每年的五月五日举行祭祀活动,以除瘟、驱邪、求吉祥。我特喜欢吃小枣粽子,软糯香甜……(学生纷纷表达自己对粽子的了解和认知)

　　师:随着时间的推移和改变,人们过端午节吃粽子都是承袭传统的表现。不同的地区粽子的种类很多,然而,吃粽子的意义都是一样的。马上就要到端午节了,今天的课我们不包粽子,我们用画笔来继承传统,画一画粽子如何?

　　生:当然好了。(学生表达出开心和信心)

　　师:(媒体出示实物粽子图)你们都是有水墨画基础的,看看可爱的小粽子,用自己对水墨画的理解,先来试着画一画,感受一下好不好?一会我们总结。

学生以前都有国画课的基础,对中锋侧锋的笔法都有接触和认知,让他们试着来画是一个由未知到探究的过程,不怕有问题出现,这样可以在实践的过程中,发现问题进而解决问题,学生根据自己的感受试着表现一个水墨粽子。

师:说说你的粽子是怎么表现的吧?

生1:我用花青色和藤黄色调出绿色,用中锋笔画粽子的外形。然后用墨来画捆绑他的线。

生2:我用花青色和藤黄色调和,笔尖蘸了墨,侧缝笔画三角形,然后用红色画线。

师:每个同学都有自己的尝试和感受。我们先来欣赏一些作品,然后再进行表现学习任何?(教师展示多幅表现粽子的作品,学生感受欣赏,并说一说自己的理解)

教师示范讲解:端午节马上就要到了,今天我们就来学画几个粽子吧,顺便温习一下水墨画笔墨的表现方法,大家重点感受颜色的调和还有下笔的方向和顺序。

第一步:用毛笔调鹅黄和花青,笔尖蘸一点淡墨,侧锋斜着画一笔,留出飞白为佳,体现粽子纹理。

第二步:侧锋再交错画出第二笔、第三笔,笔触之间要有区分变化,形成一个三角形,完成粽子形状。

第三步:笔尖再调一点淡墨,中锋把中间补充完整,(粽子叶湿的地方颜色深一些,干的地方颜色浅一些)。

第四步:下面再画一个粽子,笔尖再蘸一点淡墨,侧锋一笔。

第五步:等粽子墨色快干时,用笔尖蘸浓墨勾写出粽子绳线,注意,扎绳的结构和方向一定要合理。

第六步:为了丰富画面,增加节日气氛,我们再画一些樱桃果,让画面更加生动完整。

师:你们对比刚刚自己表现的,能发现些问题吗?

生:能,我们的用笔有对的地方,但是不够灵活自然,墨色的变化也少,通过老师的直观示范,我们知道表现粽子的笔墨方法了。

师:我希望你们在完成作品的过程中灵活表现它在画面中的各种动态和组合,使画面更具有中国传统的味道,好不好?

教师建议学生根据教师提供的多种构图的作品,让学生灵活创作表现一幅"粽子情缘"的作品。

图1　学生作品(一)

图2　学生作品(二)

图3　学生作品(三)

图4　学生作品(四)

学生在这样的学习氛围中,从未知尝试,到已知了解,再进一步大胆创作,把传统水墨与传统节日食品完美结合,更多的是让孩子们产生了解传统,继承传统,延续传统的一种爱国情怀。因此,他们的作品丰富生动,墨韵传统,寄情之中。

春天的色彩

天津市河北区育婴里小学　辛婷

教学目标

1.知识与技能

了解和感受春天给自然界带来的变化，发现和认识表现春天的常用色彩,感受、体验和表现春天的色彩美。

2.能力目标(过程与方法)

提高对自然界的观察能力、对色彩的感受能力和识别能力。尝试使用不同材料和不同方法,自由大胆地表现春天的色彩,并学会用新的方法吹画桃树和桃花。

3.情感目标(情感态度与价值观)

在美术活动中体验、感受创作乐趣,激发热爱大自然、热爱生活的情感,并了解树木对人们生活环境的改善,提高保护环境的意识。

教学重点

观察、记忆春天的色彩、认识春天的色彩、感受春天的色彩美,体验利用各种方法表现春天的色彩,用适当的方法表现春天的桃树。

教学难点

表现方法的灵活运用,整体色彩的把握及创新表现。

教学准备

颜料、吸管、墨汁、纸、笔。

教学过程

一、导入阶段

师:同学们,你们听说过这样一句话吗?"一年之计在于春,一天之计在于晨。"

这句话是说一天之中最宝贵的时间是早晨,一年四季中最宝贵的时间是春天。春天是万物复苏的季节,春天是的富有生命力的季节,今天我们一起走进春天,去找一找春天的色彩。

二、讲授新课——寻找春天的色彩

师:在你的眼中春天是什么色彩的?春天有哪些颜色?

生:春天是绿色的。小草钻出了嫩绿的新芽。

师:同学眼中的春天是绿色的,绿色介于冷暖色中,春天来了冰雪融化了,天气变暖了,小草从白雪皑皑的大地上冒出了头来,在你的眼中春天是绿色的。同学们,绿色给你带来了什么样的感受?

生:春天冰雪融化了,天气变暖和了,白雪皑皑的大地上慢慢露出绚丽的色彩,小树慢慢钻出了新芽,大地变成了绿色。绿色给人以清爽平静的感觉。

师:你说得太好了,老师的眼中仿佛浮现出绿色的大草原,舒适而宁静。老师曾经看到过这样的一条消息,说:"当我们长时间用眼后可以多看绿色的景物,因为绿色可以帮助我们减缓视觉疲劳。所有,同学们在家看电视、看书、写作业后,眼睛累了,我们就可以从家中的窗户向外望一望,寻找一下窗外的绿色。"

师:春天还是什么颜色的?

生:在我的眼中,春天像红色的,暖暖的太阳照在大地上,把大地照得红红的。

师:红色是暖暖的太阳,在严冬过后初春的季节给我们带来了温暖。

生:春天还是橙色的、黄色的,还有粉色的。

师:你的眼中春天的色彩可真丰富啊!你是从哪里看到的这么多春天的色彩?

生:春天天气温暖了,花儿开了,各种颜色的鲜花把春天装扮得五颜六色、绚丽多彩。

师:你观察得可真仔细啊,这些颜色恰好都属于暖色调,通常给人以温馨、热情的氛围。春天里还有蓝色、绿色、紫色,这些颜色都属于冷色,呈现宁静、清凉的氛围。

师:春天是绿色的,小树发芽了。迎春花开了,把春天变成了黄色。牵牛花把春天装扮成了紫色。小燕子从天空飞过说春天是蓝色的,(同学们你们说说)原来春天的色彩那么丰富,原来春天还可以这样美丽。

三、创作想象——表现春天的色彩

师:利用多媒体课件出示书中的图片,书中这张照片里的春天多美啊!同学们能在这张照片中找到春天吗?

生:春天是桃花盛开的季节,桃花开了代表着春天来了,在这幅画中我看的春天是粉色的。

师:你找到的春天太具有代表性了,谁能说一说桃树是有哪几部分组成的?

生:树干—树枝—树叶—桃花。

师:我们先来观察这张桃树的图片,这是一颗冬天的桃树,我们能清楚地看见主干和枝干。(出示课件)

师:我们来看,树干分为主干和枝干,主干粗,枝干细,枝干长在主干上,主干与枝干之间会有转折,枝干之间还是可以互相穿插在一起的。

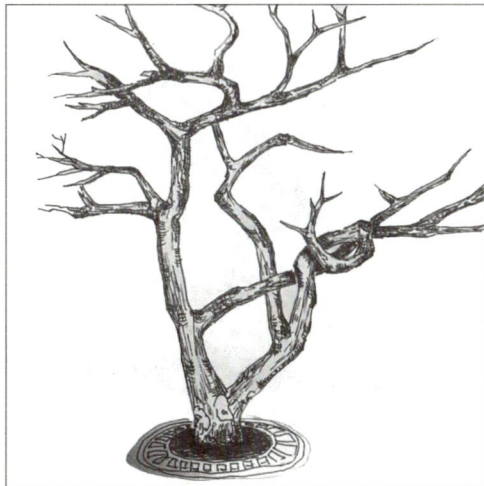

图 1　冬天的桃树

四、艺术实践

师:同学们看,这是老师画的两棵桃树,咱们来看这两棵树的表现方法有什么不同?(画—吹)

教师介绍表现方法、演示绘画步骤。

今天我们用吹画的方法吹出树干,首先我在纸上滴一点颜料,然后用吸管贴近颜料向前吹,树干一般分为主干和支干,主干会稍微粗一些,支干比主干要细。稍稍改变吹的方向,可向上、向左或向右吹,要注意主干与枝干连接处的转折,慢慢吹出树的形态(哪位同学愿意到前面来试一试?)。

学生动手实践:

师:同学们用你们手中的材料吹一棵桃树。

我们再来欣赏这张画面。

桃花的图片(课件)

我们的桃树都吹好了,下面我们来欣赏桃花。桃花一般在春天盛开,刚开花时

可能会是零零散散盛开几朵,慢慢地满树的桃花都会争相开放,桃树上还会接满丰收结果实。

看你们手中的画,我们来探讨一下作品中的桃花是用什么材料表现的?

图 2　不同材料表现的桃花作品(一)

图 3　不同材料表现的桃花作品(二)

图 4　不同材料表现的桃花作品(三)

图 5　不同材料表现的桃花作品(四)

生: 我在作品中看到桃花是用扣子、螺母、棉签画出来的。我也想来试一试。

师: 让我们用手中的材料来试试表现一下桃花,老师这朵桃花和刚刚同学画的有什么不同,谁观察到了我是怎么做到的?(粉色+白色)粉色加上一点白色使桃花颜色变淡了,这样画面就有了变化。让我们将桃花带到咱们的教室中,老师期待着桃花在这里绽放。

五、展示评价

师:请同学们各自说说自己的作业、说说你喜欢的作业,请同学们进行互相评价选出喜欢的作品。

我们今天学习了表现春天的色彩,下面我们来看看春天还能给自然界带来什么样的变化。

六、课后延伸

师:让我们一起来欣赏视频,了解春天为自然界带来的变化。(视频中河水融化、小草生长、万物复苏)

师:通过今天的学习,我们看到了春天的美丽,课下让我们走进大自然继续观察和发现春天的色彩吧。

宝辇中的灯笼情结

天津市津南区小站第六小学　杜婷婷

学情分析

此次授课的年级是三年级的学生,对于他们来说真实的切身体验才会有更为丰富的感受,只有这样他们才能在美术作品中大胆地表现自己的所见所闻和所感所想。三年级的学生不论在物体的造型表现上还是在动手制作方面显然是有所进步和提高。《宝辇中的灯笼情结》这节课是用纸绳画的形式创作一幅流苏角脂披挂灯。我校学生对于纸绳画的创作形式也有一定的技能基础,他们早先已经接触过纸绳画,对于纸绳画并不陌生,但是对灯笼的形态和流苏制作仍是缺少系统的观察和体验,还需要在美术课堂中让学生充分的观察、探究和体验,相信只需要着力将重难点突破,学生就会创作出很好的纸绳画作品。

教材分析

《宝辇中的灯笼情结》是一节充满了浓厚传统文化情结的"造型·表现"课。课时为1课时。本课是结合人教版五年级上册第十二课《元宵节里挂彩灯》一课和葛沽地域的民俗文化宝辇上的流苏角脂披挂灯拓展的一节美术课。灯笼这样一个传统的物件,不仅仅是照明,还有美好的寓意,是供人们观赏的工艺物品。每到正月十五、十六,葛沽的宝辇花会热闹非凡,宝辇的辇架上大大小小的流苏角脂披挂灯熠熠生辉。为了使学生了解学习宝辇展现的流苏角脂披挂灯的工艺美,更进一步激发他们对家乡传统文化的学习热情,我设计了通过对宝辇灯笼的观察、探究,体验灯笼流苏的制作,并运用美术纸绳画的形式创作一幅流苏角脂披挂灯笼的单元教学课程中的一课。

教学目标

1.通过欣赏照片以及视频,初步感知宝辇,从而进一步介绍宝辇的历史、文化及相关知识。

2.通过观察与讨论营房茶棚凤辇上流苏角脂披挂灯的相关知识,进一步加深对宝辇文化的兴趣,引发学生学习民俗文化的热情。

3.通过示范用纸绳画的方式设计一个具有独特代表性的流苏角脂披挂灯(仅简单的外形与流苏),学会用纸绳创作一幅"流苏角脂披挂灯"的纸绳画。

教学重点

营房茶棚凤辇上流苏角脂披挂灯相关知识以及纸绳画中流苏的制作。

教学难点

灯笼流苏的制作。

教学过程

一、激趣导入

生:老师您好!

师:同学们好!请坐!

师:同学们,这节课老师给大家带来了北京 2022 年冬残奥会的一个小宣传片。大家请看这里的小主角到底是谁!(播放北京 2022 年冬残奥会视频)

生:观看短片。

师:谁来说说视频中的小主角是谁啊?

生:"雪容融",它是一盏灯笼。

师:你了解的课外知识还真不少呢,老师给你点赞。

师:老师啊,还给大家带来了两座庞然大物,那上面也有许多闪亮的灯笼。(课件出示图片)

生:观看宝辇灯笼的图片。

师:同学们你们见过它们吗?谁见过?你来说!你在哪里见过?

生:我在葛沽花会上见过它!

师:好,请坐!那你们知道它叫什么吗?你说!

生:我知道它叫什么!它叫"辇"!

师:请坐!它的确叫辇。这是两架辇!左边的这座叫"宝辇",右边的这座叫"营房茶棚凤辇"。今天我们就一起来探索宝辇中的灯笼情结(板书:宝辇中的灯笼情结)。

设计意图:视频展示中国 2022 年冬残奥会的吉祥物"雪容融"这一灯笼的造型,引出宝辇上的流苏灯笼,通过图片展示辇,进一步明确本课研究的主角是辇架上的灯笼。并揭示出本课的课题《宝辇中的灯笼情结》。

二、探究新知

1.溯源发现

师:同学们,你们知道这个宝辇和营房茶棚凤辇是用来做什么的吗?

生:是供奉娘娘的。

师:很好,那想不想知道宝辇与凤辇更多的知识呢?

生:想。

师:好,跟随老师一起看视频了解一下宝辇与宝辇会。(播放视频介绍)

生:观看宝辇视频介绍。

师:看到这儿你们知道了什么?谁来说说?勇敢一点!

生:这个视频讲了辇的文化与历史;讲了辇的过去与现在的故事。

师:那关于宝辇的历史谁知道并说一说?

生:辇的历史很古老,很久远!

师:谁还记得它有多少年的历史了?你来说!

生:有六百年的历史了。

师:这座宝辇,你们觉得外观怎么样?它的哪个部件最吸引你?

生:我觉得她外观很美,看得出它在制作时有很多工序,我喜欢里面供奉的娘娘;我喜欢辇上许多的灯笼。

师:同学说出了它外观非常之美,工艺非常之多,不论同学刚说的供奉的娘娘还是流苏灯笼真可谓做工精美精致,还可以说葛沽的宝辇是独一无二的,也就是说葛沽的宝辇文化更是独具特色的。

设计意图:通过观看宝辇及宝辇花会的视频,学生初步了解宝辇的文化与历史;展示宝辇及营房茶棚凤辇相关图片,引导同学们发现宝辇各个部件的工艺美,尤其引发学生对宝辇数量较多、较为显眼的流苏角脂披挂灯笼的兴趣,加深学生对宝辇文化的感知。

2.实物探究

师:老师今天给大家带来了"营房茶棚凤辇"上的一个部件,你们想不想看一

看？(板书:营房茶棚凤辇)(展示流苏角质披挂灯实物)

生:想。

师:老师把它的庐山真面目揭示出来,同学们,你们知道这个叫什么吗？有人知道吗？

师:那老师告诉大家,这叫"流苏角质披挂灯"。你们想不想近距离观察这盏灯笼？

生:想!

师:那我们分小组,到前面来看一看,并回答老师分给你们本组的问题。好不好？

生:好!

师:老师先给大家介绍一下这个"流苏角脂披挂灯"上各个部件都叫什么！大家请看上面这个叫"宝盖",灯笼正上方的这个叫"莲花盖",灯笼下方的这个叫"莲花托",流苏中间夹杂的小挂牌叫"花牌"。你们再回答问题的时候就知道老师卡片上所指的都是哪些部分了！

师:现在,我们请1、2小组来近距离观察回答问题。3、4、5、6组的根据老师给出的照片来研究你们本组的问题。(出示"流苏角质披挂灯"的照片)

师:开始!

师:1、2组观察好了吗？

生:好了!

师:1、2组请回,我们请3、4组到台前来观察！1、2组整理你们本组的答案!

师:3、4组观察好了吗？

生:好啦!

师:3、4组请去整理你们的答案！5、6组来近距离观察！你们的答案一定要经过小组讨论产生!

师:5、6组观察好了吗？请回！我们给5、6组时间,赶快讨论你们的答案！1、2、3、4组讨论好了吗？

生:好了!

师:讨论好了,那我们身体坐正,面向前方！来观看这些问题！(课件出示问题填空)

师:好,停!第 5 组派代表来回答,灯笼是什么形呢?

生:椭圆形。

师:由来是什么呢?老师给大家来解释一下!这个椭圆形的灯笼它其实是由一个矮南瓜拉长以后改变的造型。它是什么颜色的呢?

生:黄色的。

师:它的材质是什么?

生:它的材质是塑料。

师:第 6 组,你们同意吗?

生:同意!

师:现在的材质啊,的确是塑料的。在过去呢,是用牛的角熬成胶,然后由传统艺人吹制而成的,它叫胶质灯。第 3 组来接着回答问题。宝盖、莲花盖、莲花托、花牌的材质均为"嘎巴作"制品,宝盖上有什么样的图案呢?

生:石榴、叶子。

师:宝盖的五个角上是什么图案?

生:像一个半圆形。

师:还有不同答案吗?谁来说一说?你来说!

生:它像一个小鸟。

师:我们通常说什么呈祥啊?

生:龙……

师:龙凤呈祥吧!它叫"草头龙"。第四组接着说,莲花盖与莲花托上面有什么图案?

生:莲花盖与莲花托上面有如意和石榴。

师:那花牌是个什么形呢?

生:如意。

师:竖式单字排开的凸起字样是……营,是"营"吧!

生与师:营房茶棚。

师:对不对?好,请坐。第 1 组来回答问题。宝盖上有几个角?

生:5 个。

师:每个角上有一串几层的什么色流苏?

生：5层，黄色的。

师：第一层有几个流苏？

生：1个。

师：第二组小组长来接着回答。2至5层有几个流苏？

生：4个。

师：宝盖下方与莲花托下面分别有几个流苏？

生：22个。

师：每个流苏的长大概是多少？你们量了吗？没有量，那我们现场来量一下，每个流苏基本上都是一样长的，都是20厘米左右。那上面都是什么呢？大家一起都能看到，它是一颗……

生：白珠。

师：流苏上面这部分是什么形状？

生：葫芦。

师：我们现在已经完整了解了一下流苏角脂披挂灯，你们有什么感受？

生：我的感受就是……

师：你说说。

生：这个角脂披挂灯制作工艺很复杂。

师：你现在又有了什么感受？这上面的流苏怎么样？

生：很多。

师：你们知道这个流苏角脂披挂灯上有多少个流苏吗？谁能试着猜一猜？

生：100个。

师：有点少。再猜。

生：140个。

师：有点多。那老师来揭晓答案吧！这上面有129个流苏。是不是很多啊？

生：对。

师：再来看看我们营房茶棚凤辇，整个营房茶棚凤辇上有多少盏灯笼呢？你们知道吗？你来说！（课件出示营房茶棚凤辇照片和问题）

生：我觉得有150个。

师：哎呀！有点多，谁再说？

生：60个。

师：老师给你减一下，他一共有59盏灯笼。就这个数量来说，我们的凤辇上灯笼的数量可真够多呀！有这么多的灯笼在这架凤辇上，那这架凤辇上有多少个流苏呢？（课件出示问题）

生：我觉得有1500个。

师：有点多了。猜一猜，猜一猜。你说说。

生：有1200个。

师：好，请坐，她说得已经非常接近了。我们一共有1295个流苏。这么多的数量，这么精巧的工艺，实在是令人叹为观止啊！

设计意图：出示"营房茶棚凤辇"上的一个部件实物——流苏角脂披挂灯，介绍主要部件的名称，为学生在进一步观察以及探寻题卡上的问题及时扫清基础障碍。接着，请同学们分小组带着本组的题卡近距离观察流苏角脂披挂灯，并在观察和小组讨论中找到答案，增强学生的观察能力和小组合作能力。然后分小组汇报问题的答案，并重点解决意见不统一或者没有找到答案的问题，使学生掌握知识性内容。教师相机介绍流苏角脂披挂灯的独到之处，将传统文化的魅力展现在学生面前。

3.黑白感知

师：接下来老师还要带大家来看一看宝辇在不同情境中的样子。同学们请看。（播放宝辇在白天和晚上的动静视频。）白天辇架上的灯笼流苏摇曳，温和庄重中带来了一些妩媚。夜晚中华灯初上，点灯人历经一小时的掌灯过程，让整架辇变得流光溢彩、神秘莫测。同学们看了这段视频，你又有什么样的感受了呢？

生：我觉得很壮观。

师：还有吗？

生：白天总看着流苏，在晚上总是看灯。

师：白天和晚上我们观看的重点因为环境变化而不同了。那你觉得凤辇上这些灯笼有什么作用啊？

生：它们都有观赏作用。

师：观赏作用，也就是说它能够有一定的装饰性（板书：装饰）。对不对？好，请坐。还有吗？

生：照明。

师：照明(板书：照明)。还有吗？这个灯笼在我们的传统文化中有什么样的寓意呢？

生：代表吉祥。

师：你能试着说说吗？

生：如意。

师：吉祥如意，其实是我们大家对我们美好生活的一种希冀(板书：希冀)。灯笼上面还有一个特点：他们通常会印有一些字在上面。那这个字是干什么用的？你来说。

生：表明身份。

师：表明灯笼到底是哪里的，对不对，表明身份(板书：身份)。到这里我们这盏流苏角脂披挂灯的所有作用就全部介绍完了。

设计意图：播放白天跑辇以及夜间出会时点灯笼的样子的视频，教师根据视频进行解说，观赏不同角度、不同环境下宝辇灯笼的变化，激发学生对学习内容更加浓厚的兴趣。从而总结宝辇在不同情况下灯笼的多样变化，并引导学生了解辇上的灯笼除了照明以外及其他的作用。

4.对比感知

师：那么这个灯和我们通常所见的纱灯、宫灯有什么不同之处呢？(课件出示纱灯、宫灯、流苏角脂披挂灯对比图片。)首先我们从颜色上来对比一下。谁能试着说说？

生：纱灯和宫灯的颜色大多数都是红色的，而这盏流苏角脂披挂灯的颜色却是白色的。

师：它的流苏是？

生：它的流苏是黄色的。

师：宫灯上还有什么特点？

生：宫灯上还有一些棕色和装饰。

师：好，流苏角脂披挂灯颜色是黄色和白色(板书：黄色、白色)。那接着同学们再来对比三盏灯的造型上有什么区别呢？谁来试着说一说？

生：纱灯是圆形的。

师：是有一点扁圆的样子，对吧？

生：流苏角脂披挂灯是拉长的矮南瓜。

师：你刚才认真听讲了。（板书：拉长矮南瓜）

生：宫灯是长方形的。

图1　上课情景（一）　　　　　　图2　上课情景（二）

师：是长长的，有棱角的。

设计意图：对比欣赏，观察流苏角脂披挂灯、纱灯和宫灯的照片，感受凤辇上流苏角脂披挂灯的在造型和颜色与这两种灯笼的不同之处，增强学生的对比观察能力。引导学生运用已知的美术语言去描述流苏角脂披挂灯的特点，提高学生美术语言的表达能力。

三、演示讲解

师：说到这就足够我们在本节课上完成我们的灯笼纸绳画了。同学们，请你们观察一下，这张纸绳画和我们平时所做的纸绳画有什么区别？你来说。

生：流苏是立体的。

师：对。你们现在想不想和老师一起来制作一下？

生：想。

师：在制作之前呢，我们先要了解一下需要哪些材料，同学们请看。（课件出示材料和工具的照片。）一张黑色的卡纸、黄色和白色的纸绳、酒精胶、白色彩铅和一把剪刀就可以了。接下来请同学们看老师的制作过程。

师：（切换实物投影）首先，老师要拿出一张黑色的卡纸，在上面画出我们灯笼的轮廓。定好我们整个灯笼的位置，不能太大也不能太小，因为我们上面有流苏，所以我们要尽量画得靠上一些。把上面的莲花盖和下面的莲花托简化成两个简单的弧形线条。接下来我们在上面加一个可以提的手柄，下面要把放流苏的位置定下来，我们大概要放5~6串流苏，所以我画5~6串流苏的位置。注意流苏的位置应该排列均匀。

师：然后，用黄色的纸绳比对一下我灯笼下面的流苏到底需要多长，要靠近下面的边缘，但是不能贴在边缘上，留有大概1厘米的距离。捏住我定好的位置开始折纸绳，反复折过5次以后，用剪刀把多余的部分剪下来，并把流苏下方没有剪开的地方剪断。这样还不能固定住流苏，所以老师要用白色的纸绳把它缠绕起来。在流苏的上方用白色的纸绳打一个平结，调整流苏上平结的位置，将平结上的短线向上折并和流苏上部平行对齐。用白色纸绳长的一端缠绕在流苏上，注意缠绕时要把白色短绳头缠绕在里面。缠绕5圈以后，我把第5圈稍稍松开一些，剪断白色纸绳，将剪断的部分穿过第5圈松开的小洞，调整位置，拉紧。拉紧时要捏紧你刚刚缠绕的部分。剪掉白色多余的部分，流苏就做好了。

师：接下来，我们粘贴灯笼的轮廓。用酒精胶在灯笼上涂好轮廓，用黄色纸绳整体粘贴，转过轮廓一圈以后要在末端剪掉纸绳。粘贴好后就是你看到的这个样子。

师：最后，我们把做好的5~6个流苏用酒精胶贴在流苏定位的地方，依次把它们粘贴起来。好了，同学们，你们学会了吗？

生：学会了。

师：学会了，但是说起来容易做起来难。

设计意图：探究纸绳画制作灯笼图的与普通纸绳画的不同之处，再次提高学生的观察力。介绍本次纸绳画所需的材料与工具，使学生在动手制作前做到心中有数。教师示范，传授学生新的纸绳画制作技法。

四、实践练习

师：请看大屏幕，在我们正式制作之前我们来看一下创作要求。谁想给大家读一读？你来吧！（课件出示：创作要求）

生：创作要求：①用纸绳画的方法表现宝辇中的灯笼造型，注意灯笼要尽量大一些，并给流苏留出粘贴距离；②制作时注意灯笼所使用的色彩；③灯笼的流苏要用立体穿编的方法制作。

师:接下来我们还要来了解一下注意事项,谁来试着读一读?(课件出示:注意事项)

生:注意事项:①使用剪刀时要注意安全;②使用酒精胶时要注意用量适当;③按照制作方法创作,避免纸绳浪费。

师:你们清楚了吗?

生:清楚了。

师:接下来就是你们动手制作的时间了。如果你还没有学会流苏如何制作,还不太清楚我们的整个创作步骤,可以在制作时观看老师给大家录制好的小视频,边看边学习边制作,好不好?

生:好!

师:开始吧!(课件出示制作微课视频,学生们开始制作)

设计意图:出示创作要求以及注意事项,为学生的动手制作理清思路,扫清障碍。学生作业:用纸绳画的方法表现凤辇中流苏角脂披挂灯上灯笼的外形与流苏的特点,提高学生动手制作的能力以及合作能力。微课视频循环播放,教师巡视指导,为尚未掌握好制作技法的学生提供帮助。

五、展示评价

评价1:

师:好了,做完的同学,可以把作品先拿过来了。(完成的同学自主将作业拿到展台上展示)

师:上交好的同学可以到前面来观看一下,也可以收拾你的工具,还没有做完的同学抓紧时间。

师:同学们请回,身体坐正,面向前方。接下来就是我们展示评价的时间了!谁想来试试介绍一下自己的。你可以说说自己的优点,也可以指出自己的不足。大家请看他的作品。

生:我这个优点是整幅画非常饱满,建议大家以后把轮廓画的大一点。我的缺点是底部(莲花托)有点扁,穗子(流苏)粘的有点歪。建议大家别学我这个缺点,(粘贴时)把穗子(流苏)摆正了。

师:他说的好不好?

生:好。

师：他的优点我们都要向他学习，让画面更饱满一些。他的缺点是穗子(流苏)做得不太完美，回家要多加练习。请回。谁想评价一下别人的？

评价2：

生：我想评价这个。

师：你想评价优点还是缺点呢？

生：我觉得它的优点是穗子(流苏)很有立体感，缺点是这里(灯笼的轮廓)太大了。

师：这样穗子(流苏)的优势突出不了了，对不对？

生：对，而且这(流苏)还多出来了。

师：我们制作的时候流苏一定要在画面的里面，把灯笼再往上挪一些，对不对？变小一点点，这样我们的穗子(流苏)可以更长一点。还有没有人想评价一下？老师还把这一张放在黑板上面了，有没有人想评价一下？你来说！这张有什么优点和不足呢？

评价3：

生：它的圆(灯笼的轮廓)有点小。

师：它的这个圆(灯笼的轮廓)是有点小吗？是不是有点太圆了，如果再长一点就好了，是不是？它的优点是什么？

生：它的优点是穗子(流苏)没有像别的人那样露出来。

师：嗯！它的流苏没有露出(画面)来，而且老师觉得这张画流苏特别长，突出了我们流苏摇曳的优势，非常漂亮。好，请回。

师：看到同学们的作品，老师觉得这节课上都有很大的收获，而且你们的流苏角脂披挂灯做得都很好。

设计意图：通过学生自评与互评，提高学生评价作品的意识。教师引导学生作品评价的方向，并总结评价，提高学生对作品的鉴赏能力以及美术评价中的语言表达能力。

六、拓展延伸

师：(课件出示营房茶棚凤辇上小灯笼的流苏回头穗照片)伴随着我们点评的结束，我们本课的学习也要结束了！其实我们营房茶棚凤辇中的那些小灯笼也有一些独到之处，上面的流苏称作流苏回头穗，是一个近乎失传的制作技法。也很少再

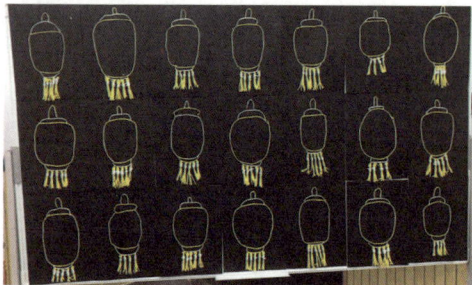

图3

图4

有人会做凤辇上的那些角脂灯。说到这不免让老师叮嘱大家几句:希望大家能在课下的时候去探索这些宝辇、凤辇中的文化,能为我们文化的传承做出一些贡献。如果你有很大的兴趣,希望你能有机会去传承那些近乎失传的传统技艺。好不好?

生:好!

师:好了,这节课我们就上到这儿。同学们下课!

生:老师再见!

设计意图:通过展示茶棚凤辇中的那些小灯笼的独到之处,鼓励大家能在课下的时候去探索这些宝辇、凤辇中的文化,鼓励学生能为我们文化的传承做出贡献。

七、反思总结

生活是美术创作的源泉。我们在感受体验生活的同时,善于用美术的眼光去发现美,并借助美术的语言表达出自己的思想和情感,才会创作出好作品。宝辇花会是学生们非常感兴趣的事,当地的孩子每到正月十五或十六时便会观看葛沽宝辇花会,他们有的拿着自己心爱的灯笼穿梭在人群中,一边嬉戏玩耍一边观看,可见灯笼对于他们来说还意味着童年里难以表达的快乐。因此,当老师讲述出辇的文化背景和历史内涵后,他们对本课的内容就更加喜欢了。由此可见,这些共情之处正可以点燃孩子们对学习的兴趣,激发对传统文化的热情。

在《宝辇中的灯笼情结》这一课的教学实践中,给学生系统的知识学习和充分观察研究的机会还是非常重要的。为此,本课的教学设计要有流畅的教学思路,通过北京 2022 年冬残奥会吉祥物雪容融的形象为切入点进行导入,再通过溯源发现—实物探究—黑白感知—对比感知几个步骤,学生感知宝辇灯笼的外观、数量、寓意以及传统文化知识。充分给学生观察和探究的机会,不论是观察图片、视频播放还是展示实物流苏角脂披挂灯、制作流苏等都极大地调动了学生观察、探究与体验。

三年级的孩子对灯笼的形态的把控能力上不足。为了使学生把控好灯笼对称的外形,以及体验尝试中找到经验完成作品,除了观察之外,技能的系统讲解也十分重要。因此,对于灯笼对称的外形的把控以及本课中的难点灯笼流苏的制作更是需要教师具体示范并辅以微课进行反复传授。在实践中部分学生仍需借助教师的指导和能力较强学生的帮助。因此,课前给每个小组推荐好小组长,易于帮助解决学生制作中的问题,使他们既有合作又有探究的空间。合作中体现了他们的团结,探究中使他们感受到积极参与与努力的成果,感受集体的智慧。

学生们在课上的闪光点体现在了制作过程中,他们敢于尝试用自己的想法来进行制作。有的学生选择了先将灯笼的轮廓粘贴好,有的则是先去尝试流苏的制作。欣赏作品时,教师应鼓励学生选择典型性作品进行品评,并与辇架的灯笼对比不同和相同之处,无论作品如何抓住其优点,积极充分肯定学生的作品,要使他们轻松地表达出了自己的心声才能进一步激发学生积极性。

自主探索模式在美术课堂中尤为重要,为使学生进一步用自己的双手感知优秀文化,用自己的眼睛发现优秀文化,用自己的行动传承优秀文化。本课最后又一次将孩子们带回了辇的身边,引领他们去发现辇架中的小灯笼和流苏回头穗,让他们把意犹未尽的热情融入对辇架上更多工艺的探索中去,使他们尽情去探索辇架中部件的美、探索真实生活中的辇架。

任何一堂课都不是一蹴而就的,都需要长期磨砺的过程。对于宝辇凤辇上那些数不清的传统工艺的探索更需要长期潜移默化的薪火相传。如何才能让传统文化在美育中生根发芽,是我们作为美术教师去长期探索的。此堂课所传递的宝辇中的文化仅仅是沧海一粟,如何让美术课充满生机与活力,让传统文化在美术教育中成为孩子们温情的摇篮是我们在今后的教学中需要去探索的。

鸟语花香(一)之花卉入门学习

天津市和平区教师发展中心　徐凌云
天津市第二南开学校　张赛楠

《鸟语花香》是人教版美术五年级上册第八课的教学内容,属于"造型·表现"方向的课程,本节课的授课内容是中国传统的花鸟画教学,但是课程在本册教科书中只是单独的一节课,在进行教学设计时,容易出现蜻蜓点水的状态,因此授课内容应该适当的延伸,形成花鸟画的单元教学,将教材的内容由浅及深的进行教学,让学生能够真正地感受到中国传统花鸟画的艺术魅力。五年级的学生在之前的美术课程中以彩墨游戏的方式接触过一点中国画,但是对其了解不够深入,对中国画的绘画工具、花鸟画的作品中缺少专业知识,因此在进行花鸟画的课程时,容易出现学生难以掌握的情况,不会用笔用墨,虽然拿着毛笔,但依然是以拿着硬笔画简笔画的方式进行绘画。因此,本人将本课设计为单元课程,进行更加贴合学生实际的教学案例设计。

单元课程大概念

随着对美术学科的五大核心素养的提出,在中国画模块的学习中,除了要掌握基础的笔法墨法等美术表现外,对中国画的鉴赏还涉及了审美判断、图像识读与文化理解,其中文化理解不仅可以让学生了解中国传统绘画艺术的魅力,还可以让学生树立文化自信,增加民族自豪感。因此,本单元课程结合教学设计,拟定单元课程大概念为:托物言志的中国传统花鸟画。力求让学生在掌握基本的笔墨技法外,能够感受到中国传统花鸟画托物言志的深层魅力。

单元课程的设计思路

本单元课程主要教学目标分别为:①了解中国画的工具材料,认识欣赏中国写意花鸟画名家的作品,感受写意花鸟画的笔墨趣味,激发学生对传统文化和生活的热爱;②能够根据中国画工具材料的特点在宣纸上进行绘画,掌握写意花鸟画的用笔、用墨、用色的方法与技巧,达到美术核心素养中提到的美术表现。

通过对优秀的中国花鸟画的赏析,以及对国画工具的认识与学习,学生能够体验写意花鸟的笔墨意趣,逐步感知中国花鸟画中借物抒情的独特寓意,进而加强对中国画的喜爱,加强文化自信。

本单元课程的重点:能够初步了解中国画的基本知识,赏析中国画中的花鸟画作品,感受笔墨意趣的同时,理解花鸟画作品托物言志、借物抒情的内涵。难点:基本掌握中国画中的笔法和墨法,可以进行简单的写意花鸟画的创作,表达自己内心的情感。

在课时安排上,根据单元课程的设计,可分为四大模块,模块一《体验笔墨》,其中包含认识中国画的绘画工具,体验感受基础的笔法墨法,2课时;模块二《赏析》,感受优秀的花鸟画作品,1课时;模块三《基础笔墨》,美术表现的技法课程,分别教授花的基础画法与鸟的基础画法,2课时;模块四《临创课》,将所学的基础技法结合优秀的花鸟画作品,进行临摹创作,完成花鸟画小品一张,1课时。

单元课程的内容框架(见表1)

在单元课程内容框架的设计方面,第一模块中,第一节课通过对中国传统绘画工具的介绍,让学生了解中国传统书画的精华与魅力,对中国传统绘画做到文化理解。第二节课,学习的内容是笔墨美术技法的学习,虽然属于美术表现的范畴,但是在笔墨技法的讲授中可以融入核心素养中的创意实践,将笔墨的技法以实践探究的方式进行讲授,让学生发散思维,进行创意实践,增加课程的趣味性。

在第二模块的欣赏课中,让学生能够感受到美、理解美、分析美是课程的重点,体现在美术学科的核心素养中首先便是审美判断,让学生能够感知什么是美。除此以外,花鸟画中的托物言志与借物抒情也是让中国花鸟画别具一格的特殊之处,因此,在赏析课中让学生进行图像识读与文化理解也成为花鸟画欣赏课的重中之重。

第三模块主要是以美术表现为教学重点与美术核心素养的体现,美术表现是

"造型·表现"课程中最重要的学科素养,同时也是美术学科中独有的,中国画作为中国传统文化中最为重要的内容之一,在基础美术教学中也颇为重要,因此,在本节课程的教学中,需要将美术表现学科核心素养加以贯彻落实,与此同时,花鸟画中的文化含义也是美术教学中德育渗透的重要环节,可将文化理解加入课程之中。在花鸟画中,动物有的时候是画面中的主体,有时是点缀,但是作为画面中最为灵动的存在,如何通过笔墨的形式表现花鸟画中的动物便成为本模块第二课时要落实的基本技法与重要内容。

第四模块是汇总型的课程,通过前面几节课程的学习,学生初步掌握了花鸟画的画法,可以进行简单的花鸟画小品的创作,本节课既是对之前课程的复习总结也是让学生感受花鸟画意趣的课程,为花鸟画的单元课程落下帷幕。

表1 《鸟语花香》单元课程设计表

单元课题	《鸟语花香》
单元概念	托物言志的中国传统花鸟画
单元任务	感受与初步掌握中国传统绘画托物言志的表达方式与表现手法
单元问题	怎样画"好"一张花鸟画

教学任务	教学内容	教学目标	教学重点	教学难点	美术核心素养	课程评价	课时安排
体验笔墨	第一课《认识国画工具》	了解中国画工具材料常识	了解中国画中所运用到的绘画材料都有哪些	学会中国传统绘画工具的使用方式，让学生了解中国画背后所蕴含的文化内涵	文化理解	1.学生是否知晓国画绘画工具都有哪些 2.学生能否感受到中国画工具承载千年的绘画工具的魅力	2课时
	第二课《体验笔墨》	初步掌握中国画笔墨基础技法知识	能够掌握笔法中的"中锋""侧锋"用笔，墨法中的"浓墨""淡墨"不同墨色的调和方式	掌握基本的笔法和墨法，法后如何灵活应用，做到笔笔有浓淡	美术表现、创意、实践	1.学生是否知道中锋和侧锋用笔的特征；2.学生能否调出不同的墨色；3.学生能否感受到墨的意趣	
赏析	第三课《走进花鸟画的世界》学会赏析	了解与欣赏历代花鸟画的优秀作品	学会欣赏花鸟画，能够进行分析评述	通过图像识读感受画面中所隐藏的文化内涵，体会画家的用意。	审美判断、图像识读，文化理解	1.学生能否进行图像识读，对画面内容进行描述 2.学生能否通过查找资料，对花鸟画作品进行赏析评述 3.学生能否感受到花鸟画作品中所蕴含的托物言志与借物抒情的含义	1课时

续表

教学任务	教学内容	教学目标	教学重点	教学难点	美术核心素养	课程评价	课时安排
基础技法	第四课《鸟语花香（一）》花卉入门学习课	能够初步掌握写意花卉中菊花的用墨的方法和技巧	运用中国画用笔（中锋、侧锋）用墨（浓淡）的方法表现菊花，体验笔墨趣味	掌握一定的中国画用墨技法，理解笔墨情趣，感受中国花鸟画中托物言志的内在精神	美术表现、文化理解	1. 学生是否能观察到，感受到菊花不同部位的质感需要用不同的笔墨进行表现 2. 学生是否可以用中锋浓墨勾花瓣，浓墨侧锋画花叶 3. 学生能否感受到菊花傲霜独立的内在品性，理解花鸟画托物言志的精神内核	2课时
	第五课《鸟语花香（二）》禽鸟入门学习课	能够掌握写意花鸟中鸟类的简单画法	通过简单的笔墨方法表现鸟类的动态特点	鸟类的结构、比例与动态变化	美术表现	1. 学生能否准确在画的时候观察提炼出雀的哪些部位 2. 学生能否学会小麻雀颜色调和的方法 3. 学生能否感受到小麻雀的灵动，并表现出不同的身姿动态	
临创	第六课《鸟语花香（三）》临创课	能够完成一张简单完整的花鸟画作品	能够进行花鸟画小品的临摹创作	将花与鸟进行组合构图，感受花鸟画背后的人文意趣	美术表现、文化理解	1. 学生是否能够欣赏评价花鸟画的笔法、墨法 2. 学生是否能进行简单的花鸟画临创 3. 学生是否可以感知花鸟画中的意趣	1课时

《鸟语花香(一)》之花卉入门学习课堂实录

一、设置情境 导入新课

师:上课,同学们好!

生:老师好!

师:同学们,你们知道咱们学校的校花是什么花吗?

生:莲花、梅花……菊花。

师:刚刚我听到有一位同学说出了正确答案,对,就是菊花。我们学校的校花是菊花,谁能告诉我菊花一般在什么季节开放?

生:菊花在秋天开放。

师:谢谢这位同学,他准确地说出了菊花开放的季节,说明他是一位对生活认真观察的学生,非常棒!秋天落叶纷飞百花凋零,唯有菊花傲霜独立。今天就让我们一起走进秋日里的鸟语花香(板书课题:鸟语花香)。

师:同学们,老师今天给大家带来了真的菊花,请同学们仔细观察菊花的各个部分,可以闻一闻、看一看、摸一摸,我们可以把这一枝菊花大致分为哪几部分?

生:可以分为花的部分、茎的部分和叶的部分。

师:(板书:花、茎、叶)

二、学习新知 体验探究

师:那么我们如何用水墨来表现它的花、茎、叶呢?同学们不要着急,我们先从笔法学起。老师将在笔尖蘸墨,在纸上分别用中锋和侧锋两种笔法画两道,请同学们观察两种笔法的不同(示范中锋用笔与侧锋用笔)。

生:中锋的笔道墨迹在中间,侧锋的在一侧。

师:老师侧锋画的这个笔道的墨色还出现了飞白的效果,这种用笔给你什么感觉?

生:感觉比较粗糙。

师:非常好,这位同学观察得仔细、感受也很灵敏,他发现了两种笔法呈现出来的不同的效果,还有没有同学留意到老师刚刚两种笔法的拿笔姿势?

生:中锋的时候笔是竖直的,侧锋的时候笔是侧躺着的。

师:又是一位观察力很棒的同学,他注意到了中锋和侧锋两种不同的用笔姿势。请同学们再观察感受一下菊花的花、茎、叶,摸一摸他们的质感,这三部分摸起来质感有什么区别?

生:花瓣比较柔软,叶子比较粗糙,茎比花瓣和叶子摸起来都要硬。

师:同学们已经感受了花、茎、叶的质感,表现不同的质感,笔法必定也要有所区分。接下来,我们有请一位同学来担当我们的笔法体验官,在黑板的投影上用毛笔感受名家写意菊花作品的用笔方法。有请这位举手的同学到黑板前来,老师把这幅画的投影打在了黑板上,给你一枝蘸了水的毛笔,请你假设自己就是作者本人,在黑板上画一画,尝试还原一下画家作画的笔法。同学们,大家请看我们的笔法体验官用的是中锋还是侧锋在勾画花瓣?

生:用的是中锋。

师:中锋用笔的特点是什么呢?(在"花"后板书:中锋)

生:笔尖一直在笔迹运行的中间,垂直用笔。

师:非常好,我们在勾画花瓣的时候常用中锋的笔法。大家看我们的笔法体验官在画叶子的时候用笔是中锋还是侧锋?

生:侧锋。

师:侧锋的用笔又有什么特点呢?(在"叶"后板书:侧锋)

生:笔尖一直在笔迹运行的一侧,侧躺着用笔。

师:如果想表现叶子的粗糙感,还可以用侧锋快速行笔,画出飞白的效果。再来看一下我们笔法体验官选择了什么笔法来画茎?

生:中锋。

师:我们在用中锋画茎的时候一定要把茎硬硬的感觉表现出来。(在"茎"后板书:中锋)我们的笔法体验官非常到位的复原了画家作画的过程,请同学们用掌声感谢我们的笔法体验官。接下来,让我们再一起学习一下墨法,同学们,我们之前学过的墨分五色,分别是?

生:焦、浓、重、淡、清。

师:请同学们看大屏幕,老师把我们手中的菊花做成了黑白照片,借助这张照片,请同学们分辨一下我们的花、茎、叶可以用什么样的墨色?

生:花的颜色最浅,用淡墨,茎和叶的颜色深一些,可以用浓墨和重墨。

师:这位同学选择的墨色和老师一样(在"花"后板书:淡墨,在"茎"后板书:浓墨,在"叶"后板书:重墨),我们选好各部分的墨色后,接下来,我们又要请一位同学做我们的墨法体验官,来协助老师调出淡墨的颜色。有请这位举手的同学,请你把自己调淡墨的过程用语言也一并描述出来讲给大家听。

生:笔蘸饱水后,笔尖蘸一点点墨,在这个空白的盘子里调,然后在试笔纸上试一试,现在颜色有点深了,我再蘸一点水调一调,现在的颜色比较合适,淡墨色调好了。

师:谢谢这位墨法体验官为我们调好了淡墨色,颜色非常合适。接下来请同学们看投影屏幕,我们一起学习一下花的画法。同学们,我们刚刚体验分析出花瓣用什么笔法来画?

生:用中锋来画。

师:对,我们要用中锋来画花瓣,左边一笔右边一笔,勾出一个花瓣,同学们,所有的花瓣都围绕着哪展开啊?

生:花蕊。

师:非常好,那我们画的每一个花瓣都要围绕着花蕊展开,这是正在绽放的菊花,如果是花骨朵,我们画的时候可以参考剥开皮的小橘子来画,画花托的时候想象"小"字的写法。同学们,在画叶子的时候我们可以用什么笔法来画?

生:可以用侧锋来画。

师:还可以用淡墨色么?

生:不可以,叶子颜色要深一些,用重墨来画。

师:老师换一枝大一些的毛笔,在刚刚墨法体验官调出来的淡墨基础上,笔尖再蘸一些浓墨,侧锋用笔,五笔画出一片伸展开的大叶子,还可以用三笔或者一笔画小一些的叶子。在叶子没有完全干之前,用一枝细一些的笔蘸浓墨画出叶脉。最后进行穿枝,蘸浓墨中锋快速行笔,画出硬挺的感觉。这样一幅菊花我们就学完了。

三、动手实践 巩固提升

师:老师把步骤图,以及三张不同难度系数的范画展示在黑板上,大家可以根据自己的能力选择其一进行临摹练习。如果遇见问题或者有什么困难,请随时举手。

四、展览评价 总结拓展

师:老师刚刚把一些已经画完的同学的作品展示在了黑板上,有没有同学愿意当笔墨评价官从笔法和墨法两方面来评价一下同学们的作品?

生1：我想评价一下自己的作品，我在调淡墨色的时候有点太浅了，花的墨色太浅，在叶子的衬托下一点也不显了，我以后调淡墨色的时候需要注意。

师：这位笔墨评价官提到了自己调淡墨色时出现的问题，有几位同学与他的问题一样，我们在调墨色的时候要学会对比，不能只盯局部，这样我们画面的墨色就不会出现问题。

生2：我最喜欢展示区里的这一幅作品，她的笔法和墨法运用的都非常好，并且把菊花的美丽也画了出来。

师：的确，这幅画的作者利用我们学到的笔法和墨法，把菊花各个部分的质感都表现了出来，画出了菊花的美丽，在老师看来，她还把菊花品性也展现了出来。

师：同学们，菊花虽没有玫瑰的芬芳，没有牡丹的富贵，但是它却可以在百花凋敝的秋日里独自绽放，如果要为我们展示区这一组秋菊图提款的话，我们要赞它"傲霜独立"（在展示区一侧板书"傲霜独立"），希望同学们也可以像菊花一样，不畏严寒，努力绽放。我们这节课就上到这里，下课，同学们再见！

生：老师再见！

教学反思

本单元课程设计旨在将一节花鸟画课程，根据其教学目标与重难点，在美术核心素养下，拆解设计成单元课程，通过细化教材中所要渗透的教学内容，让美术教学真正落在实处，而非对重要的传统绘画艺术浅尝辄止。在进行花鸟画的单元课程的设计时，要面向全体学生，从认识了解最基础的工具入手，体验笔墨带来的乐趣，进而学习欣赏优秀的花鸟画作品，感受艺术家们的"妙笔生花"，提高眼力后，躬身实践，从基础的入门花卉开始练起，随后讲解简单的禽鸟画法，感受画面中最灵动的存在，最后进行临创练习，完成花鸟画小品，结束单元课程。

除此以外，大单元教学设计离不开大概念的设计，中国花鸟画在笔墨外，还蕴含着画家的志向和情趣，通过笔墨所描绘的对象进行托物言志，借物抒情，是画家们的巧思与表达，因此课程中对于情感的不断渗透成为花鸟画单元课程设计的另一个重点，同时也是积极践行美术教学的核心素养，培育学生关键能力的同时能够进行深度的学习。

让剪影动起来

天津市宝坻区教师发展中心　赵春军
天津市宝坻区霍各庄镇北马小学　李亚会

教材分析

《让剪影动起来》一课,选自人教版美术六年级上册第6课,属于"设计·应用"学习领域。本节课采用单元化教学的方式来教授,共用两课时来完成,第一课时学习剪影的制作,第二课时学习如何让剪影动起来。在这一课时中,学生通过对皮影的欣赏了解、剪影的探究、初步尝试制作剪影等活动,加深对传统文化皮影这一非物质文化保护遗产的认识和理解,增强自觉传承的意识。第二课时通过实物皮影和剪影的对比,展示剪影的造型,引导学生用观察、比较的方法抓住剪纸的特点,在表现过程中突出剪影的特点,从而培养学生观察、分析、动手的能力。所以,单元化教学的第一课时《剪纸的制作》是学好《让剪影动起来》的基础。

学情分析

六年级的学生已经有了一定的剪纸基本技能和造型基础,并且相对于低年级他们已经有了一定的生活经验。但是,让剪影动起来看似简单,实则不易,所以如何让学生制作会动的剪影是本节课教学中的难点,对于六年级的学生来说也有一定的难度。我在教学中依托多媒体,利用电子白板画出剪影的分解图,播放微课讲解制作的全过程。学生在制作过程中,教师深入到各组,帮助孩子们逐个解决疑难。

教学目标

(1)通过了解皮影的相关知识,学生能够体会皮影与剪影之间的联系与区别。

(2)通过了解皮影的制作方法,学生能够学习剪影的制作方法。

(3)尝试让剪影动起来,增强学生对中国民间艺术的热爱,培养学生的创造精神,培养学生的动手能力。

教学重、难点

(1)教学重点:剪影的制作方法。

(2)教学难点:了解皮影制作的原理,让学生制作会动的剪影。

教学准备

教师:多媒体课件、皮影、卡纸、铅笔、针、剪刀、操纵杆等。

学生:卡纸、剪刀、针、子母扣、分叉钉、打孔机等。

课时安排:2课时

第一课时　剪影的制作

(一)课堂导入:激趣导入,引出新课

师:同学们,你们有没有注意到今天的教室有什么不同?

生:老师,我发现墙上多了一幅皮影作品。

师:你们观察得真仔细,这幅作品精美而又弥足珍贵的皮影戏人物作品是咱们宝坻区的民间艺术家亲手制作的。

师:你们想知道它是怎么制作的吗?

生:想。

师:通过观看的小视频,我们了解了皮影的制作,我们借助皮影的制作来探究学习剪影制作。(板书:课题《让剪影动起来》)

这节课是单元化教学《让剪影动起来》的第一课时,《剪影的制作》。

(二)讲授:新课讲解

1.交流分享自学了解的皮影相关知识

师:上节课老师给你们每个人发放了一个任务清单,让你们课下查找有关皮影的资料,现在我们一起分享,看谁了解的皮影文化更丰富?

生:皮影戏始于西汉,兴于唐朝,盛于清代,世界上最早的有人配音的影画艺术,有人说,皮影戏是现代电影的前身。

生:皮影戏,又称"影子戏"或"灯影戏",是一种以兽皮或纸板做成的人物剪影以表演故事的民间戏剧。

生:表演者在白色幕布后面,一边操纵影人,一边用当地流行的曲调讲述故事,同时配以打击乐器和弦乐,有浓厚的乡土气息。

2.观看皮影戏的视频

师:我们一起来看一下,老艺人们是怎么表演皮影的吧!

3.观看剪影动画

师:今天老师还请来的一位小朋友,它将为我们表演一段舞蹈,我们一起来看一看。(剪影动画)

(三)制作引导:示范演示

1.剪影图片欣赏

师:这位小朋友叫小剪影,我们一起来欣赏一个剪影的图片吧!(PPT展示剪影图片)你们知道剪影是如何制作的吗?

生:老师,我可以把人物的外轮廓先画在纸上再剪。

师:说得太好了,我们就试试他说方法一起来试试吧!下面我们通过一个微课视频来看一看剪影制作的过程吧!

师:好的,我们把剪影的制作步骤可以分为三步:①画出人物的外轮廓;②沿着画的外轮廓剪;③再将细节和镂空刻出来。

总结来说就是三个字:画、剪、刻。

师:你们也想拥有自己的剪影吗?

生:想。

师:那我们大胆想象,开始制作吧!

(四)展示与评价阶段

1.分小组展示剪影作品

师:同学们,你们都完成剪影的制作,下面请每个小组选出优秀代表展示自己的剪影作品吧!

生:我制作的是我的同桌的剪影,因为她的鼻子特别挺,我还夸张了她鼻子的位置,显得更有特点。

生:我制作的是我家的龟兔赛跑中乌龟的剪影,因为我很敬佩它坚持不懈的精神。

生:我制作的是我自己的形象剪影,因为我戴眼镜,所以我在眼镜的部分做了局部的镂空雕刻。

生：老师，我制作的是小猪佩奇的剪影，我在它的眼睛、鼻子的位置也做了镂空雕刻。

师：同学们制作的剪影都非常形象，请其他学生来评价一下这些作品吧。

生：老师，我很喜欢小猪佩奇的剪影，制作得很精细。

生：老师，我比较喜欢她制作的同桌的剪影，非常像，突出了她的特点。

(五)总结拓展

师：在这节课中，我们学习如何制作剪影，同学们很好地掌握了剪影的制作方法，课下同学们可以思考一下用什么方法制作能动的剪影，下节课我们要让我们的剪影动起来并且进行场景表演，相信下节课将会更加精彩！

第二课时　动起来的剪影

(一)课堂导入：复习导入，引出新课

师：同学们，上节课，我们学习了如何制作剪影，你们还记得老师总结的三个字小诀窍吗？

生：老师，是"画、剪、刻"。

师：说得没错，在这节课中，我们来继续探索如何让剪影动起来。

这节课是单元化教学《让剪影动起来》的第二课时：《动起来的剪影》。

(二)讲授：新课讲解

师：老师在你们的桌子上都放了一个盒子，请你们把皮影和剪影拿出来欣赏观察下，大家边欣赏边思考皮影和剪影的区别与联系。

师：同学们，皮影和剪影有哪些区别呢？

生：老师，我发现皮影的造型十分生动。

生：老师，我发现皮影的雕刻非常精美、精细。

生：老师，我观察到皮影的色彩对比非常强烈。

师：说得非常好，那剪影呢？

生：老师，剪影就像影子一样，只有外轮廓。

师：但是现在制作的剪影是不能动的，我们要想让剪影动起来，还需要怎么样？

生：还要像皮影一样动起来。

师：对，这就是他们之间的联系，各个关节都要动起来。

1.教师示范

师:怎么样才能让剪影动起来呢?把剪影的头、躯干、四肢分别画出,剪下后,再进行连接,最后装上操纵杆。下面,老师给你们做一个示范。(电子白板)

制作步骤:

(1)设计一个形象,只要求画出各部分的轮廓。

(教师示范:在白板上画出人物的分解图,边画边讲解)

(2)剪出头、躯干、四肢;那么它们是怎么连接的呢?

(3)将关节处链接起来。

(4)装上操纵杆。

师:以上三个步骤请大家观看微课,每一个环节讲解得非常清晰。

2.重温步骤,加深印象

师:看完微课,我们一起来总结一下,制作一个剪影作品需要几个步骤,谁来说一下?

生:设计图形。

生:剪出图形。

生:连接关节。

生:安装操纵杆。

师:同学们,有没有注意到老师在视频上有这样一句话,"先安装小铁环再安装操纵杆",为什么要安装小铁环,它起到什么作用呢?

3.联系生活,引发思考

师:最初,皮影的连接是使用缝制衣服用的线,现在,随着生活水平的提高,我们可以使用更方便的材料进行连接,你们都准备哪些材料连接关节呢?

生:分叉钉。

生:老师,我准备的是做衣服用的子母扣。

(三)制作引导:学生制作,教师巡视指导

师:同学们,你们想不想尝试制作一个会动的剪影呢?

生:想!

师:老师提出几点要求。

作业要求:

（1）富有创意（可以设计一个自己喜欢的形象，如：人物、动物、植物）。

（2）构图饱满。

（3）比例协调。

（4）边缘光滑（剪影形象精致、美观）。

（5）注意安全（用剪刀、环境卫生）。

教师巡回指导，并讲解制作过程中的注意事项。

（四）展示与评价阶段

1.分小组展示剪影作品进行表演（教师准备幕布、射灯）。

第一小组：佩奇一家。

第二小组：我爱我的家乡。

第三小组：龟兔赛跑。

第四小组：狡猾的狐狸。

2.评价

师：下面请同学们评一评，哪个小组表演得最精彩？为什么？

生：老师，我喜欢第三组的作品，场景制作得非常好，小组成员合作非常有默契，龟兔赛跑的故事也非常有趣。

生：老师，我喜欢小猪佩奇一家，每一个剪影的个体形象都能动，而且制作很精细。

生：老师，我觉得狡猾的狐狸故事情节非常好，同学们表演得也非常好。

生：老师，我觉得第二组的作品非常好，展现我们家乡良好的生态环境，水鸟和小鱼之间的对话也非常有趣，通过这个作品我更爱我的家乡了。

师：同学们，我们应该把掌声送给我们自己！你们的作品都太棒了！

（五）总结拓展

声色光影的和谐共生，让皮影在千百年中丰富了中国人的娱乐生活，它蕴涵着丰富的戏曲文学、民俗历史、宗教以及艺术内涵，一幅剪影，不但代表着中国优秀传统文化的传承，而且也是着中国劳动人民智慧的结晶，它蕴含的丰富内涵，需要我们不断去探究。